蒙曼說隋

隋煬帝楊廣

蒙曼◉著

目次

自序

隋煬帝，眾人眼中的「大暴君」。可是，誰能否認他的審美價值呢！萬丈豪情，千秋功業，再配上一個悲劇性的結局，一個不怎麼公平的謚號，如此巨大的張力，萬人恨，萬人迷。

在我家裡，媽媽最喜歡為隋煬帝鳴不平了。她總對隋煬帝的英雄氣概嘖嘖稱奇，也總為他後來的身死國亡歎息不已。每到這時候，我就問她：「隋煬帝可是踩著萬民的屍骨去摸天呢，您一個小老百姓，願意生活在他的統治下嗎？」老人家立刻不說話了，但是，到下一次，照樣惋惜。

爸爸更有趣。昨天，他推開我的房門，遞給我一張皺巴巴的紙，然後說：「我寫了一首詩。」我趕緊肅立，拜讀。這哪裡是一首詩喲！是六首呢，有絕句，有律詩，更重要的是，所有的詩都指向一個共同的主題——隋煬帝。我在微博裡寫過，爸爸是一個有點才子氣，又有點英雄氣的人。他會半真半假地感慨生不逢時，未能允許他大展長才，而我和媽媽也會半開玩笑地打擊他，說他有心無力。時也命也，這不正是人類慨歎的永恆主題嗎！

現在，這六首詩就放在我面前。我確信，它們的第一讀者和批判者絕不是我，一定是我那有著清醒頭腦和發達情感的媽媽。我還確信，它們最終的讀者和批判者仍然不是我，因為，我已經打算把它們奉獻給大家——我的讀者們，《蒙曼說隋：隋煬帝楊廣》的讀者們。

《懷古六首》——蒙善泉

南游懷古（一）

春水悠悠秋水長，運河兩岸好風光。
稻浪滾滾千頃碧，荷花亭亭十里香。
扁舟浮雲織錦繡，綠柳青煙籠畫舫。
翁媼黃昏閒來坐，指點晚霞話隋皇。

南游懷古（二）

半江錦帆半江霞，風拂綠草水蒙沙。
揚子浪卷千堆雪，錢塘潮推一線涯。
石頭城下聽昆曲，虎丘塔側品新茶。
最是遊人銷魂處，隋堤柳影洛陽花。

甘肅行

祁連山高萬木幽，瀚海黃河一望收。
大鬥拔穀君涉險，觀風行殿草伏誅。
懷遠何懼餐風露，睦鄰敢忘萬兜鍪。

隋築長城今安在，惆悵遙瞻漠北頭。

洛陽懷古

洛城一望春漸深，隋堤漫步憶前塵。
勃興忽亡誌千古，載舟覆舟俱斯民。

煬帝陵

雷塘自古號繁華，碧瓦紅牆百千家。
可歎一隅隋皇墓，孤墳老樹宿寒鴉。

雷塘行

和風微醺日欲斜，紅樓碧野接天涯。
遊人或謂春將老，我來雷塘拾落花。

媽媽眼中的隋煬帝在歎息裡，爸爸眼中的隋煬帝在詩裡。那麼，我眼中的隋煬帝呢？應該就在這本書裡吧。很多朋友會發現，和我以前的幾本書不同的是，這個前言並未涵蓋對隋煬帝的整體評價。也許在我心中，如此毀譽交織的人生，如此跌宕起伏的命運，如此波瀾壯闊的歷史，本來就不該由一篇短短的前言容納。因此，還請您耐下心來，從頭看起。當然，您若著急要結論，也可以先看第一章和最後一章。

需要說明的是，「百家講壇」《隋煬帝楊廣》曾經錄製了三十二集，播出時，出於種種因素，把《二征高麗》《鎩羽而歸》《功敗垂成》及《後院起火》歸併為一集，又將《三征高麗》做了大幅度調整，最後便成了大家現在看到的二十九集版。一番周折，再次驗證了歷史和現實之間果然密不可分。然而，唯有信史，才能成為我們了解當下、展望未來的根基。因而，此次出書，恢復原貌，也算是不誣古人，對隋煬帝有個交代吧。

【第一章】

悲情天子

隋煬帝，一個中國歷史上備受唾罵的皇帝。在市井傳說中，他弒父殺兄，姦母淫妹，大興土木，窮兵黷武。一個「煬」的謚號，永遠把他釘在歷史的恥辱柱上。然而，我們既不能以一善遮百惡，也不能以一罪廢百功。歷史上的隋煬帝，真的就這樣一無是處嗎？在他的人生履歷裡，到底有多少功業，多少失敗？他這個人，到底幾分是魔鬼，又有幾分是英雄？

在中國古代的帝王中，要說誰的名聲最差，緋聞最多，恐怕非隋煬帝莫屬，隋煬帝就是一個以「惡」出名的皇帝。在市井傳說中，他荒淫無道，兇殘暴虐。在正史記載中，他窮兵黷武，好大喜功。千百年來，他已經固化成為人們心目中昏君與暴君的典型。然而，隋煬帝真就那麼一無是處嗎？君不見，大運河溝通南北，通波千載；洛陽城威震東方，最號名城。一善固然不能遮百惡，但一罪也不能廢百功，當英雄與魔鬼、有為與無情交織在一起的時候，我們到底應該怎樣評價這位悲情帝王呢？

隋煬帝是何許人也？很多人想都不用想，就會說：昏君、暴君。否則怎麼會那麼快就搞垮了大隋帝國呢？怎麼會留下那麼多荒淫無恥的傳說故事呢？怎麼會諡號為「煬」呢？按照諡法，好內遠禮曰煬，去禮遠眾曰煬，逆天虐民曰煬。一個皇帝，好色、違禮、虐民，又逆天，這不是昏君、不是暴君是什麼！

沒錯，隋煬帝作為昏君、暴君的罵名從隋末農民起義就開始，而且罵了一千多年。但是，現在我來總結隋煬帝，倒想給他幾個新評價。哪幾個評價呢？

第一點，理想高。

第二點，精力好。

第三點，功業大。

第四點，才情美。

先看第一點，理想高。隋煬帝的理想是要建立「轥轢軒、唐，奄吞周、漢」的偉大業績，當一個「子孫萬代，人莫能窺」的千古一帝。何謂「轥轢軒、唐，奄吞周、漢」？就是超過軒轅，超過唐堯，超過西周，也超過兩漢。軒轅黃帝和唐堯都是古代傳說中的聖王，西周和兩漢則以統治時間長著稱，這四個時代可是中國歷史上的黃金盛世，隋煬帝要是真能超過他們，確實算得上前無古人了。再

諡號：中國古代帝王、諸侯、卿大夫、大臣等人死後，朝廷依據他們生前事蹟和品德評定一個稱號以示表彰，即為「諡號」。始于西周中葉後期。周考王之後才有諡法。天子及諸侯死後，由卿大夫議定諡號。秦始皇廢而不用，漢初恢復。以後帝王諡號由禮官議上。貴族大臣死后定諡由朝廷賜予。明清定諡屬禮部。此外，又有私諡，始於東漢，大多是士大夫死後由親族門生故吏為之立諡，故稱「私諡」。

加上「子孫萬代，人莫能窺」，就是後無來者。一個皇帝，想要讓自己的功業前無古人，後無來者，還不是理想高嗎？

這句話說得很豪邁，這兩句話出自《隋書．楊玄感傳》，是魏徵他們修《隋書》的時候幫隋煬帝總結的。既然如此，可能有人就要質疑了，你怎麼知道這就是隋煬帝的理想呢？你怎麼知道魏徵的總結就是對的呢？確實，單用別人的總結不能算數，我們還得看看隋煬帝自己怎麼說。

隋煬帝倒是沒怎麼公然談論過自己的理想，但是隋煬帝的年號叫大業。所謂大業，那就是千秋萬代的偉業，這一個年號就足以透露煬帝的雄心壯志了。事實上，當時議論這個年號的時候，有人提過反對意見，說大業的「業」字，可以拆成一個苦字和一個末字，所以，大業就是大苦末，又苦又末，很不吉利，要隋煬帝換一個。可是，隋煬帝偏不信邪，就不換。從這件事也可以看出來，成就一番大業在隋煬帝心裡有多重的分量。一個皇帝，有這樣的人生理想，難道還不叫理想高嗎？

再看第二點，精力好。再高的理想，不也要靠人去實現嗎？理想愈高，人要付出的努力也就愈多。對於這一點，隋煬帝非常清楚。他可不是一個懶惰的皇帝。怎麼才叫不懶惰呢？他說：

> 自古天子有巡狩之禮，而江東諸帝多傅脂粉，坐深宮，不與百姓相見，此何理也？

南朝的皇帝為什麼不行呢？因為太宅，太娘娘腔了，整天塗脂抹粉，坐在深宮裡，對外界、對老百姓的事情一點都不了解，這怎麼行呢？

隋煬帝瞧不起這樣的皇帝，他下定決心，要充分接觸社會。所以，登基後，隋煬帝開始不停地巡遊。他在位十四年間，三下江都，兩巡塞北，還有一次西巡張掖。大規模、遠距離的出巡就有八次之多，在西京大興城和東都洛陽之間來回更是家常便飯。歷史學家岑仲勉先生曾經做過統計，隋煬帝在位十四年中，待在大興城的時間累計不足一年，在東都洛陽的時間累計也不超過四年，其餘時間都在各地巡遊。人生就是在路上，這得有多充沛的精力才能做到啊。

再看第三點，功業大。隋煬帝有如此高遠的理想，再有如此充沛的精力，當然要建立一番功業。隋煬帝的功勞可太大了。其中，影響最深遠的就是兩項大工程，一個是東都洛陽，一個是大運河。

隋煬帝修東都洛陽，是因為他要把隋朝的東西連在一起。挖大運河，是要把隋朝的南北連在一起。我們知道，隋朝本來是由西邊的北周、東邊的北齊，還有南邊的陳朝三部分組成。隋文帝雖然以軍事力量將這三部分捆綁成一個統一體，但是內部的裂痕還相當明顯。怎麼才能讓這三部分真正成為一個不可分割的有機體呢？就靠東都洛陽和大運河。

隨著洛陽城的修建，隋朝在東部有了一個穩定的據點，整合東方就容易不少；隨著大運河的開通，隋朝的南北兩部分終於有了連在一起的大動脈。從此，貿易流通，人員往來的洪流勢不可當，中國的南方和北方形成了打斷骨頭連著筋的關係，再也不能分開。隋朝的統一就此穩固。

我們都知道，要評價一項事業是否偉大，除了看它的當前價值之外，更要關注長遠價值。在這一點上，東都洛陽和大運河更是無懈可擊。這兩項工程不僅隋朝使用，繼之而起的唐朝也接著用，而且發揮了更大的作用。唐朝不是照樣實行東西兩京制嗎？武則天乾脆定都洛陽，把洛陽作為最重要的政治中心。大運河也繼續發揮著連結南北的功效。

唐朝時，南方經濟和文化已經飛速崛起，它的人力和物力就是透過運河這條大動脈源源不斷地輸送到北方。特別是「安史之亂」後，唐朝東部地區的土地財富都被割據的藩鎮把持，不再上供給中央。當時就是靠著運河輸送過來的東南財賦，遠在西北地方的李唐朝廷才又生存了一百五十年，這不就是運河的偉大作用嗎！所以，唐朝後期的人提起大運河，都不由得流露出感恩之心。其中，皮日休那首《汴河懷古》流傳最廣。他說：

盡道隋亡為此河，至今千里賴通波。
若無水殿龍舟事，共禹論功不較多。

把隋煬帝開運河，溝通江南的經濟重心和北方的政治重心的功勞和大禹治水相提並論，這也算得上對隋煬帝的最高評價了！

再看第四點，才情美。毛澤東說：

惜秦皇漢武，略輸文采；唐宗宋祖，稍遜風騷。一代天驕，成吉思汗，只識彎弓射大雕。

人無完人，中國歷史上，有為的君主往往在才情上稍遜一籌，顯得無趣；而有才情的君主，又往

兩京制：即一國兩都制度。此製源於西周，當時西周的都城在鎬京，即今西安，後周公姬旦又在洛邑營造了一座新城，即今洛陽。洛邑後來成為東周的都城。此後，兩京制影響了中國多個朝代都城的興建，如漢、唐兩也是「兩京」，有東都洛陽、西都長安。史上的短命王朝裡擁有「兩京」的更多，如魏晉南北時期的魏、北齊、北周都是兩個都城。

往在政治上糊塗荒唐，顯得無能。像我們熟知的南唐後主李煜、宋徽宗趙佶，不就是明證嗎？功業和才情集於一身的皇帝，在歷史上非常難得，唐玄宗算是一個代表，另一個就應該是隋煬帝了。

唐玄宗最突出的專長是音樂。隋煬帝則是賦詩。要知道，隋煬帝生活的時代，還是宮體詩大行其道的時代。所謂「宮體詩」，就是一種在內容上偏重寫宮廷生活和男女愛情，在形式上追求辭藻華麗，在格調上則比較輕佻甚至下流的詩體。這是當時詩壇的主流。但是隋煬帝一出手，馬上就不一樣了。

怎麼不一樣呢？我們剛才不是說他西巡嗎？就在那樣艱苦的環境下，隋煬帝照樣詩興大發。其中有一首《飲馬長城窟行》流傳至今，堪稱傑作：

肅肅秋風起，悠悠行萬里。
萬里何所行，橫漠築長城。
豈合小子智，先聖之所營。
樹茲萬世策，安此億兆生。

這首詩還是寫宮廷生活、男歡女愛嗎？不是，它是寫大漠風煙，英雄豪情；它還是堆砌辭藻，無病呻吟嗎？不是，它是那麼質樸凝重，大氣磅礡。這首詩一掃宮體詩的淫靡之氣，讓我們一下子想起了魏武帝曹操的慷慨悲歌。依照當時人的說法：

隋煬從華得素，譬諸紅豔叢中，清標自出。隋煬帝一洗頹風，力標本素。古道於此復存。

隋煬帝在非常華麗的狀態之中，追求一種素雅的境界，就好比在萬花叢中開出一朵清新的芙蓉，他一洗南朝以來頹唐的詩風，追求詩的本真境界。他讓詩超越了宮體詩纖靡的風格，直接接上大氣磅礴的漢魏雄風。

事實上，如果我們在隋朝只講一個代表性的詩人，一定就是隋煬帝，他是當時寫詩品質最高的人。那如果我們講一個寫作量最高的詩人，隋朝仍然是隋煬帝。為什麼呢？隋煬帝現今留下來的詩一共是四十四首，在所有隋朝詩人裡絕對是第一名。

一個有為的皇帝，能夠同時成為當代最偉大的詩人，這還不意味著絕世的才情嗎！事實上，即使是一代聖君唐太宗李世民，也非常佩服隋煬帝的詩才。佩服到什麼程度？別看唐太宗整天跟大臣探討隋煬帝為什麼亡國，但是私下又把隋朝的樂工請回來，讓他們把隋煬帝的詩譜成曲子，在宮裡演唱。這說明什麼呢？說明唐太宗雖然在政治上是隋煬帝的對頭，但在詩才上卻是一個不折不扣的粉絲呢！

可能有人會說，如此志存高遠，才華橫溢，精力過人，而又功勳卓著的皇帝，簡直是聖人了，怎麼又會成為亡國之君呢？而且，只統治了十四年，還留下了那麼多的罵名。這個矛盾怎麼解決呢？

無論後世對隋煬帝的評價有多低，仍然沒有掩蓋他志存高遠、才華橫溢的事實。按照常理，一個有著如此超人能量的皇帝，理應會打造出一個輝煌的盛世，他本人也應該成為一代聖君。然而，歷史有時就是不按常理出牌，隋煬帝非但沒有成為一代聖君，還蒙受千秋罵名。他統治的時代非但沒有成為一代盛世，反而成為了中國歷史上著名的短命王朝。那麼在隋煬帝能量超人的背後究竟隱藏著什麼嚴重問題呢？

我覺得，關鍵在於隋煬帝太能幹，因此也太急躁、太驕傲，欲速則不達。為何說太急躁呢？隋文帝有前無古人、後無來者的大理想。他需要把他的理想變成現實。於是，當隋煬帝一登基，那些彪炳史冊的大工程就連續動工，全國老百姓也都被動員到各個工地了。

就拿隋煬帝時期最著名的三項工程來說，大業元年（六〇五）修東都洛陽，總計用十個月的時間，每月用工兩百萬；大業三年（六〇七）修長城，發丁百餘萬；大業元年到大業六年（六一〇）修大運河，累計用工三百萬以上。

那麼，大業年間老百姓的負擔到底有多重呢？歷史學家胡如雷先生曾經做過一項估算。他說，從仁壽四年（六〇四）隋煬帝即位到大業八年（六一二）第一次東征高句麗，八年之間，隋煬帝一共興修了二十二項大的公共工程，總共動用的人力達到三〇一二萬人次。隋煬帝時期全國人口才四六〇〇萬，八年時間就動用了三千多萬人，每年平均徵用四百萬左右的勞動力，將近占總人口的十分之一，幾乎就是全國男丁的總數，這不是濫用民力嗎？

隋煬帝為什麼這麼瘋狂呢？一言以蔽之，太急於求成。一萬年太久，只爭朝夕，恨不得一天就跑進入太平盛世，完全不考慮老百姓的承受能力，誰受得了啊。

人的心情如果急躁，脾氣就容易暴躁，不體諒人情。隋煬帝是一個像超人一樣精力極端充沛的人。但是全國人民大多數並不是超人，而是普通人，無論是智力、體力，還是精力都不如他。然而，隋煬帝可不體諒這一點。他覺得，沒有做不到，只有想不到，換言之，只要他想得到，老百姓就必須做得到。如果誰做不到，那就是不努力，就是遊手好閒，就要加強管教。這樣一來老百姓就慘了，每天都要超負荷勞動，稍微一鬆懈，監工的皮鞭就下來了。

隋煬帝如此蠻橫的結果是勞動力大批死亡。按照史書記載，營建東都洛陽，「僵僕而斃者十四五」；修長城，「死者十五六」；挖運河，「死屍滿野」；河挖到哪裡，運送屍體的車子就跟到哪裡。隋煬帝的理想是要建立前無古人、後無來者的太平盛世。可是，現實居然是男丁屍橫遍野，婦孺哀哀無告。理想如此豐滿，現實如此骨感，這不是莫大的諷刺嗎？隋煬帝的理想和現實為什麼有這麼大的差距呢？說到底，不是他的理想錯了，而是他實現理想的節奏錯了，操之過急。

可能有人會說，隋煬帝實行這樣的急政，相當危險啊！難道沒有大臣提醒他嗎？確實，隋煬帝手下也不乏清醒的大臣，這些大臣也曾經試圖提醒過隋煬帝，但是隋煬帝聽不進去。這就涉及他的第二個特性，太驕傲了。

舉兩個例子。前文說過，隋煬帝是隋代第一詩人，他對自己的詩才也非常自負，曾經說：

> 天下皆謂朕承藉緒餘而有四海，設令朕與士大夫高選，亦當為天子！

天下人都以為我是接我爸的班才當皇帝，其實不然，就算跟你們這些讀書人一起比作詩，我照樣當皇帝。

這何等自負！一個能幹的人，驕傲一點也無可厚非，但是，隋煬帝驕傲過頭。眼裡沒有別人，不能容忍別人比自己強。有一個著名的「豔詩斷頭」的故事，記載在《隋唐嘉話》裡。隋煬帝不是擅長寫詩嗎？也喜歡跟其他詩人比較，通常別人都沒有他寫的好，所以他很得意。

問題是，當時有一個著名的文人叫薛道衡，也很擅長寫詩。其中最有名的一首詩叫《昔昔鹽》，薛道衡（五四〇—六〇九），隋代時人，字玄卿。河東汾陽（今山西萬榮）人。歷仕北齊、北周。隋朝建立後，任內史侍，加開府儀同三司。煬帝時，出為番州刺史，改任司隸大夫。與盧思道齊名，在隋代詩人中藝術成就最高。有集三十卷已佚。今存《薛司隸集》一卷。

寫一個丈夫出征，獨守空閨的女子，其中有一句非常有名：「暗牖懸蛛網，空梁落燕泥。」蛛絲兒結上了窗框，燕泥也落滿了雕梁，透過刻畫一個因為缺少了人氣而空空蕩蕩的屋子，讓我們體會出女主人寥落的心情，非常傳神。

隋煬帝也佩服得不得了，覺得自己怎麼也寫不出這樣的好句子來。怎麼辦呢？隋煬帝乾脆找了個理由，把薛道衡給殺了。殺頭之前，隋煬帝還得意揚揚地問了一句：「更能作『空梁落燕泥』否！」這樣的不能容人，不就成了嫉賢妒能嗎？

隋煬帝在詩文上驕傲到不許別人超過自己的程度，在政治上。他同樣是師心自用，覺得自己比天下人都強，所以決不允許別人勸諫。隋煬帝曾經有一句經典名言。他說：

> 我性不喜人諫，若位望通顯而諫以求名，彌所不耐。至於卑賤之士，雖少寬假，然卒不置之地上。汝其知之！

隋煬帝說，我生性最討厭別人進諫，如果你已經當了大官，居然想靠進諫這種方式來求得美名，我尤其容不下，當場就要殺了你。如果你是一個卑微之士來進諫，我可能稍微地寬待你幾天，但是你放心，我終究會還是不會放過你的。千萬記住！

這幾句話壓住了官員們的建言獻策之志，也澆熄了官員們的拳拳報國之心。有一句話叫「智者千慮，必有一失；愚者千慮，或有一得」。我們承認，隋煬帝有著傑出的政治眼光和政治智慧，但是再準的眼光，也有看不到的地方吧？再高的智慧，也有考慮不到的事情吧？所以，民間才有「三個臭皮匠，勝過諸葛亮」的說法，儒家經典也才會講「木受繩則直，人受諫則聖」。這本來不是什麼高深的道理，可是聰明如隋煬帝，偏偏就被驕傲蒙蔽了雙眼，看不清這個道理，只知道剛愎自用，文過飾非。

師心自用。師心：以心為師，這裡指只相信自己。自用：依自己的主觀意圖行事。形容自以為是，不肯接受別人的正確意見。出自北齊顏之推《顏氏家訓．勉學》：「見有閉門讀書，師心自是，稠人廣座，謬誤差失者多矣。」

老臣高熲勸他不要太奢侈腐化，以免重蹈北周天元皇帝的覆轍，他聽不進去，便把高熲殺了；幫助他軟禁隋文帝，奪取皇位的張衡勸他不要濫用民力，他聽不進去，把張衡也殺了；到最後，天下義軍蜂起，隋煬帝困守江都宮，衛士們紛紛謀劃著要造反，一個宮女好心提醒他注意防範，他還是聽不進去，又把宮女殺了。這樣殺來殺去，再也沒有人敢提異見了，他的錯誤也就無法及時糾正，離正確的道路愈來愈遠。

志存高遠的隋煬帝採用常人不能承受的速度拚命向前。以隋煬帝的才能，如果按合理的節奏做事，那是天下人的福氣，他也會成為英雄；然而當他以超強的節奏做事時，人民會無法承受，揭竿而起，他也就成了魔鬼。事實上，最後的隋煬帝也真的被視為魔鬼，糊裡糊塗地走向了地獄。

根據史書記載，隋煬帝準備第三次征討高句麗的時候，徵求滿朝文武的意見，一連好幾天，竟然沒有一個人說話。一個皇帝，孤家寡人到這個程度，夠淒涼了吧？

更淒涼的是，大業十四年（六一八），江都之變前夕，有一個宮女分明聽到將士們謀反的計畫，並稟告蕭皇后，蕭皇后想了想說，事已至此，告訴陛下也只能讓他心情更加煩亂，索性不管。一代皇帝，連妻子都不能跟他講真話，就這樣糊裡糊塗走向窮途末路。隋煬帝自己看來，也許叫做英雄的孤獨，但千載之後的我們怎麼看呢？只能說是得道多助，失道寡助。一個皇帝，一旦落到失道寡助的境地，又怎麼可能不敗呢！就這樣，因為隋煬帝的急功近利和傲慢自大，他身上那些原本閃閃發光的優點全都走向了反面。

他是有理想，可是，他的理想卻成為懸在全國人民頭上的索命咒，讓他們累死在工地，戰死在沙場，或是餓死在荒蕪的田野上。

他是有精力，可是，他的精力卻成了挑選遊戲夥伴的試金石。你跟得上我的節奏，好，我們一起往前衝；你跟不上我的節奏，對不起，你出局了，根本不配生活在我統治的時代。

他是有才情，可是，這才情卻成了他自高自大、蔑視一切不同意見的藉口。到最後，當全國只剩下他一個腦袋在思考的時候，成果就不再是高明的政治決策，而是瘋子的胡言亂語。

他是有功業，可是，這些利在千秋的功業卻並沒有能夠造福當時的百姓，只是讓他們付出沉重的代價，罪在當代，怎麼可能受到當代人民的擁護呢？

說到這裡，我們恐怕也就明白隋朝雖然強盛但卻短命，隋煬帝雖然英雄但卻被人唾罵的原因了。隋煬帝沒有擺正英雄和人民的關係。本來，英雄的業績應該建立在引導人民、造福人民的基礎上，但是隋煬帝這個英雄卻只知道一味地蔑視人民、壓榨人民，這樣的英雄，自己走到了人民的對立面，怎麼可能不被人民拋棄呢？

有一個說法叫「可愛非君，可畏非民」；還有一個說法叫「水能載舟，亦能覆舟」。這樣的道理，隋煬帝至死也沒有想明白，他雖然創造了千秋功業，但是卻只能以一個獨夫民賊的身分，死在舉國皆反的浪潮中，死在自己親信和衛兵的手下。這難道不是一個悲劇嗎？

更悲慘的是，當年陳朝的末代皇帝陳叔寶去世，隋煬帝大筆一揮，給他諡號為「煬」。在隋煬帝心目中，陳後主沉湎女色，信用小人，破國亡家，是一個多差勁的皇帝啊！可是隋煬帝萬萬沒有想到，十四年之後，唐朝皇帝給他的諡號居然也是「煬」。和自己最蔑視的人物並肩而立，分享同樣的歷史評價，這對於隋煬帝這樣一位有著濃厚的英雄情結，渴望成就千秋大業的人而言，該是怎樣的悲情啊！

陳後主（五五三—六〇四），名陳叔寶，字元秀，南北朝時期南朝陳國皇帝。西元五八二—五八九年在位，在位時大建宮室，生活奢侈，不理朝政。隋軍攻入建康，陳叔寶被俘。後在洛陽城病死，追贈大將軍、長城縣公，諡「煬」。

那麼，一千多年之後，我們到底應該怎樣評價隋煬帝這位功過交織、毀譽並存的皇帝？他到底算是英雄天子，還是獨夫民賊？他的那些故事，到底有幾分是真，幾分是假？他的悲劇人生，對於當時，對於繼之而起的唐朝，乃至對於今天，又會引起怎樣的思索和啟迪呢？

【第二章】

煬帝其人

楊廣登基之前，在父母眼中是孝順孩子；在大臣眼中是優秀王子，具備接班人應有的一切優秀素質和品格。但是，成為皇帝後的楊廣，卻呈現出了人性的另一面。這是權力的膨脹，還是人性的弱點？

在中國古代帝王中，隋煬帝是公認的反派人物。荒淫與暴虐，似乎是他在人們心目中最重要的兩張名片。難道隋煬帝天生就是一個惡人嗎？如果是，他為何能夠贏得父皇和母后的信任，成為大隋王朝的接班人？如果不是，又為何在當政之後表現出截然不同的性情？

人的一生都有連續性，皇帝也是如此。隋煬帝讓我們感興趣的是他當皇帝的業績，但是要了解他為什麼是這樣一位皇帝，還得從他未登基前說起。這個日後大名鼎鼎的隋煬帝，到底曾經是一個怎樣的人呢？

隋煬帝大名楊廣，曾用名楊英，小名叫做阿䴢，出生在五六九年。他在人生之路上的第一個身分，是一個幸運公子。為什麼叫幸運公子呢？有兩大幸運之處。

第一個幸運是出身好。五六九年，還是北周的天下，而他的父親楊堅是北周的大將軍、隋國公，那是赫赫有名的軍事貴族；他的母親獨孤氏，則是北周柱國獨孤信的小女兒，也是將門虎女，身家顯赫。我們講過，北周的八柱國、十二大將軍的核心構成了所謂的關隴貴族集團，這個集團中的人，就是當時社會的最高層，無論是皇帝、高官，還是貴戚，都從這個集團中產生。

舉一個例子，大家就明白這個集團中的人物能量有多大了。楊廣的外祖父叫獨孤信。此人一共生了七個女兒，其中，大女兒是北周明帝的皇后，四女兒是唐高祖李淵的母親，追封為元貞皇后，小女兒就是楊廣的母親，隋朝的獨孤皇后，一門出三朝皇后，正說明了這個集團的顯赫。小小的楊廣能夠有這樣的出身，那就等於含著金湯匙出生，這還不夠幸運嗎？

八柱國是西魏的八位柱國大將軍，分別為宇文泰、元欣、李虎、李弼、趙貴、于謹、獨孤信、侯莫陳崇，其中宇文泰總領百官，督中外軍，為柱國之首。廣陵王元欣則是因西魏皇族地位尊崇而掛名，其餘六柱國各督兩名大將軍，即十二大將軍，分掌禁旅。八柱國中，宇文泰創建北周王朝，李虎為唐高祖李淵祖父，李弼是李密的祖父，獨孤信為隋文帝楊堅的岳父、李淵外祖父。這些名將的豐功偉績為子孫興盛打下了堅實的基礎。

楊廣的第二個幸運之處在於資質。依照《隋書》的記載：「美姿儀，少聰慧。」長得漂亮，人又聰明伶俐，非常討父母喜歡。楊廣聰明到什麼程度，史書沒有記載，我們也不能瞎猜，但是要說長相好，還是可以找到一些佐證的。什麼佐證呢？就是楊廣的小名——阿。這是一個佛教用語，又叫尼，是善女的意思。給楊廣取這麼一個女性化的小名，除了民間所謂的好養活之外，恐怕也是因為他長得眉清目秀，簡直像一個漂亮的女孩子吧。

我們知道，隋唐時代做官是要挑長相的，所謂身、言、書、判，第一個條件就是長得端正。楊廣長得端正，又聰明，這不就是資質好嗎？

出身好，資質又好，按照當時的慣例，他的經典人生道路應該是早早進入仕途，然後步步高升，走上父輩和祖輩的老路。事實上也確實如此，隋煬帝在北周被封為雁門郡公，當時只是個孩子。從這樣的高點起步，對於任何人來說，都是非常幸運的事。但是，這對楊廣來說還不算什麼，還有更大的幸運在等著這個孩子呢。

五八一年，他的父親楊堅以北周皇太后之父的身分篡權成功，建立大隋，當皇帝。年方十二歲的楊廣也馬上子以父貴，從北周的雁門郡公變成了隋朝的晉王，升級了。

當貴族公子的時候，楊廣是個幸運的公子，那麼，當了晉王以後呢？楊廣又是個優秀的王子。在兩方面表現非常突出。

第一是功勳卓著。

第二是人品端正。

楊廣當晉王的時候有什麼功業？有三大功業無人能及。

第一個功業是北破突厥。隋朝建立之後，就開始跟突厥爭奪東亞霸主的地位。為此，雙方在開皇二年（五八二）到開皇四年（五八四）曾經大打出手，後來，開皇十七年（五九七）到十九年（五九九），再次大打出手。兩個階段的戰果如何呢？第一個階段，隋朝迫使突厥的沙缽略可汗稱臣，突厥也因此分裂成東西兩部分，隋朝取代突厥，贏得了東亞霸主的地位；第二次，隋朝又逼死沙缽略的兒子都藍可汗，另立親隋的啟民可汗，維護了東亞霸主地位。總之，兩次都是隋朝大獲全勝。

晉王楊廣在這裡的作用為何？在第一次戰爭期間，楊廣雖然年紀尚小，未曾親自參戰，但是，他從開皇元年（五八一）到開皇六年（五八六）一直擔任并州總管，駐紮晉陽（今山西太原），而并州總管最主要的任務就是防控突厥。換言之，雖然沒有戰功，但仍有日常防控的苦勞和疲勞。

到第二個戰爭階段，楊廣的作用就更大了。開皇二十年（六〇〇）他親自指揮了對突厥的最後一擊，這樣一來，北破突厥的桂冠也就自然而然地戴在了他的頭上。這不是莫大的功業嗎？

第二個功業是南平陳朝。隋朝在解決突厥問題之後，馬上就在開皇八年（五八八）發動平陳戰爭。平陳的統帥就是晉王楊廣。當時，楊廣年方二十歲，以行軍元帥的身分統領三大集團軍，五十萬士兵進軍江南，一舉活捉了陳後主，把整個南方納入隋朝的版圖，贏得了隋朝的大統一，這不是莫大的功勞嗎？作為一個皇子，有了北破突厥和南平江南這兩大功勞，已經相當厲害，但這還不是楊廣的全部業績。

他的第三個功業是安撫江南。開皇八年（五八八）隋朝不是順利地平定了江南。但是由於南北分裂太久，統治方式、思想方式差距很大，而隋朝又急於實現全國一盤棋，推行了一些過激的政策，

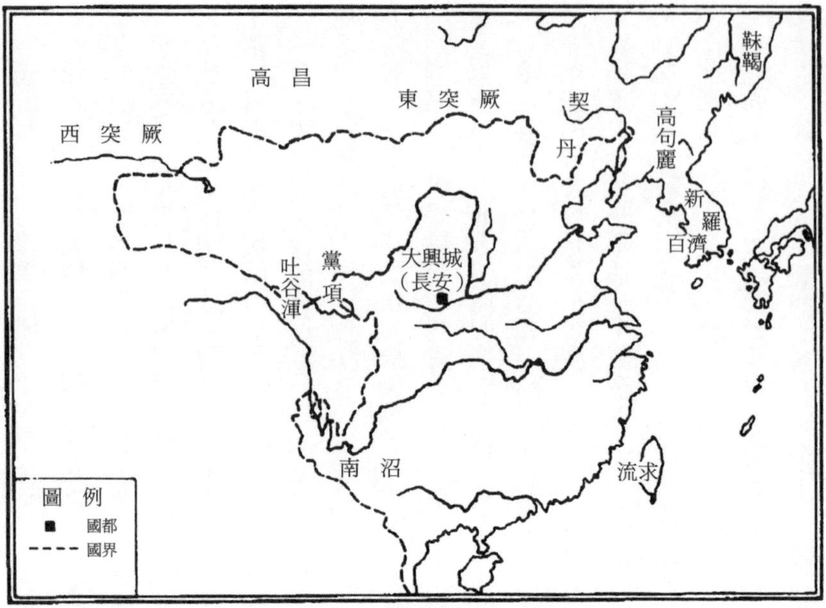

隋朝疆域圖

引起了江南人民的不滿。到開皇十年（五九〇），原來陳朝舊境出現了大規模的叛亂。在此情況下，楊廣臨危受命，擔任揚州總管，坐鎮江南。這一次，他不僅參與了平叛，而且，在叛亂後繼續留在南方，擔任揚州總管十年之久。

這十年楊廣有什麼功勞呢？一句話，就是安撫人心。原來隋文帝不是迷信軍事征服，才引來南方的反叛嗎？楊廣就反其道而行之，充分尊重南方文化，籠絡南方人才，讓江南人民慢慢擺脫被征服者的屈辱感，逐漸接受隋朝的統治。

那麼，楊廣是怎麼做到這一點呢？他為了安撫江南百姓，專門學習吳儂軟語，用當地人的語言與當地人說話，還有什麼比這更具有親和力和示範性呢！經過他這麼一番春風化雨般的行動，江南人心逐步安定，隋朝統一的成果也才算穩定下來。

說到這裡，大家可能就明白了，如果說北破突厥和南平陳朝代表晉王楊廣的武功，那麼安撫江南就代表楊廣文治的能力了。一個皇子，既有武功，又有文治；既有北部軍事經驗，又有南方民政經驗；既跟少數民族打過交道，也跟江南漢人打過交道，而且處處都留下不凡業績。這樣的經歷，這樣的功業，難道還不算優秀嗎？

孟子說，人之初，性本善。隋煬帝楊廣也不例外。他曾經是一個優秀的少年，更是一個有為的青年，年紀輕輕就建立了顯赫的功業，這一點，即使是最苛刻的史學家，也不能否認。然而，楊廣的優秀之處還不止於此。

再看人品端正。楊廣在人品上有什麼過人之處呢？我也總結三點。

第一是孝順。

第二是老成。

第三是善良。

先看孝順。楊廣長期擔任揚州總管，不在父母身邊。照理說，不在父母身邊很難表達孝心。可是，楊廣就能做到。根據史書記載，每次隋文帝楊堅或者獨孤皇后派人去揚州探望他，不管來人地位多卑微，楊廣都必定到邊境迎接。迎接回來之後，如果是男性使者，就跟他同吃同住；如果是女性使者，就跟他的妃子蕭氏同吃同住。務必以最高規格招待，讓使者如沐春風。這跟孝順有什麼關係呢？我們都知道一句話叫愛屋及烏，還有一句話叫打狗看主人，對父母派來的使者這麼敬重，不就反映出對父母的敬重嗎！要知道，皇帝跟普通百姓可不一樣，他不需要你照顧他吃飯穿衣，但是，他在乎你是否表現出對他最大的敬畏。楊廣能夠投其所好，這在隋文帝夫婦心裡，就是最大的孝順！

再看老成。一個很重要的表現就是不近女色。根據史書記載，楊廣一共有三個兒子，其中兩個出生在他當晉王時期，而這兩個兒子，全是正妻蕭妃所生，這當然是他不近女色的最好證據。一個年輕的皇子，私生活能夠如此嚴謹，不就是老成持重！

再看善良。有一次晉王楊廣和手下士兵出去打獵，忽然天降大雨，左右趕緊給他拿來雨衣。結果楊廣說，這麼多士兵都淋著雨，我怎麼好意思一個人穿雨衣呢？我還是跟大家同甘共苦吧。這不就是善良的最好表現嗎？

一個皇子，能夠孝順父母，不近女色，善待下人，這在道德上已經相當高明了。既有過人的功業，又有非凡的道德，這簡直是完人啊。是不是呢？在當時人眼裡確實如此。按照隋書的說法，就是「聲名籍甚，冠于諸王」。楊廣當晉王的時候名聲特別好，遠遠超過其他王子。

有這樣的大功勞，再有這樣的好名聲，幸運之神又來照顧他了。開皇二十年（六〇〇），鑑於楊廣一直表現優秀，和太子楊勇形成鮮明的對比，隋文帝在獨孤皇后和宰相楊素的慫恿之下，做了一個艱難的決定，廢掉已經當了二十年太子的嫡長子楊勇，改立晉王楊廣當太子。這一下，楊廣又實現了人生的第二次飛躍，成為儲君了。

這個曾經的幸運公子、優秀王子，當了太子之後又有怎樣的表現呢？楊廣人生的第三個身分可以稱為謹慎太子。

何謂謹慎？我們只講一件事就夠了。楊廣當晉王期間屢立大功，但是當太子之後，幾乎找不到一件像樣的功勞，似乎一下子失去光彩了。其實，不光我們有這種感覺，楊廣自己也知道。當太子的時候，他寫過一封信給自己的下屬史祥，信的最後一段是這樣寫的：

比監國多暇，養疾閒宮，厭北閣之端居，罷南皮之馳射。博望之苑，既乏名賢，飛蓋之園，理乖終宴。親朋遠矣，琴書寂然。

最近皇帝到仁壽宮避暑去了，所以我負責在大興宮監國。時間非常充裕，但是我既不想彈琴、騎射，也不想跟人聊天。總之，整天沒什麼事情可做。

楊廣為什麼當了太子之後一下就無所作為了呢？我覺得，這正是因為他謹慎。要知道，在中國古代，太子最忌諱的是什麼呢？就是出風頭。在壞事上出風頭固然不行，在好事上出風頭也不行，皇帝會因此心生警惕，你是不是沽名釣譽呢？是不是急著接班呢？所以，當太子最安全的做法就是什麼也不表現。楊廣深諳此道，所以整天待在東宮，既不娛樂，也不做事，堅決避免引人注目，表現得老成持重，謹小慎微。這樣的表現，對一個太子而言，還是比較得體的。

我們總結了楊廣人生的三個階段，如此說來，楊廣在人生的每一步上都非常得體啊！小時候是個幸運公子，長大是個優秀王子，再後來又成為謹慎太子，這樣的人豈不是相當完美！

從幸運公子到謹慎太子，楊廣的每一步都走得非常穩健，每一步都非常完美。優秀也是有慣性的，如果按照這個邏輯，楊廣日後應該能成為一個有為的好皇帝。但事與願違，楊廣的美名究竟是如何顛覆的呢？

可是，仁壽四年（六〇四），因為一件大事徹底打破我們對楊廣的完美印象。即隋文帝之死。隋文帝之死是個千古謎團，許多歷史記載都告訴我們，隋文帝是被自己的兒子、後來的隋煬帝楊廣所弒。至於具體情況，有人說是毒死的，有人說是打死的，反正過程相當慘烈。而且，根據史書記載，隋煬帝在弒父之前，還曾經企圖強姦庶母，也就是隋煬帝的寵妃宣華夫人，殺父淫母，真是禽獸不如。是不是這樣呢？這個問題，我們在《蒙曼說隋：隋文帝楊堅》已經辨析過了，事實可能並不像筆記小說所寫的那樣暴力血腥，但是隋文帝之死仍然跟兒子直接相關。

> 宣華夫人原是南陳宣帝之女，陳後主之妹。陳後主不理政事，致使北房的隋朝皇室有機可乘。五八八年，晉王楊廣領軍渡長江，直抵建康，南陳皇室不戰而降。陳氏與眾皇族女子全數發配隋朝後宮，後來得到隋文帝寵幸，被封為宣華夫人。隋煬帝登基後，宣華夫人雖然繼續受到寵幸，但終日鬱鬱寡歡，一年多便病逝。

根據我的分析，事情的經過大約是這樣的：仁壽四年（六〇四）初，隋文帝到仁壽宮避暑，突發重病。身為皇太子的楊廣為了確保政權平穩交接，就利用密信與自己的親信宰相楊素私下溝通，提前安排文帝死後的各項工作。沒想到，這封密信被誤傳到隋文帝手裡。要知道，隋文帝一輩子緊抓權力不放鬆，現在還沒有死，兒子就急著想要接班，老皇帝情何以堪！隋文帝一生氣，就讓自己的兩個親信文官起草詔書，打算召回廢太子楊勇，重新考慮接班人問題。

這詔書一旦發出，楊廣不就前功盡棄了嗎？在這種情況下，太子楊廣痛下殺手，發兵包圍仁壽宮，武裝保衛隋文帝，徹底斬斷了他與外界的聯繫。隋文帝原就病重，經過這麼一番刺激，便一命嗚呼。老爸一死，楊廣的危險解除，這才順利登基。

那麼，我們應該怎樣看待這件事呢？可能有人會說，權力是親情的腐蝕劑，宮廷自古多冷血，一代聖君唐太宗李世民也曾逼宮，在歷史上不算新鮮。問題是，在此之前，楊廣不是以孝順著稱嗎？現在這件事一出來，馬上，我們之前對楊廣孝順的印象可就徹底顛覆了。

從隋文帝去世前後楊廣的表現可以看出，此人具有出色的表演能力。他為了爭奪權力、地位，隱忍了很多欲望，把自己裝扮成一個合格的皇帝接班人。但是一旦達到接班的目的，他也就不願意再偽裝了。那麼稱帝之後的楊廣還做過什麼壞事呢？

就在隋文帝死後，楊廣的作為，讓我們覺得不僅談不上孝順，老成和善良也都經不起推敲。怎麼回事呢？

其一是同心結事件。這件事的主角，就是楊廣與隋文帝的寵妃宣華夫人。他們倆之間發生了什麼事情呢？《資治通鑑》是這樣說的：

晡後，太子遣使者齎小金合，帖紙於際，親署封字，以賜夫人。夫人見之，惶懼，以為鴆毒，不敢發。使者促之，乃發，合中有同心結數枚，宮人咸悅，相謂曰：「得免死矣！」陳氏恚而卻坐，不肯致謝；諸宮人共逼之，乃拜使者。其夜，太子烝焉。

隋文帝去世那天下午，太子楊廣居然在百忙之中派使者送給宣華夫人陳氏一個小金盒，盒子上還貼著楊廣親手寫的封條。宣華夫人不知道裡面裝的是什麼，以為是毒藥，嚇壞了，怎麼也不敢打開。後來，在使者的催促之下，宣華夫人迫不得已，把盒子打開了，戰戰兢兢往裡面看，這一看不要緊，周圍的人都笑了，但是宣華夫人的臉馬上紅了。

裡面到底裝了什麼呢？幾枚同心結。這不是定情信物嗎？表示要跟宣華夫人永結同心。要知道，宣華夫人可是隋文帝的寵妃，現在隋文帝死了才幾個小時，就接到隋文帝兒子的定情信物，這也太過分了吧。所以，宣華夫人扭扭捏捏，把盒子放在一邊，也不理使者。後來，還是在身邊宮女的督促之下，才被迫拜謝使者。既然拜謝了使者，那也就意味著宣華夫人同意了。所以，當天夜裡，楊廣就臨幸了宣華夫人。

這就是所謂同心結事件。可能有人會說，你在《蒙曼說隋：隋文帝楊堅》裡不是說，楊廣並沒有企圖強姦宣華夫人嗎？既然如此，怎麼還會送宣華夫人同心結呢？

沒錯，我至今仍然相信，在隋文帝去世之前，楊廣是不可能去騷擾宣華夫人的，但是這並不意味著楊廣不愛慕宣華夫人。要知道，宣華夫人以美貌著稱，楊廣早在當太子之前就和宣華夫人有過來往，也許那時候就已經產生了愛慕之心，只是不能表達罷了。現在，經過這麼一番生死較量，隋文帝終於去世，楊廣接班已成定局，他的內心一下子放鬆下來，再也無所顧忌，馬上就向庶母表白。他表白了，宣華夫人怎麼辦呢？宣華夫人也在遲疑。一方面，她知道此事在道德上非常不妥，因而表現得很猶豫，但是另一方面，她也得權衡利弊。權衡的結果是什麼呢？她最終還是接受了新皇帝楊廣的信物。這就是同心結事件的真相。

換句話說，楊廣淫母這件事確實存在，只不過不是發生在隋文帝去世前，而是在隋文帝去世之後。這件事不過是男女私情，反映隋唐時期閨門禮法不嚴的事實，並不影響政治大局，為什麼我們還要在這裡特別說明呢？因為這件事顛覆我們對楊廣老成持重、不近女色的印象。他是不是不近女色呢？不是的，他非常好色，甚至不顧倫常。既然如此，那麼他當年的老成形象，就完全是裝出來的！

再看第二件事，我們稱之為殺兄逼妹事件。前文講過，文帝彌留之際，曾經想要重新召回廢太子楊勇，雖然沒有成功，但這也讓楊廣意識到了，只要大哥在，對他始終是個威脅。怎麼消滅這個威脅呢？楊廣決定，利用一下死皇帝，發揮剩餘價值。

楊廣以隋文帝的名義下達詔書給廢太子楊勇，賜他服毒自殺。可是，人都留戀生命，楊勇不甘心還想掙扎，拒絕服毒。一看楊勇不合作，楊廣派去的使者乾脆把他活活勒死。更可憐的是，楊勇的十個兒子，也都被二叔楊廣相繼處死，無一善終。

兄說完了，妹又指誰呢？指楊廣最小的妹妹蘭陵公主。蘭陵公主怎麼得罪楊廣了？因為她的丈夫柳述，就是替隋文帝起草召回廢太子楊勇的親信。楊廣當然不能原諒他，楊廣一上臺，馬上把柳述貶往嶺南，還讓蘭陵公主和柳述離婚，改嫁他人。沒想到，蘭陵公主是個烈女子，認定女子出嫁從夫的道理，不願意因為丈夫在政治上犯了錯，就離他而去。所以，不僅不服從命令，還聲稱要放棄公主名號，跟柳述一塊到嶺南。這不是公然挑戰隋煬帝的權威嗎？隋煬帝怒不可遏，馬上軟禁蘭陵公主，沒過多久，剛剛三十二歲的蘭陵公主便鬱鬱而終，臨死前留下遺言說，要和柳述合葬。

蘭陵公主對丈夫的忠誠非常符合儒家倫理，所以當時輿論都寄予同情，那麼，楊廣當然不會讓小妹與丈夫合葬。對他來講，這叫誓死挑戰他的權威啊！楊廣一聲都沒有哭，下令草草地把公主埋在洪瀆川了事，無論離娘家的陵寢，還是婆家的祖墳，都遠得不能再遠，這就是對她的懲罰。如此殺兄逼妹、心狠手辣、睚眥必報，怎麼能指望他對別人善良呢？

說到這裡，大家可能已經明白了，楊廣這個人不簡單。當初，他為了能夠成功上位，一直在壓抑自己，表現得既有能力又有道德，這一壓抑就是二十年，真是堅忍、頑強；但是，一旦當了皇帝，他又能馬上撕下偽裝，表現得那麼放縱、殘忍，完全不考慮任何道德標準和社會輿論，真是無所顧忌。這樣既頑強、又放縱的人當皇帝，對大隋王朝來講，真不知道是福是禍。

無論如何，仁壽四年（六〇四），楊廣還是當上了皇帝，接手這個強大的帝國。這一年，楊廣三十六歲，正是一名政治家的大好年華。那麼，楊廣的皇帝生涯會不會一帆風順呢？他的第一次挑戰來自哪裡？

【第三章】

楊諒叛亂

漢王楊諒是隋文帝最小的兒子，在眾王子中得到隋文帝的寵愛最多，實力也最強。當楊廣登基稱帝時，首先想到的就是如何清除這個實力最強的弟弟。而漢王楊諒，也早已磨刀霍霍，準備造反。一場兄弟大戰也拉開序幕。這場大戰的結局如何呢？

在中國古代歷史上，為了爭奪權力，兄弟相殘、父子反目的事情比比皆是。唐朝歷史上著名的「玄武門之變」，就是大家耳熟能詳的例子。而在隋煬帝統治之初，也發生過這樣一件兄弟相殘的事情，讓人不由得感慨帝王權力是如此不容挑戰，又是如此冷酷無情，這是怎麼回事呢？

仁壽四年（六〇四）正月，就在隋文帝去世，隋煬帝剛接班，正忙著舉辦登基大典時，忽然傳來一個可怕的消息：煬帝的五弟、并州總管漢王楊諒起兵造反，這是怎麼回事呢？

既然要講楊諒造反，得先說說楊諒這個人。他是隋文帝楊堅最小的兒子，也是最受楊堅寵愛的兒子。楊堅的五個兒子，除了老大楊勇被立為太子之外，老二楊廣、老三楊俊、老四楊秀都是十二三歲就出閣，坐鎮地方，獨當一面。只有楊諒直到二十二歲才離開父母，出任并州總管。為什麼這麼晚才讓他出去呢？捨不得。正因為寵愛小兒子，楊堅給楊諒的權力也特別大。

首先是軍事權力。不僅讓他擔任并州總管，還總領北齊舊境五十二州軍事，等於把原來的北齊都封給他。

其次是司法權力。楊堅強調王子犯法，與庶民同罪，唯獨這個小兒子，楊堅宣布，可以不受法律約束，便宜行事。

最後是經濟權力。楊堅自己簡樸，要求其他兒子也簡樸，但是偏偏怕這個小兒子受苦，因此特許小兒子自己鑄錢。對於楊諒來說，真是要槍有槍，要權有權，要錢有錢，生活比蜜甜。

既然如此，楊諒為什麼造反呢？原因有二。

第一，蓄謀已久。這其實也是楊廣奪嫡的後遺症。自從開皇二十年（六〇〇）二哥楊廣取代大哥楊勇當了太子，緊接著四哥蜀王楊秀又因為謀反罪被廢，楊諒心裡就不踏實。這個二哥也太生猛了吧？會不會哪天把兄弟們都吃掉？所以，他也就

楊諒（五七五—六〇五），字德意，一名杰。隋文帝楊堅第五子，五八一年立為漢王，五九二為雍州牧，加上柱國、右衛大將軍，轉左衛大將軍。五九七年，任并州總管，領地西起太行山，東至渤海，北達燕門關，南距黃河的五十二州。

開始防備。

楊諒擔任并州總管，并州是個用兵之地，在隋朝主要承擔防控突厥的任務。楊諒就以防控突厥為名，修整武器，招降納叛，不斷壯大自己的力量。

他一共招了多少人呢？按照史書記載，「左右私人，殆將數萬」，身邊的私人門客將近數萬。一個王爺，要這麼多私人武裝，那是想幹什麼呢？一方面固然是防範楊廣，另一方面，也不乏見樣學樣的心理。既然二哥楊廣可以仗著實力當太子，為什麼我不可以呢？所以才積極備戰，這不就是蓄謀已久嗎？

問題是，一件蓄謀已久的事情，為什麼會在楊廣剛接班時爆發呢？這就涉及第二個原因——詔書激變。

前面講這幾年楊諒一直在磨刀霍霍，隋煬帝楊廣當太子的幾年時間裡，他也一直盯著楊諒。他知道楊諒圖謀不軌，但是因為有隋文帝這把保護傘撐著，楊廣也不敢有所行動。現在隋文帝死了，與其養虎貽患，以後釀成大禍，倒不如趁此機會解決楊諒。

他偽造了一份文帝的璽書，召楊諒入朝。按照煬帝的想法，楊諒跟父親關係好，父親召他進京，他應該沒有懷疑的道理，只要他一回來，那就是羊入虎口，有去無還。這其實就是楊堅當皇帝之前，對付北周五王的故伎。

楊秀（五七三—六一八），楊堅和皇后獨孤伽羅的兒子，排名第四。容貌瑰美，多武藝，有膽識，朝臣敬畏，但性情暴烈，甚至「生剖死囚，取膽為樂」。五八一年立為蜀王。楊廣為皇太子後，楊秀不平，楊廣進讒言，被召還京城後，廢為庶人，幽內侍省，不得與妻子相見。

可是隋煬帝沒有想到，就是這份璽書惹了大麻煩。什麼麻煩呢？漢王楊諒把璽書看了一眼，馬上說：這是假的！怎麼回事呢？原來，隋文帝老早就和漢王楊諒有過密約，說：

若璽書召汝，於敕字之傍別加一點，又與玉麟符合者，當就征。

楊堅曾與兒子約定，若我徵召你入朝，會有兩種暗示。第一是玉麒麟的兵符，我一半你一半，若這兩塊兵符相符，便是真的。其二，若是我召你，我會故意寫一個錯別字，敕書上的「敕」字多寫一點，如果你看那個敕字是一個正常的字，那麼你就應該明白是假的。

其實，從這裡，我們也可以體會隋文帝的苦心。他怕有人像他當年對付北周皇室一樣，先挾制他這個皇帝，然後再假冒他的名義召他的兒子，把他們父子一網打盡，所以，特地留了這麼一手。這樣，如果真有奸臣作亂，拿著假敕書去騙漢王，漢王也可以有所防範。沒想到，這個原本對付奸臣的約定，最後對付的是自己的二兒子楊廣。現在，漢王楊諒一看見這個假璽書，馬上就意識到爸爸已經出事了，二哥楊廣在騙他。

問題是，明知道這份璽書是假的，楊諒應該怎麼辦呢？其實，他有兩條路可以選擇。

一條是不管璽書真假，自己恪守臣節，回去就是。當初秦始皇死的時候，秦二世胡亥假造詔書，讓公子扶蘇自殺，扶蘇不是就服從了嗎？

另一條路就是造反了。

那麼，漢王楊諒到底選擇哪條路呢？雖然他招兵買馬已經很久了，但事到臨頭也有點猶豫。就在他猶豫的時候，有兩個南方人來慫恿，一個叫王頍，一個叫蕭摩訶。

這兩個人為什麼慫恿他造反呢？因為他們在現有政權體制下鬱鬱不得志。王頍本來是南朝中的梁朝大將王僧辯的兒子，梁朝滅亡後進入北周。此人不僅精通經學，而且熟讀兵書，號稱「倜儻有奇略」，自認為有將相之才，但是因為出身南方，在隋朝一直沒有受到重用。

王頍（五五一—六〇四），字景文，太原人。博聞強識，通曉兵法。隋文帝時，為國子博士，後為漢王府參軍。楊諒舉兵造反，王頍數進奇策，楊諒不能採納。後兵敗自殺。撰有《五經大義》三十卷，又著文集十卷。

王僧辯（？—五五五），字君才，太原祁（今山西祁縣）人。南朝梁將領。他智勇兼備，所經戰陣，多獲勝利。五五一年，領軍討伐興兵作亂的原東魏大將侯景獲勝。五二二年，與陳霸先會師，水陸並進，攻破石頭城（今南京城西），大敗侯景。後被陳霸先縊殺。

蕭摩訶是江南陳朝的大將，陳朝滅亡之際投降隋朝，但是到隋朝之後也受到排擠。要知道，隋文帝時期掌權的都是關隴貴族，這兩個南方人縱有文韜武略，也難以施展，自然鬱鬱不平。現在看到漢王有不臣之心，便就開始極力慫恿。

漢王楊諒本意如此，再受到這兩個人的慫恿，自然偏重於造反。恰好此時，并州又傳出來一首童謠：「一張紙，兩張紙，客量小兒做天子。」這首童謠是什麼意思沒人知道，可是楊諒開始瞎猜了。他說，我小名就叫阿客，大名叫楊諒。另外，我又是家裡最小的兒子，這所謂「客量小兒」，不就是在說我嗎？所以，這童謠說明，我要得天命，當天子了！既然天命如此，那還有什麼好猶豫的呢？

我們現在想一想，這童謠是哪兒來的呢？很可能就是王頍、蕭摩訶這些野心家們編出來增加漢王的信心。我們現在是旁觀者清，但是楊諒可是當局者迷，他本來就是一個被父母慣壞、驕橫跋扈、野心勃勃的少年，現在有人慫恿，再有童謠蠱惑，還怎麼能指望他保持清醒呢？就這樣，漢王楊諒下定決心、起兵造反了！

漢王楊諒起兵，對隋煬帝的打擊太大了。原因有二。

第一，楊諒實力強。如前所述，他不僅是并州總管，還總領北齊舊境五十二州軍事，這意味著西起太行、東至渤海的廣大地區在軍事上全都聽命楊諒。這是多大的地盤啊。另外，楊諒圖謀不軌已經很長一段時間，準備相當充分，一起兵就立刻調動三十萬大軍。而楊廣純粹是倉促應戰，別看他是皇帝，臨時動員的兵力才只有幾萬人。幾萬對三十萬，寡不敵眾。

第二，楊廣的政治地位還不穩定。雖然以一個皇帝對付藩王叛亂，政治優勢應該是比較明顯的。但楊廣此時情況並非如此，雖然已經當了皇帝，但還沒有正式登基，更重要的是，隋文帝去世之前，又出了那麼多的變故，天下人都還在議論紛紛，所以政局並不穩定。自家兄弟造反，人們更容易首鼠兩端。這樣一來，楊廣不僅在軍事上處於劣勢，在政治上也不夠強勢。

那麼，這場兄弟之間的戰爭，到底誰勝誰負呢？

蕭摩訶（五三二—六〇四），字元胤，蘭陵（今山東峰縣）人。南北時期陳朝名將，以勇猛著稱。隋朝伐陳時兵敗被俘。後授開府儀同三司。不久隨漢王楊諒至并州，與楊諒起兵反對其兄楊廣即位，兵敗被俘後被殺。

在權力和利益面前，親情有時候扮演的角色不是天使，而是魔鬼。隋煬帝登基後，他首先想到的不是照管自己的兄弟姐妹，而是如何清除最有實力的對手。而楊諒對兄長，也毫無恭順之心。漢王楊諒和隋煬帝之間的戰爭已經無法挽回，那麼這場戰爭到底誰勝誰負呢？

到底誰勝誰負，那就要看怎麼打了。楊諒一起兵，就走了一步臭棋。他打出「楊素造反，清君側」的口號。要知道，楊諒當時最值得利用的就是爸爸隋文帝楊堅死因不明，天下議論紛紛。如果這個時候打出楊廣弒父，替父報仇的旗號，等於在政治上顛覆了楊廣的合法性，同時也贏得了名分。可是他居然說什麼楊素造反，那人家皇帝只要出來闢謠，說楊素沒造反，他便無計可施。所以說，這是一步臭棋，在政治宣傳上已經失分了。

緊接著，楊諒在戰略部署上又開始丟分。別看楊諒已經起兵了，這仗應該怎麼打，他還真沒想清楚。這時候，那個慫恿他起兵的王頍建議說：

王頍所部將吏家屬，盡在關西，若用此等，即宜長驅深入，直據京都，所謂疾雷不及掩耳。若但欲割據舊齊之地，宜任東人。

這等於指出了兩條路，讓楊諒選。

一條路是奪權，就是王頍所說的：長驅深入，直據京都。一鼓作氣打到大興城去，自己當皇帝。

另一條路是割據，就是王頍所說的割據舊齊之地。

這兩條道路不同，接下來的戰略部署也就不同。如果楊諒想要奪權，那就應該盡量利用手下關隴豪傑的力量；如果楊諒想要割據，就應該盡量利用原來北齊的文武官員。

兩條路都擺在楊諒面前，楊諒拿不定主意，兩頭都不想放棄。作戰方向不明，這不是又丟分了嗎？

還好，眼看著王爺拿不定主意，大軍不知道往哪裡去，一個叫裴文安的官員出了個好主意。裴文安說：大王您的實力非常強，可以兼顧的。一方面，您可以安排一些老弱病殘，非主力部隊，在山東地區扼守要害，順便也攻城掠地；另一方面，我們把主要兵力用在向西突破上。

怎麼突破呢？我願意做前鋒，攻打黃河東邊的蒲津關（今山西永濟）。在蒲津關這裡渡過黃河，便進入京畿地區。等我渡河成功，您再率領大軍跟進，大興城那邊肯定是措手不及。您兵臨城下，京師內部肯定不穩，到那時候您再藉著軍威號令天下，誰敢不從！十天半個月之內，天下就都是我們的了。

這是非常務實的意見，雖然說兼顧了奪權和割據兩頭，但核心意思還是要奪權，而且還有具體可行的方案。楊諒一聽，也很高興，就決定這麼辦了。

於是，楊諒委任裴文安為柱國，讓他率領大軍，直奔蒲州。

那麼，這支征西大軍打得順利不順利呢？太順利了，沒損失一兵一卒就進了蒲州城。為什麼會這麼順利？因為楊諒這邊使了一計移花接木。

他挑選了幾百個精銳騎兵，都蒙上冪羅，也就是當時貴族婦女出門戴的面紗，來到蒲州城下，謊稱是楊諒的女眷，要回長安。既然是王爺的女眷，守城的士兵也不敢隨便檢查，馬上開門放行。結果，這幾百個精壯騎兵一進城，立刻露出真面目，直奔蒲州刺史的衙門。蒲州刺史沒有準備，乾脆棄城逃跑。

就這樣，裴文安兵不血刃拿下蒲州城。拿下蒲州，按照原定的計畫，接下來要渡過蒲津關過黃河，一旦渡過黃河，楊諒至少就有了百分之五十的勝算。

那麼，事情是不是就這樣順利進行了呢？

漢王楊諒是被隋文帝寵壞的孩子，他沒有二哥楊廣的政治頭腦，從一起兵就輸了不少分，好在他運氣不錯，一路勢如破竹，讓還沒坐穩江山的隋煬帝心驚膽戰。那麼楊諒的叛亂會動搖隋煬帝的統治嗎？他還會順利地發展下去嗎？

非常遺憾，沒有。就在這勝利在望的關鍵時刻，楊諒又走了一步臭棋。他緊急叫停裴文安，說，你回來吧，別再往西打了，我不想奪權了，咱們專心經營東邊。趕快把黃河上的浮橋給拆了，守住蒲津關，別讓楊廣他們打過來就行！等於在戰略部署上忽然變卦了！

楊諒膽怯了。他雖然是并州總管，但是因為受寵，根本沒怎麼上過戰場。更沒打過勝仗。一旦渡河，就是和二哥楊廣真刀真槍相對，楊廣是個厲害角色，我能打得過嗎？楊諒自己先心虛了。所以這時候，他又想起王頍所說的第二條道路，還不如穩妥一點，割據山東呢！所以，乾脆改主意，不往前進攻，改防守了！

然而這步卻是大錯特錯。身為叛軍，雖然暫時有兵力上的優勢，但是就整體實力而言，絕不如朝廷，所以貴在神速，只有打楊廣一個措手不及才有可能取勝。而楊廣那邊雖然暫時因為準備不足處於劣勢，但是只要給他足夠的時間就能調兵遣將，發揮整體優勢。現在楊諒居然主動放棄優勢，拿自己的弱項去拼楊廣的強項，那可是自找倒楣！

果然，楊諒轉防守，楊廣便開始進攻，派一個戰神級別的將領宰相楊素平叛戰爭。楊素是個常勝將軍，平生還沒打過敗仗。接到命令之後，馬上趁著月黑風高，率軍銜枚夜渡，偷襲了蒲津關，楊諒這邊的守軍還在睡夢中，蒲津關已經被楊素拿下了。蒲津關一拿下，戰爭局面就初步扭轉，原來是楊諒率軍往西打，現在成了楊素率軍往東打。

楊素決定，擒賊先擒王。他只派少量軍隊牽制山西南邊的那些州縣，自己率領幾萬主力部隊一路北上，直搗楊諒的老巢晉陽。當時，楊諒派了一個叫趙子開的將軍，率領十多萬大軍，在晉陽南邊的霍邑迎戰。這個趙子開也是個有本事的人，仗著自己人多，在每一個山口都豎起了柵欄，嚴防死守，自己則屯兵高壁，居高臨下。

楊素這邊只有幾萬人，敵眾我寡，地形又不利，硬拼肯定不行。楊素只好把大部分主力留下，跟趙子開對峙，自己悄悄率領一小隊騎兵，往霍邑東北邊的霍山沿著懸崖峭壁，抵達趙子開營帳的後面，紮下了大營。紮下營之後，楊素開口道：留三百人守營，其餘人跟我去衝擊趙子開的大營。誰願意留下來呀？士兵聽到要衝擊趙子開的大營，都嚇傻了。這裡是特別部隊，怎麼和對方幾萬大軍相比？於是紛紛要求守營。一共三百個名額，你爭我搶，都打起來了。

一看這情況，楊素又說道：「決定留下守營的，出列！」三百個優勝者馬上站出來。楊素看了看他們說：「這三百人貪生怕死，給我斬了！」一時間，三百顆人頭滾落在營帳之前，其他人都嚇傻了。這不是楊素當年打突厥時候的故技嗎？殺完三百人，楊素再問：「誰留下來守營？」沒一個人說話了，大家都抱定必死的決心，跟著楊素就朝趙子開的大營殺去。

趙子開萬萬也沒料到楊素能摸到他後邊，以為是神兵天降，亂了陣腳。一看這邊亂了陣腳，原來跟趙子開對峙的楊素主力部隊也大舉進攻，兩面夾擊，趙子開一下子就兵敗如山倒，十幾萬大軍死的死，傷的傷，潰不成軍。

趙子開一敗，楊諒可嚇壞了。好在他手頭兵多，於是親自率領大軍，到太原南邊的蒿澤（今平遙西）抵擋楊素。

這時候，雙方兵力對比怎麼樣？楊素還是那幾萬軍隊，而楊諒則有十萬人，從人數對比來講，楊諒還是占優勢的。只要好好打，未必誰勝誰負。問題是，就在這時候，楊諒又開始下臭棋。眼看著楊素要過來，天又下起了大雨，他居然說：「天氣不好，乾脆先往回撤吧！」拔腿就要往回跑。楊諒的軍師王頍一看這情況，趕緊進言了。他說：

> 楊素懸軍深入，士馬疲弊，王以銳卒自將擊之，其勢必克。今望敵而退，示人以怯，沮戰士之心，益西軍之氣，願王勿還。

楊素那邊是疲勞之師，我們這邊是以逸待勞，只要我們決心打，一定能打贏。但是如果望風而退，士兵的士氣也就完了，結果就很難預料。大王，您要三思啊！

王頍提的建議，楊諒哪還聽得進去，只知道沒命地往回跑。他們往回撤，楊素這邊可是大踏步地前進。在太原南邊一百公里的清源（今山西清徐），楊素終於追上楊諒。

追上了就打吧，結果如何呢？跟王頍估計的一樣，楊素這邊是宜將剩勇追窮寇，楊諒那邊則是兵敗如山倒，潰不成軍。我們開始不是說，陳朝大將蕭摩訶曾經力勸楊諒叛亂嗎？就在這場戰鬥中，蕭摩訶也被活捉。楊諒本人倒是逃回晉陽，不過，打下了清源，晉陽也就成了一座孤城，楊素很快就包圍了晉陽，楊諒窮途末路，只好出來投降。

就這樣，楊諒起兵一個多月，以失敗告終。

楊諒叛亂，可以說是一場有實力的叛亂，他占地面積廣，發動兵力多，準備充分，從力量對比來看，隋煬帝要想取勝可以說困難重重，但是事實上，僅僅一個多月，楊諒叛亂就被鎮壓下去。那麼，楊諒叛亂怎麼會這麼快就失敗呢？楊廣的優勢究竟在哪裡？

我想，楊廣跟楊諒比，有三大優勢。

第一，楊廣名分上占優勢。無論如何，楊廣是皇帝，是合法統治者，而楊諒則是叛亂分子，在名分上已經高下立判了。在這種情況下，楊諒如果就以當時社會上議論紛紛的楊廣弒父為理由，堅決不承認楊廣的皇帝地位，興兵討伐，還能贏得一部分人心。但是楊諒卻並沒有質疑楊廣的皇帝地位，還打出楊素造反，他去清君側的旗號。俗話說，名不正則言不順，言不順則事不成，沒有名分，如何維持人心！別說別人，就連楊諒的大舅子豆盧毓都站在楊廣這邊。

豆盧毓是楊諒的妃子豆盧氏的哥哥，就在楊諒手下做事。一看楊諒起兵，他就對自己的弟弟說：我要是自己騎一匹馬，逃回大興城，也不是不可以，但那只不過是為自己考慮罷了，於國家無益。所以，我決定暫且留在楊諒這邊，做地下工作，找機會算計他，那可就有功於國家了！

豆盧毓，字道生，昌黎（今河北昌黎）人。年少時就英勇果敢。因為征伐突厥有功，授儀同三司。煬帝即位後，楊諒造反，豆盧毓苦諫不從，假意服從，後被殺。平定楊諒之後，被追贈大將軍，封正義縣公，謚「愍」。

當時，楊諒向南出兵，讓豆盧毓守晉陽城。楊諒剛出去，豆盧毓直接就把城門給關上了。楊諒聽說之後趕緊回師，豆盧毓則率領城上的士兵向楊諒放箭。眼看著就要把楊諒給困在城外，結果守衛西門的士兵比較認同楊諒，放楊諒從西門進來。豆盧毓也就被殺，成了大隋烈士。雖說功敗垂成，但是這件事本身就說明，楊諒叛亂在道義上是不占優勢，而隋煬帝楊廣則算是得道多助。

第二，楊廣在用人上占優勢。楊廣用誰呢？最重要的就是楊素。楊素治軍嚴酷，而且身先士卒。這兩個特點在這次打楊諒的過程中表現得相當突出，能夠起用這樣優秀的將軍，隋煬帝已經成功了一半。

反觀楊諒這邊就不行了。楊諒不是沒有人才，但是他不會用人才。就拿王頍來說吧，此人足智多謀，給楊諒提的建議也都切中時弊，但是楊諒不用。楊諒兵敗後，王頍逃到山裡，自己知道難免一死，便對兒子說：

吾之計數，不減楊素，但坐言不見從，遂至於此。不能坐受擒執，以成豎子名也。吾死之後，汝慎勿過親故。

什麼意思？我的計謀不亞於楊素，只可惜楊諒不採納我的建議，所以我們今天才淪落到這個地步。但我現在也不能白白地讓他們抓我，那不是以我的一死換取庶子成名嗎？我不能忍受這樣的羞辱，乾脆自殺算了。兒子你逃生的時候，千萬不要去親朋故舊家裡，寧可找生人，也不要找熟人。

王頍說完就自殺了。後來，他兒子餓得受不了了，還是去投親靠友，果然被出賣，被楊素殺了。一個人，臨死之前還能想得這麼明白，可見頭腦不簡單，但是楊諒不聽他的，也就發揮不了作用。

第三，楊廣在個人領導特質上占優勢。為什麼楊諒在戰爭中屢出臭棋，既不能打出有水準的口號，又不能堅持穩定的作戰方略，還不能用有本事的人呢？關鍵是他沒有領導才能。他其實就是一個被慣壞了的孩子，只知道要造反，根本不知道怎麼反。該進取的時候不能進取，該防守的時候不能防守，患得患失，優柔寡斷。

相反地，隋煬帝楊廣卻曾經北破突厥、南平陳朝，軍事經驗豐富。兩個人根本不在同一個水平上。當年，隋文帝在世時，雖然喜歡楊諒，但也警告過他：「彼取爾如籠內雞雛耳」。楊廣要是抓你，就像一個人把手伸進雞籠裡抓出一隻小雞一樣，真是知子莫若父。以隋煬帝這樣一個雄才大略的君主，來打楊諒這樣一個昏庸無能的叛亂分子，誰勝誰負也就在意料之中了。

就這樣，楊諒叛亂雖然規模浩大，來勢洶洶，但是才剛一個多月就以失敗告終了。那麼，楊廣會怎樣處理這個弟弟呢？別看楊廣曾經殺兄逼妹，但是，這一次，他倒願意表現一下勝利者的寬仁大度了。他說：「朕終鮮兄弟，情不忍言，欲屈法恕楊諒一死。」我兄弟少，真不忍心殺他，所以，我就違反一次法律，饒他一命吧，只把楊諒除名為民了事。當年，楊堅不是吹噓自己五子同母，絕無紛爭嗎？現在呢？他自己逼死了老三秦王楊俊，廢掉了老四蜀王楊秀，他的兒子楊廣又逼死了老大楊勇，廢掉了老五楊諒。除了楊廣一支，剩下的四個兒子無一善終，真是說嘴打嘴，可悲可歎啊。

楊諒叛亂圓滿解決了。

這次平叛對於楊廣有兩點重要的意義。

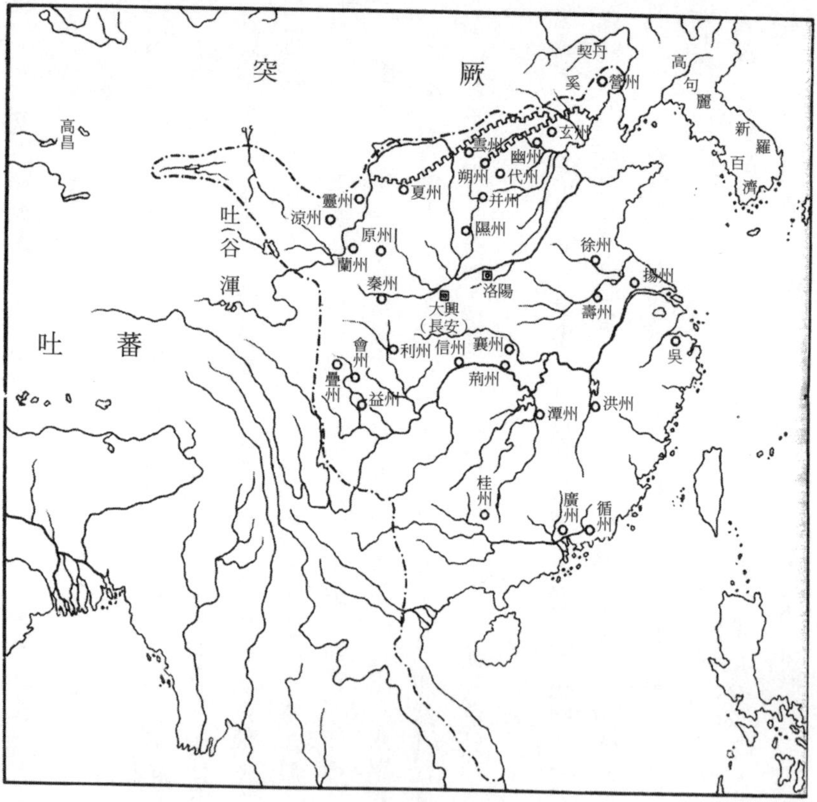

隋朝三十州總管府分布形勢圖

第一，這次平叛不僅維護隋朝的統一，也穩定了楊廣的統治地位。本來，在這次叛亂之前，因為隋文帝之死，大家對楊廣這個新皇帝還是頗有疑慮，現在透過打贏這麼一場反顛覆、反分裂的戰爭，楊廣的權威已經不容置疑，他的皇位也算正式穩定下來了。

第二，這場戰爭也讓楊廣看到兩個急需解決的問題。第一個就是總管府制度。當年，楊堅設立總管府，讓兒子擔任大軍區總管，本來是為了加強皇家的權力，震懾地方。但是，現在看來，擁有太大權力的總管府反倒成了維護君主集權的障礙。楊諒要是沒有這麼大的權力，怎麼可能想到造反呢？所以，就在這次平定叛亂之後，隋煬帝馬上廢了總管府。第二個問題就是，楊廣意識到，山東和江南需要進一步穩定。這次叛亂發生在山東地區，山東有十九個州支持楊諒叛亂。另外，慫恿楊諒叛亂的主要是江南人。這說明，對於山東和江南，還要加強經營。

那麼，楊廣會怎麼做呢？

【第四章】

營建東都

隋朝兩代皇帝，各建造了一座城，隋文帝建造了大興城，也就是後來的長安城，隋煬帝則建造了洛陽城。大興城在當時已經獨一無二，為什麼隋煬帝還要再大興土木呢？隋煬帝建造的洛陽城和大興城比起來有什麼不同呢？

隋煬帝雖然在位時間不長，但是做的事情可不少，堪稱一位「愛折騰」的皇帝。就在當上皇帝之後不久，他就下令營建了一座新城——洛陽城，也就是後來的東都。隋朝已經有了都城大興城了，為什麼在短時間內還要再建一座都城呢？這座都城，又反映了隋煬帝怎樣的眼光和心胸？

大業元年（六〇五）三月，隋煬帝發布命令，營建東都洛陽，這可是隋煬帝稱帝之後的第一項大工程，自此拉開了隋煬帝大興土木的序幕。當時隋朝已經有了制度嚴謹，規模宏大的大興城，是中國古代都城的典範。既然如此，那麼隋煬帝為什麼還要修洛陽城呢？

有一個流傳很廣的說法，說這是隋煬帝算命的結果。《資治通鑑》是這麼說的：

> 章仇太翼言於帝曰：「陛下木命，雍州為破木之沖，不可久居。又讖云：『修治洛陽還晉家。』」帝深以為然。

有個叫章仇太翼的術士跟隋煬帝說：您是木命，而雍州是大興城所在地，那是西邊，西邊屬金，是剋木頭的，對您不利，不能久居。另外，有讖語說：「修治洛陽還晉家。」只有修治了洛陽城，晉家才能興旺，您是晉王，這讖語就是說您啊！所以您應該修洛陽。隋煬帝信了章仇太翼，立刻張羅修建洛陽城。

但我覺得這記載不太可靠。有兩個理由可說明。

第一個理由，這條記載的來源不可靠。這條記載來自筆記小說《大業雜記》。筆記小說本來就不乏捕風捉影的小道消息，不能算是正經史料。《資治通鑑》引這段話，本身就不夠嚴肅。

五行生剋：五行學說認為，事物與事物之間存在一種關係，這種關係又促進著事物的發展變化。五行之間存在著相生相剋的規律。相生，即互相滋生，促進助長。相剋，即互相制約、克制和抑制。五行相生指，木生火，火生土，土生金，金生水，水生木。五行相剋指，木剋土，土剋水，水剋火，火剋金，金剋木。

第二個理由，《大業雜記》裡記載的這件事也不符合邏輯。章仇太翼是廢太子楊勇的黨羽，跟隋煬帝的妹夫柳述關係也頗不一般，隋煬帝即位，沒幹掉他已經不錯了，怎麼可能聽他的呢？

既然這段話不足以採信，為什麼會收入《資治通鑑》？原因在於《資治通鑑》是提供皇帝借鑑，希望皇帝學好。而隋煬帝在當時是個公認的壞皇帝，所以，要盡可能地塑造出隋煬帝昏庸的形象，以便讓後來的皇帝知所警惕。

既然不合理，那麼他為什麼在大業元年（六〇五）三月，建國伊始，就先修這麼一個大工程呢？其實隋煬帝自己寫過一個營建東都的詔令，交代得清清楚楚。在詔書裡，隋煬帝一共講了三個原因。

第一，這是安撫東部地區的需要。前文講過，楊諒叛亂後，楊廣有一個特別深切的體驗，就是隋朝東部並不穩定，很容易發生變故。楊諒叛亂，東部就有十九州回應。發生變故當然得鎮壓，問題是，隋朝的都城大興城遠在西北，急切之間，無法做出有效反應。這次楊諒叛亂，此問題已經非常明顯。叛亂固然已經結束，但是不能好了傷疤忘了痛，更要防患於未然。最好的辦法是在東邊建一座都城，讓東邊也有一個穩定的政治核心，若東邊再發生變故，就可以直接指揮行動。

另外，當時一個很現實的問題就是，隋煬帝為了懲罰叛亂分子，將楊諒的老巢——并州——那裡的好幾萬老百姓都遷至河南，在楊廣看來，這些人本身就是不穩定因素。控制他們最好的方法仍然是建都，就近震懾。這與周朝建立之後，把殷商的遺民都集中在洛邑，然後又定都洛邑是同樣道理。所以，安撫山東地區的需要是首要原因。

第二，這是安撫江南的需要。前文講過，楊諒叛亂，還體現出一個問題，就是江南地區也不穩定，人心思亂。推動漢王楊諒起兵造反的主要就是南方人。如果說大興城離山東地區遠，那麼，離江南地區就更遠、更鞭長莫及。如果能在東部地區建一個都城，對江南的作戰能力和震懾能力也會明顯加強。

這樣說來，無論是出於安撫山東地區的考慮，還是出於安撫江南地區的考慮，都需要在東部地區建立一座都城。問題是，這個都城為什麼一定要選在洛陽呢？這就是第三個原因了。

第三，洛陽地理位置好，作為都城，比大興城更有優勢。中國古代，什麼樣的都城叫好呢？有一個叫陳建的明朝人寫過一篇《建都論》，總結得非常清楚。他說：

> 建都之要，一形勢險固，二漕運便利，三居中而應四方。

簡單來講，所謂建都三要素，第一，地勢。第二，交通。第三，要居中。我們拿這個理論來套洛陽，看看洛陽符合不符合呢？太符合了。

首先，洛陽的地形非常險要，易守難攻。洛陽北靠北邙山，南臨伊水，正好是所謂的被山帶河，這樣的地形有利於防守。敵人來了能守得住，這對於都城當然重要。

但是，地形險要可不是洛陽最大的優勢。洛陽最大的優勢在於運輸便利，能解決漕運問題。這一點，大興城就更沒法比了。

漕運是我國歷史上一項重要的經濟制度。它是利用水道（河道和海道）調運糧食的一種專業運輸。中國古代歷史封建王朝將徵自田賦的部分糧食經水路解往京師或其他指定地點。水路不通處輔以陸運，多用車載，故又合稱「轉漕」。運送糧食的是供宮廷消費，百官俸祿、軍餉支付和民食調劑。

大興城坐落於關中平原，往西比較荒涼，往東則是非常富庶的關東地區。關中平原雖說號稱八百里秦川，土地肥沃，但是無論如何，面積還是太小，靠自身力量養活不了一個大都市。所以，仰賴關東地區的物資，特別是糧食。

可是，大興城偏偏在交通上有問題。它東出的通道不暢，有三門峽擋著。古代運輸糧食一類的大宗物資要靠水運，但大興城東邊的三門峽是天險，船一到這裡就過不去，只能改陸路運輸，人挑肩扛，翻山越嶺，成本自然增加。如此一來，東邊有糧食也運不進來，每次關中平原鬧水旱災害，皇帝只能領著文武大臣，還有平民百姓到東邊來逃荒。相反地，洛陽就不存在這些問題。水陸交通都四通八達，當然比大興城更有優勢。

洛陽的第三大優勢在於它居天下之中。雖然按照領土的絕對比例，洛陽可能不是天下之中，但是按照當時中原王朝實際可利用的土地來算，洛陽絕對是中心。河南現在還號稱中州大地，就是這個道理。若都城在天下之中，皇帝的用心也能更不偏不倚一些。要知道，都城在大興城的時候，整個國家的政治文化都偏重於西北，對東部和南部明顯關照不夠，若嫄洛陽建成第二首都，無論東西南北哪方有事，都可以立刻反應，與此同時，也可以協調利用東南西北各地的人力、物力，國家的發展也將更平衡一些。

這樣看來，營建洛陽絕不是一個算命先生兩句話就能左右的，而是隋煬帝深思熟慮的結果，符合當時國家發展的需要。既然營建新都有這麼多好處，那還猶豫什麼！隋煬帝可是一個雷厲風行的人，就在大業元年（六〇五）三月，隨著他一聲令下，洛陽城正式破土動工。

在營建洛陽城的問題上，隋煬帝有他自己的長遠考量，所以在他即位之初，就大興土木，著手營建。但建造一座都城可不是件簡單的事，隋煬帝想要的都城到底是什麼樣子？誰能完成這一個大工程呢？

要建一座新都沒有問題。問題是，怎麼建呢？對於這個問題，隋煬帝可是輕車熟路，就按照大興城的建設方式來好了。隋文帝修建大興城時，由宰相高熲領銜，工程技術專家宇文愷實際主持設計施工。這一次，隋煬帝照葫蘆畫瓢，照舊找宇文愷做總設計師，也還是讓宰相領銜。只不過，當時的首席宰相已經是楊素。

工程技術組合不變，設計理念，設計思路也就基本不變，所以，乍一看，洛陽城還真像大興城。有三大相似之處。

第一，它也是先設計，後施工，一張白紙好作文章，所以特別規整。

第二，它也是由皇帝住的宮城、大臣辦公的皇城和老百姓住的外郭城三部分組成，宮城照樣在北邊的高坡上，居高臨下，俯視芸芸眾生，還是突出皇權至上的主題。

第三，它也照樣實行里坊制度，整個外郭城劃分成一〇三個坊，跟大興城一樣，也是「百千家似圍棋局，十二街如種菜畦」。

事實上，這座新建的洛陽城周長六十七里，比大興城小了大約四分之一左右，乍一看，完全可以說它就是一個縮小版的大興城。但是仔細看，它有兩處有別於大興城。

第一，洛陽城明顯比大興城華麗。隋文帝是個非常簡樸的人，所以大興城也建得非常簡樸，城牆都不是一次完工的，而是一節一節接上去的；宮殿的材料也都是拆東牆補西牆，廢物利用。但是到隋煬帝修洛陽城的時候，情況可就不一樣，再也不考慮因陋就簡，每座宮殿都極盡華麗之能事。以洛陽城裡，皇帝舉行典禮的正殿乾陽殿為例，根據史書記載，這座氣派的宮殿：

> 基高九尺，從地至鴟尾高一百七十尺，十三間二十九架。

它的臺階高達九尺，雖說隋朝的尺比現在稍小，但一尺也約等於三十公分。這樣算下

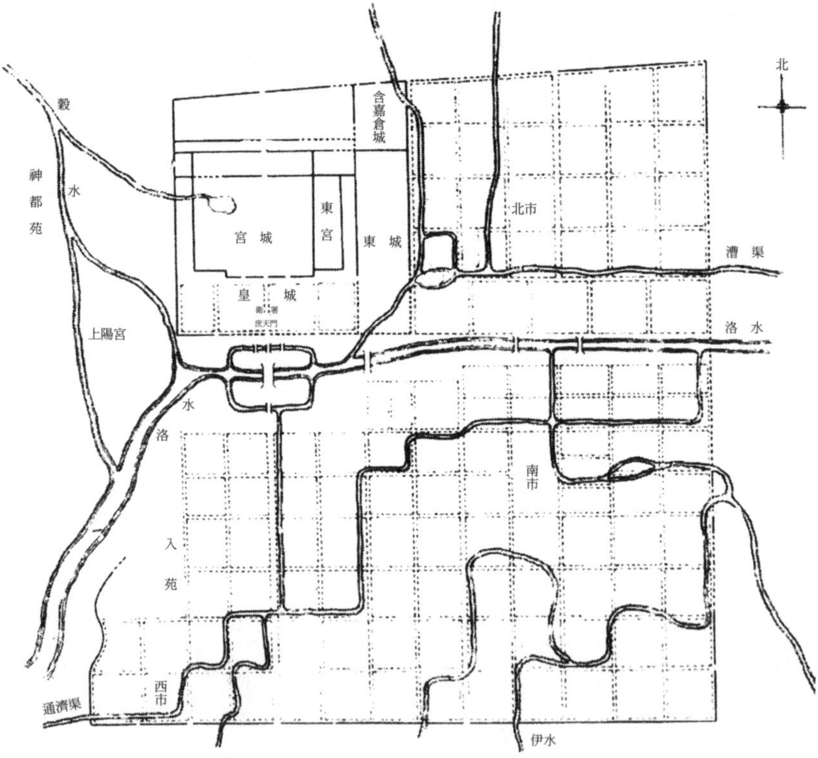

隋唐洛陽平面推測圖

來，臺階高三米左右，這可是相當氣派。再看大殿本身有多高，大殿本身是一百七十尺，相當於現在五六十米，絕對堪稱巍峨。不光是高，而且還闊，一個大殿是由十三間房子二十九根橫梁組成的。既寬闊，又高聳，所以看起來是非常雄偉。

為什麼要這麼雄偉呢？雄偉才能凸顯皇家氣派，《紅樓夢》裡的劉姥姥都明白，劉姥姥說：「大家子就得住大房。」換句話說，大房才能凸顯出大家族的氣派。隋煬帝這麼做才能凸顯皇帝的氣派啊！

事實上，不光洛陽城比大興城華麗，連洛陽城的禁苑也明顯比大興城的禁苑華麗。所謂禁苑，又叫顯仁宮，就是皇帝的後花園。大興城修建的時候，也有大興苑。但是大興苑和大興城一樣，都有點因陋就簡的意味，沒有什麼真正的設施。但是輪到楊廣修洛陽城，他的禁苑可就完全不一樣了。建得比洛陽城本身還漂亮。《資治通鑑》有一段記載，非常經典：

五月，築西苑，週二百里；其內為海，周十餘里；為方丈、蓬萊、瀛洲諸山，高出水百餘尺，台觀宮殿，羅絡山上，向背如神。

隋煬帝大業元年（六〇五）三月開始修建洛陽城，到了五月，洛陽城的配套禁苑也開工。洛陽城方圓六十七里，而禁苑方圓是二百里，是洛陽宮的三倍。而且裡面有山有水。雖然都是假山和人工湖，但是，務必追求真實感。

怎麼才能最逼真呢？擴大規模就逼真了。所以，禁苑裡面的水域周長有十幾里，簡直像內海一樣，一眼望不到邊，而假山則高出水面一百多尺，直插雲天，如同真山。

更讓人難以想像的是禁苑的裝飾。這禁苑有山有水，草木蔥蘢，春天和夏天肯定非常漂亮，無須裝飾。那麼秋天和冬天，萬木凋零，怎麼辦呢？就得全靠人工了。按照史書記載：

> 宮樹秋冬凋落，則剪綵為華葉，綴於枝條，色渝則易以新者，常如陽春。沼內亦剪綵為荷芰菱芡，乘輿遊幸，則去冰而布之。

到了秋天和冬天，樹葉落掉、花也凋零時，人們就把綾羅綢緞剪成葉子和花的樣子黏到樹上，栩栩如生。絲綢做的假花草，整天風吹雨淋，總有褪色的時候，一旦褪色，馬上又換一批新的，讓禁苑之內始終一派春意盎然。水面也是用綾羅綢緞剪成荷花、荷葉、蓮蓬、菱藕等形象，一旦皇帝巡遊，就先行把冰除去，然後把這些剪好的裝飾品放在水面上，確保皇帝的世界裡永遠沒有灰色、沒有冬天。

這讓我們想起《紅樓夢》裡的大觀園，大觀園中所謂的琉璃世界、珠寶乾坤，不就是這個樣子嗎？問題是，《紅樓夢》裡的大觀園那是曹雪芹的想像世界，而禁苑對於隋煬帝來講可是現實世界，多奢華啊！

奢華的還不止如此。禁苑最迷人的是沿河而建的十六院。十六院裡面住著美女。每個院子裡都有一位四品夫人做主人，客人當然就是隋煬帝。這些主人也都是玉為膚骨、雪做心腸的妙齡女子，為了招攬隋煬帝這個客人，使出種種手段，真是與山河競秀麗，和珠寶鬥奢華，無所不用其極。

隋煬帝當然願意享受這樣的生活，所以經常趁著月夜帶幾千名宮女從洛陽宮騎馬來到禁苑夜遊，每次來的時候，還要讓人演奏《清夜遊曲》，騎著寶馬，聽著音樂，琢磨著到底去哪個院子，拜訪哪位夫人，這就不光是華麗，而是淫靡了。當年，隋文帝哪裡享受過這樣的生活！

洛陽城奢華的裝飾，讓大興城黯然失色。問題是，兩座都城都是出自宇文愷之手，為什麼會有如此大的差別？這差別的背後，又說明了什麼問題呢？

可能有人會問，洛陽城和大興城不都是宇文愷修的嗎？怎麼差別這麼大呢？

首先，因為領銜的宰相變了。修大興城時是由老臣高熲領銜。他是老成持重之人，而且特別反對浪費。修洛陽城時領銜的是宰相楊素，此人家裡非常有錢，自己住的房子不比皇宮差，他自然以高標準修整皇宮。隋文帝晚年修仁壽宮，就是楊素領銜監修，結果修整的非常華麗。隋文帝讓高熲去驗收，他不客氣地彙報說，奢侈太過，多傷人力。由此也可以看出這兩個人做事風格的差異。楊素領銜修城，自然就將自己的享樂理念灌注到洛陽城裡來了。

除了宰相風格不同，與皇帝也有關係。隋文帝是個克己復禮的人，楊素修仁壽宮奢侈了一些，都怕他追究。但是，楊廣不同，不論是楊素還是宇文愷，都看出新皇帝是個好大喜功之人，他們以「窮極壯麗」的原則來討好隋煬帝。洛陽城當然也就比大興城華麗許多。

第二，洛陽城跟大興城功能不同。大興城是全國的政治中心、軍事中心。但是，洛陽城還要成為全國的倉儲中心和經濟中心。

怎麼叫倉儲中心呢？洛陽城裡設了好多糧倉。前文講過，楊廣一定要修建東都洛陽，除了加強控制東部和南部的能力以外，很重要的一條就是儲存漕糧，不再當逐糧天子。

既然洛陽水陸交通方便，隋煬帝就打算把這裡建成一個倉儲基地。所以，他在洛陽城內以及洛陽周邊建了幾個大糧倉，挖窖儲糧。第一個是洛陽城裡的含嘉倉。根據近年來的考古挖掘和唐朝的記載，這座糧倉能儲存糧食五八三萬多石，以一石折合八十一斤來算，大約折合二三·六萬噸。這可是個了不起的數字。但是，這還不是洛陽糧倉的全部。除了含嘉倉之外，隋煬帝還在洛陽設置了洛口倉和回洛倉。其中，洛口倉有三千個糧窖，每窖能容八千石，大約折合近一百萬噸；而回洛倉設置三百口糧窖，收儲的糧食也達到十萬噸以上。這三大糧窖的存糧量已經達到一百三十多萬噸。這個數字，即使是今日也不容小覷。

至於經濟中心，隋煬帝在洛陽城修好之後，馬上讓周圍居民都進城，奠定洛陽城的人口規模。可是，一個城市要繁榮，光有人不行，還得有富人。為了讓洛陽儘快繁榮起來，他遷了幾萬家富商、幾千家地主和幾千家工藝戶到洛陽，拉動內需。伴隨著大規模的移民政策，洛陽的戶口總數迅速達到二十多萬戶，總人口約一百萬上下。在當時，恐怕也只有大興城可以媲美。

有人氣，有錢，再有手工業，經濟不就活躍了嗎？看市場就知道。大興城有東市、西市兩個市場。洛陽城則有三個市場，分別是北市、南市和西市。而且，每個市場都有直接可以行船的河渠和碼頭。運輸、貿易都更加方便。

就這樣，經過隋煬帝這麼一番打造，洛陽城迅速成為當時中國最繁華富麗的城市，一下子就把冷峻嚴肅的大興城給比下去。

詳細說明了洛陽城的規模、華麗程度和功能，就可了解這座城不僅僅是大興城的東方縮小版，事實上，隋煬帝對它的期望值相當高。在他眼裡，洛陽應該成為全國的政治、經濟、文化中心！換言之，隋朝的重心因洛陽城的建立，而向東方傾斜，這可是隋煬帝時期國家定位的一大變化。

既然如此，到底應該如何評價這座新城呢？有三方面不容忽視。

第一，隋煬帝修城，眼光相當精準。中國領土面積廣大，在古代交通、資訊不暢的情況下，只靠一個首都管理這麼大的國土存在很多困難。因此，古代人很早就發明了兩京制。比如西周定都鎬京，又營建東都洛邑。隋煬帝修建東都洛陽，當然也有這方面的考慮。

但是，他考慮的還不止於此。修建洛陽城，可以在一定程度上打破關隴貴族集團對政治的壟斷，讓國家的政治氣度更宏大一些。要知道，隋朝定都大興城，其實和它的歷史傳統有關。隋朝繼承北周，北周繼承西魏，無論政權怎麼更迭，都是關隴貴族占統治地位。關隴貴族出身於關中地區，家族勢力也在關中地區，所以，都城也必定在關中。

這樣一來，大興城其實是關隴貴族集團的大本營。隋朝此刻已經不是一個地區性政權，而是一個全國政權。在此情況下，如果只是死守大興城、死守關隴集團，就會顯得非常狹隘。前文講過，王頍和蕭摩訶為什麼慫恿楊諒造反呢？就是因為他們是南方人，無法進入隋朝的統治核心。此種偏重於一端的政治模式就會產生問題。

> 關隴集團，亦稱關隴六鎮集團或六鎮胡漢關隴貴族集團，是一個歷時長久的政治統治集團。最早源自宇文泰的八柱國，由北魏六武將、代北武川的鮮卑貴族首關隴地區豪族所組成。在西魏、北周、隋和唐初他們都占據著統治地位，鼎盛時期在北周、隋，武則天時期結束。

隨著洛陽城的建立，並且成為新的統治中心，楊廣其實是向東方和南方人表態。隋朝要打破原來的地區壟斷，向每一個人開放，這是極有眼光的一件事，也是修建洛陽城的最大意義。

第二，我們也發現，修建洛陽城的過程中，可看出隋煬帝急功近利的個性。洛陽城從大業元年（六〇五）三月開工，到大業二年（六〇六）正月完工，僅花費十個月。這麼大的工程量，能在這麼短的時間內完成。實是因為投入大量人工。按照史書記載，修建東都洛陽，每個月投入的人工是兩百萬。

比較一下就知道這個數字大不大。北周的天元皇帝也是一個有理想的人，曾經想修建洛陽城。為此，他每月役使四萬人築城。北周天元皇帝可是一個著名的暴君，他動用的民力不過是四萬人，而隋煬帝為了迅速完成任務，居然一次動用兩百萬人，這就非常誇張了。雖然這只是隋煬帝建立的第一項大工程，但是，隋煬帝急功近利，濫用民力已經初露端倪。

第三，在修洛陽城的過程中，隋煬帝也出現好大喜功、奢侈腐化的傾向。無論是建宮殿，還是修園林，隋煬帝都務必要做到最好。楚王好細腰，宮娥多餓死。在上位者即使像隋文帝般節儉，楊素尚且想要建一座美輪美奐的離宮來討好他，如果皇帝本身就奢侈，大臣的行為會更加沒有節制，這樣一來，老百姓的負擔也就益發沉重。

隋煬帝下令修洛陽城之前，曾經下過一道詔書，他說：

> 非天下以奉一人，乃一人以主天下也。民惟邦本，本固邦寧。百姓足，孰與不足！今所營構，務從節儉。無令雕牆峻宇，復起於當今；欲使卑宮菲食，將貽於後世。

當皇帝是一人治理天下，但絕不是讓天下奉養一人。國家是老百姓最重要，民為邦本，本固邦寧。老百姓富足，天下就富足了。所以建這個宮殿不能損害百姓利益，我們要傳承卑宮菲食的精神，不能讓雕牆峻宇這種物質傳統傳下去。

多麼冠冕堂皇，但真要執行時，說過的話就全忘了，百姓自然遭殃。如前所述，就是這個洛陽城，讓老百姓付出「僵仆而斃者，十四五焉」的代價。《隋煬帝豔史》才說：「巍煥無非民怨結，輝煌不過血模糊。」雖然是小說家語，卻也相當深刻。

如此勞民傷財，讓這個本有功勞的建築和隋煬帝的統治形象均蒙上了一層陰影。隋煬帝下一步會向何處去呢？他會繼續這種思路，還是會有所改變？

【第五章】千秋運河

傳統史家認為開鑿大運河是隋煬帝的重要罪狀之一。人們說他為了滿足自己巡遊江南的私欲，不惜勞民傷財種柳開河，讓多少老百姓家破人亡。隋煬帝開鑿運河真的只是為了飽覽江南美景嗎？大運河在歷史上到底起了什麼作用？

說起隋煬帝，無論如何也繞不過大運河。有人說：「種柳開河為勝遊」，批評隋煬帝僅僅為了滿足個人私欲，就大興勞役，陷民水火；也有人說「至今千里賴通波」，稱讚大運河的開鑿為溝通南北作出了貢獻。那麼隋煬帝開鑿大運河的真實原因在哪裡呢？大運河對中國歷史到底意味著什麼？

老人嚇唬不聽話的小孩，常常說：馬虎子來了。這馬虎子是怎麼回事呢？其實，馬虎子準確的讀法應該是麻鬍子，大名叫做麻叔謀，他是何許人物，為什麼能嚇唬小孩子呢？這就涉及隋煬帝時期最著名的工程——大運河。

說起隋煬帝修運河，就和秦始皇修長城一樣，在中國歷史上可是出了名的。只要提到秦始皇，就會想到修長城，同樣地，提到隋煬帝，也一定會想到開運河。如果隋煬帝的一生，只能提一件代表作，一定是大運河。

既然大運河如此重要，我們就要了解隋煬帝為什麼要挖運河。這個大運河，究竟是如何修成？其對隋煬帝、對中國歷史，又具有何種意義？

就在大業元年（六〇五）三月二十一日，隋煬帝下令興修東都洛陽之後四天，又下了一道新的命令，徵集百萬男丁，開挖一條水道，連接黃河和淮河，這條水道，就是大運河的一個最重要的組成部分，後來叫通濟渠。

前文講過營建東都是一個重大工程。既然一個重大工程剛開工，應該是國家的人力、物力都吃緊時候，為什麼隋煬帝非要在這個時候再開始一個大工程呢？關於這點，有兩個流傳最久的解釋。一個是遊江都，另一個就是壓王氣。

這兩種說法都出自一本唐朝的筆記小說《開河記》。根據《開河記》的記載：隋煬帝看到一幅叫做《廣陵圖》的畫，立刻就呆在那裡，眼睛盯著它一動不動，久久不願離開。蕭皇后覺得不對勁，就問他，這畫這麼好嗎？陛下都看呆了？隋煬帝說：「朕不愛此畫，只為思舊遊之處。」我不愛這幅畫，只是懷念以前遊覽過的地方。於是左手搭在蕭皇后肩膀上，右手指著圖上的山水、村落、寺宇，一一講給蕭皇后聽。蕭皇后知道隋煬帝思念揚州，便說：「帝意在廣陵，何如一幸？」既然想念揚州，何不前往遊幸呢？隋煬帝一聽，很是動心，第二天就召見大臣，說要坐船，走水路，下揚州。

這條水路怎麼走呢？隋煬帝說，可以先進入黃河的支流汴河，從汴河到黃河，再進入東海，然後再從海路到淮河，再到揚州。可是，他這個想法剛一提出來，大臣馬上反對，說如果這樣走，必然經過孟津，那個地方水流湍急，不安全。

這時候，蕭皇后的弟弟蕭懷靜說話了。他說，最近有術士說睢陽（今河南商丘）有王氣，這個說法不能小視。如今陛下既然想走水路，天然水路又不安全，還不如人工挖一條水路，從汴河一直挖到淮河，這條水路肯定經過睢陽，這樣一來，解決了交通安全問題，也順便挖斷睢陽的王氣了，這是一舉兩得啊！隋煬帝一聽，感覺很有道理，馬上下令執行，這才有了大運河。

依照此說法，開鑿運河就是隋煬帝懷舊和迷信的產物。但這樣的解釋並不可信，原因有二。

第一，《開河記》是筆記小說，破綻太多了。例如，它說隋煬帝在當皇帝之前是陳王這點就不對了，應該是晉王。還有，蕭皇后也沒有弟弟叫蕭懷靜，連這類基本情況都搞不清，這本小說的可信度也就大打折扣。

第二，這篇筆記小說把隋煬帝說得過於迷信。聽見人說睢陽有王氣，就挖一條大運河去厭勝，完全不符合隋煬帝的性格。我們在第一章就講過，隋煬帝改元大業，有人說大業的「業」字，拆開來寫就是大苦末，不吉利，隋煬帝不為所動，照樣以大業為年號，可見隋煬帝是個相當理性的人。所以，他怎麼會因為一個荒唐的王氣之說，就發動這樣一個大工程呢？這實在太貶低隋煬帝了。

可以肯定的是，開鑿大運河確實和隋煬帝遊江都有著密不可分的關係。大業元年（六〇五）三月二十一日隋煬帝下令開挖通濟渠，在那三天之前的三月十八日，隋煬帝已經下詔，宣布要遊歷淮海。而且，大業元年八月通濟渠和邗溝開通，隋煬帝馬上就沿著運河下揚州。這說明，隋煬帝挖運河與下揚州確實息息相關。說開運河是為了下揚州，並沒有錯。

但是，不論是隋煬帝開運河也好，下揚州也好，都不是一個簡簡單單的情感或者喜好問題，而是有著複雜和深刻的背景因素。

正史和野史都把大運河的開鑿說得非常不堪，不是說隋煬帝為了賞美景，看美人，就是說他為了壓王氣，保皇位。但是，其中的關聯絕對不像人們想像的那麼簡單，而是有著更加深刻和複雜的背景。那麼，這到底是個怎樣的背景呢？

有兩點可以說明。

第一，南方的政治穩定。

第二，南方的經濟發展。

先說第一點，南方的政治穩定。隋朝是由西邊的北周、東邊的北齊和南方的陳朝所組成的。隋文帝雖然用軍事手段整合這三處，但是東邊和南邊一直不太穩定。開皇十年（五九〇），南方曾經全境皆反，南方不穩，一旦發生叛亂，就需要隋朝做出反應。可是，隋朝的都城在大興城，遠在西北，山遙路遠，資訊不暢。即使資訊通暢，從北方調集兵力、財力到南方，也是一件麻煩事。

要知道，在人類發明鐵路之前，人員也好，物資也好，只要是大宗運輸，走水路最方便，水力比人力、畜力都管用多了。但是，中國西高東低的地形，除了西北的額爾齊斯河和西南的瀾滄江，沒有南北走向的水道。如果想把北方的士兵運到南邊，就會相當不便。

楊廣是平陳戰爭的統帥，又親自參與南方平叛，此後坐鎮揚州十年，對這兩個問題有深入的認識。所以，他一上臺，先營建東都洛陽，在東部地區建立政治中心，好及時對東邊和南方的事態做出反應。

與此同時，還要開鑿運河，利用人工水道把北邊和南邊連結起來，這樣也好解決戰爭狀態下運兵的問題。換句話說，開鑿運河在當時是為了穩定江南、統一的要素，是一個政治舉措。只有考慮到這個因素，我們才能解釋，為什麼隋煬帝剛剛下令營建東都，隨即就下令開鑿運河，然後馬上巡遊揚州，因為在隋煬帝看來，這三件事本來就是三位一體的關係。

再來看第二點，南方的經濟發展問題。開鑿運河，它除了能把北方的軍隊運到南方之外，還能把南方的糧食運到北方。這就涉及中國歷史上一個非常重大的問題——江南開發。

若追溯至秦漢時期，江南地區還是草莽叢生、人煙稀少，在整體國家中的經濟地位甚至可以忽略不計。當時的政治中心在關西，經濟中心在關東，都屬於黃河流域，所以，一江春水向東流沒什麼關係。但是，經過魏晉南北朝的大動盪，很多北方人都到了南方開墾，成了物產豐富的魚米之鄉。

到了隋朝，南方在全國經濟比重差不多達到百分之五十，而且發展後勁十足，儼然是成長最快的經濟區，這就不能忽略不計了。經濟中心逐漸南移，政治中心還在北方，兩個中心無法溝通，如此一來，一江春水向東流成了問題。隋煬帝鎮守江都十年，對這種形勢的改變也非常清楚，所以，從經濟的角度觀之，也有必要開鑿運河，溝通南北。大運河的開鑿有著非常嚴肅的政治、經濟目的，是隋煬帝審時度勢、高瞻遠矚的結果，絕不是帝王享樂或者是迷信這樣膚淺的理由所能涵蓋。

隋煬帝是一個有政治頭腦的皇帝，開鑿大運河絕對是他深思熟慮的結果。既然目標正確，那麼下一步就是如何開鑿的問題。根據史書的記載，大運河全長兩千多公里，溝通五大水系，而在當時僅靠人力畜力的情況下，僅六年就全部貫通。那麼，這條貫穿南北的大運河到底是怎麼挖成的呢？

這樣看來，開鑿運河有十足的必要，問題是如何付諸實行。隋唐大運河北起涿郡，南到余杭，溝通海河、黃河、淮河、長江、錢塘江五大水系，在中國的大地上跨了十多個緯度，全長兩千多公里。這麼大規模的工程，可得好好規劃。隋煬帝到底是怎麼規劃的呢？有三點至關重要：

第一，分段開挖。

第二，盡量利用原有水道。

第三，以洛陽為中心，向東南和東北兩個方向延伸。

先看第一點，分段開挖。大運河溝通五大水系，這五大水系是由四條運河相連。永濟渠連結海河與黃河，通濟渠連結黃河與淮河，邗溝溝通淮河與長江，江南河連結長江和錢塘江。這四段運河，分為三次開挖。其中，大業元年（六〇五）三月先開工通濟渠和邗溝。

為了隋煬帝下揚州，所以先開鑿這兩段。揚州在長江的北岸。隋煬帝從洛陽到揚州，要從黃河流域進入淮河流域，再從淮河流域進入長江流域。如此一來，溝通黃河與淮河的通濟渠，還有溝通淮河與長江的邗溝自然要率先開工。

其次是大業四年開鑿的永濟渠。永濟渠溝通海河和黃河，可直達北方的涿郡，也就是今天的北京城。大業四年（六〇八）開鑿永濟渠就是為了打高句麗。大業三年（六〇七），隋煬帝北巡草原，就在突厥啟民可汗的牙帳裡，看見高句麗的使者，同時也就產生了征服高句麗的念頭。北京城自古就是北方的軍事重鎮，把這裡作為征東大軍的後方基地再合適不過。既然如此，當然要挖一條運河，把洛陽和涿郡聯繫起來，以便日後運兵運糧。

最後是在大業六年（六一〇）開挖的江南河。此時隋朝

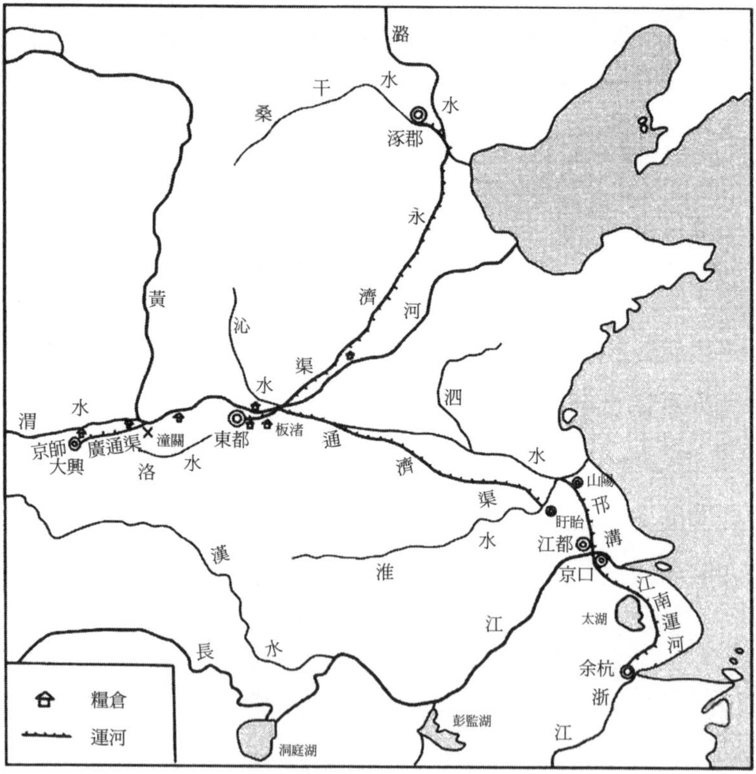

隋朝大運河

已達到鼎盛，隋煬帝北巡西狩的工作都已經完成，大規模的戰爭還沒有開始，算是難得的輕鬆時光。在這種情況下，美麗富饒的長江三角洲就進入了隋煬帝的視野，無論是眼前的巡遊覽勝也好，還是長遠的經濟溝通也罷，把三吳地區包含進全國水道網中都是非常合理的想法。

就這樣，前後經過六年的時間，分三次努力，四段運河相繼完工。這種規劃，輕重緩急非常分明。

再看第二點，利用舊有水道。要知道，雖然溝通南北的大運河是隋煬帝的創舉，但是，在局部地區開挖運河，溝通南北的傳統卻是古已有之。比如春秋末年，吳王夫差為了北上爭霸就開鑿連接江淮的邗溝，這其實就是隋朝大運河邗溝段的基礎。另外，還是春秋末年，魏國強大，為擴張需要，又開挖了連接黃淮的鴻溝。這其實就是大運河通濟渠的基礎。這些水道斷斷續續，年久失修，但是有基礎總比沒有基礎強。隋煬帝就是在這些舊運河的基礎上，裁彎取直，疏浚引流，才形成了全長四千多里的大運河。

大運河系統一共用了六年的時間完工，但是這六年並非天天動工。其中，通濟渠和邗溝有明確的時間記載，一共用了五個月的時間完工，其他兩段運河——永濟渠和江南河，雖然沒有具體記載，但是可以想像，每一段花費的時間都差不多。為什麼這麼說呢？因為挖河和其他的工程不同，只能枯水期開挖，因此工程時間有限，約略總計所有運河工程，恐怕也不會超過一年半的時間。這麼長的水道，怎麼能在這麼短的時間完工呢？其中一個很重要的原因就是盡可能地利用舊有的河道。也算充分考量了省事、省力、省錢的節約原則。

再看第三點，以洛陽為中心，向東北、東南伸展。為什麼要特別強調這點呢？因為洛陽是隋煬帝考慮全部問題的中心。隋朝立國的基礎本來是以大興城為中心的關中地區，但是，關中偏在西北，不利於對全國的控制。隋煬帝即位後，就有意識地把國家重心向東部遷移。

遷移到哪裡呢？最合理的地點就是東都洛陽。洛陽位置居中，向西可以通過隋文帝開鑿的廣通渠連接大興城，向東可以輻射整個東部地區。而大運河，正是以洛陽為結點的一個人字形。洛陽以北的永濟渠是人字的一撇，叫北運河；往南的通濟渠、邗溝和江南河是人字的一捺，叫南運河。形象一點說，東都洛陽就好比是一個人的心臟，一撇一捺既可以比作兩條胳膊，又可以比作兩條血管；如果是兩條胳膊，那就把整個東部地區緊緊地給抱住了。如果說是兩條血管，東、西、南三部分的血脈就聯通起來了。

這也正是隋朝運河和元朝以後開鑿的京杭運河的主要區別。京杭運河北起北京、南到杭州，和隋唐運河的起點和終點都一樣，有人將這兩條運河混為一談。但這兩條運河最大的區別就在於中心不同。京杭運河是以北京為中心，是一條直的水道，從北京向南，直達杭州。而隋朝大運河可不一樣，它以洛陽為中心，比北京更靠西，整個運河就不是一條直線了，而是一個人字形。走一條直線，那是溝通南北，走一個人字形那可就是溝通東、西、南三方了。

從這兩條運河的不同走向，可以大致看出來中國歷史的發展變化。隋唐時代，中國還是東、西、南三部分相對平衡的發展，各有優勢；而到了元明清，則是東邊的權重遠遠高於西邊了。哪一種狀態更好呢？當然是隋唐的狀態好，以各地之間的平衡為重。

大運河絕對不是一條普通意義上的河流。在地域上，它溝通了從南到北五大水系；在政治上，它輻射了東、西、南三個方向。既然是如此重要、如此有歷史意義的一項工程，那麼人們為什麼

又會把它視為隋煬帝的惡政之一呢？對於這項大工程，我們到底該如何評價？

就這樣，經過六年的時間，一條四千多里長，溝通五大水系，輻射東、西、南三方向的龐大水利工程——大運河終於全面竣工。這也是人類在近代以前開鑿的最長的一條人工運河，比後來的京杭運河還長七百多公里。

這項大工程，到底應該如何評價呢？它促成了隋朝的政治統一和經濟流通，是隋朝富強的基礎，是相當難得的成就。但這還不是大運河的全部意義。更重要的是，其不僅體現在隋朝，更持續到唐宋還在繼續發揮作用。特別是唐朝安史之亂以後，東部地區大片土地都割據自雄，不再提供賦稅給西北的中央，在這種情況下，大運河就成了唐朝的生命線，正是靠大運河源源不斷地輸送來自東南地區的財富，唐朝才又苦苦支撐了一百多年。後來，黃巢起義斷絕運河河道，唐朝也就迅速滅亡。一條運河維繫一個歷史上最強大的朝廷，這樣的功勞，再怎麼評價也不為過吧。

再看宋朝。大家都知道，宋朝經濟發達，首都汴京（開封）盛極一時。看看中國古代城市經濟的典範畫家張擇端的《清明上河圖》，不論是汴京還是北宋，經濟發展都與大運河有關。宋朝人張洎說過：

> 唯汴水橫亙中國，首承大河，漕引江湖，利盡南海，半天下之財賦並山澤之百貨，悉由此路而進。

這裡的汴水，指的就是大運河的通濟渠一段。再進一步說，大運河不僅在隋唐宋三代發揮作用，直到元明清三朝，雖然因為政治中心的東移，重新開鑿京杭運河，但是京杭運河還是沿用隋代大運河的河道。有些河段，甚至一直沿用到今天。真可謂一條大河波浪寬，利國利民兩千年。

中國人有修運河的傳統，但是在隋煬帝以前，所有的運河都是局部的、支離破碎的。編織起一條覆蓋全國、施惠千秋的水道網，從來就沒有人想過、做過，但是隋煬帝想到了，也做到了。這難道不偉大嗎？

但是，隋朝的老百姓怎麼想呢？他們的心情和我們這些千載之後的旁觀者可就不一樣了。我們說這個工程偉大，是因為我們只享受它的恩惠，沒參與它的建設，真正的建設者，恐怕就要說它吃人了。

大運河真正開鑿的時間不足一年半。這麼短的時間貫通兩千多公里的水道，雖然盡量利用舊有水道，但對老百姓而言，這還是一項極其沉重的負擔。據《資治通鑑》的記載，開鑿通濟渠，隋煬帝一次役使男丁百餘萬，開鑿邗溝，役使男丁十餘萬，開鑿永濟渠，更是發丁五百餘萬。後來，男丁不夠用，便讓婦女服役，這在整個中國歷史上也是非常罕見的。

工程量大、工程品質也要求高。以最先開通的通濟渠和邗溝為例，隋煬帝要求「渠廣四十步，渠旁皆築御道，樹以柳」。這條河寬度要統一為四十步，還要在河岸邊種植柳樹，這得多精緻啊。而且，在修運河的同時，隋煬帝還在沿岸興修大量的行宮和糧倉，作為配套設施。這樣一來，整個工程量就更大了。為了完工，也和修東都洛陽一樣，讓冷血的監工監督，逼迫民夫進行超常規、超負荷的勞動。人力大量耗損。

麻鬍子就是當時監工的代表。依照筆記小說《開河記》的說法，麻鬍子麻叔謀是開河總監，素以嚴厲見稱。每天監督別人，自己也難免上火，到了寧陵（今河南寧陵），麻鬍子就病了。醫生一看，開了幾服藥，而且說必須用羊肉當藥引子才行。麻叔謀就從當地買羊肉吃。

《開河記》是傳奇小說，著者不詳，魯迅推定是北人所作。作品主要敘述麻叔謀奉隋煬帝詔書開河的故事。麻叔謀雖在《隋書》中沒有記錄，但自唐代即有「麻姑」性情殘暴之傳說，可見這並非全臆造，可能也是根據口述傳聞而來。

甯陵縣有個人叫陶榔兒，他家的祖墳靠近運河河道，他害怕運河工程挖到他家祖墳。他就想送禮給麻叔謀，請麻叔謀稍微改改道，繞過他家祖墳。原先想麻叔謀既然每天吃羊肉應該送羊肉，但他覺得這禮物太普通了，於是他就偷了別人家一個小孩，謊稱羊肉，蒸熟後獻給了麻叔謀。麻叔謀吃著這肉，香美異常，十分滿意，就真的下令讓河道在經過陶家墳地時繞了個彎。其他黑惡勢力一看，原來獻孩子肉就能辦成事，於是紛紛在四鄰八鄉偷孩子，孝敬麻叔謀。

據說麻叔謀一共吃了好幾百個孩子。老百姓聽聞可嚇死了，誰家有小孩，都趕緊藏起來，連晚上睡覺都把小孩鎖在櫃子裡。小孩一哭一鬧，大人趕緊說：麻鬍子來了！小孩一聽，馬上一聲不吭。久而久之，麻鬍子就和歐洲的藍鬍子一樣，成了嚇人的怪物。一直到今天，農村老太太還這麼嚇唬小孩。

這個故事真實性有待確認，因為在《隋書》或者當年的其他文獻中，完全找不到麻叔謀的記載，但是，它反映的情緒是真的。老百姓不敢罵皇帝，就塑造了這麼一個黑心的、吃人的開河總監。這吃人的麻鬍子背後，不就是吃人的隋煬帝嗎？把這毀譽兩方的意見綜合起來，我們就能對大運河進行整體評價了。沒錯，這個工程很偉大，但是進行得太快，濫用民力。

然而，隋煬帝本人並未意識到這一點。據說，隋煬帝在通濟渠開通以後，非常興奮，曾經寫下《水調歌》慶祝。老百姓在哭，皇帝在歌，這一歌一哭之間，便產生問題。如同東都洛陽，一個偉大的工程不能惠及當時的百姓，一個雄心勃勃的皇帝不能體恤自己的子民，一個高速前進的王朝怎麼也不肯讓百姓喘口氣，休養生息，離心離德的情緒自然出現。這種情緒一旦蔓延開來，對隋煬帝的統治，對隋朝的發展可都不是好事。

隋煬帝已經開了運河，那麼，他下一步又要做什麼呢？

【第六章】游幸江都

大運河開通後，隋煬帝做的第一件事就是巡遊江都。巡遊江都固然讓隋煬帝本人風光無限，但也讓後來的史家與小說家捕風捉影，大肆渲染，直至演繹成隋煬帝一生最大的罪狀之一。那麼，隋煬帝為什麼要巡遊江都？為什麼這次巡遊會招致那麼多的非議呢？

大運河的開鑿儘管有利國利民的一面，但也帶給隋煬帝更多罵名，其來源之一就是隋煬帝後來的巡遊。隋煬帝為什麼非要大張旗鼓地遊江都？在空前絕後的鋪張浪費之外，巡遊江都有沒有它積極的一面呢？

隋煬帝是把營建洛陽、開鑿運河和巡幸江都視為三位一體的問題來看待的，前兩件事都已辦完，接下來就是第三件事巡幸江都了。

大業元年（六〇五）八月，通濟渠和邗溝一開通，隋煬帝馬上發布命令，從洛陽出發，沿著新開鑿的運河巡遊江都。這次巡遊排場有三點空前絕後。

第一點，船隊規模空前絕後。

第二點，船夫排場空前絕後。

第三點，沿途供應空前絕後。

先看第一點，船隊規模空前絕後。

根據《隋書．煬帝本紀》的記載，為這次巡遊事先建造的船隊有龍舟、鳳艒、黃龍、赤艦、樓船等等大小船隻數萬艘。其中，真正使用的也有數千艘。這「數千艘」可從唐朝杜寶的《大業雜記》中的詳細清單看出，其中包括龍舟一艘，翔螭一艘，浮景舟九艘，漾水彩舟三十六艘，五樓船五十二艘，三樓船一百二十艘，二樓船二百五十艘等，總之，加起來一共五千一百九十一艘。

這五千多艘船，我們可以按照級別和使用者身分大致分為三等。

第一等是水殿，是皇帝和后妃乘坐的，因是宮殿式設計而稱之。包括隋煬帝乘坐的龍舟，蕭皇后乘坐的翔螭舟，高級妃嬪乘坐的浮景舟和中下級妃嬪乘坐的漾水彩舟。

其中，隋煬帝乘坐的龍舟最大，高四十五尺，闊五十尺，長二百尺。隋朝一尺約等於現在的三十公分，換算下來，這個龍舟就應該是大約六十米長，十五米寬，十三米高。這十三米的高度被分為四層，其中，最上層分為正殿、內殿和東西朝堂，中間兩層一共有一百二十（還有說法是一百六十）個房間，最下層則是宦官和船夫居住。整個船體到處裝飾金銀珠寶，還掛滿流蘇，遍插羽毛，通體上下金碧輝煌，分明就是一座水上宮殿！

其次是蕭皇后乘的翔螭舟。比龍舟稍微小一點，但是規格和裝飾則是一樣的，也是四層結構，五彩煥然。

翔螭舟之下是高級妃嬪乘的九艘浮景舟，一共三層，又叫小水殿。

浮景舟之下是貴人、夫人乘的漾水彩舟，一共三十六艘，規格再降一等，只有兩層，又叫大朱航。

這四十七艘船共同構成了水殿，算是船隊裡的第一等。

船隊中的第二等我們姑且叫做樓船，是給官員乘坐的。其中諸王、公主，還有三品以上高官乘坐的叫五樓船，四品官和一些高僧、高道乘坐的叫三樓船，五品官和各國使節乘坐的叫二樓船，五品以下官員和家屬乘坐的叫黃篾舫。這些船具體什麼樣史書沒有明確記載，但從名稱來看，應是從五層樓船到一層普通船遞減的結構。

船隊的第三等則是普通士兵乘坐的運兵船。除此之外，還有裝儀仗和物資的運輸船。這麼多船一共搭載了多少乘客呢？最保守估計也應該在十萬以上。這麼大規模的船隊，在水面上排列開來，依照《資治通鑑》的說法，就是：

> 舳艫相接二百餘里，照耀川陸，騎兵翊兩岸而行，旌旗蔽野。

船頭船尾接在一塊兒，在水面上排開就是二百里長，光彩奪目，照亮天地，兩岸還有騎兵打出來的旗幟，鋪排開來遮天蔽野。場面極其宏大。光是從第一艘船起航，到最後一條船離港，就整整用了五十天時間。

這樣大規模、高規格的船隊誰能比得了呢？無論是明朝的鄭和下西洋，還是清朝的乾隆南巡，皆望塵莫及！

再來看第二點，船夫排場空前絕後。古代沒有機動船，船是依靠風力，揚帆起航，或是依靠人力，由縴夫拉著走。隋煬帝這些船個頭太大，加上運河風力不足，所以都是縴夫拉著走的。這縴夫可不是一般人，按照《大業拾遺記》、《隋煬帝豔史》這一類筆記小說的說法，是一些妙齡少女。

據說這是大臣王弘出的主意。他說龍舟如此華麗，如果用男丁拉縴，影響美觀。不如到江南選一千名十五、六歲的女孩子，打扮成宮女，纖纖小手，白白纖繩，這樣拉縴，多有情趣啊。隋煬帝一聽也覺得有趣，但是又不免擔心，女孩子體力不好，萬一拉不動，怎麼辦呢？王弘說：這好辦。如果擔心一千名女孩子拉不動，就再選一千隻白色小山羊，一個美女配一隻小山羊，人力、畜力加起來，這不就行了嗎？隋煬帝一聽，大喜過望，就依計而行。

可能有人會問，為什麼選羊不選牛馬呢？因為在古代，羊也是具有某種色情含義的動物，西晉武帝司馬炎不就乘坐羊車到後宮巡遊，羊停在哪個夫人門前，就臨幸哪個夫人嗎？所以，羊和美女是風流絕配，可以凸顯隋煬帝的荒淫。

晉武帝司馬炎（二三六—二九〇），字安世，河內溫（今河南溫縣）人。晉朝的開國君主，二六五年建立晉朝，建都洛陽。二七九年統一全國。後採取一系列經濟措施，史稱「太康之治」。但後來逐漸怠惰政事，奢侈腐化，於二九〇年病逝，謚「武」。

但是，事實並非如此，這只是一個段子。

那事實怎麼樣呢？事實比段子還誇張。

隋煬帝巡遊，絕對不只用了一千名船夫，而是八萬人。其中，龍舟拉縴的叫殿腳，一共一千零八十人，分為三番，三班倒，每番三百六十人；翔螭舟拉縴的叫殿角，一共九百人，每番三百人；給浮景舟拉縴的叫黃夫人，每船一百人，一共九百人，以此類推，級別愈低，船夫愈少，直到運兵船和運輸船，就是由士兵自己拉縴。這些拉縴的船夫統一著裝，為皇帝、皇后和妃嬪拉縴的，一律身著錦襖，遠遠望去，就像是移動的雲錦一樣。這樣的排場，也是空前絕後。

再看第三點，沿途供應空前絕後。如前所述，隋煬帝這個船隊的乘客最少是十萬人，拉縴的船夫又有八萬人，加起來就差不多是二十萬人了。這麼多人，路上的物資供應怎麼解決呢？總不能再帶著肉蛋奶上路吧？沒錯，隋煬帝才不帶這些呢，所需物資，一律是沿途州縣供應。

隋煬帝下令：「所過州縣，五百里內皆令獻食」。也就是說，只要是運河沿岸五百里以內的州縣，都有供應物資的義務。皇帝擺這麼大的排場，周圍的州縣哪敢不小心伺候啊？唯恐自己送的不夠多、不夠精，讓皇帝不滿意，所以每個地方都是竭盡所能，水陸珍奇應有盡有。光是被徵調來送飯的民夫每天都在十萬以上，家家騷動，人人不安。州縣送來這麼多東西，隋煬帝一行能吃得了嗎？根本吃不了。很多東西動也沒動，直接就填埋在路邊，非常浪費啊！

有人認為，隋煬帝太差勁了，為了自己巡遊，就這樣浪費民力，耗費資財，這不是一個昏君嗎？在某種程度上是的。遊江都可能是給隋煬帝贏得罵名最多的事情之一了。歷史上不僅對這件事本身沒有正面評價，事實上，就連開鑿運河，其實都受到遊江都的連累。

為什麼這麼說呢？對隋煬帝印象很好的皮日休曾經說過：「若無水殿龍舟事，共禹論功不較多。」本來開鑿大運河可與大禹治水相提並論，但是一旦與遊江都扯上關係，就成了「種柳開河為勝遊」。

隋煬帝遊江都，不僅敗壞了自己的名聲，也讓溝通南北的大運河跟著他一同遭殃，背負罵名。隋煬帝這麼大張旗鼓地遊江都，難道就真的只是為了炫耀、為了排場，為了個人享樂嗎？難道沒有其他考量嗎？

我們應了解隋煬帝在江都都做了什麼事。事實上，隋煬帝的江都之行，有兩件大事非常重要。

第一件事，安撫南方。

第二件事，炫耀文物。

先看安撫南方。大業元年（六〇五）八月，隋煬帝下揚州。經過一個月的時間，他抵達揚州。揚州是隋煬帝的故地，當年他第一次到揚州時，還是一位二十歲的青年王子，雖號稱是伐陳的統帥，但那只是個名分，並沒有多少真實的權力。當他離開揚州的時候，已經是三十歲的成年人了，十年的揚州總管生涯讓他積累了雄厚的政治資本，幫助他最終奪嫡成功，成為太子。現在，他再到揚州，已經是龍飛九五、富有四海的大隋天子，撫今追昔，真是感慨萬千，這揚州也算是隋煬帝的福地。

當年，項羽當了西楚霸王之後說：「富貴不還鄉，如衣錦夜行，誰知之者？」富貴以後如果不回到老家，就像穿著好衣服走夜路，有誰會知道？隋煬帝跟西楚霸王一樣，也是一個愛炫耀的人，所以他這次下揚州，也頗有點衣錦還鄉的意思。

若要衣錦還鄉，總得給當地一些好處。一到揚州，隋煬帝馬上辦了三件大事。

第一件事是討好老百姓。大業元年（六〇五）十月，隋煬帝剛到揚州，馬上下令：「赦江淮已南。揚州給復五年，舊總管內給復三年。」所謂「給復」就是免除租賦的意思。也就是說，他一到揚州，揚州城裡的百姓五年之內都不用交租賦。揚州總管府轄區所有的百姓三年以內也不用交租賦。另外，所有的犯人都免除羈押之苦，可以回家了。這樣的好事，當然是萬民稱頌。

第二件是討好陳朝皇室。大業二年（六〇六）年初，隋煬帝宣布了一件大喜事，納陳後主陳叔寶的第六個女兒陳媯為貴人。可能有人會說，這也不算什麼，當年隋文帝不就納陳叔寶的妹妹為宣華夫人嗎？沒錯，隋文帝確實娶了宣華夫人，而且還非常寵愛她，但是這是一種個人行為，宣華夫人得寵，其他的陳朝皇室子弟照樣流離失所。破鏡重圓的樂昌公主當時不就被掠到楊素家裡當小妾嗎？現在，隋煬帝納陳媯當貴人可不一樣了，他還有配套措施呢。

隋煬帝下詔：隋文帝平陳時候被流放到各地的陳朝皇室子弟「盡還京師，隨才敘用」。不用在邊疆受苦，都回到首都來吧，而且根據你們的才能讓你們當官。這樣一來，本來已經被打翻在地，再踏上一隻腳的陳朝貴族可算翻身了。根據學者統計，大業年間，陳朝宗室當縣令的有二十一人，當郡守的有七人，在中央當到九卿級別，也就是三品大員的多達五人。

隋煬帝這麼做有什麼意義呢？這是在拉攏原先南方的政治上層。陳朝雖然已經滅亡了，但其貴族的政治影響力並未消失。他們的政治態度，對於整個南方地區仍然有莫大的影響力，現在，隋煬帝讓男做官，女做妃，保證其利益，他們對隋朝的態度自然也隨之轉變，由心懷不滿、暗中對抗轉而成為感恩戴德、通力合作，這不正是隋煬帝想要達到的目的嗎？

第三件是討好佛教界。我們講過，開皇十年（五九〇），南方皆反的時候，當時還是晉王的楊廣就因拜天臺宗的智者大師為師，而贏得南方人民的好感。現在，智者大師已經圓寂，但是隋煬帝和江南佛教界的緣分並沒有斷。

根據佛教典籍《國清百錄》的記載，就在大業元年（六〇五）十一月，隋煬帝把智者大師的弟子、天臺山的僧人智璪請進江都宮。別看隋煬帝在外面是威風八面的皇帝，但是面對智璪大師，他卻口稱弟子，畢恭畢敬。對天臺山寺的情況也是百般存問，關懷備至。這讓天臺山的僧人們感動不已。正好，隋煬帝當晉王時捐資興建的天臺山新寺院落成，需要起個名字。天臺山的僧人們就啟奏隋煬帝說：

> 昔陳世有定光禪師，德行難測。遷神已後，智者夢見其靈雲：「今欲造寺，未是其時。若三國為一家，有大力勢人，當為禪師起寺，寺若成，國即清，必呼為國清寺。」

陳朝曾經有一位大和尚，叫做定光禪師，非常神通。當時智者大師想建一座新寺，定光禪師雖然早就圓寂，但他曾經托夢給智者大師說，你別隨便建寺，你建不起來，得三國歸為一統的時候才能建。屆時，必然有一位大有勢力的人會助你一臂之力。這寺一旦建成，國家就會進入河清海晏的局面，到時候你們就命這座寺叫國清寺。

智璪（五五六—六三八），清河人。隋代僧人，俗姓張。出身官宦世家。十七歲時雙親辭世，在安寧寺出家。後去天台山，受學於智者大師，精修法華懺法。六〇五年，煬帝巡幸江都，智璪前往參謁。六三八年圓寂於國清寺。

天臺山僧人所說故事的真實性有待商確，但是他們會說此故事就表明他們完全認可隋朝一統天下的地位，而且願意鼎力支持，這不正是隋煬帝的目的嗎？隋煬帝一聽，當然大喜過望，馬上親筆題寫「國清寺」三個大字，賜給國清寺。現在，隋煬帝題寫的這三個字已經湮沒於歷史的風煙之中了，但是國清寺作為中國和日本天臺宗的祖庭，歷經修繕，還屹立在天臺山裡，見證著古今滄桑，時代變遷。

就這樣，隋煬帝以經濟手段籠絡了南方百姓，又以政治手段籠絡了南方貴族，還用文化手段籠絡了南方宗教界，於是南方到處都是擁護隋煬帝的聲音。再加上隋煬帝幾千艘船，二十萬人下揚州的壯舉帶來的震撼性效果，大隋的形象在江南快速建立起來，江南的不穩定因素馬上消除了不少。

隋煬帝當皇帝之前，曾經長期擔任揚州總管，積累了政治資本。因此，對他來說，下揚州等於衣錦還鄉。更重要的是，借助此舉收穫了江南人心，穩定了江南社會，可以說是一舉多得。而隋煬帝接下來做的第二件事就更凸顯了他的政治智慧。

安撫江南成功，隋煬帝真是心花怒放。首戰告捷，還得再接再厲，隋煬帝緊接著又辦了一件漂亮的大事。大業二年（六〇六）二月，隋煬帝下詔，讓吏部尚書牛弘等議定輿服、儀衛制度。同時，還任命開府儀同三司何稠為太府少卿，讓他具體負責修造器物，造好之後趕緊送到江都。

什麼叫輿服？所謂輿服，就是車輿冠服與各種儀仗。在中國古代，皇帝坐什麼車，穿什麼衣服，用什麼儀仗，並非根據喜好，必須體現禮儀、體現文化、體現等級制度。但是，隋朝之前，中原地區經歷漫長亂世，少數民族入主中原，很多原來的制度都不復存在。隋煬帝下揚州，深感自己穿的衣服、坐的車子、用的儀仗都不能體現禮樂文明，有胡人氣息。

南方一向以中原正統自居，隋煬帝這麼一身行頭來到南方，不是讓人瞧不起嗎？所以，隋煬帝才發布詔令，請牛弘和何稠商議輿服儀衛制度，並且，打造一套像樣的輿服送到江都。

牛弘是關隴集團中難得的讀書人，當年勸文帝花錢在民間收集圖書。他同時也是隋朝著名的禮學家，曾經修撰過《五禮》。所以，隋煬帝讓他主持制定輿服制度，真是知人善任。

何稠是隋朝著名的工程技術專家。隋文帝臨死前，摟著隋煬帝（當時還是太子）的脖子跟他說，修陵墓的事務必要交給何稠辦。此人祖上是西域昭武九姓何國人，古代西域胡人素以心靈手巧著稱，何稠在這一點上深得先輩真傳。

何稠的本事可比《紅樓夢》裡的勇晴雯病補雀金裘大多了。據《隋書．何稠傳》記載，波斯曾經進獻過一件金綿錦袍，織法複雜，花紋豔麗，誰也仿製不了。隋煬帝把他交給何稠仿製，何稠做好之後，拿來一看，比原件還好。更妙的是，何稠不僅心靈手巧，本人還是在江陵長大的，江陵的後樑王朝亡國之後才進入隋朝，因此也算是半個南方人，熟悉南方所保存的中原器物。讓這麼一個人來負責修造器物，當然更是不二人選。

牛弘（五四五—六一〇），字里仁，安定鶉觚（今陝西省長武縣相公鎮）人。隋朝大臣。襲封臨涇公。博覽群書。隋文帝即位後，牛弘鑑於前朝紛亂，南北分離，圖籍大量流失，便上書建議括訪圖籍，開獻書之路。五八三年，官拜禮部尚書，請修建明堂，定禮樂制度。奉命修撰《五禮》，從此儒家文化復興。牛弘生活儉樸，侍奉皇帝盡禮，對待下屬仁厚，不善言談，恪盡職守。六一〇年死在江都。有文集傳世。

那麼，牛弘和何稠果然不負期望，將此詔令完成得非常漂亮。何稠發現，按照舊制，天子乘的五輅車都是只有一個車廂，皇帝和警衛員都在一起。這是貴賤無別了啊！不合禮法。怎麼改造呢？何稠就把五輅的車廂用欄杆分成了兩部分，一部分是警衛員站立的地方，另一部分則架起須彌座，其實就是高臺，讓皇帝坐在那裡，這樣一來，便凸顯皇帝的威嚴。要知道，隋朝正是君主集權強化的時代，隋煬帝到江都來，也是為了宣揚皇帝的威嚴，何稠這麼做，隋煬帝當然滿意。

在牛弘和何稠的通力合作之下，皇帝和皇后的禮服、車輦，百官在各種場合穿的官服，還有三萬六千人的皇帝儀仗隊的全部行頭、器物就全部做好了。而且，每一樣都是既符合傳統禮制，又符合現實需要，還體現華麗的原則，隋煬帝真是大喜過望，立刻在揚州使用。每次巡遊，光是儀仗隊就綿延二十多里長。而且因為是新做的，特別光鮮亮麗，讓揚州的老百姓看了之後目瞪口呆。

在此之前，不論是揚州還是整個南方，對北方的印象就是一群粗魯的草莽英雄。就算征服了南方，那也只是武力征服，難服人心。現在隋煬帝到南方來，炫耀的已經不是武力了，而是最能體現禮樂文明的儀衛制度，如此一來，南方人不再小視此政權，更多的是心服口服。

講完隋煬帝到達江都之後所做的兩件大事，大家可能已經明白，隋煬帝巡遊江都，絕不僅僅是遊山玩水，而是有著宣揚國威，鞏固統一，促進交流的重大意義。透過一次巡遊，不顯山、不露水地解決了這麼多問題，既震懾了南方，又讓南方心服口服，這可不是一般人能做到的。隋煬帝巡遊江都，和他之前營建東都、開鑿運河一樣，都算是抓住時代脈搏，也把握好歷史發展的方向，讓隋煬帝的政治眼光和政治能力展現得淋漓盡致。

隋煬帝遊江都，有著宣揚國威和鞏固統一的雙重政治目的，也確實收到良好的統治效果。但是與此同時，隋煬帝在巡遊過程中的鋪張浪費也給人留下了深刻印象，以至於後來的人們一提到巡遊江都，首先想到的就是奢侈腐化，濫用民力。

但是，與此同時，隋煬帝的弱點在這次巡遊過程中也展現得淋漓盡致。什麼弱點呢？除了我們前面屢次強調的急功近利、好大喜功之外，還有一點同樣非常致命，那就是講究排場，鋪張浪費。

隋煬帝命何稠製作儀仗，而且要求愈華麗愈好，這樣一來，何稠當然就要竭盡所能。古代皇帝的儀仗需要大量的羽毛，何稠就以皇帝的名義傳令州縣，讓各地都進獻羽毛。這樣一來，那些長著華麗羽毛的鳥可倒楣了，到處都是捕獵者，無處躲藏。

《資治通鑑》記載了一個心酸的故事。烏程（今浙江烏程）有一棵大樹，樹高百尺，一點枝杈都沒有，就在樹頂上有一個鶴搭的巢。這只仙鶴每天飛來飛去捉蟲子喂小仙鶴，被人看到了，就要拔它的羽毛。可是，鶴躲在樹上不下來，人也爬不上去，怎麼辦呢？有人就說，乾脆把樹鋸斷算了。人們就紛紛找鋸子，要砍樹。仙鶴一看，怕樹倒了傷到自己的孩子，沒辦法，只好自己用嘴把羽毛拔下來，扔到地上。當地人一看，趕緊上報隋煬帝，說：「天子造羽儀，鳥獸自獻羽毛。」

故事的真實性有待討論，但它真實反映出人們的意見。事實上，因為這次造儀仗，隋煬帝又動用了男丁十萬多人，所花的金錢更是以巨億計。而其中必定有不必要的花費。更何況，自從隋煬帝上臺以來，這樣的大工程、大活動一件接著一件，老百姓怎麼承受得了！中國有個成語叫過猶不及，凡事都有一個標準，好事可能就會變成壞事，雄心大略可能也會變成殘暴不仁。

現在，隋煬帝的所作所為，已經超過了老百姓能夠承受的標準。那麼，他會知道反思嗎？他的下一步，又會做什麼呢？

【第七章】

揚威塞北

隋煬帝的一生，不但有過巡遊江南的浪漫，還有過揚威塞北的豪情。事實上，雖然塞外自古號稱苦寒之地，但是，隋煬帝出巡塞北的規格和規模一點也不遜於遊江南，照樣是花團錦簇，耀武揚威。隋煬帝是如何做到這一點的？他出巡塞北又是出於何種政治目的呢？

隋煬帝登基以後，馬不停蹄地建東都、開運河、遊江都，藉此鞏固了隋朝的統治，大致解決了大隋帝國西部、東部和南部的整合問題。大業三年（六〇七），有著長遠政治眼光的隋煬帝又把下一步的工作重心挪到北方——由突厥人控制的遼闊土地。隋煬帝準備如何加強自己在北方的影響呢？他又打算如何定位大隋和突厥之間的關係呢？

隋煬帝透過營建東都、開鑿運河和巡遊江南，解決東部和南部的問題，接著，該解決北部的問題了。

隋朝的北邊是突厥人的天下。突厥曾經是隋朝的最大邊患，但是，經過隋文帝時期的一系列戰爭，突厥的威脅已經得到很大程度的緩解。特別是開皇二十年（六〇〇），隋朝扶持親隋的啟民可汗當上東突厥的大可汗，讓他掌管居住在蒙古草原的突厥各部，當隋朝的藩屬國，雙方關係更是友好。

隋煬帝即位之後，啟民可汗也曾經親身入朝，表示忠誠。儘管如此，隋煬帝還是不敢掉以輕心。他還想進一步加強對突厥的控制。

隋煬帝是個精力極其充沛的人，他不喜歡待在都城發號施令，他喜歡以親臨現場的方式來解決問題。所以，這一次他還是安排出巡，親自到啟民可汗的地盤走一走，讓他看看大隋帝國神威無比，天下無敵。

大業三年（六〇七）四月，隋煬帝下詔，親率五十萬大軍，十萬匹戰馬，還有僧尼、道士、女冠等宗教人士，以及百戲班子從京師大興城出發，巡行塞北草原。按照計畫，隋煬帝的行程安排是先到榆林（內蒙古托克托旗黃河南岸），從這裡出塞，走蒙古草原，巡視位於今日和林格爾的啟民可汗牙帳，然後往東走到涿郡，再從涿郡南下回來。

簡單來講，就是由西向東，在蒙古草原兜一圈。毫無疑問，這次巡行的目的就是要向啟民可汗宣誓國威軍威，震懾草原。

大家可能就感到奇怪，宣誓國威軍威，帶軍人

啟民可汗（？—六〇九），名染干。東突厥可汗。沙鉢略可汗子。降隋後，被隋封為啟民可汗。六〇九年去世。

很好理解，為什麼要帶宗教職業者和藝人呢？其實，這正是隋煬帝心目中需要展示的國家綜合形象。在這個綜合展示裡，軍人代表武力，宗教界人士則代表文治。有了這些人，才能全面展現出隋朝對於北方草原的文明優越性。

可能有人會說，既然要展示文明，為什麼不用儒生做代表呢？這其實就是入鄉隨俗了。要知道，儒家學說是適應中原農耕民族發展起來的文明體系，它所宣導的尊祖敬宗、三綱五常等學說並不適合草原生活，草原民族對它很難理解，也缺乏興趣。但是，草原民族對宗教還是頗為信仰的，也有自己的原始宗教。所以，隋煬帝就想用佛教和道教這些發展程度比較高的宗教來和他們溝通，展示自己的文明成果。

那麼藝人呢？藝人代表著國家的繁盛。有道是藝術無國界，多姿多彩的藝術歷來都是國家之間文化交流的重要紐帶，更重要的是，隋煬帝帶去的百戲裡面好多都是吐火、噴水一類所謂的幻術，這些魔術一類的東西正好可以凸顯隋朝的神祕感。

這樣看來，這個代表團的人員構成絕對是隋煬帝精心思考的結果，他要透過這個隊伍，展現隋朝各個方面的成就。這次北巡也是一次炫耀之旅，炫耀的最終目的是震懾突厥。

最高領袖出訪，在任何時代都是大事，總要做好預備工作。首先是雙方溝通。其次是安全問題，要確保領袖在整個行程中的安全。古代其實也差不多。

幻術是一種虛而不實，假而似真的方術。《列子．周穆王》中有記載：「窮數達變，因形移易者，謂之化，謂之幻。造物者其巧妙，其功深，固難窮難終；因形者其巧顯，其功淺，故隨起隨滅。知幻化之不異生死也，始可與學幻矣。」

先看溝通問題。雖然歷史上中原王朝和草原民族一直打交道，但是，中原王朝的皇帝帶五十萬大軍巡行塞北，這可是開天闢地頭一回。隋煬帝怕啟民可汗嚇著，引起不必要的誤會。因此得先派人與啟民可汗溝通一下。

隋朝有個突厥通叫長孫晟，隋突之間的很多大事都交由他溝通，當年啟民可汗投靠隋朝，也是他穿針引線的結果。現在，隋煬帝仍然派他先去通報啟民可汗，告訴他，隋煬帝準備北巡，這次北巡雖然要帶很多軍隊，但是，目的絕對是和平的，請他不要擔心。

長孫晟奉命前往啟民可汗牙帳，啟民可汗也趕緊召集各個依附部落，如奚、室韋等部族的首領都到自己的牙帳裡來，聽隋煬帝的最高指示。

所謂牙帳，是突厥可汗的大帳，其實就是一個大的蒙古包，直接在草地上搭建而成，帳裡帳外的地面上都長滿了青草。

長孫晟進去一看，滿地是雜草，心想，陛下北巡，就是要立威，我何不借這些雜草教育一下啟民可汗呢？讓他知道一下皇帝的威風！

怎麼教育呢？長孫晟就指著大帳前面的雜草對啟民可汗說：這草真香啊！啟民可汗是個老實人，一聽，趕緊俯下身去聞，聞了又聞，怎麼也聞不見香味，就非常困惑地對長孫晟說：我怎麼聞不到香味呢？

長孫晟（五五一—六〇九），字季晟，河南洛陽人。北魏皇族拓跋氏之後。著名外交家，平定突厥的功臣。性格機敏，武藝超群，有奇謀，深受隋文帝賞識。憑其出眾的謀略，分化瓦解突厥，保持隋北境安寧，促進民族融合作出重大貢獻。長子為長孫無忌，女兒為後來的長孫皇后。

長孫晟說：其實我也沒聞到。但是按照規矩，天子臨幸的地方，諸侯王都要親自灑掃禦道，把禦道上的雜草剷除，來表達自己的恭敬之心。現在我看見你這牙帳裡外長了這麼多草，我還以為是特意留的香草呢！啟民一聽，恍然大悟，趕緊謝罪：

奴之罪也！奴之骨肉皆天子所賜，得效筋力，豈敢有辭。特以邊人不知法耳，賴將軍教之；此將軍之惠，奴之幸也。

這真是我的罪過，你想我這一身骨肉，都是天子賜給我的，天子讓我出點力，拔拔草，我怎麼敢推辭呢？我之所以沒有拔這個草，完全是因為我是邊疆百姓，不知道禮數，幸好將軍您教我了，這是您對我的恩惠啊！

說完之後，啟民馬上拔出佩刀，親自砍倒牙帳周圍的雜草。那些附屬部族的首領一看，也趕緊追隨。拔光了雜草還不算，啟民還往前又想了一步。長孫晟說天子巡幸諸侯都要親自打掃道路，可是我們的草原上沒有道路，怎麼辦呢？沒有道路那就開一條道路吧。

啟民決定，徵集所有的部落百姓修路，從榆林的北邊修起，一直修到他的牙帳，再從牙帳一路往東走，一直修到涿郡。總之，只要是在他的地面上，修路的事他就全包了。

這條路有多長呢？一共三千里，而且路寬百步，也算是當時最高等級的草原道路了。因為是專門為迎接隋煬帝才修的，所以稱之為禦道。

這點就能看出長孫晟手段之高明，不僅辦妥隋煬帝交代的事，連隋煬帝的目的都知道得一清二楚，提前替隋煬帝打點好，還賺了一條高規格的道路。一舉三得，隋煬帝滿意的不得了。溝通問題解決了，接下來就要考慮安全問題。照理說，隋煬帝帶著五十萬大軍，安全應該沒有問題，但是，再多的軍隊也要看怎麼調度。關於調度，當時就出現了兩派意見。

第一派的代表人物是太府卿元壽。他說：

> 漢武出關，旌旗千里。今禦營之外，請分為二十四軍，日別遣一軍發，相去三十里，旗幟相望，鉦鼓相聞，首尾相屬，千里不絕，此亦出師之盛者也。

當年漢武帝出塞的時候，隊伍排了一千里長，如今陛下您出巡，規模不能比漢武帝小，依我之見，除了您自己的禦營之外，應把五十萬軍隊中剩下的部分分成二十四軍，每天讓一軍出發，每一支軍隊相隔三十里，彼此可以看到旗幟、聽到角鼓，我們這樣一天一天地發兵，最後也能綿延一千里，這多威風啊！

大家一看就明白了，這種意見主要追求排場。元壽這個意見一提出來，定襄太守周法尚立刻反對。他說：

> 不然，兵亙千里，動間山川，猝有不虞，四分五裂；腹心有事，首尾未知，道路阻長，難以相救，雖有故事，乃取敗之道也。

什麼意思呢？大軍綿延千里，就成了長蛇陣，長蛇陣可是兵家大忌。因為各路軍隊離得太遠，彼此隔山隔水，誰也照顧不到誰，萬一在什麼地方挨打，別的軍隊都不知道，這不是自取滅亡嗎！

隋煬帝一聽感覺不妥，便問周法尚意見，他說：

結為方陳，四面外拒，六宮及百官家屬並在其內；若有變起，所當之面，即令抗拒，內引奇兵，出外奮擊，車為壁壘，重設鉤陳，此與據城，理亦何異！……臣謂此萬全之策也。

他說，我們不如把五十萬大軍結成方陣，讓後宮和百官的家屬在這個方陣的最裡頭，萬一有誰攻打我們這個方陣，他打哪一面，哪一面就先跟他抵抗，然後我們再派出騎兵策應，同時把車子集結起來，圍成壁壘，守衛皇帝和內眷。

如此一來，雖然我們在草原上，但也和在城裡是一樣的。要知道，我們最擅長的就是守城，而草原部落最不擅長的也正是攻城，以我之長攻彼之短，這才是萬全之策啊！

隋煬帝一聽，覺得非常有道理，最終採納周法尚的意見。安全問題也於焉解決。

兩個關鍵問題都解決了，隋煬帝便一路北上。

所謂「陣形」是古代軍隊的野戰隊盾，它是人類戰爭發展到一歷史階段的產物，成行於冷兵器時代，消亡於熱兵器時代。長蛇陣是指作戰隊伍排列成長蛇一樣的陣容。根據蛇的習性推演而來，共有三種變化。由此三種變化，長蛇陣遲轉，猶如巨蟒出擊，攻擊凌厲。要破除長蛇陣，最好的方法就是限制兩翼機動能力，以使其首尾不能相顧。

巡塞北，絕對是一個經過周密策畫的大動作。大業三年（六〇七），在各方面準備工作就緒之後，隋煬帝信心滿滿地帶著他的大部隊出發了。

隋煬帝北上，啟民可汗也不敢怠慢，親自率領自己的附屬部落酋長到榆林迎接。兩個君主一見面，耀武揚威的場面也就開始了。

有兩個情況給足了隋煬帝面子，一是大帳，另一個是觀風行殿。

所謂大帳，就是按照突厥牙帳的樣子打造的帳篷。長孫晟到啟民可汗那裡，嫌人家的牙帳寒酸。隋煬帝就要工程建築專家宇文愷造一個高規格的大帳給啟民可汗看看。

隋朝的大興城和洛陽城都是由宇文愷設計督造，連一座都城都能裝在心裡，建一個帳篷，簡直就是小菜一碟。宇文愷建的大帳，最大的特色就是大。大到一個帳篷裡可以容納幾千人。我們前面講啟民可汗親自到榆林迎接隋煬帝，他可不是一個人去的，連他的手下，再加上附屬部落的酋長，一共有三千五百人。來到皇帝的大帳前，隋煬帝大手一揮，全讓他們進到帳篷裡了。

> 宇文愷（五五五—六一二）字安樂，朔方夏州（今陝西靖邊）人，後徙居長安。出身於功臣世家，官至工部尚書。隋代著名工程，他多參與。自幼博覽群書，諳熟歷代典章制度以及多種工藝技能，為中國隋代城市規畫和建築工藝專家。

這可把啟民可汗震住了，他哪見過這麼大的帳篷啊。再看看，這帳篷裡可不光是他們這三千多人，還有隋煬帝的儀仗隊，也是上千人。這還不算，雙方分賓主坐下後，隋煬帝帶來的藝人也都上場了，有的表演噴霧，有的表演背山，有的表演吐火，再加上樂隊演奏，美女跳舞，又得好幾百人。

但是，這帳篷只顯熱鬧，不顯擁擠。

往這麼大的帳篷裡一坐，啟民可汗真是自慚形穢，自己的牙帳跟隋煬帝的大帳相比，真是小巫見大巫。而這正是隋煬帝要達到的效果。你有的，我也有，但是我的比你好。

巫，是舊時靠裝神弄鬼替人祈禱來騙取人錢財的人。原意是小巫法術小，大巫法術大，小巫見到大巫就不能施展法術。後比喻相形之下，一個遠比不上另一個。出自漢陳琳《答張紘書》：「今景興在此，足下與子布在彼，所謂小巫見大巫神氣盡矣。」

再看觀風行殿。剛才我們講大帳，確實是體積龐大有氣勢，但是無論如何，這個東西還是啟民可汗能夠想像出來的，隋煬帝覺得這還不夠震懾，他還想要一個突厥人完全沒有的東西，而且這個東西還要體現華夏文明的特色。這可難不倒工程建築專家宇文愷。他又給隋煬帝造了一個觀風行殿，一下子這兩個需求都滿足了。

觀風行殿是什麼呢？簡單講，就是一個高規格的活動宮殿。雖然只是用板子搭起來的，但也照樣雕樑畫棟、金碧輝煌。而且這個宮殿的規模還足夠大，大到除了隋煬帝外，還能容下幾百個侍衛，就如同真的宮殿。這不就是突厥人沒有，又體現華夏民族特色的建築了嗎？

既然叫行殿，肯定要能夠走才行。怎麼走呢？按照《隋書・宇文愷傳》的記載，這個行殿的下面裝有輪軸，人能夠推著走，而且走得還挺快，「推移倏忽，有若神功」，一會兒就推進一大塊，如有神助。

連我們今日都覺得不可思議，當時的突厥人更覺得神奇了。要知道，普通突厥百姓本來就沒見過宮殿，更沒見過還能走的宮殿，所以隋煬帝坐在觀風行殿裡在草原上行走的時候，沿途的突厥牧民都以為是神仙降臨了，十里之外就趕緊跪下來磕頭，這效果，多震撼啊！

隋煬帝是個好大喜功之人，這樣的人表演性本來就特別強，現在一看自己表演如此成功，觀眾如此滿意，他當然飄飄然了。

就這樣，到大業三年（六〇七）八月初九，隋煬帝和蕭皇后一行一路招搖，終於來到了大利城（今內蒙古和林格爾西北）的可汗牙帳。在這裡，隋煬帝和蕭皇后就分工了，隋煬帝臨幸啟民可汗牙帳，蕭皇后則臨幸可敦義成公主的牙帳。這可是歷史上中原王朝的皇帝第一次駕臨草原民族可汗的牙帳，啟民可汗也是激動不已。

怎麼表現激動的心情呢？依照《資治通鑑》的記載，他說：

奉觴上壽，跪伏恭甚，王侯以下袒割於帳前，莫敢仰視。

啟民可汗帶頭跪倒在隋煬帝面前，按照草原民族表示尊敬的最高規格風俗，割下手臂上的肌肉，獻給隋煬帝吃。要知道，隋煬帝可是親身參加過對突厥的戰爭，領教過突厥人的強大。現在，看見曾經不可一世的突厥可汗跪倒在自己面前，他真是心花怒放，即興賦詩一首：

鹿塞鴻旗駐，龍庭翠輦回。
氈帳望風舉，穹廬向日開。
呼韓頓顙至，屠耆接踵來。

索辮擎膻肉，韋韝獻酒杯。
何如漢天子，空上單于台。

如今我駕臨啟民可汗的牙帳，可汗百姓為我打開氈房的門，猶如每天他們向著太陽打開一樣。啟民可汗像漢朝的呼韓邪單于朝見漢宣帝那樣，在我面前叩首，他手下的其他首領也都像漢朝的屠耆單于一樣接踵而來，在我面前跪拜。他們向我獻上了羊羔、美酒，面對此情此景，我終於覺得自己超越漢武帝。漢武帝打匈奴，只是趕走匈奴，登上一座空空的單于台，而我現在是讓和當年的匈奴一樣強大的突厥人拜倒在我面前，對我心服口服，這難道不比得到一片空地更偉大嗎？這個詩寫得非常得意，非常豪邁。

啟民可汗表示效忠，隋煬帝當然也不能虧待他，一定要表現出宗主國的大度才行。於是隋煬帝下令，賜給啟民可汗和義成公主金甕各一口，賜給突厥人絹帛二十萬段，還在禮儀上給予啟民可汗特殊優待，讓他在朝拜的時候站在諸侯王之上，而且贊拜不名。

這一方面表明了隋突友好的特殊關係，另一方面也進一步強化了突厥的附屬國地位。到這一步，也達成隋煬帝北巡的目的。

呼韓邪單于　西漢後期匈奴單于。西元前五八—西元前三一年在位。名稽侯珊。西元前五八年，被其兄郅支單于擊敗，遣子入漢，對漢稱臣。西元前五一年正月，朝見宣帝於甘泉宮，受特殊禮遇。數年後，率部重歸漠北。西元前三三年正月，第三次朝漢，自請為婿，娶漢宮女王昭君為妻，號為寧胡閼氏。

在突厥人面前，隋煬帝顯示了皇帝的威風，強調了宗主國的尊嚴，圓滿地達成北巡的目的。這是不是意味著隋煬帝對整個塞北從此就高枕無憂了呢？事實並非如此，隋煬帝絕不像人們想像的那麼簡單。

事實上，就在這次出巡期間，隋煬帝還辦了兩件事，非常有趣。

第一件，拒絕啟民可汗要求改穿華夏衣冠的請求。隋文帝北巡，啟民可汗主動到榆林迎接。一到榆林，啟民可汗就給隋煬帝上了一份情真意切的奏表。先追溯了當年自己落難時文帝對他的高天厚地之恩，然後又講了隋煬帝給他的種種好處。最後說：

臣今非是舊日邊地突厥可汗，臣即是聖尊臣民，聖尊憐臣時，乞依大國服飾法用，一同華夏。

我已非昔日的突厥可汗，我就是大隋的臣民，我也不想穿這身突厥的袍子了，請您賜給我華夏衣冠吧。我想要從裡到外都成為一個大隋臣民。

這個表態可不得了。在古代改變衣服就意味著改變民族文化。無論是趙武靈王胡服騎射，還是北

戰國時趙武靈王為了抵禦北方胡人侵略，實行了「胡服騎射」的軍事改革，中心內容是穿胡人的服裝，學習胡人騎馬射箭的作戰方法。胡服成為中國古代軍隊中最早的正規軍裝，後來改進為盔甲裝備，使「習胡服，求便利」成了當時軍服變化的總體傾向，縮短了兩者之間的心理距離，奠定了中原華夏民族與北方游牧民服飾融合的基礎，進而促進民族融合。

魏孝文帝漢化改革，乃至於清朝入主中原，都有一個改變服飾的內容。現在，啟民可汗要求穿華夏衣冠，這可是最高規格的歸順。這不正是隋煬帝此行的目的嗎？

那麼，隋煬帝是不是欣然同意呢？沒有。他說：

> 斷髮文身，咸安其性；旃裘卉服，各尚所宜。……但使好心孝順，何必改變衣服也。

每個民族都有自己生活的環境，也有和這個環境搭配的衣服。突厥人是馬背民族，整天騎馬打獵，還是穿原來的衣服比較合適。所以，啟民可汗只要內心忠順就夠了，何必非得改變衣服呢？非常委婉，但是堅決地拒絕了。

隋煬帝為什麼要拒絕啟民可汗的要求呢？我想至少還有兩個層面的考慮。

第一個層面，他在考慮，如果讓突厥人都改變服飾，那就是當隋朝的臣民了，也就是直接統治。在當時的條件下，隋朝沒有直接統治他們的條件。與其到時承擔失控的苦果，還不如像現在這樣，讓他們按照自己的風俗生活，隋朝只進行羈縻控制。這樣，既不會引起大的波動，還能為隋朝防守北部邊疆。

第二個層面，隋煬帝也在考慮，能否讓啟民可汗一個人穿華夏衣冠呢？但是若想要想維護啟民可汗的地位，就必須讓他和突厥百姓盡可能地保持一致。如果部落百姓發現啟民過於中原化了，可能

> 北魏孝文帝改革：孝文帝為北魏第六位皇帝，四九五年命鮮卑貴族漢化，採用漢族統治階級的政治制度。北魏孝文帝改革有利於民族大融合及少數民族的經濟文化發展。

就會和他離心離德。這樣一來，隋朝苦心培植的親隋勢力也就倒臺了。如果隋朝想長久地借助啟民可汗控制突厥，就絕不能允許他改變服裝。所以，隋煬帝強調，只要他有一顆恭順的心就可以了，又何必一定要在服飾上表露。

從這件事我們就可以看出，別看隋煬帝好大喜功，但是，在關鍵問題上一點都不糊塗，拿捏分寸非常到位。

再來看第二件事，就更有趣了。什麼事呢？就在隋煬帝這次北巡期間，大業三年（六〇七）七月二十九日，隋煬帝下詔：發男丁百餘萬修築榆林以東的長城。到了大業四年（六〇八）七月，他又發男丁二十萬，繼續修長城。那可能有人就要問了，隋煬帝這次震懾草原的效果挺好的，啟民可汗對隋朝也很忠誠，難道隋煬帝還信不過他嗎？

其實，這就可以看出隋煬帝的過人之處。他希望通過威懾的方式降服突厥，做到不戰而屈人之兵，他對啟民可汗的表現也相當滿意，但是，儘管如此，他一直沒有放棄對突厥的警惕和防範。

他知道，整個隋朝的北方安全絕不能建立在一個人的忠誠之上，也不能僅僅建立在威懾之上。所謂不戰而屈人之兵，必須以能打仗、能防守為基礎，否則，就非常有可能在關鍵時刻措手不及，乃至滿盤皆輸。從這個角度講，隋煬帝不也是個深謀

羈縻政策：「羈」是以軍事和政治的壓力加控，「縻」是以經濟和物質利益予以撫慰，即在少數民族地區設立特殊的行政單位，除政治上隸屬於中央王朝、經濟上有朝貢義務外，其餘一切事務由少數民族首領自己管理。羈縻政策是自秦朝建立郡縣制度起到宋、元交替前，中央王朝籠絡少數民族而實行的一種地方統治政策。透過這種政策，處理中央與地方少數民族聚居的關係，以維繫中央集權制度的統治。

遠慮的皇帝嗎？

儘管隋煬帝有奢侈腐化、好大喜功的一面，但這不能否定他在政治上的作為。事實上，在隋煬帝北巡過程中，他的政治韜略又一次得到了清晰的體現。然而，隋煬帝北巡突厥的意義和影響還不止於此。

說到這裡，我們可以評價一下隋煬帝北巡了。我們到底應該怎樣認識這樣一次大規模的巡行呢？我想說三點。

第一，這次北巡，對於隋朝鞏固北部邊防有非常正面的意義。就是透過這次北巡，隋朝以和平的方式展現自己的實力，不僅進一步鞏固和突厥之間的友好關係，對於東北、西北的部族也是一個強大的震懾。事實上，就在這次北巡期間，吐谷渾和高昌這兩個西北政權也都派人朝貢，這對於隋朝在整個國際地位的提升有著非常正面的意義。

第二，這次北巡，也典型地體現了隋煬帝解決問題親力親為的方式和奢華豪邁的風格。這樣的方式和風格，在他建東都、開運河、遊江南的時候都有體現，這一次，同樣體現得淋漓盡致。

高昌為西域古國，位於今新疆吐魯番東南之哈喇和卓地方，是古時西域交通樞紐。地當天山南路的北道沿線，為東西交通往來的要衝，亦為古代新疆政治、經濟、文化的中心地之一。隋開皇中突厥曾破高昌城。六〇九年，遣使朝貢，並出兵協助隋攻打高句麗。六二六年，高昌王麴文泰來朝。六四〇年，高昌為唐所滅，置高昌縣，後設安西都護府統之。

這種行為方式和風格其實有著濃厚的個人英雄主義色彩，這讓隋煬帝的個性和執政特色都非常鮮明。可以說，在整個中國古代史上都是十分不尋常的。他這種性格自有迷人之處，但是也存在一個問題。

什麼問題呢？英雄當久了，就會愈來愈覺得自己無所不能，只看到自己的力量，只相信自己的智慧，從而對別人愈來愈輕視。這種情緒和傾向，對於一個國家的領袖而言是相當危險的。

第三，這次北巡和隋煬帝的其他活動一樣，大量消耗國力，同樣也讓老百姓付出了沉重的負擔。五十萬大軍、十萬匹戰馬，光糧草就不是一筆小數目。事實上，這次北巡，不光是老百姓不滿，在官僚集團內部，也出現了許多不同的聲音。

但是，無論如何，隋煬帝已經透過自己的努力、大規模的工程建設和巡遊，把東、南、北三個方向的問題都解決了。那麼，他的下一個目標，又會指向何方呢？

【第八章】

經略西域

開疆拓土，稱霸四方是傳統的帝王夢想，有著雄才大略的隋煬帝更是如此。在出巡塞北草原後不久，隋煬帝又把目光轉向大隋的西部，那裡有著廣袤的土地和不少擅長經商的民族。對於這片土地，隋煬帝又有著怎樣的構想呢？

隋煬帝無疑是個具有雄才大略的皇帝。他的眼光不僅著眼中原，也放眼邊疆，躍躍欲試地準備開疆拓土，威加八方。出巡塞北以後，大隋王朝的東、南、北三個方向都已經穩固，此時，隋煬帝又將目光轉向西域。那是傳統絲綢之路延伸的方向，當年，漢武帝曾經把漢朝的勢力發展到這片土地上。這段歷史，鼓舞著野心勃勃的隋煬帝。隋煬帝會如何解決西域問題呢？

隋煬帝登基之後，建東都、下揚州、巡塞北，把東、南、北三個方向都視察了一遍。按照這個思路，隋煬帝下一個目標就是西域。

所謂西域，有狹義和廣義的區別。狹義的西域是指從甘肅玉門關、陽關往西，直到蔥嶺（帕米爾高原）的廣大地區，基本上以今日新疆維吾爾自治區為主體。而廣義的西域則一直向西延伸到中亞、西亞乃至南亞。西漢的時候，漢武帝曾經征服西域，打通了著名的絲綢之路。但是後來漢朝衰落，此後又經歷漫長的魏晉南北朝時期，中原政權自顧不暇，當然也就沒辦法顧及西域了。

現在，隋朝已經統一中原，隋煬帝更是雄才大略，自比漢武帝，一心要打造盛世，重現漢朝的輝煌，這樣一來，西域又重新進入了他的視野，成為新目標了。只不過，提到他東、南、北三個方向的活動時，似乎是他一個人唱獨角戲，於是顯得特別個人英雄主義，而這次經營西域，在某種程度上卻是一個大臣協助乃至推動的結果。

此大臣名叫裴矩。裴矩算是一個難得的能在隋煬帝面前說得上話的人。隋煬帝是個眼高於頂的皇帝，裴矩怎麼能讓隋煬帝聽他的意見呢？因為裴矩也是一個奇人，從他的生平就可看出。

裴矩本來是北齊人，出身於著名的河東裴氏，從小父母雙亡，就喜歡讀書，每天三更燈火五更雞。他的伯父看到這種情況便對他說：以你的才智，成為一個文士是不成問題的；但如果你想要當

裴矩（五四七—六二七），字弘大，河東聞喜（今山西聞喜東北）人，隋末及唐初政治家。仕於北齊，齊亡後加入北周，楊堅取代周建立隋朝，裴矩受到重用。曾經參加平陳之戰，安撫突厥啟民可汗，又參與隋禮的制定。隋煬帝位後，裴矩繼續被重用，與蘇威、宇文述、裴蘊、虞世基等掌握朝政，合稱「五貴」。裴矩一生中最重要的業績是為煬帝經營西域。

官，就不能光靠讀書，還要關心一些現實事務。

裴矩聽了伯父的提醒深受啟發，從此開始留心政治。有了文化底蘊，再加上關心時局，裴矩的仕途很順利，成了一個文人型官員。在中國古代，文人型官員並不難得，難得的是，他身上還有一股俠氣。

隋文帝滅陳朝以後，命令裴矩巡行嶺南。裴矩還沒有動身，就發生南方叛亂連嶺南的路也阻斷。此時，文帝覺得只能等事態平靜之後再令裴矩上路。沒想到裴矩卻說：發生了這種情況，正是國家用人之時，我怎麼能在這個時候退縮呢！他義無反顧地就出發了。

裴矩出發後，不僅江南、連嶺南也造反，而且叛軍將嶺南地區的中心——廣州城包圍得天衣無縫，裴矩一介書生，手裡只有三千老弱殘兵，一般人可能會原地等待救援，或是直接回頭。但是裴矩可不是一般人，面對叛軍他毫不畏懼，帶著士兵就衝了過去。有道是狹路相逢勇者勝，叛軍一看他們氣勢逼人，居然解圍走了。裴矩趁機宣揚皇威，處置地方，圓滿完成了安撫嶺南的任務。一個文官，關鍵時刻能夠挺身而出，敢打仗，能打仗，這不是俠氣嗎？

再舉一個例子。隋文帝時期東突厥都藍可汗的可敦大義公主想要為娘家北周報仇，一直慫恿都藍可汗攻打隋朝。後來，長孫晟刺探出大義公主跟可汗手下的胡人有姦情，隋朝就想利用這件事勸說都藍可汗殺掉大義公主。

於是派裴矩去勸說都藍可汗。遊說別人丈夫殺死妻子，這是件具有風險的事，一旦遊說不成，掉腦袋的可就不是公主，而是說客了。但是裴矩照樣毫不畏懼，慷慨陳詞，讓隋朝的朝廷上下都很佩服。

由此可知，裴矩既有文人情懷，又有豪俠氣息，是一個不甘平庸，敢於冒險，渴望建功立業的人。這樣的性格，其實和隋煬帝有點相似。正因為如此，隋煬帝對他也很欣賞，上臺後，任命裴矩為吏部侍郎，把他派到西邊的張掖（今甘肅張掖）。當時張掖是西域胡商和中原商人進行貿易的主要場所，表面上看，裴矩的任務就是監管雙方之間的貿易，但實際上也不乏讓他順便考察西域形勢，以便日後經略西方的用意。

裴矩是隋煬帝時代的張騫，眼光遠大，手段靈活。正是透過裴矩的努力，隋煬帝進一步了解西域，並且產生經略西域的想法。那麼裴矩在西域問題上，到底做了什麼工作呢？

裴矩何等聰明，對隋煬帝的想法當然心知肚明，也正符合他的性格和建功立業的理想，所以，他也非常熱愛自己的工作。

裴矩負責監管西域胡商貿易，但是他可不像一般官員那樣，只知道收稅和維持穩定就夠了。每次胡商到來，裴矩便主動跟這些商人聊天，聊天的方向主要是：

第一，你從哪個國家來的？

第二，你們國家有什麼山、什麼河，走什麼路過來的？

第三，你們國家有多少人，都長什麼樣？穿什麼衣服？國王是什麼人？

所謂秀才不出門，能知天下事。這樣聊來聊去，最後，裴矩把西域各國的情況都摸清楚了，接著發揮讀書人的專長，寫了一本《西域圖記》，作為成果進獻給隋煬帝。

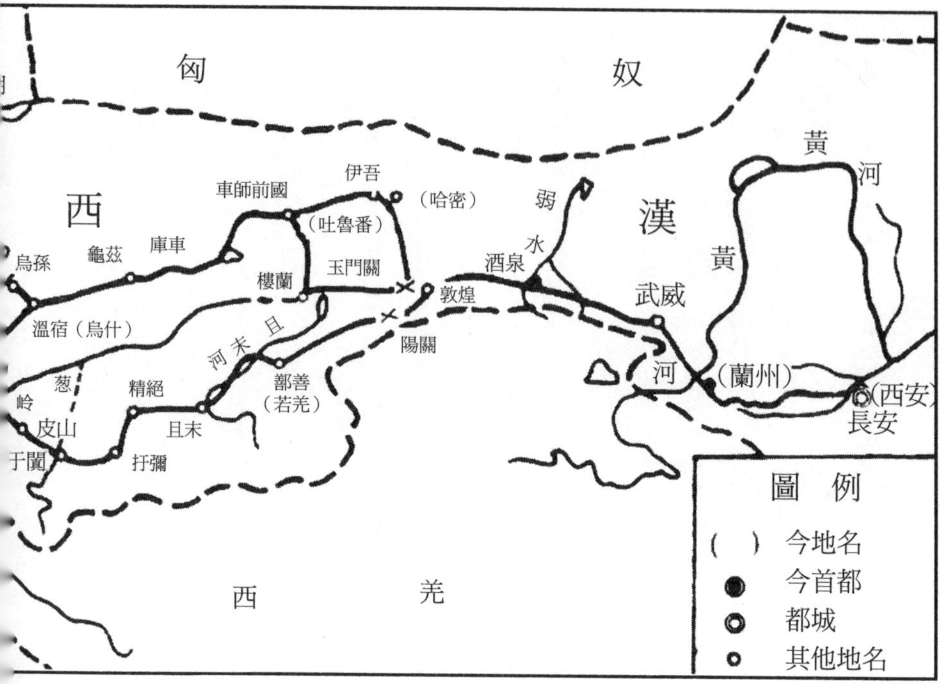

《西域圖記》這本書分為兩部分。

第一，記載他所知道的西域，四十四個城邦國家的山川、地貌、特產、人口。

第二，這本書還畫了一幅詳細的地圖，把各國相對於隋朝的方位和遠近都標示出來，還標明了從隋朝的西部邊陲敦煌通往西域的三條主要道路。

第一條是北路，又叫伊吾道，從敦煌直奔伊吾（今哈密），走天山北路，經過中亞草原，可以直達東羅馬帝國。

第二條是中路，又叫高昌道，從敦煌奔高昌（吐魯番），走天山南路，也就是塔里木盆地的北緣，可以一直到達波斯灣。

第三條是南路，又叫鄯善道，從敦煌到鄯善，走塔里木盆地南緣，可以一直到達南亞印度河流域。

事實上，這就是歷史上大名鼎鼎的絲

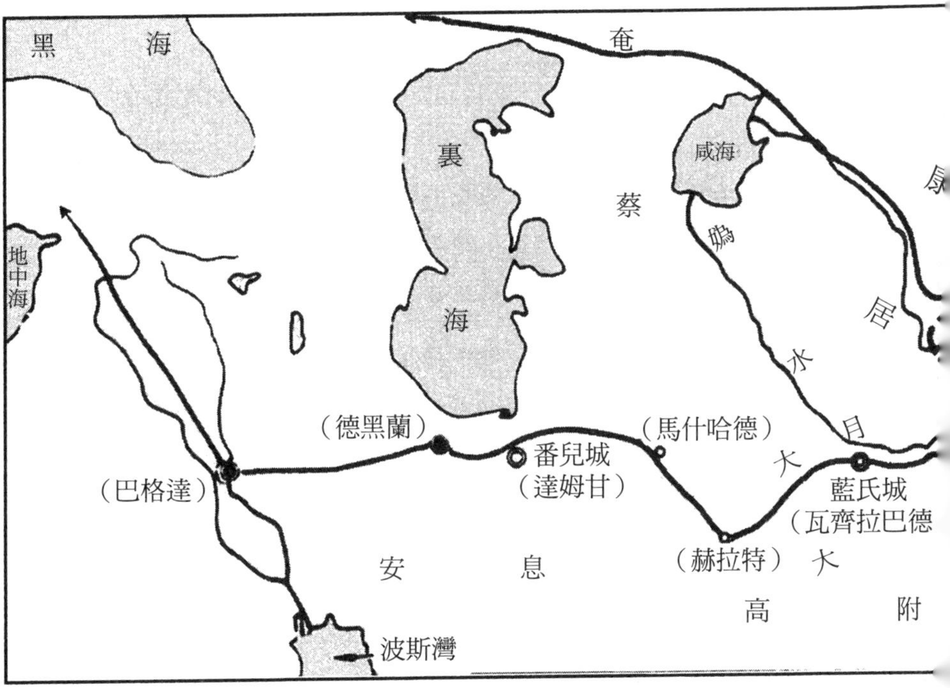

經綢之路略圖

綢之路啊。沒錯，《西域圖記》講的就是西域各國和絲綢之路的基本情況。

裴矩明白指出他寫這本書的理由：

> 以國家威德，將士驍雄，泛濛汜而越昆侖，易如反掌。但突厥、吐谷渾分領羌、胡之國，為其壅遏，故朝貢不通。今並因商人密送誠款，引領翹首，願為臣妾。若服而撫之，務存安輯，皇華遣使，弗動兵車，諸蕃既從，渾、厥可滅，混壹戎、夏，其在茲乎！

以我們國家現在的實力，想要併吞西域，打通絲綢之路是沒有問題的。西域各國也非常希望能夠歸順我們，那為什麼他們還沒有派遣使者朝貢呢？因為這些小國都受制於兩個大的政權，一個是西突厥，一個是吐谷渾。西突厥和吐谷渾就擋在絲綢之路上，控制這些小國，每年跟他們徵收重稅，這些小國也是苦不堪言。現在，只要陛下派遣使者，安撫這些小國，向這些國家說明我們的態度；再解決掉西突厥和吐谷渾兩國，拔除聯通西域各國與中原的障礙，就可以實現對西域的控制，重新打通西行的道路，這可是恢復漢朝盛世榮光的壯舉啊！

聽裴矩這麼一說，隋煬帝真是心潮澎湃，別的大臣都勸我不要冒進，現在終於找到知己了！這個裴矩不僅明白我的心思，還提供這麼詳細的情報，真是難得的人才。隋煬帝馬上賜給裴矩五百段絹帛，還把他拉到御座旁邊，詳細問明西域的情況。

一看皇帝如此重視，裴矩也很激動，又與隋煬帝道：「胡中多諸珍寶，吐谷渾易可併吞。」陛下，西域胡人都是商業民族，手裡珍寶無數，如果能夠打通西域，不僅有政治上、還有經濟上的好處。隋煬帝好大喜功、又奢侈浮華。裴矩跟他講這兩個好處，可以說是正中下懷。

這樣一來，隋煬帝對裴矩更加刮目相看，很快把他提拔為黃門侍郎，進入宰相行列，同時，也把經略西域的事情交給他了。

裴矩是隋煬帝經略西域的主要幫手，他的《西域圖記》是介紹西域各國情況的重要文獻，是隋煬帝的西域行動指南。隋煬帝相信，裴矩是一個值得託付的大臣，因此，也就把更大的責任加在裴矩肩上。那麼，裴矩是如何完成這些使命的呢？

裴矩認為，要想拿下西域，打通絲綢之路，一定要解決兩方面的問題：

第一，召誘胡人，也就是加強隋朝和西域胡人之間的溝通，讓他們了解隋朝，心甘情願地歸附隋朝；第二，還要拔掉阻撓西域各國和隋朝之間的兩顆釘子，一個是西突厥，一個是吐谷渾。

裴矩以雙管齊下的方法來解決這兩個問題。裴矩因為負責監管商旅，所以透過商人不斷向西域各國釋放友好的信號，宣講大隋的好處，以召誘胡人。

大業二年（六〇六），就在裴矩的宣傳誘導之下，西域十多個國家的使節齊聚張掖，這可是隋朝外交的重大勝利。大業三年（六〇七），隋煬帝北巡，高昌和伊吾的使者更是進入榆林，覲見隋煬帝，這也是成果之一。

但是，無論是裴矩，還是隋煬帝，他們都非常清楚，只要西突厥和吐谷渾這兩顆釘子不拔除，西域各國就算想投靠隋朝，也沒有可能。所以，雖說是雙管齊下，還得把重點放在拔除西突厥和吐谷渾這兩顆釘子上。

先看西突厥。當初，突厥帝國強大的時候，其實就是東西分開發展的。東突厥主要居住在蒙古高原，而西突厥則在天山南北遊牧，勢力直達中亞。開皇末年，西突厥達頭可汗和東突厥的都藍可汗結成聯盟，一起進攻隋朝。後來，都藍可汗被隋朝打敗，達頭可汗也一蹶不振，他的可汗之位就被西突厥另外一個部落的首領處羅可汗取代了。現在，統治西突厥的正是這個處羅可汗。此人倒是非常的勇武，但是也有很大的弱點，就是刻薄寡恩。所以，內部並不穩定，眾叛親離。西突厥這種困境對於隋朝當然有利。

處羅可汗，原名阿史那俟利弗設，始畢可汗弟，頡利可汗兄。突厥東突厥君主之一。在位兩年。六一〇年西突厥內亂，處羅可汗逃到隋朝。六一四年，隋煬帝將宗室女信義公主嫁給他。

更妙的是，此時裴矩發現一個非常重要的情報，有了這個情報，隋朝甚至連仗都不用打了。裴矩打聽到，處羅可汗的母親居然是中原人，姓向。此人本是處羅可汗父親的小妾，後來依據風俗，嫁給了處羅可汗的叔叔。開皇二十年（六〇〇），隋朝打突厥的時候，這位向夫人和她的新丈夫都投降隋朝，此刻就住在大興城。處羅可汗是個孝子，非常思念他的母親。裴矩了解其中原由認為是天助我也，於是馬上向隋煬帝報告，請他利用向夫人招降處羅。

於是在大業四年（六〇八），隋煬帝派了使者崔君肅到處羅可汗的牙帳，直接宣讀大隋天子的詔書，要處羅可汗跪接詔書，歸順隋朝。身為西突厥大可汗，亦自視甚高，怎能如此接受隋煬帝的招撫，此時崔君肅開始遊說：

> 突厥本一國，中分為二，每歲交兵，積數十歲而莫能相滅者，明知其勢敵耳。然啟民舉其部落百萬之眾，卑躬折節，入臣天子者，其故何也？正以切恨可汗，不能獨制，欲借兵於大國，共滅可汗耳。群臣咸欲從啟民之請，天子既許之，師出有日矣。顧可汗母向夫人懼西國之滅，旦夕守闕，哭泣哀祈，匍匐謝罪，請發使召可汗，令入內屬。天子憐之，故復遣使至此。今可汗乃倨慢如是，則向夫人為誑天子，必伏屍都市，傳首虜庭。發大隋之兵，資東國之眾，左提右挈，以擊可汗，亡無日矣！奈何愛兩拜之禮，絕慈母之命，惜一語稱臣，使社稷為墟乎！

崔君肅說：西突厥和東突厥別看本來是一個國家，但是交兵幾十年，誰也制伏不了誰，這是事實吧？可汗您也知道，東突厥的啟民可汗擁百萬之眾，實力強大，您想過他為什麼還非要臣服於我們大隋天子嗎？不為別的，就為了能夠向大隋借兵，好來消滅您。啟民可汗是我們的友好鄰邦，他提出這個請求，我們滿朝文武也是個個摩拳擦掌，連天子也同意了。

本來就要出兵，連日子都選好。但您的母親向夫人怕您被天子剿滅，每天從早到晚守在宮門口，向皇帝哀哀求饒，一定要讓我們皇帝陛下派一個使者來招降可汗，說可汗您必定會歸順大隋。

皇帝可憐她一顆慈母之心，這才派我到這裡來，現在可汗您居然如此傲慢，不想歸順，那您母親就是在說謊了。這可是欺君大罪，陛下一定會把她處死的，而且還會派出大兵，跟啟民可汗一起，來剿滅您！

處羅可汗，您現在已經眾叛親離，您認為您能抵擋得了嗎？若否，又何必要這個面子，不肯對天子詔書行跪拜之禮呢！您真忍心看著母親為您而死，國家因您而亡嗎？

一席話說得合情合理，處羅可汗一聽，還真是這麼回事。再說處羅可汗是個孝子，母親成為人質，他也無法堅持，只好流著眼淚倒身下拜，跪著接受隋煬帝的詔書。如此一來，西突厥算是歸附，再也不敢阻撓隋朝和西域各國的交往。

就這樣，隋煬帝兵不血刃地解決了西突厥問題，去除征服西域的一大障礙，接著輪到吐谷渾了。

吐谷渾是一個今天看來已經比較陌生的民族。但是，在魏晉南北朝時期曾經非常活躍，在甘肅、青海一帶，有著強大的勢力。而這些地區，恰恰就是中原通往西域的必經之路。這個民族，有何來歷？

吐谷渾是鮮卑人的一支，首領就叫吐谷渾，是鮮卑人的庶長子。後來因為兄弟不和，吐谷渾憤然出走，從東北一直走到了西北，建立政權，就叫吐谷渾。領土包括現在的甘肅南部、青海以及川西北地方，向西一直到達塔里木盆地的東邊，在西域的勢力僅次於西突厥。所以，它和西突厥就把西域各國給瓜分了，裴矩提到的那四十四個國家，不是歸附西突厥，就是歸附吐谷渾。這當然是隋朝不能容忍的。

雖然吐谷渾和西突厥一樣，都是隋煬帝西進的障礙，但是兩國情況又有不同。西突厥和隋朝的敵對關係比較直接，而吐谷渾則在表面上和隋朝維持著友好的關係，但是暗中卻常常和隋朝過不去，算是個兩面派。

怎麼叫兩面派呢？當時，吐谷渾的可汗娶了隋朝的宗室女兒光化公主做可敦，可汗的兒子也被派到隋朝當人質，看起來對隋朝非常恭順。但實際上，吐谷渾卻經常因此從隋朝內部打探情報，賣給西突厥，自己從中漁利。這不是兩面三刀嗎？隋煬帝對此也是非常惱火。這樣的敵人其實更狡猾，怎麼對付呢？

正好，這時候一個叫鐵勒的部落向隋朝發出了友好信號，讓隋煬帝找到了收服吐谷渾的辦法。鐵勒也是個草原民族，本來臣服於突厥，後來因為不堪突厥的壓迫，在隋文帝開皇年間鬧獨立，和隋朝一起搞垮突厥帝國。此後，鐵勒就主要在新疆東部遊牧。大業三年（六〇七），鐵勒一度騷擾過隋朝的邊境要塞敦煌。但是，鐵勒很快就後悔了。

因為從地理位置看，鐵勒夾在東西突厥之間，生存環境比較險惡，如果再搞砸和隋朝的關係，就很難生存。現在一時糊塗得罪隋朝，鐵勒的可汗很緊張，趕緊派使者到隋朝請罪。

一看見鐵勒請罪，隋煬帝正好利用鐵勒急於取得隋朝諒解的心理，讓鐵勒的可汗幫忙從西邊攻打吐谷渾！這時候，有勇有謀的裴矩又派上用場。裴矩憑藉三寸不爛之舌，開始跟鐵勒分析形勢。他說，因為可汗攻打敦煌，我們天子非常生氣。大隋的軍威你也知道，要滅了你也不是什麼難事。但是，天子念你有悔改之意，還是願意給你一次機會。現在你的鄰居吐谷渾得罪天子，只要你能向東攻打吐谷渾，之前的罪過我們就不追究了。

一席話讓鐵勒可汗連連點頭，唯恐抓不住這個戴罪立功的機會，馬上就同意出兵。

就這樣，大業四年（六〇八），鐵勒從且末（今新疆且末）攻入柴達木盆地，吐谷渾措手不及，趕緊向東逃，逃到了西平，也就是今天的青海西寧，這已經是吐谷渾領地的邊緣。吐谷渾可汗無處可逃。只好向隋朝求援了，請求投降隋朝。

對隋煬帝來說，正中下懷，於是馬上答應，而且派出心腹重臣宇文述率領大軍前去接應。宇文述率領大軍，浩浩蕩蕩地殺過去。吐谷渾可汗一看宇文述帶著這麼多人馬，殺氣騰騰地迎面而來，總算明白這不是接應，而是想和鐵勒兩面夾擊。於是他掉頭往西跑。宇文述率領大軍窮追不捨，斬首三千多人，俘虜四千多人，其中，光是王公級別的高級貴族就抓住了兩百多人。只剩下吐谷渾可汗率領一些殘兵敗將往南逃。

可汗這麼一逃，原先吐谷渾掌握的大片領土就空下來了。按照史書記載：

> 東西四千里，南北二千里，皆為隋有，置州、縣、鎮、戍，天下輕罪徙居之。

吐谷渾空出來多大地方呢？東西有四千里的地方，南北有兩千里的地方，這個地方現在沒有人了，隋朝便迅速介入，就在這個地方設置了州、縣、鎮、戍等各級人民政府，再把內地的輕罪犯都流放至此，充實邊疆。

這樣一來，吐谷渾問題基本上也算解決了。

到此為止，因為有裴矩出色的協助，征服西域的兩大前期準備工作——召誘胡人和拔除釘子都已經初見成效，那麼，接下來，隋煬帝又會有怎樣的舉動呢？

【第九章】

煬帝西巡

在中國的歷代皇帝中，隋煬帝走得最遠。他曾西巡青海和河西走廊，足跡踏過大西北的山水。特別是在翻越祁連山脈時，由於自然條件惡劣，隨行的許多士兵凍餓而死，隋煬帝本人也吃盡苦頭。既然如此，為什麼隋煬帝還要冒著生命危險西巡呢？他的目的何在？

隋煬帝是個好動的皇帝。他在位十四年，真正住在長安城的時間不足兩年。住在東都洛陽的時間也不到四年。其他時間都是在巡遊中度過。但是和其他帝王不一樣的是，隋煬帝出行，並非選擇山清水秀的溫柔富貴鄉。相反地，他都去人跡罕至的地方。特別是大業五年（六〇九），西巡途中翻越海拔四千米以上的祁連山，更是風餐露宿，吃盡苦頭。一個皇帝，為什麼不好好待在京城，非要頂風冒雪、長途跋涉呢？難道真的只是為了享受旅遊的樂趣嗎？隋煬帝西行的真正目的是什麼呢？

隋煬帝透過種種手段，收服西突厥，打敗吐谷渾，為打通西域掃清了障礙。那麼，接下來，他還要怎麼做，才能恢復漢朝在西域的聲威呢？隋煬帝還是用老辦法，親自走一趟。

就在大業五年（六〇九）三月，隋煬帝向大臣拋出了一個問題：

> 自古天子有巡狩之禮；而江東諸帝多傅脂粉，坐深宮，不與百姓相見，此何理也？

自古皇帝就應該到處去巡遊，但是我看南朝那些皇帝都整天塗脂抹粉，坐在深宮裡頭，也不跟百姓見面，這是什麼道理呢？

大臣回答：「此其所以不能長世。」這就是他們不能享國長久的原因所在啊。

隋煬帝一聽很高興，馬上宣布要巡行西部邊塞，率領後宮眷屬、文武百官、和尚道士、百戲藝人，當然，還有十幾萬護衛大軍，浩浩蕩蕩地出發了。

這次西巡和以往的出巡相比，有何不同？這次出巡是隋煬帝所有巡遊活動中最艱苦的一次，充滿了血雨腥風、艱難險阻。此次西巡，從大興城一路向西，先進入現在的青海，也就是當時吐谷渾勢力盤踞的地方，再向北進入河西走廊，也就是今日的甘肅。這就讓他面臨兩大困難。

第一，軍事的困難。要知道，吐谷渾雖然被隋軍打敗，但是並沒有被打垮，吐谷渾的王還在，殘餘勢力也還相當強大，隋煬帝要想通過乃至占據傳統上屬於他們的地盤，必然要面臨激烈的軍事衝突。

第二，自然環境的困難。即便是解決了吐谷渾，要想從青海進入河西走廊，也相當不容易。因為兩地中間隔著高聳入雲、終年積雪的祁連山。只有幾條山谷在夏天積雪融化的時候可以穿越，但也都是道路艱險，風雪難測，自然環境相當惡劣。可想而知，無論是哪個困難，對一個皇帝而言都具有相當的風險。隋煬帝該如何面對？

首先，對吐谷渾殘部。隋煬帝的做法是大張聲勢、主動出擊。大業五年（六〇九）五月初九，隋煬帝一行來到了拔延山，也就是今天青海化隆的馬場山。隋煬帝停在此處圍獵，也就是組織軍事演習。這次軍事演習的規模相當大，圍起來的獵場周長達到兩百多里，投入的兵力有十幾萬，真是旌旗遍地，殺聲震天。

隋煬帝製造聲勢，震懾敵人。但是，心理戰固然起作用，然而人不可能真的被嚇死。所以，製造聲勢之後，還得真刀真槍地打。

怎麼打呢？主動打。就在五月二十日，隋煬帝大宴群臣，部署十幾萬大軍對吐谷渾進行圍剿。這次圍剿的過程極其複雜，經過這次圍剿，吐谷渾部落十萬多人投降隋朝，剩下的殘餘勢力四散逃亡，短期內對隋朝不構成威脅。原本屬於他們領地的整個青海地區乃至新疆東部都空出來，成了隋煬帝的囊中物。

與此同時，隋朝也付出了不小的代價，右屯衛大將軍張定和與大將軍梁默都死於亂箭之下。兩位三品大員殞命，可想而知，這次軍事行動還是相當兇險。但是，無論如何隋煬帝打贏了。

再看第二個困難。打擊吐谷渾，占據青海可不是隋煬帝此次的全部目的。隋煬帝還有一個重要的目標，那就是連接這塊新征服的土地與河西走廊，打通絲綢之路。怎麼把青海跟河西走廊連在一起呢？隋煬帝要用腳走出一條路來。

我們剛才講過，隋煬帝的路線安排是從青海北上河西走廊，這就必須從南向北，穿越高聳入雲的祁連山，這可沒有現成的康莊大道，只有幾個山谷可以通過。但是，因為非常艱險，自古以來也都只有商人、牧羊人從這裡穿行，從來沒有大隊人馬走過，更何況是皇帝了。

然而，隋煬帝可不是那種只走尋常路的皇帝。為了實現他心中的目標，他可是不怕任何風險的。所以，面對這樣的挑戰，隋煬帝只有一個字，走！

從哪裡走呢？隋煬帝一行選擇了大鬥拔谷，也就是今天青海民樂縣的扁都口。這條山谷南北長四十公里，路況複雜，窄的地方只能容下一個人，為安全起見，必須白天通過。

隋煬帝精力過人、體力過人，如果是他本人當然能夠做到。可要命的是，他不是一個人走，而是率領十幾萬大軍以及不少後宮女眷一起走，這麼多人排成一字長蛇陣，出發遲緩，而且步調不一致，當然會影響過山的速度。結果，一直走到夜幕降臨也沒能走出山谷，只好在山裡過夜。

這可就麻煩了。祁連山的天氣變化莫測，到了夜裡，居然刮起寒風，下起小雨來了。隋煬帝一行帶的帳篷不夠，好多士兵乃至官員都只能露宿。細雨如織，很快，這些人的衣服都濕透了，再加上淒風陣陣，真是冷透骨髓，好多人甚至活活凍死在山上。好不容易到了山下的張掖郡，清點一下人數，才發現「士卒凍死者大半」，說士卒有一半以上都凍死固然誇張，但毫無疑問人員數量大減。

此行不僅凍死士兵，連隋煬帝的同胞姐姐樂平公主也未能倖免。這位公主時年四十九歲，按照當時人的壽命，已經算是進入老年了，再吃這麼一番苦頭，身體怎麼受得了，連凍帶餓，勉強支撐著走

樂平公主楊麗華（五六一—六〇九），北周宣帝皇后。隋朝時封樂平公主。父親是隋文帝楊堅，母親為獨孤皇后。她和宇文贇生下女兒宇文娥英。六〇九年隨同隋煬帝行幸張掖，在河西過世。

過祁連山，一到山下的張掖就一病不起，溘然長逝，為隋煬帝的宏圖偉略賠上了性命。

為什麼特別要提到這位公主呢？除了是隋煬帝的姐姐之外，還是北周天元皇帝周宣帝的皇后，末代皇帝周靜帝的嫡母，隋文帝就是從她手裡得到的江山。當年，周宣帝就喜歡巡遊，還強迫以楊皇后為首的五位皇后同行，誰慢了就打誰，在歷史上傳為笑談。沒想到，楊皇后楊麗華沒有死在暴虐的丈夫手下，卻死在英雄弟弟手下，真是令人感慨。

隋煬帝如此艱苦的行軍和穿越有其重大意義。

第一，擴大領土。就在這次重創吐谷渾之後，隋煬帝在原來吐谷渾的地盤上設立四個郡，把整個青海和新疆東部都納入大隋版圖。

第一，河源郡，位置在今日青海共和縣西；

第二，西海郡，位置在今日的青海湖以西；

第三，鄯善郡，位置在今日新疆的若羌；

第四，且末郡，位置在今日新疆且末的南邊。

設置四郡之後，隋煬帝下令大赦天下，把罪犯都變為戍卒，讓他們到邊疆來屯墾戍邊，充實邊防，將功抵罪。這四個郡的設置對於中國的疆域發展極有意義，這是中國歷史上第一次將青海全境納入版圖。隋煬帝一心想超越漢武帝，在疆域上，他已經做到。

第二，開通道路。從青海進入新疆鄯善、且末的新絲綢之路。這條道路就在河西走廊的南邊，與原來的絲綢之路互為表裡、並行不悖。這條道路開通之後，中原地區和西域的往來就更加繁榮。

隋煬帝大業五年（六〇九）的西巡，歷時半年之久，遠涉青海和河西走廊。事實上，在這樣艱苦的地方徒步穿越，綜觀整個中國古代史，也只有隋煬帝做過。然而，對煬帝而言，設置四郡、開通道路還不是他的全部目的，他西巡的終極目的在於打通西域，恢復漢家聲威，讓西域各國在政治上都臣服於大隋，在經濟上和大隋通商。那麼，為了達到這個目的，隋煬帝又做了什麼呢？

光是設置四郡、開通道路還不夠。隋煬帝西巡的終極目的在於溝通西域各國，讓他們在政治上向大隋臣服，在經濟上和大隋互通有無。這個目的裴矩幫他實現了。

隋煬帝西巡，有大批官員隨行。但是，在這些隨行的官員裡，獨獨少了一直幫助隋煬帝經略西域的裴矩。裴矩在張掖替隋煬帝打點。隋煬帝從祁連山出來，第一站就到河西走廊的張掖郡，裴矩就在那兒等他。不過，裴矩可不是乾等。在等待期間，他幫隋煬帝張羅了兩件大事。

第一是張羅行頭。隋煬帝還沒到張掖，裴矩就把大帳篷、觀風行殿、表演文藝節目的服裝道具等能夠展現隋朝強大的東西都準備好，隨時準備聽候隋煬帝調遣。

第二是張羅觀眾。隋煬帝這麼卯足了勁西巡，是要做給西域各國的使者看。幾年來，裴矩一直受隋煬帝委派溝通西域各國，現在，展示外交成果的時刻到了。

大業五年（六〇九）六月十七日，隋煬帝一行十幾萬人來到了張掖北面的燕支山下，裴矩早就率領各國使節在那裡恭候著。按照史書記載，有高昌王麴伯雅、伊吾吐屯設等二十七個國家的領袖、使者濟濟一堂，簡直就相當於今天的亞歐博覽會。

光是人多還不夠，裴矩把場面搞得也非常熱鬧。他讓各國使者都整整齊齊地排在隋煬帝必經之路的左邊，穿上華麗的民族服裝，佩戴上金玉首飾，焚香奏樂，載歌載舞地迎接隋煬帝。隋煬帝一出場，十里長街馬上一片歡騰。這就叫萬方來朝，這也是中國古代皇帝的最高追求了，隋煬帝能不高興嗎！

裴矩把前期工作都做到位，隋煬帝接下來的事情就好辦了。他又和大業三年（六〇七）巡行漠北一樣，搭好觀風行殿，在裡面大擺酒宴，款待各國使節，給他們表演魚龍百戲，讓這些西域小國的使節看得瞠目結舌，嘖嘖稱奇。眼看表演效果好，隋煬帝索性下令，讓武威、張掖兩個郡的男男女女都穿上最好的衣服，停下手頭的工作，一起來參加這個嘉年華。誰要是穿得不夠體面，或者是參加活動不積極，就治郡縣長官的罪。

跟前程一掛鈎，各級長官當然不能含糊，各個竭盡所能召集老百姓，燕支山下真是「騎乘嗔咽，周亙數十裡」。騎馬的、乘車的，周圍好幾十里全是人。張掖是國家的邊陲、地廣人稀，此時居然已經交通擁堵，堪比首都，真是千年難遇的奇觀。

隋煬帝要這些百姓來幹什麼呢？充當群眾演員。讓西域小國的使節看看大隋的強盛富庶，不僅僅皇帝強、軍隊強，連百姓也都這麼強、這麼富，你們還有什麼理由不服氣，還有什麼理由不朝貢，還有什麼理由不通商呢？

就這樣，隋煬帝從大業五年（六〇九）六月到達張掖，一直到九月初啟程回京，在西域整整待了兩個多月，這國富民強的表演也持續了兩個多月。

經過這麼一番表演，隋煬帝的目的也達到了，最明顯的表現就是，伊吾吐屯設當即奉獻西域數千里之地，這不是政治臣服的最高表現了嗎？

根據《隋書·西域傳》的記載，這兩個多月，隋煬帝最遠到了玉門關，也就是今天甘肅敦煌西北九十公里的地方。唐朝詩人王之渙《涼州詞》寫道：

黃河遠上白雲間，一片孤城萬仞山。
羌笛何須怨楊柳，春風不度玉門關。

悠悠古城，莽莽黃沙，連春風都很難吹過，但是作為萬乘之君的隋煬帝用腳步走過了，這個西行紀錄，一直到清朝末年，再也沒有第二個皇帝打破過。

截至目前為止，隋煬帝西巡仍未結束。好戲還在後頭呢。

隋煬帝西巡和北巡一樣，都有很強的政治目的。隋煬帝到處宣揚國威，也確實建立了不遜於秦皇漢武的不世功業，讓西域各國頂禮膜拜。但是，好大喜功、貪慕虛榮的隋煬帝並未到此結束，接下來，他所做的就是賠本的買賣了。

九月初隋煬帝啟程回朝，但並非原班人馬返回，他還帶了不少新人一起回去。其中包括：西域各國的領袖、使者，還有大批的胡商。隋煬帝已經在河西走廊向他們展示過實力，但是還不夠，他還要讓西域各國人看看大隋的首都，讓他們進一步心服口服。

因隋煬帝修建東都洛陽，隋朝有兩個首都，大興城規模雖大，但是洛陽城溝通東西南北，更加繁華，商業氛圍更濃。該讓西域胡人看哪個首都呢？裴矩向隋煬帝建議，兩個都看，但是重點看東都洛陽。隋煬帝一聽，這個主意好啊。九月份，先率領各國使節回到了西京大興城，稍稍休整了兩個月，到十一月，又把這些使節和商人帶到東都洛陽，就在洛陽過年了。

既然是皇帝要炫富，這個年過得可就熱鬧了。隋煬帝早早就把天下的藝人都召集到東都洛陽。按照史書記載是以十萬數。大業六年（六〇九）正月十五元宵節，隋煬帝在洛陽城端門外搞了一個大型文藝匯演。表演場地周長五千步，光是演奏樂器的就有一萬八千人。絲竹動地、鑼鼓喧天，方圓幾十里都聽得清清楚楚。

我們知道，隋唐時期，平時夜裡都要宵禁的，燈火管制，但是元宵節這天不宵禁，到處張燈結綵，花團錦簇。文藝演出也是通宵達旦，異彩紛呈。隋煬帝覺得這樣還不夠。

所謂熱鬧，最主要的表現應該是人氣足。隋煬帝下令，在洛陽城的主要街道兩旁都搭建棚閣，也就是看臺，組織各級政府官員和老百姓都去觀看。而且，著裝要求和在張掖的時候一樣，務必穿上最好的衣服。因為是過年，老百姓也都剛做了新衣服，所以，各個「被服鮮麗」，和臺上的演員交相輝映，真是琉璃世界，錦繡乾坤。西域胡人看得目瞪口呆，對隋朝佩服得五體投地。

照理說，這樣高規格的演出演一場就已經相當費錢費事了，可是隋煬帝下令，從元宵節開始，連演十五場，一直演到正月末！這麼一來，花費的錢財自然就是以巨億計，成了天文數字。

「宵禁」就是禁止夜間的活動。宵禁令自古就有，在戰亂、災難時代尤為嚴格。造反宵禁令的人輕則拘禁，重則就地正法。

西域各國不都是商業立國嗎？一看東都洛陽如此繁華富麗，經商本能立刻展現，向隋煬帝提出申請，要到市場看看。這個要求隋煬帝自然得滿足。不過，他可不能打無準備之仗，市場又成了隋煬帝炫耀國力的新舞臺。隋煬帝向市場下了三項命令。

第一，整齊。

第二，豐富。

第三，不要錢。

首先，先整修東都市場。冬天市場的樹都光禿禿，因此每條街道旁的行道樹都要纏上彩色絹帛，繁花似錦還不夠，隋煬帝下令，每間店鋪都要重新裝修，務必做到整齊劃一。外觀要求都這麼高，店鋪裡更不能寒酸。隋煬帝要求，小販無論賣菜賣肉，都必須鋪上上好的龍須草席子，這才是表裡如一。

第二，豐富。所有店鋪，必須擺上最好的貨品，而且晝夜開業，不得休息。

最後，凡是胡人客商經過，飯館務必主動邀請人家吃飯，而且一定要拿出最好的材料和手藝，務必讓客人酒足飯飽才行。而且堅決拒絕客人買單，連拒絕的標準用語都規定清楚：「中國豐饒，酒食例不取直」，中國地大物博，吃飯從來不要錢。這些商人哪見過這樣的好事啊，都是嘖嘖稱奇，誇中國是神仙國度。

不過，是不是所有西域使者都被隋煬帝給蒙住了？也沒有，有些使者觀察力強，沒過幾天就發現了，隋煬帝請他們參觀的都是官方示範店面，在這些繁華富庶的街道背後，也有衣不蔽體的窮人。當飯館老闆再跟他們說我中華地大物博的時候，有個胡商就說話了。他說隋朝是富強，連樹上都纏上絹帛。可是，我們偶爾也會看見窮人，那些人衣衫襤褸，在寒風中瑟瑟發抖，真是可憐。既然如此，為什麼不把絹帛拿給他們做衣服，非要纏在樹上呢？小販一聽，也是非常慚愧，又沒有事先準備好標準答案，馬上臉紅了，結結巴巴，什麼也說不出來。

但是，小販們慚愧不重要，重要的是，隋煬帝心裡舒坦。在他看來，這都是打通西域必須付出的代價，在這個時候，花點錢，費點力，鋪張浪費一點，又算得了什麼呢？

西元六一〇年正月，**隋煬帝在洛陽高規格地招待西域商人，前後長達一個月之久。這樣的表演雖然賺取了富強的虛名，但也讓國家耗費了巨額錢財，百姓因此負擔劇增。那麼，對於隋煬帝這次西巡及其後續活動，又該怎樣評價呢？**

至此，我們已經把煬帝西巡的過程都交代了一遍，至此到底該怎樣評價隋煬帝的西巡呢？其實，這次西巡和隋煬帝之前的幾次大規模巡行一樣，都是利弊參半。利在哪裡呢？除了把青海全境以及新疆的東部地區納入隋朝版圖以及打通絲綢之路外，還極大地提高了隋朝在西域的聲威。

事實上，就在這次煬帝西巡之後，西突厥處羅可汗的勢力在隋朝的打擊下更加衰落，最後乾脆離開故地，投靠隋朝，成了隋煬帝麾下的一名侍衛武官。這不是巨大的外交勝利嗎！

與此同時，西巡也讓隋朝付出了巨大的代價。無論是煬帝率領十幾萬大軍西巡本身，還是西巡之後誇張性的炫富，都消耗了大量人力、物力資源。事實上，自此以後的常規性消耗更是巨大。煬帝西巡之後，西域胡商經常往來於絲綢之路上，所過州縣都按照隋煬帝的要求高規格接待，搞得人困馬乏，得不償失，按照《資治通鑑》的說法，就是「由是百姓失業，西方先困矣」，從此之後，百姓流離失所，從西邊先行窮困下來。

無論是開拓領土也罷，還是打通道路也罷，目的都應該是為人服務，一旦這些成果不能為百姓服務，甚至成為百姓的負擔，那麼，這些成果也就很難守住了。事實上，隋朝的西域形勢正是如此。

現在，我們已經把隋煬帝向東、西、南、北四個方面前進講述完畢。隨著這四個方向功業的建立，隋煬帝的統治也達至巔峰狀態。就在隋煬帝在西域建立四郡之後，《資治通鑑》說了這麼一句話：

是時天下凡有郡一百九十，縣一千二百五十五，戶八百九十萬有奇。東西九千三百里，南北萬四千八百一十五里。隋氏之盛，極於此矣。

這時，隋朝無論是人口還是行政區劃，還是領土都達到鼎盛狀態。毫無疑問，所謂極盛，正是隋煬帝東奔西走的功勞。

但是，與此同時，我們也一直強調所有這些大事都是在非常短的時間內快速完成，原本就帶有強烈的急功近利色彩。再加上隋煬帝奢侈揮霍的心性，更是造成了巨大的鋪張浪費。可想而知，帶給老百姓的負擔有多麼沉重。

這樣看來，規劃政治藍圖似乎是隋煬帝的長項，安養百姓則是他的弱項。當然我們也知道，人無完人，皇帝自己不擅長的事情，可以透過合理地用人加以解決。那麼，隋煬帝在用人方面的表現又是如何呢？

【第十章】楊素之死

楊素，是隋煬帝一朝的最大功臣，隋煬帝給他高官厚祿。但他也是隋煬帝最為猜忌的大臣，隋煬帝亦讓他膽戰心驚。一賞一防之間，楊素嘗盡了伴君如伴虎的辛酸。面對猜忌成性的隋煬帝，老謀深算的楊素會面臨怎樣的結局呢？

在隋朝歷史上，曾經有這麼一個人，幫助楊廣奪得太子之位，又幫助他和病榻上的隋文帝鬥智鬥勇，直到君臨天下。沒有他就沒有後來的隋煬帝。此人就是隋朝大名鼎鼎的宰相楊素。但是讓人意想不到的是，楊素既是隋煬帝的大功臣，也是他最為猜忌的大臣。這一對君臣關係撲朔迷離，至死糾結。他們之間到底發生了什麼事呢？

我們看中國古代歷史會發現，有些時代是皇帝和大臣交相輝映，比如唐太宗和魏徵；有些時代是皇帝大放異彩，而大臣相對默默無聞，比如秦始皇；還有些時代是大臣彪炳史冊，而皇帝不突出，比如明朝的張居正。

隋煬帝是屬於哪種情況呢？隋煬帝時期屬於第二種情況，皇帝大放異彩，大臣默默無聞。前文一直在講隋煬帝東奔西走，除了在西巡問題上裴矩發揮了一些作用之外，幾乎沒有大臣的影子。那麼，隋煬帝時期大臣為什麼默默無聞呢？很簡單，因為隋煬帝個性猜忌，不願意讓他們發揮更大的作用。這從楊素之死就能看得清清楚楚。

楊素是何許人？他是幫助隋煬帝上臺的最大功臣。沒有他，就沒有隋煬帝。因為楊素對隋煬帝有三大功勞。

第一，幫助他當上太子。當年楊廣還是晉王的時候，在宮裡巴結母后獨孤皇后，在朝中巴結宰相楊素，這兩個裡應外合，這才促使隋文帝改變心意，罷黜法定太子楊勇，改立楊廣。在此過程中，楊素居功至偉，沒有他的幫忙，楊廣根本當不上太子。

第二，幫助他當上皇帝。隋文帝病重之際，楊廣一直和楊素互通聲氣，跟他商量接班問題，還因此發生密信誤傳事件。信差誤把楊素寫給楊廣的回信交給病榻上的隋文帝，隋文帝一怒之下，又想召回廢太子楊勇，重新洗牌。這時候，又是楊素幫助太子楊廣控制住老皇帝，同時派自己的弟弟楊約勒死廢太子楊勇，斬草除根，永絕後患，這才保證了楊廣順利登基。沒有楊素幫忙，楊廣也很難當上皇帝。

第三，幫助他坐穩皇位。因為隋文帝臨死之前有這麼一番波折，所以，當時朝野上下都議論紛紛，懷疑楊廣當皇帝的合法性，楊家老五漢王楊諒甚至起兵造反，直接向隋煬帝發出挑戰。漢王楊諒兵強馬壯，而隋煬帝準備不足，一時之間形勢相當危急。在這種情況下，又是老將楊素領兵出征，一舉消滅楊諒的勢力，這才讓楊廣坐穩了皇位。

把這三大功勞加起來，楊素對楊廣都做了什麼事情呢？典型的扶上馬，又送一程，算得上是勞苦功高，恩重如山。

> 尚書令始於秦，西漢沿置，本為少府的屬官，掌文書及群臣的奏章。東漢政務歸尚，尚書令成為對君主負責總攬一切政令的首腦。

楊素對隋煬帝恩重如山，隋煬帝對他如何呢？表面上看，隋煬帝對他也不錯，讓他做高官、領厚賞，還隆重表彰。楊素擔任尚書令。也就是尚書省的正長官。可能有人會想，那不就是宰相嗎？是宰相，但是又不同於一般宰相。

隋朝的宰相是由三省長官構成，也就是尚書令、內史令和門下侍中，但是，尚書令比其他兩省長官級別高。其他兩省長官是三品官，而尚書令是二品官，這也是隋唐時期職事官系統中的最高官職了，絕對是位極人臣。

正因為位高權重，所以從魏晉南北朝後期開始就不再輕易授予大臣，隋唐兩朝三百多年的時間裡，除掉作為太子加官和唐末亂局中加封割據軍閥之外，只有楊素、李世民、郭子儀三個人曾經當過尚書令。這三個人裡，李世民南征北戰，打下唐朝大半個江山，郭子儀則是收復兩京，再造唐朝。他們都是最重量級的人物。楊素能夠和他們比肩，也算是相當高的榮譽了。

怎麼叫領厚賞呢？舉幾個例子，我們剛才不是講過平定楊諒叛亂嗎？叛亂結束之後，隋煬帝賞賜楊素「布匹五萬段，高級絲綢一千匹，女妓二十人」。大業元年（六〇五），官拜尚書令之後，又賜給他東都洛陽的「甲第一區」，也就是高級住宅一套，另外，還賞賜布匹兩千段。這待遇非常優厚。而且，按照史書的記載，這樣的封賞可不只一次兩次，而是不可勝數，這還不叫厚賞嗎！

至於隆重表彰，我們看一封隋煬帝寫給楊素的信就知道了。楊素平定楊諒叛亂之後，隋煬帝寫了一封親筆信。信上說：

公乃建累世之元勳，執一心之確志。古人有言曰：疾風知勁草，世亂有誠臣。公得之矣。乃銘之常鼎，豈止書勳竹帛哉！功績克諧，哽歎無已。稍冷，公如宜。軍旅務殷，殊當勞慮，故遣公弟，指宣往懷。

隋煬帝說，楊公，您最優秀的地方，不僅僅是建立了這麼大的功勳，還因為您有一顆堅貞不二的心，古人說，「疾風知勁草，世亂有誠臣」，在我心裡，您就是勁草，您就是忠臣。我一定要把您的名字鐫刻在鼎上，讓您的名字流芳百世。現在天愈來愈冷了，您在外面作戰一定要注意身體，我沒有辦法親自幫您的忙，就把您的弟弟派到您身邊去，讓兄弟兩人一起為國效力吧。

一封信，不僅有崇高的評價，還有親切的關懷，皇帝能做到這個份上，作為臣子也就應該知足了。

如果我們只看這些，那就得說隋煬帝和楊素是君臣關係的典範了。楊素對隋煬帝勞苦功高，隋煬帝對楊素也是仁至義盡。但這只是表象，事實上，隋煬帝對楊素充滿了戒備和猜忌。

從表面看，楊素為隋煬帝南征北戰，勞苦功高。隋煬帝也給楊素至高無上的地位，仁至義盡。無論是為君為臣都堪稱典範。為什麼說這只是表面現象呢？在這樣的君臣關係背後到底隱藏了什麼呢？

有兩件事能看得非常清楚。

第一件，隋煬帝雖讓楊素當尚書令，這本來應該是百僚之首，位高權重。但是，楊素當了尚書令之後，反而閒下來。在大業初年隋煬帝辦的幾件大事裡，幾乎都看不到楊素的痕跡。這說明，楊素雖然位極人臣，但事實上已經被隋煬帝打入冷宮。

第二件事就看得更清楚了。大業二年（六〇六），有個太史上奏說：「隋分野有大喪。」意味著一個大臣要死。所謂分野，是中國古代占星術的一個說法。古代人把黃道分成十二個部分，分別叫做星紀、玄枵等十二星次，類似巴比倫的黃道十二宮，或者是我們現在說的十二星座。這在天文學上叫分星。然後，再把這些星次和地面上州、國的位置對應起來，這就叫做分野。

古人認為，占星專家可以透過看天象，占卜其所對應的地面上的吉凶禍福。太史就是負責觀測天象的人。而這位太史根據他對天象的觀測結果，說隋這個分野有大喪，會有一個重要人物死。

他把這個研究成果彙報給隋煬帝，隋煬帝做了一件有趣的事情，暴露了他的心思。他立刻把楊素封為楚國公，食實封二千五百戶。表面這是進一步抬高楊素的地位，實際上這是在厭勝呢。因為古代人認為，隋和楚在同一個分野。按照隋煬帝的邏輯，既然這個分野上會死一個重要人物，那就讓楊素去應這個天象吧。這不是巴不得楊素去死嗎！

隋煬帝為什麼這麼希望楊素死呢？因為楊素功勞太大，正所謂功高震主；他的官職、封爵都已經達到極限，皇帝無以為報。一個大臣，如果讓皇帝產生無以為報的惶恐感，皇帝巴不得他死也是必然。

楊素是隋朝數一數二的聰明人，他怎麼可能不明白皇帝的心思。於是楊素出了一個怪招。他一改不拘小節的灑脫風範，拚命求田問舍，積累財富，表現出一副貪婪的模樣。按照《隋書．楊素傳》的記載：

> 素貪冒財貨，營求產業。東、西二京，居宅侈麗，朝毀夕復，營繕無已。爰及諸方都會處，邸店、水磑並利田宅以千百數，時議以此鄙之。

楊素在東西兩京大張旗鼓地裝修房子，早晨裝，晚上拆，故意讓盡人皆知。另外，在地方大肆買進土地以及旅館、水磨等經營項目，拚命賺錢。如此一來，朝野上下議論紛紛，都很鄙視他，楊素的聲望一下子大幅度下降。楊素為什麼要這麼做呢？其實這叫韜光養晦。意思是說，我這個人沒理想，只認得錢；也沒什麼威望，大家都鄙視我。

要知道，雖然理想和威望是褒義詞，貪婪和鄙視是反義詞，但是比起一個有理想也有人緣的大臣，皇帝當然寧願喜歡貪婪和受人鄙視的大臣，因為前者對他構成威脅，後者反之。這也是漢朝建立之後功臣蕭何求田問舍的故伎重施。但楊素這樣自我敗壞、韜光養晦沒有發揮效用，隋煬帝也不傻啊，楊素愈這樣，他就愈不放心。而他愈不放心，楊素也就愈緊張。

最後，楊素在大業二年（六〇六）七月二十三日去世，享年六十二歲。

表面上看，隋煬帝和楊素的關係堪稱典範，事實上兩人之間卻充滿了猜忌和防範。在飽受隋煬帝猜忌的心理陰影下，文韜武略的楊素終於一命嗚呼。那麼楊素到底是怎麼死的？楊素之死和隋煬帝有關係嗎？

關於楊素的死，史書有不同的記載。第一種記載是說，楊素是被隋煬帝毒死的。按照《大業雜記》的記載：

> 初，太子之遘疾也，時與楊素同在侍宴，帝既深忌於素，並起二卮同至，傳酒者不悟是藥酒，錯進太子，既飲三日而毒發，下血二斗餘。宮人聞素平常，殆知毒酒誤飲太子，秘不敢言。太子知之，歎曰：「豈意代楊素死乎？命也！」數日而薨。後素亦竟以毒斃。

有一天，楊素和隋煬帝的太子楊昭一起侍宴，隋煬帝就想趁此機會毒死他。於是讓人調製一杯毒酒，讓宮女傳給楊素。可是，宮女也不知道這是毒酒，誤傳給太子了。結果，三天之後太子中毒發病，吐了兩斗血，楊素倒是什麼事都沒有。這時候，宮女才知道自己傳錯酒。太子聽說這件事後，長歎一聲，說：沒想到我倒替楊素死了，真是命啊！隋煬帝一看，自己沒毒死楊素，倒先把太子毒死了，惱羞成怒，只好再接再厲，二次投毒，終究還是把楊素毒死。楊素與太子之死，中間只差一天的時間。

第二種記載則說楊素是病死的。根據《隋書．楊素傳》的記載，大業二年（六〇六）夏天，楊素生病了，而且病勢沉重。楊素是當時頭號大臣，他生病，隋煬帝表現得相當關心。天天派御醫探望楊素，並且賜御用藥品，對楊素關懷備至。但是，每次御醫回宮，隋煬帝必定都要問他一句：楊素到底什麼時候能死呢？

隋煬帝是天天探視，唯恐楊素不死。

楊素對皇帝的用心也是心知肚明，他知道，皇帝這麼天天來看，自己要是再拖延下去，恐怕就要不得好死，死無葬身之地了。怎麼辦呢？楊素把自己的心腹，也是當年一起為隋煬帝效力的弟弟楊約叫來了，對他說：「我豈須更活邪！」皇帝這麼巴望我死，我還活著幹什麼呀？從此乾脆不吃藥以加重病情。到大業二年（六〇六）七月二十三日，楊素終於一命嗚呼。

這兩種說法，我認為應該是第二種較合理。理由有三。

第一，《大業雜記》是一本筆記小說，而《隋書》屬於正史，一般而言，正史的史料可信度超過筆記小說。

第二，《大業雜記》的記載不合理，而《隋書．楊素傳》倒是完全符合邏輯。要知道，皇帝如果想要毒死首席大臣，那一定是經過周密策劃，精心準備的，誰放藥，誰送酒，事後如何處理，都應該分配清楚，怎麼可能出現皇帝投毒，送酒的宮女不知道，居然誤送到太子手裡這樣的荒唐事呢？這是不合情理的。

相反地，《楊素傳》的說法倒是合情合理。楊素不受皇帝信任，心理負擔自然沉重，鬱鬱成疾。

他一生病，隋煬帝當然是滿懷期待，天天盼他死。楊素一看皇帝表現得這麼迫切，也覺得心灰意懶，乾脆不吃藥，加速死亡。這樣的心理，這樣的做法，都非常符合邏輯，也非常符合人情，可信度相當高。

第三，《大業雜記》之所以這樣記，其實是因為隋煬帝的太子恰好死在楊素前一天，按照一般人的想法，哪有這麼無巧不成書的事，再加上隋煬帝猜忌楊素也是客觀事實，所以就編製出這麼一個故事。

因此，我們推測楊素是病死的，只是，在這個病死的前前後後，都有隋煬帝製造的巨大精神壓力，這樣看來，說楊素是隋煬帝逼死的，也未嘗不可。

不管怎麼說，到大業二年（六〇六）夏天，楊素終於死了，隋煬帝也算除去一個心腹大患，總算可以睡一個安穩覺。怎麼安葬這個還算懂事的老大臣呢？隋煬帝下令：務必厚葬。隋煬帝追贈楊素為光祿大夫、太尉公、十郡太守，這是政治待遇。另外，給他車、班劍、鼓吹，這是提高葬禮規格。還有，賜給楊素家人粟麥五千石、布帛五千段，這是經濟待遇。除此之外，隋煬帝還下令，給楊素樹碑立傳，表彰他的功勳，這也算是生榮死哀了。

不過，就在這些表面功夫做完之後，隋煬帝說了一句話，一下子把他苦心經營的君明臣賢、君臣一體的面紗撕了個粉碎。隋煬帝說：「使素不死，當夷九族。」幸好楊素懂事，自己死了，如果再不死，我一定殺他九族。這樣殺氣騰騰的狠話，讓人聽了毛骨悚然。

除此之外，就在楊素死後不久，有術士對隋煬帝說，楊素的墳上「白氣屬天」，這是要有兵禍，是滅門之相。這不是明擺著暗示楊素家會有人造反嗎？隋煬帝開始擔心，沒多久，楊素的弟弟楊約路過楊素墳，想起哥哥生病之後不敢吃藥、只求快死的辛酸往事，忍不住趴在墓道上號啕大哭。

有人把這件事報告給隋煬帝，隋煬帝開始心生疑慮。楊約也是宰相，手裡權力不小，如果他覺得哥哥冤枉，要替楊素報仇，這也是件麻煩事，為了保險起見，隋煬帝乾脆把楊約貶為淅陽太守，讓他離開朝廷。

楊約當年也盡心為隋煬帝工作。最早，楊廣就是透過他來遊說楊素加盟，一起陷害前太子楊勇。隋文帝去世之後，又是楊約幫隋煬帝勒死了廢太子楊勇，確立隋煬帝接班地位。楊約也算是隋煬帝的功臣。既是功臣，又不構成威脅，本來應該沒什麼問題，但因為他是楊素的弟弟，隋煬帝就要這樣嚴加防範，可見內心對楊素的猜忌有多深。

楊素雖然並未直接死於隋煬帝投毒，卻死於隋煬帝施加的巨大精神壓力，因此仍然可以認為是隋煬帝變相逼死。事實上，楊素在整個大隋王朝的歷史上是頗為獨特的人物，他既是建立不世功業的大功臣，也是施展陰謀詭計的野心家。那麼，如何評價他呢？

那麼，到底應該如何評價楊素之死，先得看看楊素到底是怎樣一個人。他具有兩點特點。

第一方面，文韜武略，識人成人。楊素可是隋朝不可多得的文武全才。武的方面，他是隋朝著名的四大名將之首。隋朝的四大名將是史萬歲、賀若弼、韓擒虎和楊素。其中，賀若弼和韓擒虎的功勞主要在平陳，史萬歲則在打突厥，都有局限性。只有楊素，無論是平陳、打突厥，還是國內戰爭，他都參加了，而且都是主要成員。另外，楊素打仗從來未失敗過的紀錄無人能夠打破。把這兩個優點加起來，身為四大名將之首的地位也就無人能撼動。

再看文的方面。我們講過，隋文帝恐怕是冒牌的弘農楊氏，但是楊素可絕對是正牌弘農楊氏出身。楊素出身貴族，從小受到良好教育，擅長草隸，工於詩文。他寫詩達到什麼水準？在此摘錄他的代表作《出塞》：

漠南胡未空，漢將複臨戎。
飛狐出塞北，碣石指遼東。
冠軍臨瀚海，長平翼大風。
雲橫虎落陣，氣抱龍城虹。
橫行萬里外，胡運百年窮。

這首詩是吟詠漢朝的兩位名將衛青和霍去病。「漠南胡未空，漢將複臨戎」，既可以指衛青打漠南匈奴，也暗含霍去病的典故。霍去病有一句名言，「匈奴未滅，何以家為？」正好和這首詩的情境相似。因為匈奴還沒有打完，所以將軍們又去出征了。第二句，「飛狐出塞北，碣石指遼東」，這是指霍去病東臨碣石，攻打東北的匈奴。「冠軍臨瀚海，長平翼大風」冠軍將軍指霍去病、長平侯是衛青。楊素說，因為有這兩個人的憤擊，「橫行萬里外」，所以，才會有「胡運百年窮」的結局，因為將軍們拚命打仗，所以胡人的勢力不能長久，相對來說，漢家的勢力就可以長久了。

表面上看這詩吟誦的是漢朝的兩個將軍，實際上是在說他自己。因為我奮力廝殺，所以大隋才得以安寧。

楊素的詩既有風骨，又有氣度，和隋煬帝非常相似。清朝文學評論家沈德潛在《古詩源》中曾經感歎：

> 武人亦復奸雄，而詩格清遠，轉似出世高人，真不可解。

楊素是一員武將，也是一個奸雄，但是他的詩清新高遠，就好像出世的高人，真讓人困惑不解。這其實正可以看出楊素的文學水準，已經超出常人想像的程度了。

有這樣的文韜武略，已經相當難得，但楊素的優點不僅如此。他還有知人之明，成人之美。這是楊素身上第二個特色。例如：隋朝有四大名將，其中韓擒虎有個外甥叫李靖，當年還是個年輕人，沒什麼名氣。楊素一看到他，馬上指著自己的座椅說：「卿終當坐此！」小夥子，總有一天你會坐到我這個位置。楊素這句話說的太準了，李靖就是李衛公，唐朝初年最著名的軍事家。

再舉一個例子。隋朝有個人叫封德彝，當時也是個小官，沒人注意他。但是，楊素一看，馬上和他傾心結交，也指著自己的座位說：「封郎終居此坐。」封郎，有一天你會坐到這個位置。這句話後來也實現了。封德彝在唐初當到了宰相。楊素指了兩次椅子，就給唐朝指出了一將一相，這就是知人之明。

至於成人之美，可從《隋唐嘉話》裡的故事看出一二。隋文帝時期有個宰相叫李德林，他的兒子李百藥非常聰明，出口成章，但是與許多文學青年一樣，比較多情、輕浮，竟然吃了豹子膽，跟楊素的愛妾私通。結果東窗事發，被楊素察覺。

怎樣處理這對姦夫淫婦呢？楊素一開始也是勃然大怒，一定要殺。可是，李百藥一抬頭，楊素的刀又放下了。為什麼呢？因為李百藥「年未二十，儀神雋秀」，年紀不到二十歲，是個英俊少年。楊素一時動了惻隱之心，就對李百藥說：「聞汝善為文，可作詩自敘，稱吾意當免汝死。」聽說你寫詩寫得好，現在你就寫詩描述一下你此刻的處境和心境，如果寫得好，我就放了你。李百藥也不含糊，一氣呵成，文采斐然。楊素看完，氣也消了，不僅不殺，反而直接把愛妾送給了李百藥，「並資從數十萬」，最後還推薦李百藥升了官。所謂成人之美，還有比這更徹底的嗎？

說了楊素這麼多優點，大家可能會覺得這簡直是個完人了。但也不能這麼說，楊素其實也是個熱衷功名，不擇手段的人。從楊素對隋煬帝楊廣的三大貢獻就可以看得清清楚楚。這三大貢獻固然成就了隋煬帝的皇位，也讓楊素位極人臣，但是從傳統的政治道德和政治原則考慮，那可就是徹頭徹尾的不忠不義，對隋朝的政治穩定造成了很大傷害。

把楊素這兩方面的特性結合起來，其到底是個什麼樣的人呢？按照《楊素傳》的說法，是這樣的：

> 考其夷凶靜亂，功臣莫居其右；覽其奇策高文，足為一時之傑。然專以智詐自立，不由仁義之道。

你仔細研判他的功勞，沒有哪個功臣能比他更強。你再看看他的文采，也沒有哪個文人能比他更強。但是他只認得智力，只懂得詐術，根本就不考慮仁義之道。

一言以蔽之，其實就是才勝於德。這樣的人其實相當危險，因為他們能力超群，而又不講道德，不顧大局，一旦他們的利益和國家利益發生衝突，那麼他們對國家的危害可能比任何人都大。

有此前提，我們再來評價楊素之死，那就得說，隋煬帝猜忌楊素，乃至逼死楊素，還是有一定合理性的。這樣的人其實就是功臣型的大臣，搞陰謀的能力高於搞建設，因此，只能共患難，不能共安樂。一旦政治局面安定下來，他的出局也就在所難免了。

但是，儘管楊素有很多問題，隋煬帝的做法還是太涼薄了。特別是楊素死後，隋煬帝說的「使素不死，當夷九族」，更是讓人不寒而慄。一代佐命元勳竟然落得如此下場，不僅讓人產生兔死狗烹、鳥盡弓藏的悲哀，也讓人清楚地感覺到這個皇帝的冷酷。而一個皇帝，若是給人這樣的印象，對團結朝臣非常不利。

更重要的是，隋煬帝並未停止整肅大臣，相反地，又有幾個並未像楊素這樣功高震主，而且也頗有治國理政之才的老臣相繼被隋煬帝清除，為隋朝的朝政帶來了極端不利的影響。這幾個人是誰呢？

【第十一章】

老臣伏誅

隋煬帝逼死楊素，是因為楊素功高震主，引起隋煬帝的猜忌。楊素死後已經沒有人能對隋煬帝構成威脅，但接下來隋煬帝卻依然大開殺戒，將幾位元老重臣一併處死。隋煬帝為什麼要這麼做？他又是以什麼名義對這些元老重臣下手的呢？

隋煬帝是一個猜忌心很重的皇帝，功高震主的老臣楊素因此被逼而死。這為隋煬帝統治時期的君臣關係蒙上了一層陰影，在楊素死後第二年，大隋的朝廷又發生了一起震驚朝野的大案。三位元老重臣：高熲、賀若弼、宇文弼，被隋煬帝一道詔令，在同一天處以極刑。這三位元老重臣究竟做了什麼？隋煬帝為何不顧及君臣之情而下此狠手呢？如此毫不留情地誅殺元老重臣，又將為隋煬帝帶來何種影響呢？

大業三年，大隋又發生一起震驚朝野的大案，這件事的起因，其實與隋煬帝北巡有關。大業三年（六〇七）巡視漠北，臨幸啟民可汗牙帳。為了壯大聲威，他製造觀風行殿，表演魚龍百戲，而且還修築長城，聲勢浩大。當時，一方面固然是鞏固了北部邊疆，但也造成了很大的浪費。如此浮華奢侈的作風，讓一些跟著隋文帝一起打江山的老臣看不慣，並且議論紛紛。這些老臣就是：高熲、賀若弼、宇文弼。

高熲是隋文帝時期著名的宰相，文帝開皇後期因為反對廢黜楊勇、改立楊廣當太子而罷官。隋煬帝上臺後，為了表現自己的寬宏大量，不計前嫌，又重新任命他當太常卿，掌管禮樂，是三品官。

賀若弼是平陳戰爭的功臣，隋朝四大名將之一，當時的頭銜是右武侯大將軍，光祿大夫，宋國公。所謂右武侯大將軍，那是三品，也是最高級別的職事武官。光祿大夫是散官一品，宋國公是爵位，僅次於王。

宇文弼則是北周的宗室，也是既能打仗、又能寫書的文武全才，當時的官職是禮部尚書，也是三品官。

高熲（？—六〇七），一名敏，鮮卑名獨孤熲，字昭玄，渤海蓨（今河北景縣）人，北齊皇室宗族。西魏大統年間其父背齊歸周，遂仕於北周。十七歲承襲武陽縣伯爵位，歷任記室參軍，內史上士，內史下大夫。北周滅齊後，以功拜開府。

這三個人其實有共通性。首先，他們都是隋文帝時代遺留下來的老臣，很有威望。另外，在隋煬帝時代，他們都是三品官，位高權重。

這三個人拜隋煬帝所賜，因為每次巡遊都帶著大臣一起走，也給大臣們製造了難得的社交機會。這些大臣平時住在京城之中，上班各有事務，下班各回各家，沒多少時間在一起聊天。現在跟著隋煬帝一塊兒旅行，帳篷連在一起，馬拴在一起，每天沒事就是聊天，年齡相仿、身分相近的人也比較聊得來。高熲、賀若弼、宇文弼他們恰恰就是年齡相仿、身分相近。

> 賀若弼（五四四—六〇七），字輔伯，河南洛陽人。隋朝著名將領。出生在將門之家。勇武善戰，有大志，隋文帝平陳，賀若弼功勛卓著。但他恃功自傲，漸被文帝疏遠。隋煬帝即位後，以誹謗朝政賜死。

這些人都是政治人物，自然聊政治。隋煬帝當時厚待啟民可汗，還讓他入朝。高熲就說：「此虜頗知中國虛實、山川險易，恐為後患。」我們皇帝陛下這樣做可是不對，帶著啟民可汗一塊兒走，是為他帶路，他從草原到中原的路都摸清楚了，地形地貌、守備虛實也都弄清楚了。一旦他有了反心，不就是養虎遺患嗎？

後來，隋煬帝大搞魚龍百戲，鋪張浪費，高熲又說：「近來朝廷殊無綱紀。」最近朝廷裡一點綱紀都沒有了。內政外交一塊兒批判。高熲發牢騷，宇文弼也發牢騷。他一看隋煬帝搭建能裝幾千個人的帳篷，就去跟高熲說：「天元之侈，以今方之，不亦甚乎？」咱們那時候都看不慣天元皇帝（周宣帝）奢侈，再看當今天子，不是比那個時候還要變本加厲嗎？

隋煬帝徵集民夫修長城，宇文弼又跟高熲說：「長城之役，幸非急務。」我們既然已經花了這麼多錢，與突厥維持友好關係，總會平靜幾年，卻又忙著修長城，豈不是勞民傷財。

> 宇文弼（五四五—六〇七）字公輔，河南洛陽人。任職北周，博學多通，北周時奉詔修訂《五禮》原為禮部上士，能知人。隋武帝平齊，以軍功拜司州總管。隋開皇初，任尚書右丞，煬帝即位，先後拜刑部、禮部尚書。

宇文弼說完，賀若弼接著說。他看到隋煬帝為東突厥啟民可汗大擺酒宴，就跟高熲議論：這皇帝，也太奢侈了吧，國庫讓他敗光了。他們幾個湊在一起議論，沒想到隔牆有耳，有人向隋煬帝報告。

有人向隋煬帝打小報告，三位元老重臣的話就一字不漏地傳到隋煬帝耳裡。按照一般人的想法，這也不是什麼大事，三位元老重臣私下議論議論皇帝，批評幾句朝政，又沒有謀逆的行為，皇帝就算發了脾氣，頂多也就是打打板子，樹樹威風而已。然而，始料未及的是，隋煬帝盛怒之下下了一道詔令，這道詔令一出，立刻震驚朝野。

雖然把皇帝比成歷史上的亡國之君，顯得不太客氣，但是畢竟是私下議論，屬於背後罵皇帝的類型，應該不是什麼大不了的事情。

但是，在大業三年（六〇七）七月，就在北巡路上，隋煬帝下詔：高熲、宇文弼、賀若弼三人，謗訕朝政，處以死刑。兒孫或者流放邊疆，或者沒入後宮當奴僕。一時之間，三個位高權重的老臣死於非命，朝野震驚。

隋文帝時，高熲拜相，他的母親就曾經警告過他：「汝富貴已極，但有一斫頭耳，爾宜慎之！」你現在已經非常富貴了，該得到的都得到了，就差一個砍頭，你以後小心一點吧。說得高熲戰戰兢兢。所以，後來高熲被隋文帝革職為民，他以為解脫、可以從此遠離政治，不用擔心被砍頭。沒想到，最終還是沒能避免。

賀若弼就更可憐了，他的父親賀若敦曾經是北周的名將，宇文護當政時期因為議論朝政，被宇文護逼得自殺。臨死之前，賀若敦把賀若弼叫到面前，對他說：

吾必欲平江南，然此心不果，汝當成吾志。且吾以舌死，汝不可不思。

我平生的遺憾，就是沒有能夠平定江南，現在我要死了，這個願望肯定實現不了，你以後一定幫我實現。這是遺囑之一。遺囑之二是什麼？我為什麼會死？就是因為我長了一個長舌頭亂說話，所以才死於非命。你務必要謹記這個教訓，日後要謹言慎行。說完，他讓賀若弼張開嘴，拿起錐子對著舌頭一通亂扎，扎得賀若弼滿嘴血。沒想到，他最後還是因言獲罪，父子同命，真是令人感慨。

高熲、賀若弼、宇文弼可都是三品大員，是隋煬帝手下的重臣，為這麼幾句議論幾位元老重臣就這樣被處以死刑，這個懲罰也太誇張了。

除了隋煬帝剛愎自用、聽不進不同意見之外，至少還有三個原因。

第一個原因，這三個人在歷史上都與隋煬帝有過節，屬於歷史反革命。高熲是當年楊廣當太子的最大障礙。

賀若弼則是在平陳戰爭中不聽楊廣的命令，搶功勞。當年，楊廣是平陳的最高統帥，賀若弼、韓擒虎都是他派出去的先發部隊。按照計畫，賀若弼應該等楊廣率領主力部隊過江後再一起攻打陳朝的首都建康。可是，賀若弼和韓擒虎過江之後，發現形勢一片大好，便自行攻打一直到建康城，活捉陳後主，搶了楊廣的頭功，這讓楊廣很是惱火。所以，他率領主力部隊進入建康城後，第一件事不是犒賞軍隊，而是先把賀若弼和韓擒虎給抓起來，要治他們違抗軍令的罪。幸好後來隋文帝及時解救，這才沒有正法。但是無論如何，賀若弼還是給隋煬帝留下了目無上司的印象。

宇文弼則是因擔任過漢王楊諒的行軍司馬。也就是說，這三位大臣，都不是原來楊廣派系，甚至是楊廣的反對派。這是第一個原因。

大隋王朝的三位元老重臣被隋煬帝下令處死，表面上看是因言獲罪，但是三位元老重臣的被殺，並未如表面上這般簡單，實際上是另有隱情。那麼，三位大臣除了在歷史上跟隋煬帝有過節外，還有什麼問題呢？

第二個原因，這三個人都是隋文帝時代的元老，不順從隋煬帝，總讓他覺得不受尊重。

高熲反對立楊廣當太子，因此在隋文帝晚期已經被革職為民了，是隋煬帝又重新起用了他。按隋煬帝的想法，高熲應該感激他這麼寬宏大量，不計前嫌，從此唯他馬首是瞻才對。

但是高熲並非如此。他一當上太常卿，便與隋煬帝意見相左。隋煬帝到處巡遊希望有各種文藝演出，以藝術的形式來展現隋朝的繁華盛世。可是，隋文帝雖留下了許多財富，唯獨在這方面沒能奠定基礎。

隋文帝是個嚴肅的人。他認為北周和北齊之所以滅亡，就是皇帝太重娛樂，整天聽宮廷藝人演奏從西域傳來的靡靡之音，還讓藝人當官，才亡了國。所以，文帝當政之後，立刻下令，遣散北齊和北周的宮廷藝人，打造嚴肅的政治空氣。後來，隋文帝雖然也出於統治的需要制禮作樂，但是他打造出來的宮廷音樂都是所謂的雅樂正聲，規矩到刻板的程度，娛樂性不強。

隋煬帝想要繁榮文藝，宮廷現有的資源又不夠，便回想起北齊北周時代藝術的繁榮局面。他立刻下令要把北齊和北周的宮廷藝人都召回來，還在民間大肆徵集散樂。

所謂散樂，就是百戲，即雜技、武術、幻術、滑稽表演、歌舞戲等樂舞雜技表演的總稱，基本上和清朝北京天橋的表演是同類性質，屬於民間通俗文藝。禮樂是當時身為太常卿高熲的本職工作，隋煬帝下詔徵集散樂，他應該配合才是。

但這與高熲的理念嚴重不合。要知道，高熲身為隋文帝十八年的宰相，隋文帝的主張也是他的主張。高熲和隋文帝一樣，是個有點清教徒精神的人，他覺得，隋煬帝要的那些東西無非就是淫詞豔曲、靡靡之音，這簡直就是亡國之兆，高熲於是向隋煬帝進呈意見。他說：

此樂久廢。今或征之，恐無識之徒棄本逐末，遞相教習。

陛下，您說的這套通俗音樂也好，百戲也好，都廢棄很久了。如果現在再從民間徵集，我怕老百姓會覺得陛下喜歡這種淫詞豔曲。要知道，所謂「上有所好，下必甚焉」，您這一開口，天下必然紛紛效法。如此一來，父教子，兄教弟，大家都去學那種東西，天下的風氣可就敗壞了！

雅樂正聲：雅樂即優雅的音樂；正聲是指符合音律的標準樂聲，即中國古代的宮廷音樂。雅樂的體系在西周初年制定，與法律和禮儀共同構成了貴族統治的內外支柱。以後一直是東亞樂舞文化的重要組成部分。宮廷雅樂樂譜在中國、韓國、日本及越南尚有保存。

高熲說通俗音樂歌舞廢棄有理，收拾起來有害，廢棄是隋文帝的政策，收拾回來是隋煬帝的政策，這不是直接指陳隋煬帝不及隋文帝嗎？這就叫是古非今，以死皇帝壓活皇帝。這讓隋煬帝非常不痛快。

在隋煬帝看來，這不是老大臣責任感強，知無不言、言無不盡，而是自以為是元老重臣，不把他放在眼裡。高熲當年就反對自己當太子，自己沒有計較，反而提拔他。現在他居然恩將仇報，蔑視自己的權威，士可忍，孰不可忍！因此皇帝非常不悅。

高熲見上諫無效，只好悄悄跟底下人發牢騷：「周天元以好樂而亡，殷鑑不遙，安可復爾！」北周天元皇帝就是因為喜歡這些淫詞豔曲才亡國的，這才過去幾天，怎麼我們皇帝就要重蹈覆轍呢？把隋煬帝比喻成亡國之君周宣帝，隋煬帝對他更是恨之入骨。

賀若弼為什麼也讓隋煬帝產生這樣的感覺呢？因為他太驕傲了。說起這賀若弼的驕傲，在歷史上真是大名鼎鼎，誰也受不了。舉兩個例子。

當年，賀若弼平陳有功，自以為應當出將入相。但是，隋文帝並不是這麼想。平陳之後，隋煬帝提拔了楊素當宰相，讓楊素和高熲合作，主持朝政，並沒有提拔賀若弼。賀若弼憤憤不平，到處跟別人講，高熲和楊素沒有真本事。這可把隋文帝氣壞了，就質問他：這兩個人都是我任用的宰相，你卻說他們沒本事，這是什麼意思呢？賀若弼回答說：

熲，臣之故人，素，臣之舅子，臣並知其為人，誠有此語。

高熲是我哥們，楊素是我舅舅的兒子，我太了解他們，說他們沒本事，這是我在了解他們而做出的客觀評價。高熲和楊素是隋朝最有本事的兩個大臣，賀若弼這麼說，豈不是驕傲自大嗎！隋文帝還算是一個好皇帝，對他這樣的驕傲都覺得難以容忍，所以，晚年對他頗為冷落。

賀若弼並沒有因此反省而收斂一點。在隋煬帝面前，他更驕傲了。也舉一個例子。當年，隋煬帝還是太子的時候，問他：

楊素、韓擒、史萬歲三人，俱稱良將，優劣如何？

楊素、韓擒虎、史萬歲這三個人，坊間都說他們是良將，你評價一下，他們誰優誰劣？這是把四大名將中除他以外的三大名將都拿出來，請他評判了。

賀若弼說：

楊素是猛將，非謀將；韓擒是鬥將，非領將；史萬歲是騎將，非大將。

楊素是個猛將，但是沒有謀略；韓擒虎是個勇將，但是沒有領導能力；史萬歲擅長騎射，單兵作戰還不錯，但是當不了大將。總而言之，都不行。

楊廣接著問他：「然則大將誰也？」他們三個都不是大將，那你說大將是誰？賀若弼下拜施禮說：「唯殿下所擇。」殿下，你看著辦吧，你說誰就是誰。這不就是直言他自己才是大將嗎！真是目空一切。

他如此目空一切，隋煬帝不能接受。因為隋煬帝本人也是驕傲自大的人。在他看來，如果說人間還有文武全才的話，那就是他本人，怎麼可能是賀若弼呢？所以，隋煬帝上臺以後，對賀若弼更加疏遠。如果賀若弼是個細緻的人，這時候應該知道，皇帝要他收斂一點。

可是，賀若弼其實是個粗線條的人，毫無察覺，照樣信口開河，這次議論隋煬帝北巡太過奢侈就是明證。他如此口無遮攔，讓隋煬帝覺得賀若弼之所以這樣肆無忌憚，也是居功自傲，沒把他放在眼裡。這樣的人，當然不能容忍。

而最冤枉的是宇文弼，因為他聲望太好了。他也是文武全才，曾經為《尚書》和《孝經》做過注，在北周和隋朝都立過戰功，而且當地方官也很有成績，這才被提拔到中央，擔任禮部尚書。按照《北史．宇文弼傳》的說法，此人「歷職顯要，聲望甚重，物議多見推許」。歷任很多工作，每一樣都做得特別好，所以聲望特別高，算是一個公認有本事的人。這樣的一個人，隋煬帝本來就不放心，現在居然公然批評隋煬帝，更讓隋煬帝覺得他是倚仗自己的聲望，不把皇帝放在眼裡。

第三個原因，這三個人私議朝政，有結黨嫌疑。要知道，當時對隋煬帝的政策議論紛紛的並不止這幾個人。前文講，高熲說：「此虜頗知中國虛實、山川險易，恐為後患。」那是跟誰說的呢？那是跟何稠說的。另外，對於隋煬帝修長城，老臣蘇威也曾經上諫反對。

為什麼這兩個人不被處死呢？因為這兩個人和高熲他們情況不同。何稠是工程建築專家，隋文帝夫婦的陵寢都是他修的，隋煬帝到江南用的儀仗也是他設計的。一個技術人員，雖然也議論朝政，但是隋煬帝認為威脅不大，可以不予追究。

而蘇威提意見是以上諫的形式提的。是使用正規管道。雖然也不討隋煬帝喜歡，被隋煬帝免了官，但是畢竟還算是從輕發落。

高熲這三位就不同。他們背景相似，都是前朝老臣，素有威望，再加上彼此嘀嘀咕咕，這不就是暗中結黨，組織反對當朝皇帝的小集團嗎？而大臣抱團結黨，無論什麼時候都是皇帝最忌諱的事情。

隋煬帝猜忌心重，心胸狹窄，高熲、賀若弼、宇文弼這三位元老重臣的私下議論，一下子勾起了他的新仇舊恨，老帳新帳一塊兒算。就這樣，三個老臣雖然功勳卓著，但仍然不免死於非命。一日之內誅殺三位元老重臣，這可是震驚朝野的大案，這為隋煬帝、大隋王朝，又帶來何種影響呢？

就這樣，因為新仇舊恨，三個功勳卓著的老臣就這樣被除掉了。是當時轟動一時的大案。那麼，我們應該怎樣看待這件事呢？有四個問題值得考慮。

首先，這件事雖然看似是因為議論朝政引起的隋煬帝拒絕納諫的經典案例，但其實背景沒有這麼簡單，而是有著鮮明的清除隋文帝時期元老重臣的意味。這三個大臣都是隋文帝時期的老臣，他們之所以不滿意隋煬帝的做法，也往往是基於和隋文帝政治風格的對比。元老重臣的存在，本來就容易讓年輕皇帝產生壓抑感，更何況是隋煬帝這樣一個權力意志特別強烈的皇帝！隋煬帝自然會覺得難以忍受。這次，不僅僅是因言獲罪的問題，還存在著清除文帝政治勢力，為自己的統治開道。

第二，誅殺老臣，也意味著對關隴貴族集團的一次重大打擊。關隴貴族集團形成於西魏、北周時期，在隋文帝時期繼續占領統治地位，這個集團的成員普遍文武兼備，出將入相；另外，他們身分高貴，對皇權也有很大制約。楊素以及高熲他們三人其實就屬於這個集團。現在，這幾個關隴貴族集團中最有實力的老臣相繼被清除，這一方面意味著隋煬帝的權力大幅度提高；另一方面，也為出身其他地區的官員地位上升開闢了道路。

第三，這次事件，對於煬帝的政治產生了非常不利的影響。

第一個影響，它一下子讓隋朝損失了好幾個優秀的政治家。這幾位老臣都是出將入相，算是當時最有經驗的政治家。特別是老臣高熲，那是隋朝最有能力的大臣。按照《隋書．高熲傳》的說法，「有文武大略，明達世務……當朝執政將二十年，朝野推服，物無異議，海內富庶，熲之力也。」這樣的人，統治經驗豐富，對於把握政治方向，穩定政治局面都有重大價值。隋煬帝的統治一直比較冒進，本就需要能夠制衡他的人。元老重臣應該可以發揮一定作用，一旦把元老重臣都處死，能夠制衡隋煬帝的力量也就消失了，朝廷的糾錯機制更加薄弱，這對於朝政當然會產生不利影響。

第二個影響，則是不利於隋煬帝政治形象的塑造。這幾個老臣對隋朝都忠心耿耿，而且政治節操、社會聲望也很高。殺掉這樣的老臣，本來就容易引人反感。特別是老臣因言獲罪，尤其會引起人們的同情。按照史書記載，高熲死的時候，「天下莫不傷之」。天下人都替高熲傷心，那也就意味著，天下人都不認可隋煬帝的做法，這樣喪失人心，對一個皇帝而言自然相當不利。

第三個影響，則是讓隋朝的政治風氣變壞。在皇帝和大臣的關係上，皇帝是指揮棒。皇帝能夠寬仁納諫，大臣才能勇於進諫。最明顯的例子就是唐太宗和魏徵。相反地，如果皇帝拒絕納諫，那多數臣子也都會為了自身的利益，明哲保身，甚至見風使舵。現在，幾位元老重臣因言獲罪，為朝臣樹立了一個不良信號，就是皇帝不喜歡聽不同意見，最好就別開口。朝廷裡一言堂的情況也就更加明顯。

這當然不利於政治統治。

第四個影響，這次事件也暴露出隋煬帝性格的重大問題。就是剛愎自用，害怕別人勝過自己。這些老臣之所以不為隋煬帝所容，很重要的一點就是他們都有實力、有威望，而隋煬帝自視甚高，最恨的就是別人的實力和威望強大，一旦發現必欲除之而後快。但是一個好的皇帝，一定是能夠讓大臣的才華發揮到極致的皇帝，如漢高祖劉邦，雖然自己文不文，武不武，但有氣度，用蕭何為相、韓信為將，照樣可以開啟數百年基業。一個皇帝如果害怕大臣有能力，只喜歡不如自己、順從自己的大臣，怎麼可能開創良好的政治局面呢？

表面看來，隋煬帝除掉文帝時代的老臣，樹立了權威，統治更加穩固，但是這件事造成的不利影響卻遠遠超過了他的想像。那麼，他會努力挽回這個局面嗎？還是會在這條錯誤的道路上愈走愈遠呢？

【第十二章】言者有罪

隋煬帝大肆誅殺元老重臣，既是殺人立威，也是清除政治異己，為自己的統治開闢道路。然而，在日後的歲月裡，他的打擊面逐漸擴大，僅僅是提出不同意見，也很有可能撞上槍口，萬劫不復。那麼，在這一波打擊中，因言被殺的又是何許人呢？隋煬帝為什麼會做出如此極端的反應？

隋煬帝誅殺手握大權的老臣，表面上看，這些老臣都是因言獲罪，但事件的背後卻隱藏著隋煬帝清除前朝政治遺存、鞏固自己權力的意圖。但接下來，有兩個大臣僅僅說了幾句不該說的話，和政治鬥爭沒有任何牽連，也死在隋煬帝的屠刀之下。那麼，這兩個大臣是誰？隋煬帝的做法，又說明了什麼呢？

前文講到，因為高熲等三位老臣在北巡的道路上議論朝政，隋煬帝便處死他們。這已經是隋煬帝時期因言獲罪的先例，對隋煬帝的政局產生不利影響。但是，這三個大臣被處死的原因比較複雜，其中不乏整肅文帝政治遺存，為己統治開路，所以不能完全視為拒絕不同意見。但是，接下來兩個大臣相繼死於非命，而這兩個大臣，除了說一些不該說的話之外，其實並沒有別的問題，這是怎麼回事呢？

這兩位被殺的大臣，第一個叫薛道衡。此人出身北齊，是當時著名的詩人、文學家。十三歲的時候就能講《左傳》，長大之後和李德林齊名。直到北齊滅亡，他才進入隋朝。他雖然屬於亡國之臣，出身不大好，但是也很快因為文化優勢而嶄露頭角。當年平陳之役，薛道衡就在高熲手下掌管文翰。

隋煬帝楊廣（當時還是晉王）也是個優秀的文學家，對文人本來就有惺惺相惜之感，當時又正在致力於提升自己的聲望，拚命網羅人才，所以對薛道衡頗為愛慕，很想把薛道衡延攬到自己的手下。

正好，當時薛道衡被人告發結黨，觸怒了隋文帝，被流放嶺南。這時候，楊廣悄悄寫信給他，讓他取道揚州。按照楊廣的計畫，一旦薛道衡到了揚州，便可向父親上奏，將他留在自己身邊。這本是一番好意。可是，薛道衡為人很正統，不願意跟藩王走得太近，就拒絕了楊廣的建議，沒走揚州從江陵南下。如此一來，楊廣的計畫落空，也讓楊廣很既無奈也不痛快。

李德林（五三〇—五九〇），字公輔，博陵安平（今屬河北）人。小時有「神童」的美譽，後來以孝聞名天下。輔佐隋文帝成就大業，即位後授柱國，爵郡公。謚「文」。所撰文集多亡佚，僅存五十卷。北齊時撰《齊史》二十七卷，入隋後又奉詔續修《齊史》，未竟而逝，後來其子李百藥續修完成。

後來，薛道衡結束流放生涯，重新回到京城，當了內史侍郎，也就是中書侍郎，負責起草詔令。起草的詔令都文辭華美，隋文帝特別滿意。不僅皇帝滿意，兩個宰相高熲和楊素也都推崇他。特別是楊素，自己就是個文人，跟薛道衡尤其要好，兩個人經常互相唱和，簡直情同手足。而此時值隋文帝晚年，他有意要削弱薛道衡的勢力。

隋文帝認為楊素主持朝政，薛道衡起草詔書，兩人過從甚密對自己不利，於是就讓薛道衡出任襄州總管，離開中央。薛道衡是書呆子，明明是隋文帝排擠他，他卻根本沒看出來，反倒特別留戀隋文帝，嗚咽流涕，捨不得離開。一看薛道衡如此單純，隋文帝也很感動，對他講：

> 爾光陰晚暮，侍奉誠勞。朕欲令爾將攝，兼撫萌俗。今爾之去，朕如斷一臂。

你也老了，總在我身邊做事，太辛苦了。之所以讓你到地方任職，是讓你歇歇，當然，也是讓老百姓都瞻仰一下你的風采。讓你走，我真覺得像斷了一條胳膊一樣難受啊！因為有隋文帝這樣一番煽情表達，薛道衡不僅不怨恨隋文帝，反倒更覺得這個皇帝仁愛了。到此大家應該明白了，薛道衡是什麼人呢？書呆子，智商很高，但是很多人情世故，他看不透。

看不懂人情世故的薛道衡，照理說，被排擠出隋朝的中央政府之後，基本上也就要在地方直到退休。但隋文帝去世後，走上政治前臺的隋煬帝想起薛道衡的風采，又把他從地方重新召回了中央。那麼，這一次調動，對大才子薛道衡而言，到底是好事，還是壞事呢？

隋煬帝當政後，追念薛道衡的風采，於是又把他從地方召回中央，想要讓他擔任秘書監。秘書監是三品官，負責掌管圖書文籍，也算發揮薛道衡的專長。應該說，隋煬帝這個做法，比隋文帝對薛道衡要厚道多了。那麼，對皇帝的這番美意，薛道衡是怎麼表態的呢？他回來之後，立刻上了一篇《高祖文皇帝頌》，稱讚隋文帝：

八荒無外，九服大同，四海為家，萬里為宅……天性弘慈，聖心惻隱，恩加禽獸，胎卵於是獲全，仁沾草木，牛羊所以勿踐。

意思是說，隋文帝有武功，併吞八荒，一統天下。除了有武功之外，隋文帝還有仁德，可以施恩草木、惠及禽獸。總而言之，隋文帝是一個有聖德神功的好皇帝，把隋文帝誇得像一朵花一樣。

薛道衡為什麼要這樣做呢？其實，他的想法可能挺簡單的。第一，他確實喜歡隋文帝，真心實意地覺得隋文帝是個好皇帝。第二，他覺得，對著兒子誇爸爸，也沒什麼錯。

薛道衡這麼想，實在是大錯特錯。因為，皇帝的家庭關係和一般家庭關係不同，你對著隋煬帝誇隋文帝，他不認為你是對著兒子誇爸爸，而是認為你對著當今皇帝猛誇前朝皇帝，這就叫是古非今，以死人壓活人啊！

所以，隋煬帝一看這篇頌文，馬上就對大臣講：「道衡致美先朝，此《魚藻》之義也。」薛道衡對著我這個當今皇帝誇前朝皇帝，這是《魚藻》的意思啊！《魚藻》是什麼呢？這是《詩經．小雅》

裡的一首詩，透過懷念周武王來反襯周幽王的過失。隋煬帝的意思是說，薛道衡這是在通過讚美先皇來貶低我啊！

有了這樣的印象，隋煬帝可不高興了，在他看來，隋文帝將薛道衡整出朝廷，而我又請你回來，你應該感激我才是，怎麼反倒讚美他，貶低我！於是，不讓他擔任秘書監，而改讓他當司隸大夫。司隸大夫是四品官，在級別上已經比秘書監低，更重要的是司隸大夫職權微妙，不好當。此職位主管監察，容易得罪人，也特別容易招人嫉恨。薛道衡一個不通人情世故的書呆子，讓他到這樣的部門，豈不是整他嗎？

此時薛道衡的下屬，司隸刺史房彥謙，就是唐朝宰相房玄齡的爸爸，看出箇中原委。他對薛道衡說：皇帝不懷好意，你千萬小心點，少見朋友，少說話。可是，薛道衡是一個書呆子，終究體悟不深。果然，就在這個職位上出事了。

大業五年（六〇九），隋煬帝命令群臣一起議論新的法令。群臣意見不一，許久不能決定。一看這種情況，薛道衡心煩了，就公然跟朝臣說：「向使高熲不死，令決當久行。」要是高熲不死，這麼點小事，早就解決了。此時早就看他不順眼的人，一聽他這麼說，便馬上彙報給隋煬帝。隋煬帝一聽，勃然大怒，說：「汝憶高熲邪！」你現在很想高熲嗎？你是給高熲鳴冤叫屈了！馬上把薛道衡

房彥謙（五四四—六一三）字孝沖，齊州臨淄（今山東淄博）人。幼年喪父，在母親、兄長扶養下成人。天資聰穎，好學強記。入隋後，有政績因此受到朝廷重賞。仁壽年間考察官吏政績時，房彥謙被評為天下第一。楊廣即位後，所作所為得民怨沸騰，房彥謙見朝綱北亂，於是辭官。因正直無私，敢言直諫，遭當權者嫉恨，被貶出朝廷，不久病逝。唐朝建立後，被諡為「定」。其子房玄齡為唐朝名相。

抓起來，讓御史大夫裴蘊審理。

薛道衡這個罪過不大。不就是出言不慎，涉嫌給罪臣鳴冤叫屈嗎？又不是搞陰謀詭計。按常理，不會有太重的處罰。而且，薛道衡當時已經七十歲，本來就是風燭殘年，可能皇帝根本就不會治他的罪，直接讓他退休了事。不僅我們是這麼想的，薛道衡本人也這麼想。所以，他待在看守所裡，天天催促審案的人快點審理有個結論。

> 裴蘊（？—六一八），河東聞喜（今屬山西）人。開始在陳朝做官，任過直閣將軍，興寧令，陳朝被隋滅後，隋文帝破格授其儀同之職。後又歷任洋、直、棣等州刺史。隋煬帝楊廣即位後，任裴蘊太常少卿，後任民部侍郎。六一八年，右屯衛將軍宇文化及與司馬德戡在江都（今江蘇揚州）發動兵變，裴蘊在兵變中被殺。

當時審理此案的裴蘊，是個著名的見風轉舵的馬屁精。他斷案既不依據法律，也不依據事實，只看皇帝的臉色行事。現在看到皇帝厭惡薛道衡，他馬上說了：

道衡負才恃舊，有無君之心，推惡于國，妄造禍端。論其罪名，似如隱昧；原其情意，深為悖逆。

裴蘊這個事情本身倒是不大，但是從這個事情上可以看出他恃才傲物，有無君之心！他替高熲鳴冤，這不是把過失推到您身上嗎？這可是大逆不道啊！所以，我認為雖然他的罪狀看似輕微，用心卻極為險惡！所以，我建議處以死刑！

那麼，對裴蘊這種結論，隋煬帝說：

然。我少時與之行役，輕我童稚，與高熲、賀若弼等外擅威權；及我即位，懷不自安，賴天下無事，未得反耳。公論其逆，妙體本心。

你說的太對了。當年和他一起出征陳朝，他就輕視我年輕，和高熲、賀若弼這些人一起，作威作福，根本不把我放在眼裡。現在我當了皇帝，他內心不安，想要反叛。只是因為國家形勢太好，找不到造反的理由罷了。現在你透過這個案子，揭示出他的叛逆之心，真是太好了！

就這樣，君臣兩個達成一致，薛道衡的審判結果也就出來了。大逆不道，賜令自殺！

這個結論一出來，可把薛道衡嚇傻了。他原以為隋煬帝一定會赦免他，所以聽說這一天要宣判，還特地傳話給家人，讓他們準備酒菜，預備招待來為自己壓驚的朋友們，沒想到等來的卻是隋煬帝讓自己自殺的判決。這也太出乎意料了，薛道衡根本不敢相信，所以遲遲不肯動手。

一看他不肯動手，司法部門向隋煬帝報告，煬帝回道：既然我好心讓他自盡他不領情，那就把他勒死算了。一代文宗，七十歲的老臣，就這樣死於非命。當時正是大業五年（六〇九），隋煬帝剛剛在吐谷渾地區新設了西海、河源、鄯善、且末四個郡，正缺人呢。正好把薛道衡的妻子兒女都流放到且末郡，充軍邊疆。

可能有人會注意到，隋煬帝不是因為嫉妒薛道衡的文采才讓他去死的嗎？他死後，煬帝還說了一句：「更能作『空梁落燕泥』否！」現在怎麼又說是因為薛道衡懷念高熲，有無君之心才賜死他的呢？到底哪一個是真的呢？

其實，這兩個說法並不矛盾。隋煬帝剛愎自用，不喜歡別人超過自己。對於文采斐然的薛道衡，他一方面是惺惺相惜，但另一方面，也未嘗沒有嫉妒之心。但是，僅僅因為這一點，顯然不足以讓隋煬帝殺死薛道衡。現在，薛道衡又犯了抬高先皇、貶低自己以及替高熲鳴冤叫屈等一系列錯誤，隋煬帝惱羞成怒，數罪並罰，這才置之於死地。

其實，薛道衡死的太冤了。薛道衡跟高熲他們不一樣，他並不是特別有影響力的政治人物，他不過就是個文人、書呆子。就算恃才傲物，口無遮攔，就算是古非今，但是他無論如何都不會對隋煬帝形成任何威脅。對這樣一個名滿天下而又根本不構成威脅的文人、老人，隋煬帝都不能容忍，這只能說他心胸狹隘了。

薛道衡因言被殺，固然說明隋煬帝沒有容人之量，但從另一方面講，薛道衡畢竟也還算前朝老臣，對隋文帝的認可程度超過煬帝，煬帝置之死地，尚且情有可原。但還有一個人，跟隋煬帝一直在同一個陣營裡，算得上是隋煬帝的功臣，他也來勸諫隋煬帝了。那麼，隋煬帝能容得下他嗎？他以「自己人」的身分直言極諫，又會有怎樣的結果呢？

現在，薛道衡因為同情高熲被除掉了，沒過兩年，又有一個人因為同情薛道衡而被迫自盡。

這個人是誰呢？此人名叫張衡，從隋煬帝當晉王時候起就一直追隨他。當年隋煬帝當皇帝，他也出力甚深。隋文帝臨死之前，煬帝讓親信武裝

張衡，字建平，河郡（今河南沁陽）人。隋朝大臣，隋文帝時為太子右庶子，黃門侍郎。協助楊廣奪取皇位，楊廣即位後非常重用張衡，官至卿史大夫。後來被隋煬帝猜忌，六一二年，以誹謗朝政之罪賜死。謚「忠」。

保衛隋文帝，這個親信就是張衡。張衡為隋煬帝登基立過大功，隋煬帝上臺以後，他也成為隋煬帝的心腹重臣，隋煬帝對他真是優禮有加。大業三年（六〇七）煬帝北巡，在回來的路上煬帝就跟張衡說了：「朕欲過公室，可為朕作主人。」什麼意思呢？我要到你們家拜訪一下，請你當一回主人，招待我吧。

要知道，古代帝王臨幸大臣家鄉，那是對大臣莫大的恩寵，隋煬帝這麼一表態，張衡當然榮幸。隋煬帝還為此特地修了一條九十里長的道路，一直從太行山通到張衡老家的門口。張衡感動的率領全族老少，殺牛擺酒，款待隋煬帝。

張衡他們家附近風景優美，隋煬帝一住就是三天，臨走的時候還對張衡說，我過去陪著先皇登泰山，途經洛陽，遙望你們這裡，就覺得景色特別優美，只可惜當時有公務在身，不能來玩。今天到你家，也算是了卻夙願，謝謝你！說完之後，還賜給張衡良田三十頃，寶馬一匹，絹帛六百段。

這樣一來，張衡更是感動得無以復加。既然皇帝這麼看重自己，張衡也就發誓，一定要為隋煬帝肝腦塗地。從此之後，他對隋煬帝更加盡心竭力。

大業四年（六〇八），隋煬帝游幸汾陽宮（在今天山西寧武縣），嫌宮殿規模不夠大，就讓張衡主持擴建，還賞賜張衡五百匹絹。但是這幾年，張衡眼看著隋煬帝大興工役，到處建立離宮別館，老百姓已經很吃不消了。現在再擴建汾陽宮，豈不是太過鋪張浪費，且不利於國家長治久安。

怎麼辦呢？張衡覺得自己既然是隋煬帝的親信，一旦發現問題，那就應該知無不言，言無不盡，這才是對皇帝負責。所以，他就找了一個機會，勸諫隋煬帝：

比年勞役繁多，百姓疲弊，伏願留神，稍加抑損。

老百姓其實已經很辛苦了，咱們擴建汾陽宮的工作，是不是先緩一緩，讓老百姓稍微休息一下呢？張衡本來是一番好意，是真把自己當成隋煬帝的心腹才這麼說的。沒想到，隋煬帝可不這麼想。他覺得張衡這樣講無非是自以為有功，目無君長。他非但沒有聽張衡的建議，反而對張衡非常不滿，指著張衡對身邊的侍臣說：「張衡自謂由其計畫，令我有天下也。」張衡還以為我是靠他謀劃才得的天下呢！這不是明顯對張衡不滿了嗎？從此之後，隋煬帝不再對張衡那麼好了，沒多久就找了一個藉口，把張衡貶為榆林太守（今內蒙準噶爾旗），把他從身邊趕走，省得他再說那些討厭的逆耳之言了。

過了一年，也就是大業五年（六〇九），隋煬帝又一次臨幸汾陽宮。當時，張衡正在監督老百姓修樓煩城，地方臨近，就來謁見隋煬帝了。本來，張衡離開這麼久，隋煬帝也有點想他，可是真等張衡來到隋煬帝面前，隋煬帝又生氣了。

這次是為什麼呢？他發現張衡居然長胖了。長胖了有什麼問題呢？按照隋煬帝那種自高自大的想像，他把張衡從身邊貶走，張衡應該誠惶誠恐，人一惶恐就應該吃不下飯，睡不著覺，應該非常憔悴，又黑又瘦才是。如果張衡真的又黑又瘦，那隋煬帝也就會原諒他，讓他重新回到自己身邊。可是現在一看，張衡根本就沒有憔悴，反而長胖了，這就意味著他並沒有深刻反省自己的錯誤，並沒把自己放在眼裡。隋煬帝當然不高興。所以，他打消讓張衡回到自己身邊的念頭，對張衡說：「公甚肥澤，宜且還郡。」你既然還能把身子養得這麼滋潤，那就繼續回榆林待著去吧。

張衡回榆林不久，隋煬帝又把他差到江都（揚州）去監督修建江都宮。這江都宮可是隋煬帝時期除大興宮和洛陽宮之外的第三個首都，隋煬帝對它非常重視，派張衡去監修，也算是看重他。

看來隋煬帝對自己的心腹大臣，和對待一般大臣還是有區別的，一再給張衡製造重新翻身的機會，也算是念舊了。但是沒過多久，不懂事的張衡又說了兩句隋煬帝不愛聽的話。那麼，這一次隋煬帝還能寬宏大量嗎？等待張衡的又會是怎樣的命運呢？

就在這個地方，張衡又倒楣了。當時，負責修建江都宮的宮監非常殘暴，逼老百姓幹活太急，出了人命。張衡負責監督這項工程，有人將這件事寫成一個狀子，匯報給張衡，請他主持公道。

張衡當時一心想要回到煬帝身邊，對這個職務根本就是心不在焉。所以想也沒想，直接把這個狀子又交給宮監。這簡直就是出賣舉報人。果然，宮監一看狀子，狠狠地報復了舉報人一把。這樣一來，舉報人對張衡也是恨之入骨。正好，隋煬帝又派了禮部尚書楊玄到這裡來檢查工作，這個舉報人便向楊玄感喊冤。

楊玄感是何許人？他就是老臣楊素的兒子，楊約的侄子。本來就與張衡有過節。當年張衡當御史大夫的時候，他手下的御史彈奏楊約對隋煬帝心存不滿，楊約因此被趕出朝廷，很快就去世了。楊玄感和叔叔楊約感情深厚，所以對張衡早就有意見。現在再看到告狀人遞來的狀子，楊玄感對張衡就更沒有什麼好印象。

可是，張衡本人並不知情。他是人在江湖，心在朝廷，一看朝廷來人，張衡也沒怎麼寒暄，更沒有談自己的工作，而是劈頭來了一句：「薛道衡真為枉死。」薛道衡這書呆子，死得真冤。就這一句話，葬送了張衡。

楊玄感新仇舊恨一起報，立刻彈劾張衡為罪臣說話，誹謗皇帝。隋煬帝這次真的生氣了，你是我的親信，居然敢敗壞我的名聲，士可忍，孰不可忍！馬上下令拿下張衡，鎖到江都的市場上，當眾處斬。然而，就在千鈞一髮的時刻，隋煬帝又心軟了，重新下令，把張衡革職為民，放歸田裡。

楊約，字惠伯，弘農華陰（今陝西華陰）人，隋煬帝時大臣。楊素異母弟。他性情沉靜，好學強記。北周末年，楊素立下戰功，楊約也蒙受恩惠，賜爵安成縣公。隋文帝楊堅改朝後，楊約被封為邵州（今山西垣曲）刺史，進爵宗正少卿，後轉大理少卿。他幫助楊廣成功篡位，後被免官。

按道理講，既然放歸田裡，也就成了一個普通農民，跟政治再沒有關係，也就沒有政治風險了。但是張衡的霉運還沒走完呢。不知怎麼回事，他跟自己的小妾把關係搞砸了。大業八年（六一二），這個小妾誣告張衡怨恨皇帝，誹謗朝政。

此時隋煬帝征高句麗失敗，心裡正鬱悶，一聽張衡的小妾這樣說，馬上心頭火起，哪管什麼是非曲直，乾脆下令讓張衡自盡。一代功臣，就這樣死於非命。

應該怎麼評價張衡之死？張衡死得比薛道衡還冤。雖然張衡和高熲等人都是因為誹謗朝廷的罪名被處死的，但是，張衡和高熲他們可大不一樣。高熲等人都是隋文帝時代的老臣，從內心深處確確實實不大看得起隋煬帝。因此，他們有意見也不當面提，而是背後嘀嘀咕咕，這其實不是建設性的態度。

但是張衡就不一樣了，他本來就是隋煬帝的心腹，對隋煬帝忠心耿耿。也正因為如此，他才對隋煬帝知無不言，言無不盡，當面給皇帝意見，這無非是希望皇帝好。按照常情，隋煬帝也應該體察到張衡的耿耿忠心，做到言者無罪，聞者足戒。可是，隋煬帝連這樣的忠言也聽不進去，反映出他在統治心理上還是有重大欠缺的。《唐鑑》說得好：「國將興必賞諫臣，國將亡必殺諫臣。」對於不同意見的態度，其實直接關係到國家的興衰。隋煬帝這樣一意孤行，文過飾非，對於國家的發展而言，當然非常不利。

就這樣，隋煬帝先除掉了功高震主的楊素，接著又除掉了代表文帝政治路線的老臣高熲、賀若弼、宇文弼，進而消滅了並無威脅的書呆子薛道衡，最後連忠心耿耿的張衡也容不下。他這樣一路廝殺，似乎是什麼人都不能放心，什麼意見也都聽不進去。那麼，隋煬帝到底要用什麼樣的人呢？

【第十三章】

朝廷五貴

隋煬帝剛愎自用，權力意志極強，不僅容不下元老重臣，甚至連心腹提出不同意見，都會痛下殺手。作為大隋王朝的皇帝，他不能單槍匹馬治理天下，無論如何還是需要宰相輔佐、大臣協理。這樣一位獨斷的皇帝，喜歡何種下屬呢？他的用人風格究竟如何？

隋煬帝是一個心胸狹窄、剛愎自用的皇帝，不僅容不下政治對手，也容不下不同意見。但隋煬帝的性格再強，也不能孤家寡人，單靠一己之力處理大隋王朝的大事小情，總還需要得力的下屬輔弼。那麼，隋煬帝有著怎樣的用人風格呢？這樣的用人思路，對隋朝又會產生怎樣的影響？

隋煬帝猜忌成性，不能納諫，先後誅殺了楊素、高熲、薛道衡等大臣。他到底想用什麼樣的人呢？要講隋煬帝的用人風格，當然是看宰相隊伍最有代表性。隋煬帝都用什麼人當宰相呢？這在他的統治前期和中後期還是相當不一樣的。

隋煬帝剛登基時，任用什麼人當宰相呢？前文講過，隋代三省制建立，三省長官就是宰相。隋煬帝初年，有這樣幾位三省長官。

第一位，尚書令楊素，這是擁戴隋煬帝的大功臣，也是關隴貴族集團的代表。

第二位，尚書右僕射蘇威，這是隋文帝時代的老大臣，也是關隴貴族。

第三位，內史令楊約，楊素的弟弟。

第四位，內史令蕭琮，隋煬帝的大舅子，原來江陵蕭梁政權的皇帝。

第五位，門下納言楊文思，這是楊素的從叔。

第六位，門下納言楊達，這是隋文帝初年「四貴」之一楊雄的弟弟。出身皇族，也是關隴貴族集團成員，因為是武則天的外祖父而為人熟知。

這六人構成隋煬帝初年的宰相集團。他們體現了怎樣的拜相思路呢？有三個特點不容忽視。

第一，關隴貴族集團占主體地位。除了蕭琮之外，其他五個全都是關隴集團的成員。

第二，楊素家族的勢力極其強大。六位宰相之

隋代三省六部制：隋文帝時期，在中央設置尚書、門下、內史三省。內史省是決策機構，長官叫內史令；門下省是審核機構，長官叫納言；尚書省是執行機構，處理全國行政事務，長官尚書令，副長官叫左右僕射。尚書省下設吏、禮、兵、都官（後改為刑）、度支（後改為民）、工六部，各部長官為尚書，副長官為侍郎。三省的長官等於秦漢的宰相。把宰相之職一分為三，避免了權臣專權，中央集權進一步加強。

中，楊素家族占了三個。這當然是因為楊素在隋煬帝當皇帝的過程中貢獻巨大，論功行賞的結果。

第三，皇親國戚多。六個宰相中，有兩個是皇親國戚，一個是皇帝這邊的宗親楊達，另一個是皇后那邊的哥哥蕭琮。這兩個人當宰相，恐怕是為了平衡楊素勢力，增強皇帝的力量。

這樣的宰相組合相當不合理。理由有三。

第一，代表面太窄。如前所述，隋朝的疆域由關中的北周、關東的北齊和江南的陳朝三部分組成，宰相集團應該容納三方面的代表才合理，現在關隴貴族集團一統天下，過於狹隘，當然不利於國家的平衡發展。

第二，楊素家族勢力過於強大，有震主之嫌。楊素為隋煬帝上臺立下汗馬功勞，楊氏一門也就在新政權中占據了主導地位。但是這樣一來，也形成了君弱臣強的局面，對皇權發展極為不利。

第三，皇親國戚勢力太大，對皇權也很不利。要知道，皇親國戚雖然比一般大臣跟皇帝親近，但是，也並不安全。因為他們的身分本來就已經很尊貴了，再有了政治權力，不就更不好控制了嗎？歷史上宗室作亂、外戚篡權的事情比比皆是，隋文帝楊堅當年就是以外戚的身分奪取的北周天下。殷鑑不遠，隋煬帝當然不會忘記。

這樣看來，這個政府組織很難讓人滿意。隋煬帝是個雄才大略的皇帝，從國家的角度講，他要建立一個東西南北平衡發展的大帝國，當然不滿於一個只代表關隴地區利益的政府；從個人角度來看，

蕭琮（五五八—六〇七），字溫文，西梁明帝蕭巋之子，西梁後主（惠宗靖皇帝）。博學有才，善於弓馬，個性倜儻不羈。蕭琮最早封東陽王，後被立為皇太子。隋文帝廢除西梁國，蕭琮在朝時仍然受到器重，隋煬帝即位後又封蕭琮為梁公、內史令。有集七卷，今僅存《奉和御制夜觀星示百僚詩》一首、文一篇。

楊達（五五一—六一二），字士達。中國隋皇族。楊素評價：「有君子之貌，兼君子之心者，唯楊達耳。」五八一年，隋朝建國後，進爵為子爵。歷任鄯州刺史、鄭州刺史，趙州刺史。曾隋上柱國元諧為元帥征討吐谷渾，應對洪災，負責東都洛陽的建設。六〇二年九月，黃河沿岸諸州發生洪水，楊達奉命救援。十月，轉任納言。六〇五年，與楊素，宇文愷負責東都洛陽的建設、為營東都副監。六一二年，隋煬帝遠征高句麗，在軍中去世。諡「恭」。其女為武則天之母。

他要當一個全面貫徹自己意志的強勢皇帝，當然不允許大臣，無論是功臣還是親戚的權力淩駕於己。這樣一來，這個宰相組合勢必要調整。

首先是拿楊素開刀。大業二年（六〇六），隋煬帝逼死楊素，楊約也受到連累被免官，不久也去世。而楊文思當時已經年近七十，年老體弱，本來就不親政事。楊素死後沒多久，他自己也就去世了。

這樣一來，楊素家族的勢力被清除殆盡了，六位宰相少了三個。另外三個人也都沒待長久。

蘇威在大業三年（六〇七）受到高熲的連累，免官回家了。楊達深知隋煬帝猜忌，所以一直低調做人，在朝廷裡很少說話，後來乾脆轉為武職，遠離權力核心。

蕭琮原為西梁的皇帝，算是亡國之君，又是隋煬帝的大舅子，是外戚，這兩重身分都很微妙，所以更是一貫小心謹慎，上班不說話，下班就喝酒念佛，從不亂說亂動。照理說，這樣應該沒事。但是，蕭琮為人孤傲，卻跟名將賀若弼要好。大業三年（六〇七）賀若弼因為議論朝政被殺，蕭琮馬上受到猜忌。偏偏這時候又傳出了一個童謠，名為「蕭蕭亦復起」，隋煬帝一聽就想這是不是說蕭梁又要復興呢？童謠這種事情，寧可信其有不可信其無，乾脆把蕭琮免了官，讓他回家，不久也去世了。

隋煬帝登基當皇帝的時候，他任命的宰相多是前朝的元老重臣，宰相成員位高權重，對隋煬帝有很大的制約作用。權力意志強烈的隋煬帝當然不滿意這樣的政治結構，於是他就利用各種機會將這個組合殺的殺，廢的廢，貶的貶，很快把這個對他有制衡作用的宰相班子徹底瓦解。那麼，接下來，隋煬帝又組建了什麼樣的宰相團體呢？

就這樣，大業初年的六個宰相死的死，廢的廢，走的走，很快都離開了宰相崗位。關隴貴族集團大受打擊。那麼，誰來頂替他們呢？大業中後期，隋煬帝又組織起一群新的宰相，這個組合在當時有一個專有名詞，叫做「五貴」。顧名思義，是個五人組合。哪五位呢？

第一位，納言蘇威。

第二位，左翊衛大將軍宇文述。

第三位，內史侍郎虞世基。

第四位，御史大夫裴蘊。

第五位，黃門侍郎裴矩。

先看蘇威。前文講大業三年（六〇七）蘇威被革職為民，怎麼又東山再起了？蘇威東山再起，這可不是第一次。蘇威當年任職隋文帝宰相，就曾經兩落兩起。到了隋煬帝手下仍是如此。蘇威到底何德何能，能侍奉隋文帝和隋煬帝這麼兩代猜忌的

虞世基（？—六一八），字世茂，一作懋世，會稽余姚（今浙江慈溪）人。隋代書法家，文家。他博學多才，纂有隋朝《區宇圖志》一千二百卷，是較早的全國性區域志。著有《茂世集》五卷。

皇帝，始終立於不敗之地呢？兩個原因。

第一，蘇威是蘇綽的兒子，也是關隴集團的政治代表。蘇威的爸爸蘇綽可不是凡人，當年草擬所謂「六條詔書」，幫全無統治經驗的西魏和北周政權建立了基本的政治規範。這樣的背景對蘇威太重要了，隋朝脫胎於西魏、北周，政治文化一脈相承，所以蘇綽的名聲在隋朝依然不減當年。讓蘇綽的兒子在隋朝當宰相，本身就是繼承關隴集團政治路線的一種姿態。這是蘇威的第一個優勢。

第二，蘇威比較柔順。蘇威這個人有特點，小事好爭，大事不敢爭。跟同僚好爭，跟皇帝不敢爭。簡而言之，是一個怕死、惜命的人。這一點，從他的個人經歷可以看得清清楚楚。當年北周宇文護專權的時候，他不贊同，但是也不敢反對，結果上山隱居了。後來隋文帝要篡奪北周的皇位，他心裡贊同，但是不敢公開表態，又臨陣脫逃。後來在隋文帝手下當宰相，每次一遇到皇帝生氣，蘇威的表現都是「免冠頓首」，把帽子摘掉，趴下來就磕頭，無論是非，謝罪了事。現在到了隋煬帝手下，隋煬帝不是又因為他上諫把他免官了嗎？蘇威還是誠惶誠恐，換取隋煬帝的原諒。

這樣的人，你要是站在道德制高點，當然可以說他是軟骨頭，沒原則，但是從比較持平的角度看，也就是一個既想在政治上有所作為，但又膽小怕事的人。這樣的人其實很容易控制，也很好用。一個老大臣，又能體現政治的延續性，又能保證在大事上遵從皇帝決策，還有什麼理由不予以保留呢？

再看宇文述。此人也出身於關隴貴族集團。隋煬帝當晉王的時候，他就跟隨左右。當年楊廣想當太子，拉攏楊素的主意就是他出的，跟楊約賭博也是他去，因此也算是隋煬帝的功臣。照理說，功臣容易受猜忌，楊素不就是最好的例證嗎？宇文述怎麼就能受到隋煬帝的信任呢？有幾個原因。

第一，宇文述本質上還是一介武夫。雖然也會耍些心機，但那都是些權謀小術，要論文韜武略，他比楊素可就差遠了。能量小，自然威脅也小。既是功臣，跟皇帝天然的親近，又不讓皇帝感受到威脅，這樣的人，皇帝自然喜歡。

第二，宇文述聽話乖巧。既然不以謀略見長，宇文述乾脆就全聽隋煬帝到盲從的程度。依照《隋書．宇文述傳》的說法就是：

> 君所謂可，亦曰可焉，君所謂不，亦曰不焉。無所是非，不能輕重。

隋煬帝說什麼事行，他就跟著說行，隋煬帝說什麼事不行，他也跟著說不行，反正一切以隋煬帝為準，從來不提出自己的意見和建議。這對於喜歡權威獨斷的隋煬帝來講可是難得的美德。

第三，心靈手巧，投隋煬帝所好。隋煬帝除了喜歡權力、排場之外，還喜歡技術。比如我們屢次提到的能夠拆卸組合的觀風行殿，隋煬帝不就非常喜歡，走到哪帶到哪嗎？這些東西，純粹的中原儒家士大夫是不屑一顧的，一律視為奇技淫巧，但是，宇文述出身胡人，在這一點上和隋煬帝倒頗為一致。按照史書的記載，他是：

> 凡有所裝飾，皆出人意表。數以奇服異物進獻宮掖，由是帝彌悅焉。

他整天在思考穿什麼奇裝異服，今天這兒改改，明天那兒改改，反正跟一般人不一樣。他不僅打扮得光鮮亮麗、與眾不同，還經常把他設計發明的一些奇裝異服和裝飾品進獻隋煬帝，隋煬帝因此非常滿意。又是功臣，又順從，還能投皇帝所好，隋煬帝對宇文述當然滿意得不得了，甚至把自己的女兒南陽公主嫁給了宇文述的兒子宇文士及，成了親家。這樣一來，宇文述也就順理成章地成了宰相，而且是宰相之中最受寵幸的那一個。

第三位，黃門侍郎裴矩。他在幫助隋煬帝開拓西域方面功勳卓著。這個人為什麼能當宰相呢？兩個好處。

第一，此人出身北齊，能代表東部地區的力量。

第二，這個人是邊疆和民族問題專家，在開疆拓土方面和隋煬帝想法一致。隋煬帝曾經表揚他說：

> 裴矩大識朕意，凡所陳奏，皆朕之成算。未發之頃，矩輒以聞。自非奉國用心，孰能若是！

裴矩總是與我心意相通，什麼事我若是在腦子裡思考許久，就差說出來了，裴矩總能夠把寫著這件事的表章給我送到，簡直是心有靈犀。為什麼我們能想法一致？就是因為裴矩奉公體國，有一顆忠君愛國之心。

這樣一個既有代表性，又能在具體問題上幫助隋煬帝的人，當然也是隋煬帝眼中宰相的合適人選。

第四位，內史侍郎虞世基。此人是江南人士，也是個著名的才子，文章出眾，兼工草隸，當年在陳朝號稱「南金之貴」。後來由陳入隋，就憑出眾的文采嶄露頭角。此人為什麼能當宰相呢？兩個理由。

第一，出身南方，有代表性。

第二，文采斐然，是個好秘書。根據《虞世基傳》的記載：

> 四方表奏日有百數。帝方凝重，事不庭決，入之後，始召世基口授節度。世基至省，方為敕書，日且百紙，無所遺謬。

這裡指出隋朝的行政決策過程，那時候四方向隋煬帝奏事，隋煬帝是一個老成持重的人，不願意當場做出決定，而是把這個奏表接過來，然後退到後殿思考，再口授給虞世基處理。虞世基聽完隋煬帝的口授之後，再到他所在的內史省，把這些意見寫出來。一天寫多少份？一天寫一百多份，從來沒有差錯，沒有遺漏，每一份意見都忠實地體現隋煬帝的意思。

這不是難得的秘書人才嗎？這樣的人，既能代表江南人物，又善於以秘書身分領會貫徹皇帝意圖，當然是不可多得的人才。

第五位，御史大夫裴蘊。這個人的經歷可非同凡響。他是隋朝的最高級祕密警察。

裴蘊和裴矩都是河東裴氏出身。但是在南北朝戰亂時期，裴蘊的祖輩都到了南方，在梁朝和陳朝做官。這也罷了。北周不是和陳朝打仗嗎？他爸爸又被北周俘虜了，成了北周的官員，後來北周變成隋，裴蘊的爸爸也就成了隋朝的大臣。爸爸已經在北方做官，而裴蘊還留在江南當陳朝的官員。裴蘊該如何定位自己的立場？

裴蘊是個聰明人，他想陳朝總有一天會被隋朝吃掉！想來想去，就透過他爸爸和隋文帝搭上了關係，願意給隋朝當內應。裴蘊在陳朝當的可是直閣將軍，這是負責皇帝貼身守衛的官員，對陳後主的情況瞭若指掌。陳朝豈有不滅之理！後來隋朝打陳朝順風順水，和裴蘊有很大關係。既然立了這麼大的功勞，隋朝當然要對裴蘊有所回報。

陳朝滅亡以後，隋文帝親自檢視陳朝官員名單，一般官員都降級使用，但到了裴蘊，非但沒有降級，反而給他一個儀同三司的散官。這樣不合情理的任命，讓當時的宰相高熲馬上提出異議，說：「裴蘊無功於國，寵逾倫輩，臣未見其可。」裴蘊沒什麼功勞，您為什麼給他這麼高的官？甚至比同僚的官都大呢？我看不出有什麼道理。

隋文帝一聽，說：「是嗎？這樣吧，改為上儀同。」又提高了一級。高熲急了，再次上諫。隋文帝說：「既然宰相不同意，那就加開府吧，」又提了一級。一看隋文帝這麼強硬，高熲再也不敢說話了。

就這樣，裴蘊當天就拜為開府儀同三司。開府儀同三司，位居一品，這也是隋朝文散官的最高官階。

這件事說明裴蘊的貢獻大之外，還說明裴蘊這個內應級別真高，直接對皇帝負責，連高熲都被蒙在鼓裡。這段光榮史雖然也有價值，但倒不見得是裴蘊任宰相最重要的原因，他最重要的優點有兩個。

第一，辦事能力強。進入隋朝後，裴蘊接連擔任地方刺史，到任何一地，都有成績，聲望很好。

第二，擅長揣摩隋煬帝的心思。舉一個例子。前文不是講過高熲在隋煬帝手下當太常卿嗎？當時，裴蘊就給高熲當副手，做太常少卿。他覺得隋煬帝愛熱鬧，講排場，好大喜功，自己所在的部門應該能夠作出貢獻。

怎麼貢獻呢？他就越過自己的長官高熲，上書隋煬帝，建議徵調已經遣散的北周、北齊和陳朝的樂工，同時到民間徵集百戲，共同繁榮隋朝的文藝。這個建議立刻受到隋煬帝的重視，責令高熲落實，結果高熲不同意這麼做，還給隋煬帝上諫，不就惹惱了隋煬帝嗎？也為他以後被殺埋下了伏筆，而裴蘊則是恰恰相反，從此步步高升。

從這一件事，就已經可以看出裴蘊體察皇帝心思的能量。這樣的人，當然也是隋煬帝眼中的理想大臣。

隋煬帝重新組建了自己滿意的宰相組合，這個新的組合由五個人組成，號稱「朝廷五貴」，這個讓隋煬帝滿意的「五貴」，又有什麼共同特點呢？

講完「五貴」的個性，再總結一下「五貴」的共通性。其中有四個共通性值得注意。

第一，他們的代表面很廣。其中，蘇威和宇文述代表關中勢力，裴矩代表山東勢力，裴蘊和虞世基則代表江南勢力。帝國的三個組成部分全都有了自己的代表人物。特別是江南地區，在整個國家政治生活中的重要性顯著增加。這和隋煬帝初年的宰相有很大區別。

第二，他們都是兼職宰相，地位相對比較低。根據隋朝的制度，所謂宰相，應該是三省長官，也就是尚書令、尚書僕射、內史令、門下納言這一類的官員。我們前面講隋煬帝初期的幾個宰相都是三省長官，但是「五貴」就不一樣了。

除了蘇威是門下納言以外，其餘四個人，左翊衛大將軍宇文述、內史侍郎虞世基、黃門侍郎裴矩、御史大夫裴蘊，沒有一個是三省正長官。其中，內史侍郎虞世基和黃門侍郎裴矩雖然品級不夠，但還是三省官員，而左翊衛大將軍宇文述、御史大夫裴蘊甚至連三省官員都不是。

這可就大大突破隋朝初年建立的宰相制度。這些人都不是三省長官，為什麼還能被視為宰相呢？因為隋煬帝給了他們一個頭銜，叫「參與朝政」。即原來的官職不變，但多了一個參與朝政的兼職。這既不是正式名號，也沒有任何品級，只是隋煬帝的一個口頭任命、臨時差遣。

如此一來，「五貴」的身分可就降低不少，因為他們的權力不是來自於正規的制度，而是來自於隋煬帝的個人賞識，因此，地位大打折扣。

第三，他們都很柔順。幾位宰相各有各的特點，但是有一個特點是共有的，那就是柔順。按照《宇文述傳》的說法，就是「以水濟水，如脂如韋」。這些人像水一樣柔和，像油脂一樣順滑，皇帝說什麼，他們就聽什麼，絕不提不同意見。

第四，他們都是專家型的官員。其中，蘇威是活字典，行政專家；裴矩是民族問題專家，外交家；虞世基是最優秀的秘書；裴蘊是法律專家；宇文述軍事能力過硬，在技術方面也頗有才幹。這些人在各自領域都有建樹，但是正因為太專了，他們統領全局的能力不夠，方向感不強。

隋煬帝按照自己的意志任命了新的宰相。這些人有著鮮明的共同特點。那麼，隋煬帝為什麼要任命這些人當宰相？他想解決什麼問題呢？他們對大隋王朝的政治運作來說，究竟好還是不好呢？

明白了「五貴」的特點，也就不難理解隋煬帝為什麼要任用這些人當宰相了。其實，這是在解決隋煬帝初年宰相人選的兩大問題。

第一，宰相代表面過窄問題。這次隋朝終於擺脫了地域狹隘性，成長為貨真價實的全國性政權了，從這個角度講，隋煬帝用人的眼界和心胸還是相當開闊的。

第二，皇帝權威不足的問題。新任命的「五貴」以兼職宰相為主，性格柔順，而且都是專家型官員，統領全局的能力不足，這樣一來宰相的勢力不大，也就失去制約皇帝的能力，皇帝的權威也就不會受到任何挑戰。

然而，隋煬帝這樣雖然解決了兩個舊問題，卻又增加了兩個新問題。

第一，這五貴，勢力太過軟弱，根本無法發揮宰相應有的職能。要知道，傳統所謂宰相，應該是能夠在道德上勸諫皇帝，在政治上輔佐皇帝的人物，這才叫股肱之臣。「五貴」完全不能承擔這樣的工作內容。他們是兼職宰相，身分不明；性格柔順，諫諍精神不足；是專家型官員，不擅長統領全局。如此一來，他們也就只能是簡簡單單地聽命於皇帝，替皇帝辦事。這可與宰相的職責相去甚遠了。

隋煬帝本身是一個剛愎自用的人，本來就存在著嚴重的急功近利、濫用權力的問題。這樣的皇帝，其實需要有效的宰相機制加以制約，但是到「五貴」時代，因為他們自身能量不足，這種制約作用當然要大打折扣。這對於政治的良性發展當然不利。

第二，這幾個宰相的個人品格不高，根本無法發揮朝廷表率的作用。在「五貴」之中，最受隋煬帝信任的是功臣宇文述，其次是秘書虞世基。可是，恰恰就是這兩個人，都以貪婪著稱。宇文述貪婪的表現是認兒子，虞世基貪婪的表現是怕老婆。

根據《隋書．宇文述傳》的記載，宇文述沒事就喜歡認人當乾兒子，尤其是有錢人。當時什麼人有錢呢？商人有錢，胡商更有錢。這些人有錢，但是社會地位低，非常希望在朝廷找個靠山，而宇文述正好能在朝廷說上話，但是月俸卻不太夠用。如此一來，兩方面算是一拍即合。胡商為了能得到好處，紛紛巴結宇文述，送給他金銀珠寶，管他叫乾爹。宇文述也是來者不拒，到處認乾兒子，收保護費。這不就是官商勾結嗎？

如果遇到錢更多的，宇文述還可以再降一輩，直接管人家叫哥哥。例如：廢太子楊勇的老丈人。楊勇被廢，其中一個很重要的原因就是他寵幸一個姓雲的姑娘。這位雲姑娘的爸爸叫雲定興，在楊勇當太子的時候家裡攢了不少寶貝。後來楊勇倒臺，雲定興也受到連累被革職為民。雲定興是個不甘寂寞的人，就把他積攢的那些寶貝都孝敬給了掌權的宇文述，希望能東山再起。

要說宇文述和雲定興本來是政治上的對立面，很難相處，但是兩個人都沒什麼廉恥心，所以，誰也沒覺得有什麼不妥。雲定興敢送，宇文述也敢收，而且收了之後眉開眼笑，立刻就管雲定興叫哥哥，還保舉他一路高升，一直當到左屯衛大將軍。這不就是有錢能使鬼推磨嗎？

再看虞世基。虞世基最大的問題是怕老婆。怕老婆跟貪婪有什麼關係呢？虞世基貪婪，很大程度上是因為他的夫人孫氏。這個孫夫人以前嫁過一個人，前夫死了之後才跟了虞世基。孫夫人又風流又放蕩，別有一番情趣，虞世基很快就被她給迷住了，心甘情願地供養她過奢侈浮華的生活。但虞世基雖是宰相，但月俸仍無法供她過得太奢侈。

於是孫夫人自己想辦法增加收入。她跟前夫有一個兒子叫夏侯儼，年紀也不小了，孫夫人讓夏侯儼打著虞世基的名號到處招權納賄，賣官鬻爵，這樣一來，虞世基家裡門庭若市，金寶堆積，財政赤字也就解決了。宰相人格不高，招權納賄，自然朝廷也就腐敗成風，小人當道。

皇帝好大喜功，濫用民力，宰相再招權納賄，不能匡扶，這國家不就往更危險的方向走了嗎？那麼，隋朝還會遇到什麼問題呢？

【第十四章】

立儲風波

隋煬帝想當一個有作為的皇帝，但是他既沒有虛心納諫的胸懷，也沒有任人唯賢的眼光。在大隋王朝風光的表面下，其實隱藏著各種危機。既表現在國家政治上，也表現在家庭關係上。在關係到王朝穩定的太子人選問題上，隋煬帝也遇到了麻煩。

隋煬帝好大喜功，又剛愎自用，在他的一意孤行下，大隋王朝面臨著重重危機。但隋煬帝的麻煩還不止這些，在家庭關係問題上，隋煬帝也面臨著一個棘手的事情，那就是太子人選問題。中國古代家國一體，立儲是關係到國家長治久安的大事，但奇特的是，隋煬帝一直到死，都沒能確立一個太子。那麼，這裡面又有著怎樣的曲折故事呢？

中國有句俗話叫「家和萬事興」。說起來容易，做起來難。以隋朝而言，隋文帝生性猜忌，總覺得兒子要謀反，今天除掉這個，明天除掉那個，開始是五子同母，最後卻只剩下隋煬帝一根獨苗。隋文帝廢長立幼，猜忌骨肉，讓隋朝付出了很大代價，但隋煬也沒高明到哪裡去。如果說隋文帝最大的問題是換太子的話，那麼，隋煬帝最大的問題則是一直到他駕崩，都沒有一個真正的太子。

說到隋煬帝的家庭關係，還得先了解一下隋煬帝兒女的基本狀況。很多人知道，風流天子唐明皇有三十個兒子，三十個女兒。按照各種小說的說法，隋煬帝更是風流成性，應該有更多的兒女吧？根本不是。隋煬帝一共有三個兒子，女兒的情況不十分清楚，在歷史上留下記載的有兩個。一般說來，女兒跟宮廷的權力爭奪關係不大，我們姑且不論，先看這三個兒子的情況。

三個兒子中，老大叫楊昭，生於開皇四年（五八四）。老二叫楊暕，生於開皇五年（五八五），都是蕭皇后所生。老三叫楊杲，生於大業二年（六〇六），是蕭嬪所生。這個蕭嬪到底是何許人史書記載不詳，但是，一般都認為和蕭皇后有很近的親屬關係。

這樣看來，隋煬帝在家庭問題上其實是相當嚴肅的，基本算是秉持父親隋文帝的風格，對皇后非常忠誠，雖然還做不到三子同母，但也絕不像小說所講的那樣淫亂。恰恰相反，他的家庭結構簡單清晰，不存在後妃爭寵、諸子爭權的問題。這對於挑選接班人，還是非常有利的。

那他到底挑選誰當接班人了呢？隋煬帝大業

> 楊昭（五八四—六〇六），隋煬帝長子，母皇后蕭氏。相貌堂堂，孔武有力，性情謙虛，生活儉樸。五八四年生於大興宮，五九〇年立為河南王，六〇五年被立為皇太子，六〇五年因請求陪駕而得病生亡。謚「元德」。六一七年追崇為世宗孝成皇帝。

元年（六〇五），大兒子楊昭因為是嫡長子，順理成章地被立為皇太子。隋煬帝這個皇太子怎麼樣呢？一句話，好得不得了。比隋文帝最初立的太子楊勇好多了。優點有三。

第一，生活簡樸。楊昭因為是隋煬帝的長子，很受祖父母隋文帝和獨孤皇后的寵愛，從小就在身邊撫養，頗有祖父母的風範。他雖然貴為太子，每次用膳，都是一、兩個菜就解決，被褥、床帳也都極其簡樸，跟隋煬帝沒當太子時候差不多。

第二，為人忠厚。楊昭三歲的時候，有一次在玄武門玩石獅子。正好爺爺奶奶，也就是隋文帝夫婦來看他。要是在平時，小楊昭看見爺爺奶奶早就跑過去行禮了，可是這天他一看見爺爺奶奶卻低下頭去。為什麼呢？因為隋文帝那天腰疼，走路的時候就把手搭在獨孤皇后的肩膀上，楊昭覺得這個舉動過於親熱，他也就依據非禮勿視的原則回避。

問題是，楊昭當時才三歲，連隋文帝夫婦都沒想到他會有這麼複雜的思想，這麼高的精神境界，所以也沒當回事，繼續勾肩搭背地在他面前晃。可是，每次只要他們一進入楊昭的視線，楊昭馬上眼觀鼻，鼻觀心，堅決不看。這樣好幾次之後，隋文帝終於明白了，孫子這麼小，居然就知道非禮勿視啊！他禁不住大為感慨，說：「天生長者，誰復教乎！」我這孫子，生下來就是個忠厚長者，這可不是大人能教會的！

第二件事，老人家一般都喜歡逗小男孩，說要幫你娶媳婦。隋文帝雖然貴為天子，但是愛孫子的

> 楊暕（五八五—六一八），隋煬帝與蕭后的兒子，封齊王。楊堅很喜歡這個孫子。開皇年間，文帝立他為豫章王。長大後精通經史，「尤工騎射」。楊廣當皇帝後，封楊暕為齊王，增邑四千戶。楊暕在大業初年任豫州牧，後轉雍州牧，又轉任河南尹、開府儀同三司。

心情與一般老百姓沒什麼區別。有一次，隋文帝也逗楊昭，說要幫他娶媳婦。沒想到楊昭一聽，馬上哭了。隋文帝趕緊問他為什麼？楊昭回答說：

漢王未婚時，恒在至尊所，一朝娶婦，便則出外。懼將違離，是以啼耳。

什麼意思呢？漢王楊諒是隋文帝最小的兒子，沒結婚的時候一直都在隋文帝夫婦身邊，可是一旦娶了媳婦，立刻就出去住了。所以楊昭說，我怕娶媳婦就要離開爺爺奶奶，所以才哭呀！這麼一說，可讓隋文帝夫婦感動不已，覺得這孩子真是天生孝順。

俗話說三歲看大，七歲看老，楊昭長大之後並沒有蛻化變質，還繼續保持著忠厚孝順的本性。太子府裡的官員，如果誰家裡有老爹老娘，楊昭一定會親自拜訪，過年過節還有額外賞賜。這不是「老吾老以及人之老，幼吾幼以及人之幼」嗎？

第三，性格謙和。按照史書記載，楊昭從來就不會發脾氣，手下人犯了再大的錯，他頂多說一句「大不是」也就罷了，根本不會罵人打人。

太子楊昭性格溫和，為人忠厚孝順，照他的這個特點，應該非常適合當大隋王朝的守成之君，隋煬帝對這個兒子也是滿懷期待，滿心希望他能繼承大隋的社稷江山，然而天有不測風雲，隋煬帝的希望最後竟然落空了，究竟出了什麼事呢？

這樣真是太好了，仁愛溫和，特別適合當守成之主。隋煬帝對他也是滿懷期望。

只可惜，這個太子有一個大毛病，什麼毛病呢？身體不好。按照史書記載，楊昭長得特別胖，人一胖就容易得心腦血管疾病。楊昭也確實有這方面的問題，所以，最怕快速更換動作。大業二年（六〇六），太子楊昭居然就死在這點。

隋煬帝喜歡到處巡遊，逢年過節時太子楊昭要到隋煬帝駐蹕的地方朝拜。大業二年，隋煬帝出巡洛陽，楊昭又從大興城趕來朝拜了，待了一陣子之後，就要回大興城。楊昭很孝順，捨不得離開爸爸，於是懇求爸爸，希望再住幾天。隋煬帝是英雄天子，對這套兒女情長不感興趣，當然就拒絕了。楊昭反覆懇求，且依禮節反覆跪拜，這樣連跪帶磕頭的，引發心腦血管疾病了，沒幾天便一命嗚呼，享年只有二十三歲。

楊杲（六〇七—六一八），小字季子。楊廣的小兒子，聰穎孝順，記憶力過人，年僅七歲就被封為趙王，深受楊廣寵愛。在楊廣巡游江南的過程中，楊杲一直陪侍左右。直到宇文化及謀反，楊杲和父親楊廣一起死於裴虔通之手，年僅十二歲。

一個好太子，就這樣沒了。隋煬帝也無可奈何，只能諡為「元德」，安葬了事。太子死了，就要立一個新太子。但當時，小兒子楊杲還沒出生，候選人就只剩下一個老二齊王楊暕了，無論是論嫡，還是論長，他都是唯一人選。何況，齊王楊暕從小長得眉清目秀，又涉獵經史，工於騎射，也算是能文能武，深得隋煬帝喜愛。年齡也只比元德太子小一歲，是個成年人，由他來當太子，真是恰如其分。事實上，隋煬帝也是這麼安排。就在元德太子死後，隋煬帝立刻就把原來元德太子的僚屬兩萬多人都轉到齊王楊暕的名下，而且，還鄭重其事地任命了一個叫柳謇之的人當齊王府長史。

此人是大隋帝國的面子。他長得高大英俊，喝酒一石不醉，而且喝得愈多，談吐愈風雅有趣。這樣的人簡直是天生的外交官，所以，隋朝無論是跟江南的陳朝打交道，還是跟北方突厥、吐谷渾打交道，柳謇之都是使節，為隋朝做足了面子。更難得的是，這樣一個風流倜儻的人還非常急公好義，每次出使回來，得到的賞賜全都散給宗族，自己家徒四壁。

柳謇之簡直成了天下人的偶像。現在，隋煬帝讓這麼一個偶像級人物擔任齊王楊暕的長史，無疑是想進一步提升齊王的人氣。由此可見他對齊王的期待。皇帝表態如此明確，大臣當然也不甘示弱，前來拜訪的絡繹不絕。還紛紛把自己的子弟送到齊王府裡做事，誰都覺得，今天的齊王就是明天的太子，後天的皇帝，必須要預做準備。

隋煬帝早年立了自己的大兒子楊昭當太子，但這個太子很早就死了，於是二兒子齊王楊暕就浮出水面，接班在望。從隋煬帝對齊王楊暕的態度，以及齊王楊暕所處的環境和身分地位來分析，他的各種條件都符合當太子的要求，簡直就是新任太子的不二人選，那麼，在一切都合情合理的情況下，齊王楊暕最終當上了太子嗎？

表面看來，讓齊王楊暕當太子的決定呼之欲出，可事實上，這個任命最後是無限期推遲。因為齊王楊暕也覺得自己是太子的不二人選，缺乏危機意識，所以也就沒有刻意好好表現。事實上，他的表現太糟糕。其中有三件事讓隋煬帝大為光火。

第一，縱情聲色，騷擾百姓。隋煬帝特意挑選了偶像派大臣柳謇之輔佐齊王，但唯獨齊王不喜歡。他覺得柳謇之太正派了，不好玩。所以，乾脆把柳謇之晾到一邊，自己選了幾個情投意合的大臣，讓他們四處尋找聲色犬馬。

這些人得了齊王的命令，馬上為非作歹。齊王讓他們選美人，他們就在京城四處打聽，知道誰家有漂亮女兒，不容分說，直接拉到齊王府第，肆行姦淫。扣留幾天他們玩夠了，就再送回去，這不是害人嗎？

另外，當時和西域通商，齊王就讓手下到隴西找名馬。這些人到了隴西，把當地胡人酋長拘禁起來，嚴刑拷打，逼他拿出最好的馬。最後，馬送到大興城了，連齊王楊暕自己都覺得來路過於不正，要他們再送回去。

這些吃進嘴裡的肉，他們才不會再吐出來呢，齊王不要，他們乾脆拉到自己家裡，謊稱是齊王所賜，直接留下。如此一來，齊王的名聲自然受損，不論是京城還是邊地，到處都傳齊王的醜事，傳到隋煬帝耳朵裡，隋煬帝當然生氣。

更要命的是，齊王不僅騷擾百姓，還跟爸爸隋煬帝爭美女。隋煬帝的大姐，北周太后楊麗華在隋朝被封為樂平公主。有一次，樂平公主訪到了一個姓柳的美女，覺得傾國傾城，就建議隋煬帝納入後宮，當妃子。但隋煬帝雄才大略，對建功立業的熱情遠高於對美女的熱情，所以也沒給樂平公主正式答覆。久而久之，樂平公主見隋煬帝再也不提這件事，以為他就不要了。

然而，這位柳家姑娘太美了，簡直就是為宮廷而生的，如果不進宮太可惜了。既然皇帝不要，那就把她送給未來的皇帝吧。於是，樂平公主又把這位柳姑娘推薦給侄子齊王楊暕。楊暕不是好色嗎？

平時還派人到處搜羅美女呢，這送上門來的豈能不要？當即笑納。

沒想到又過了一段時間，隋煬帝不知道哪根神經搭錯了，又想起這位柳姑娘，就問姐姐樂平公主柳姑娘現在在哪兒，意思是讓她入宮。這下子樂平公主可尷尬了，只好說：已經在齊王那裡了。隋煬帝什麼反應呢？按照史書的記載「帝不悅」，隋煬帝不高興了。為什麼不高興呢？

第一，這說明齊王迷戀女色，這不是未來的太子該表現出來的品性。

第二，也是更重要的，雖然隋煬帝並沒有納柳姑娘為妃，但在心裡，他已經把柳姑娘當成自己的人了。一個兒子，居然敢動爸爸的禁臠，這難道不是大逆不道嗎？

可能有人會覺得，齊王在這件事上很無辜！他怎麼會知道這件事的前因後果呢？但是，楊暕可是一個正在考驗期的王子，在這種時刻，做任何事情都應該小心翼翼。多做考慮，他可以問問姑姑，這個姑娘既然如此美貌，為什麼不送給父皇呢？如果他多問這麼一句，樂平公主肯定會告訴他來龍去脈，那他就應該避嫌。但是，他沒有問清楚，更沒有避嫌。這說明他太放肆了，根本沒把爸爸放在眼裡。既然如此，隋煬帝生氣也是情理之中。

在太子楊昭死後，齊王楊暕成了太子候選人。他本來應該韜光養晦，低調做人。但楊暕根本沒有意識到自己這個新身分帶來的新要求，不僅毫無顧忌地縱情聲色，甚至還在太歲頭上動土，跟老爸爭美女，這惹得隋煬帝很不高興。更要命的是，在接下來的一件事情中，他的做法又引起了隋煬帝的更大反感，也使得他的太子之路遙遙無期。那麼，他又做錯了什麼呢？

第三件事，和隋煬帝爭獵物。在柳美女事件過去之後不久，楊暕跟隨隋煬帝一起巡遊汾陽宮。就在汾陽宮，父子兩個一起打獵。隋煬帝讓楊暕先率領一千騎兵把獵物圍起來，好甕中捉鱉。楊暕領命而去，也確實把獵物給圍起來了。圍起來之後他就把爸爸晾到一邊，自己縱情追趕起獵物。楊暕工於騎射，是個好獵手，所以一會兒工夫就打到不少麋鹿。楊暕一高興，趕緊派人把這些獵物都送到隋煬帝面前表功。

眼看著兒子送來這麼多獵物，隋煬帝太不高興了。因為他還沒打到呢。風頭被兒子搶去，隋煬帝一氣，就責怪身邊隨從不好好打。但他們說，我們也想好好打，問題是野獸都被齊王手下那幫人擋住了，巧婦難為無米之炊呀！一聽這話，隋煬帝更是對這兒子氣得七竅生煙。

其實，這件事和清朝咸豐皇帝的事件有點類似。咸豐皇帝是道光皇帝的四兒子。當時道光皇帝有兩個兒子都表現不錯，很有當太子的潛質。一個就是後來的咸豐皇帝奕詝，另一個是老六奕訢。怎麼考察這兩個兒子呢？

道光皇帝也是帶著他們兩個去打獵。打獵之前，奕詝的老師就對奕詝說：真論打獵，你不是六阿哥的對手。所以，你乾脆一個也別打，兩手空空地回去。如果皇帝問起你，你就說春天萬物生長，不忍心殺生。聽了老師的教誨，奕詝依計而行。結果，打了一圈下來，奕訢滿載而歸，奕詝則是兩手空空。道光皇帝很詫異，奕詝再不能幹，也不至於如此，就問他怎麼回事。奕詝就把老師教的答案背了一遍。結果道光皇帝當然喜歡奕詝。因為他不出風頭，卻有一顆仁愛之心啊。

對比一下咸豐皇帝和楊暕，我們就知道楊暕的問題出在哪裡了。出在沒有腦子。他太愛出風頭了，根本不管這種風頭是不是投皇帝所好。要知道，隋煬帝本身就是一個剛愎自用，好出風頭的人，一心希望天下人都不如他。在這種情況下，如果是一個聰明的王子，就應該投其所好，把獵物都趕到他這邊來，讓他滿載而歸。只要他高興了，不就能夠把天下都交給你嗎？可是楊暕恰恰相反，他太幼稚，太高調了，完全是個人風頭主義，根本不考慮皇帝的感受。這怎麼能不引起隋煬帝的反感呢！

隋煬帝的二兒子齊王楊暕，本來已經成為太子候選人，但因為他接連做了好幾件不理智的事情，讓自己在隋煬帝心目中的形象愈來愈差。隋煬帝也就慢慢打消了立楊暕當太子的念頭。不僅不提立他當太子的事情，反而還故意找碴，找楊暕的過失。那麼，隋煬帝找到了楊暕什麼樣的過失呢？齊王楊暕最終的命運又如何呢？

有了這三件事，楊暕在隋煬帝心目中的形象可就愈來愈差了。隋煬帝不僅不提讓他當太子的事，反而故意讓人去挖掘楊暕的過失。

一個皇帝如果想找人麻煩，是易如反掌。當時制度規定，縣令無故不得出境。但是，有一個伊闕令叫皇甫詡，很受楊暕喜愛。楊暕就違反禁令，偷偷把他帶到汾陽宮，一起尋歡作樂。隋煬帝當時正在找碴，結果，有一禦史韋德裕，投其所好揪出這件事，彈劾楊暕違制。面對著韋德裕的彈劾，隋煬帝大張旗鼓，命令一千多個士兵包圍齊王府邸，進行掘地三尺的搜索，務必搜出更多的罪狀來。就在這樣的窮追猛打之下，有一件醜事終於曝光了。

齊王楊暕的妃子韋氏很早就去世了。楊暕放著那麼多美女不喜歡，居然喜歡上了韋氏的姐姐。可能有人會說，既然如此，那就把姐姐納入齊王府好了。但是姐姐當時已經嫁人，是已婚婦女。喜歡韋姐姐，又不能娶她，於是楊暕就和韋姐姐私通，還生了一個女兒。

要命的是，有一天，齊王楊暕請了一個看相的來看妃子們的面相，韋姐姐也是其中之一。看相的馬上就看出來，齊王對這個韋姐姐情有獨鐘。為了投王爺所好便對著韋姐姐說：「此產子者當為皇后。」這個有孩子的以後是皇后命。他這麼說，齊王楊暕當然高興啊。但是要讓韋姐姐當皇后只有他當上皇帝才行。可是，當時的情況是隋煬帝遲遲不讓自己當太子。這讓楊暕很著急。

皇帝為什麼不立自己當太子呢？楊暕不從自己身上找原因，反倒恨起大哥元德太子的三個兒子。他認為，大哥雖然死了，但是留下三個兒子。這可是長房長孫，萬一隋煬帝改變主意，不立他這個兒子，改立孫子怎麼辦呢？要想確保自己接班，只能致這三個侄子於死地才行。怎麼才能讓這三個孩子死呢？楊暕也就用起了古代人的老辦法，當然也是最笨的辦法——厭勝。詛咒這三個侄子。這樣一來，小木偶之類的東西就又出場了。隋煬帝不是對齊王府邸進行掘地三尺式的偵查嗎？這些罪行當然無法掩蓋，都被揭露出來了。

隋煬帝大發雷霆，把為齊王尋找聲色犬馬的官員全部斬首，勒令韋姐姐自殺，還有好多府僚都流放邊疆。隋煬帝還對偶像官員柳謇之說：

今以卿作輔于齊，副朕所望。若齊王德業修備，富貴自當鐘卿一門。若有不善，罪亦相及。

你要把我兒子管得好，以後你要富有富，要貴有貴，什麼好處都是你們家的。但是，你要是沒有把他管好，他以後犯了錯，那你也別想有好處。當時，誰都覺得柳謇之以後肯定步步高升。沒想到，前半句並沒有應驗，應驗的倒是後半句，就在這次事件之後，柳謇之也因為不能匡扶齊王而被除名為民了。

處理了這麼多人，那齊王本身怎麼處置？要不要像隋文帝對兒子那樣，或者殺了，或者關起來？隋煬帝倒沒有那麼做。為什麼呀？因為隋文帝兒子多，他兒子少。這時候，三兒子楊杲還非常小，古代兒童的存活率又低，萬一把齊王除掉，楊杲又死了，隋煬帝就成了孤家寡人，連繼承人都沒有。所以，隋煬帝恨恨地說了一句：「朕唯有一子，不然者，當肆諸市朝，以明國憲！」我就這麼一個兒子，如果我有更多的兒子，我肯定把這兒子拉到市場去斬首，以昭明國家的法度。

雖然不能除掉齊王，但是隋煬帝此後對他也非常疏遠。雖然給了他一個京兆尹的頭銜，但是，什麼事都不讓他做，而且，還專門派了一個虎賁郎將，監視他。只要楊暕有任何小錯，這個虎賁郎將馬上報告給隋煬帝。這就等於監禁楊暕。

即使如此，隋煬帝還不放心，派給齊王的府僚都是些老弱病殘，唯恐齊王利用他們作亂。齊王得寵的時候，官員都爭先恐後地把兒子往齊王府送，現在這些人也倒楣。當時有個太史令叫庾質，就是當年給隋文帝打氣，說他有天命的那個太史令庾季才的兒子。他的兒子就在齊王府上班。現在，隋煬帝討厭齊王，就揪住了庾質，怒氣衝衝地質問他：「汝不能一心事我，乃使兒事齊王，何向背如此！」你把你兒子送到我兒子那裡，就是對我不忠！

庾質怎麼回答的呀？他說：「臣事陛下，子事齊王，實是一心，不敢有二。」我侍奉您，我兒子侍奉您兒子，我們一家服務您全家，沒有不忠啊！照理說，這回答也算巧妙了。可是，隋煬帝哪會聽這種花言巧語，直接把他貶到外地當縣令去了。

就這樣，因為元德太子楊昭早亡，齊王楊暕失寵，趙王楊杲太小，隋煬帝立太子的事情就耽誤下來，一直到後來隋煬帝被殺，隋朝也沒有一個法定的太子。這對於一個王朝而言，不也是非常奇怪的事情嗎？

這樣看來，隋煬帝當皇帝這幾年，雖然修東都、建南都、開運河、修長城、四面開疆拓土，國力也迅速增強，看起來達到極盛局面，但是他也有一些問題處理得相當失敗，例如說濫用民力問題、用人問題，還有接班人問題。這些問題其實都很嚴重，但是，當時還被掩蓋在國力不斷擴張的表像之下。問題是，一旦隋朝的國力擴張受阻，這些問題也就會暴露出來。那麼，隋朝會遇到這樣的麻煩嗎？

【第十五章】

一征高麗

由於高句麗國王高元不肯朝覲，隋煬帝大動肝火，決定親率百餘萬大軍討伐高句麗。高句麗問題到底有著怎樣的來龍去脈？隋煬帝為何非要如此大動干戈呢？

隋煬帝即位後的短短幾年內，修東都，開運河，鞏固了國內的統一，又北出西巡，宣揚大隋的國威。隋煬帝創造了自漢武帝以來幾百年未有過的富強局面，也讓隋朝迅速地達到了鼎盛階段。如果照此態勢發展，隋朝很可能成為中國歷史上一個難得的黃金盛世。然而歷史的車輪卻意外地走偏，駛向了一個萬劫不復的深淵，最終導致隋煬帝身死國亡。這所謂的走偏，其實就發端於隋煬帝親征高句麗，那麼高句麗到底怎麼得罪了隋煬帝，惹得他非要大動干戈呢？

要想了解隋煬帝出征高句麗的原因，得先了解一下高句麗的基本狀況。

所謂高句麗，是建立在今天朝鮮半島北部和遼東地區的地方政權，定都在今日平壤，當時的統治者叫高元。隋煬帝為什麼要打高句麗？一個直接的證據就是高元不聽話，不肯像突厥等其他少數民族那樣朝貢。

說起來還得追溯到隋煬帝北巡的時候。大業三年（六〇七），隋煬帝北巡漠北草原，臨幸啟民可汗的牙帳。當時，高句麗也正派了使者到啟民可汗那裡。啟民可汗當時已經向隋稱臣，對這個情況不敢隱瞞，就向隋煬帝報告了。

隋煬帝什麼反應呢？隋煬帝就讓使者給高句麗國王傳話：「令速朝覲，不然者，當率突厥，即日誅之。」使者，你回去秉告你們的國王高元，讓他趕快來朝見我，如果他再不來，我會率領突厥人一塊兒去討伐他。使者便回去傳話了。

高元並沒有嚇得立刻前來朝貢，高元確實是害怕，可是，害怕之後，反而開始整軍備戰，準備誓死抵抗。隋煬帝是一個自視甚高的英雄天子，高句麗這樣無視他的權威，他多沒面子，氣得七竅生煙，下定決心要征討高句麗。

根據這種說法，整個戰爭其實就來自於兩個國家在第三方的一場偶遇，而且似乎是隋煬帝死要面子的結果。但是歷史沒有如此簡單，事實上，隋煬帝一定要打高句麗，至少有三點理由。

第一，高句麗所轄地區本來就曾經屬於中原王朝。根據《史記》記載，在朝鮮半島最早建立國家的是商朝的遺民箕子。西元前十一世紀武王伐紂滅亡商朝時，商朝的宗室箕子率眾東走，到了今天的朝鮮半島建國，在政治上臣服於周朝。

到了秦末漢初，天下大亂，燕人衛滿東渡鴨綠江，滅了箕子後人建的朝鮮國，自己建立政權，定都就在今天的平壤；再到後來漢武帝時期，出兵滅了衛氏朝鮮，在這裡設立了樂浪、玄菟、臨屯、真番四個郡，實行和中原一樣的管理模式；後來，東漢末年的時候，遼東太守公孫康在樂浪郡南面又設了帶方郡。直到三國曹魏時期，魏國的版圖還包含了這塊地方。只是到了西晉末年，五胡入華，這塊地方才脫離了中原政權的控制。

> 箕子朝鮮（約西元前一一二二年—一九四年），是在中國的周武王滅商後，商朝遺臣箕子率五千商朝遺民東遷至朝鮮半，聯合土著居民建立的「箕氏侯國」，這個國家在西漢時被燕國人衛滿所滅。

脫離了中原政權的控制，卻落到高句麗人手裡了。高句麗本來是活動在吉林東部長白山地區的一個少數民族政權，中原政權南渡之後高句麗趁機南下，不僅占領了朝鮮半島北部，還侵占了遼東半島不少領土，從此，遼東半島也罷，還是朝鮮半島北部也罷，就成了高句麗的天下了。

這樣說來，在歷史上的漫長時期，特別是在隋煬帝最感興趣的漢朝，這個地方就是中原政權領土不可分割的一部分。現在，隋朝想要恢復大漢聲威，怎麼可能任這片土地游離在外呢？事實上，這也不光是隋煬帝一個人的想法，很多大臣也都是這個想法。就在突厥啟民可汗那裡看到高句麗使者之後，隋代的邊疆和民族問題專家裴矩馬上就說了：

> 高句麗本箕子所封之地，漢晉皆為郡縣，今乃不臣，別為異域。……當陛下之時，安可不取？使冠帶之境，遂為蠻貊之鄉乎？

高句麗本來是箕子建立的國家，那是我們自己的領土，在漢晉時期都是中原政權所轄的郡縣，在這之後才成為異國他鄉的，陛下您現在文治武功都到這個境界，怎麼可以不收回這片土地，您難道真忍心讓傳統的中原領土變成少數民族統治地區嗎？這是當時很多人的一個共識，也是隋煬帝決心出征的第一點原因。

第二，高句麗在東北亞的地區霸權和隋朝的東亞霸權發生衝突。要知道，在魏晉南北朝時期，因為中原地區亂者為王，誰也顧不上東北，所以高句麗就肆無忌憚地發展勢力，逐漸成為東北亞地區最大的政權。另外，因為歷史原因，高句麗文明程度比較高，在競爭中占優勢，它北邊的靺鞨，西邊的契丹、奚、室韋都不是對手。另外，當時在朝鮮半島南部還有兩個政權，一個叫新羅，一個叫百濟，也都比高句麗弱小。

這樣一來，高句麗也就成了東北亞地區耀武揚威的強國。在北邊，它把室韋、靺鞨等都變成它的附庸；在南邊，它也不斷向百濟、新羅施壓，謀求統一朝鮮半島。可說是東北亞的小霸王。問題是，就在高句麗凱歌高唱的時候，中原地區出現了強大的隋朝。隋朝一建立，國際局勢就變了。隨著一個中原強國重新崛起，原來受高句麗欺負的民族紛紛向隋朝朝貢，都想借助大隋的威風加強自己的力量。這就讓高句麗原來的戰略部署受阻了。

怎麼辦呢？高句麗雖然表面上跟隋朝保持著友好關係，向隋朝進貢，接受隋朝的冊封，但是在背地裡，它一方面積極支持當年北齊的亡國勢力，鼓動他們復國；另一方面也派人到江南的陳朝朝貢，企圖牽制隋朝。這當然也讓隋朝很不舒服。後來，開皇九年（五八九），隋朝統一了陳朝，高句麗就更緊張。它害怕下一個會輪到自己，所以乾脆停止對隋朝的朝貢，開始積極備戰。

這也罷了，隋文帝時期，突厥才是隋朝對外軍事活動的重點，隋文帝還抽不出心思來管高句麗的事情。可是，就在開皇十八年（五九八），有一件事終於惹惱了隋文帝。這一年，有一支原本臣服於高句麗的契丹部落改投隋朝，這在隋朝看來叫棄暗投明，但是，在高句麗看來，就是可恥的背叛。如果讓這些附屬民族都背叛，高句麗在東北亞不就威風掃地了嗎？高句麗國王高元一狠心，居然率領大軍殺到隋朝統治的遼西地區。這可讓隋文帝忍無可忍。就在開皇十八年，隋文帝派漢王楊諒為元帥，高為元帥長史，率領三十萬大軍討伐高句麗。

結果，由於準備倉促，這次討伐失敗，不過，高句麗的國王高元也嚇了一跳，趕緊遣使謝罪，自稱「遼東糞土臣元」，重新派人朝貢，這樣一來，隋文帝算是有了面子，也就沒有再追究。雖然這件事草草收場，但是，我們也看出來了，兩個霸權之間有著不可調和的矛盾，以後的衝突還是在所難免。

第三，高句麗和東突厥勾結，讓隋朝感受到了威脅。要知道，雖然在隋煬帝時期，東突厥已經臣服了隋朝，但是對這個驍勇的馬背民族，隋朝一直不敢掉以輕心。大業三年（六〇七），隋煬帝在突厥那裡看到高句麗使者，他為什麼會一下子就敏感起來呢？很簡單，他怕這兩個政權聯合。如果他們聯合，在東北地區雄視中原，還是很有殺傷力的，這不就是後來明朝末年滿蒙聯合的局面嗎？所以，隋煬帝才讓使者傳話給高元：「令速朝覲，不然者，當率突厥，即日誅之。」這句話，仔細分析其實有兩層意思。

第一，告訴高句麗，現在，大隋如日中天，請你趕緊認清形勢，俯首聽命。

第二，明明白白地告訴他，別打突厥的主意，現在突厥是我的馬子，不可能跟你聯合。特地把突厥提出來，其實恰恰反映隋煬帝的擔憂。

雖然隋煬帝在突厥遇到高句麗使者具有偶然性，但是雙方的矛盾和衝突又是由來已久，具有必然性。根據辯證唯物主義的看法，必然性在事物發展過程中起決定作用，而偶然性可能加速或者延緩事物發展的進程。隋朝和高句麗的關係也恰恰是這樣。因為兩個政權具有天然的矛盾和衝突，所以不僅隋煬帝要打高句麗，隋文帝也要打，到唐朝還要打，這是必然的。但是，究竟在什麼時候打呢？在具體時間方面，大業三年（六〇七）隋煬帝在突厥偶遇高句麗使者事件就有意義了。就在這之後，隋煬帝就決定了，晚打不如早打，現在隋朝兵精糧足，如日中天，此時不打，更待何時！

隋朝和高句麗之間的矛盾由來已久，隋煬帝征伐高句麗不過是繼承他父親隋文帝未竟的功業，進而恢復大漢聲威。此時的隋朝雖然已經是泱泱大國，威震四方，但是隋煬帝並沒敢掉以輕心，而是做了精心的戰前準備。

要和高句麗打仗，怎麼打呢？在這個問題上，隋煬帝可不像當年隋文帝那樣倉促起兵。事實上，他可是做了精心的準備。什麼準備呢？

第一項是後勤準備。俗話說，大軍未動，糧草先行。在任何時代打仗，後勤都是一個需要優先考慮的問題。隋朝的西京在大興城，東都在洛陽，位置都比較偏西。而高句麗則在東北地區，相隔很遠。怎麼解決後勤補給問題呢？隋煬帝的解決方法就是挖運河。這個前面講過，就在大業四年（六〇八）元月，隋煬帝頒佈詔令，徵發河北諸郡男女百萬餘人開挖永濟渠。永濟渠從洛陽一路往北修，一直修到涿郡，也就是今天的北京城。這條運河就是直接為征高句麗修的。這條運河一開通，隋煬帝就可以通過水路把兵員和物資運到涿郡，再以涿郡為基地進攻遼東，就容易多了。

第二項是造船。既然依靠運河運輸糧草，當然就要打造運輸船了。按照一般的想法，大業四年運河完工，緊接著，大業五年（六〇九）就應該造船了。其實不然，大業五年和大業六年（六一〇），隋煬帝又把目光轉向西北，解決了西突厥問題和吐谷渾問題，不僅贏得大片領土，重新打通了絲綢之路，還把不少西域小國的國王和使者都帶回了中原，讓他們好好地感受了一把大隋的繁榮富庶。

這就又耽誤了兩年。

直到大業七年（六一一），隋煬帝才又想起東北地區的高句麗。這個毛賊，早就警告過他了，可到現在還沒有臣服。原本中斷兩年的準備工作又重新啟動。大業七年二月，隋煬帝下令，徵調民夫，在東萊海口造三百艘大船，而且，在一個月之內必須造好！這麼急的期限，民夫只好晝夜趕工，因為整天泡在水裡，腰部以下都生了蛆，到船修好的時候，民夫已經死去十分之三四。就這樣，付出了巨大的代價，第二項準備工作也做好了。

第三項是徵兵。隋煬帝的做法是掃地為兵。首先，全國的常規部隊都到涿郡來集結。其次，還要再徵調一些特種兵。什麼特種兵？按照《資治通鑑》的記載，隋煬帝：

發江淮以南水手一萬人，弩手三萬人，嶺南排鑹手三萬人。

水手是划船的，弩手是拉弓的，弩是一種強弓，作戰能力比一般的弓要強。這排鑹手是什麼人呢？所謂排鑹手，其實就是長槍手，專使丈八蛇矛的，這是三國裡張飛的武器，殺傷力很強。

第四項是調集軍需物資。隋煬帝下令，讓河南、淮南和江南老百姓建造戎車五萬輛，送到高陽，也就是今天河北的高陽縣，好預備給戰士們乘衣服和帳篷；又徵發江淮以南地區的民夫和船隻，把幾大糧倉的糧食、鎧甲和一些攻城的工具運到涿郡。

這樣大規模的準備工作，按照《資治通鑑》記載，當時奔走在路上的有好幾十萬人，真是人困馬乏。這個準備規模，不僅遠遠超過隋文帝開皇十八年（五九八）對高句麗的戰爭，事實上，也遠遠超過當年的平陳戰爭。這不難理解，誰讓隋煬帝有錢呢！

就這樣，經過一年緊鑼密鼓、不計成本的折騰，到大業八年（六一二）正月初一，各項準備工作終於都就緒了。從全國各地調來的大軍齊集涿郡，總共達到了一百一十三萬多人，當時號稱二百萬，整裝待發。

從集結軍隊人數之多、戰前籌備時間之長可以看出，隋煬帝對這次征討高句麗高度重視，志在必得。然而接下來的出征一幕卻令人倍感荒唐而滑稽，不像是打仗，倒像是在演戲，盡顯隋煬帝講究排場，好大喜功之能事。

大業八年正月初二，隋煬帝發布詔書，宣布了高句麗不修職供、招亡納叛、侵擾遼東以及內政紊亂等四大罪狀，然後宣布，自己要親總六師，弔民伐罪！作戰當然要師出有名，宣布這些當然沒有錯，問題是，隋煬帝把該宣布的宣布了，把不該宣布的也給宣布了。他宣布什麼了呢？

首先，他宣布了作戰部署。按照隋煬帝的說法，他的兩百萬軍隊要分成左右兩翼，每一翼又分為十二路軍，比如，左第一路軍走鏤方道，左第二路軍走長岑道；右第一路軍走黏蟬道，右第二路軍走含資道等，反正二十四路大軍的進軍路線都公布得清清楚楚。這也罷了，隋煬帝還公開軍隊番號。

怎麼公開的呢？各路大軍即將出征時，隋煬帝要求每路大軍必須在衣服領子上別一個布做的軍記帶，這個軍記帶長一尺五寸，寬兩寸，上面寫上各軍的番號，省得誰走丟了，走亂了。另外，他是御駕親征，不僅皇帝本人、大臣們也都得跟著去，這些大臣也不依照原來三省六部的編制，而是分別隸屬於禦營內、外、前、後、左、右六軍，他們也要帶上這個軍紀帶。這樣一來，一百多萬官兵，每個人隸屬的軍隊番號也就等於都暴露在了敵人面前，這不是故意洩露軍事機密嗎？

更令人意外的是隋煬帝的出征方式。照理說，兵貴機密、神速，如果能夠快速突襲敵人，打他一個措手不及，再好不過。可是，隋煬帝不這麼想，更不這麼做。他的策略是「日遣一軍，相去四十里，連營漸進」。共二十四路大軍，每天派一支軍隊出發，每支軍隊相隔四十里。光是這二十四路大軍出發，就花二十四天的時間。二十四路大軍再加上天子六軍、一些輜重部隊，整個出發儀式完成，一共用了整整四十天時間！敵人就是再遲鈍，也早都知道了。

光是出發遲緩也就罷了，關鍵是這樣一來，整個軍隊就形成了一字長蛇陣。首尾相隔一千多里，別說是互為犄角，前面出什麼事，後面連知道都不知道。這樣一來，所謂百萬大軍，戰鬥力也就相當有限。

這些已經夠荒唐了，但還有更不可思議的事。隋煬帝的軍隊裡可不光有軍事人員，還有其他各種閒雜人員。

第一類，樂隊。隋煬帝隨軍帶了一支軍樂隊，什麼鉦、鼓、簫、笛之類，應有盡有，這哪裡是去打仗，這分明是去演戲啊！

第二類，宗教職業者。隋煬帝還帶了不少和尚道士，可以在戰場上接著講經說法。

第三類，女眷。隋煬帝不僅自己攜帶後妃宮女出征，還讓自己最親信的宰相宇文述也帶上家眷。中國古代人比較迷信，認為女性要是上戰場，會對戰爭不利，但是隋煬帝對這個問題倒是看得無比開通，他怕宇文述不好意思帶，還特地跟宇文述說：

古稱婦人不入軍，謂臨戰時耳。至於營壘之間，無所傷也。項籍虞姬，即其故事。

你不要聽別人亂說女人上戰場不吉利，只要在白刃戰格鬥的時候，不要輕易讓夫人露面就可以了，安營紮寨的時候，有女眷在旁邊，一點關係都沒有，西楚霸王項羽打仗不也帶著虞姬嗎？這樣一來，好多女眷又出現在行軍隊伍之中了。

第四類，外國使節。前面講過，隋煬帝在大業六年（六一〇）把好多西域小國的君主都帶到中原來了，其中有一些人一直沒回去，比如說高昌王、伊吾吐屯設，還有吐谷渾的太子，乃至西突厥的處羅可汗，當時都跟在隋煬帝身邊。現在，隋煬帝讓他們一起隨軍觀戰，好進一步感受一下大隋的威風，從而堅定追隨大隋的信心和決心。這樣的軍隊，還哪有什麼軍紀和祕密可言呢？

這樣一支前所未有的軍隊，就以這種前所未見的方式出發了。這哪是打仗，簡直就是武裝遊行，還外帶嘉年華。這樣的軍隊能不能取勝呢？隋煬帝認為這完全不是問題。在他看來，像高句麗這樣的蕞爾小國，哪裡還用得著打？有這樣一支威武之師、雄壯之師往高句麗人面前一站，他們嚇也得嚇死。所以，根本就不需要考慮什麼戰略戰術問題，只要考慮好如何接受投降的問題就行了。怎麼才能順利地接受敵人的投降呢？隋煬帝覺得，有兩個問題必須解決。

第一個問題，要解決將士貪功冒進的問題。隋煬帝下令，二十四路大軍不設統帥，互相牽制，而且，有事必須稟報隋煬帝決定，不得擅自開戰。這樣一來，就誰也不能冒進了。

第二個問題，要解決有序接受敵人投降的問題。隋煬帝規定，每支大軍專門設立一個受降使者，這個受降使者「承詔慰撫，不受大將節制」，慰撫使直接隸屬於皇帝，跟本軍將領是平級關係，如果本軍將領不接受投降的話，慰撫使是可以節制他的。換句話說，受降使者直屬於皇帝，如果將領不接受敵人投降，這個受降使者可以約束他。

我們都知道，自古要打好仗，講的就是「將在外，君令有所不受」。只有這樣，主帥才能因地制宜，因時制宜，發揮主觀能動性，打出勝仗來。可是現在，上面有隋煬帝管著，旁邊有受降使者看著，這仗豈不是沒法打了嗎？隋煬帝為什麼這麼荒唐？很簡單，他根本就沒預備打仗。他想的就是不戰而屈人之兵。

隋煬帝過於迷信自己的威懾力，不願意以武力取勝，所以把戰前部署的重點放在「不戰而屈人之兵」上了。然而打仗不是遊山玩水，不能只講排場，擺架子，還要講求謀略。那麼，周圍的人對隋煬帝這種不按常理出牌的出征方式，難道就沒有異議嗎？

隋煬帝樂觀得要命，其他人未必也這麼想。前文講過，太史令庾質因為把兒子送到齊王府當官被隋煬帝貶為縣令，這時候，大軍出征之前，隋煬帝又想起他來了，就把他叫回身邊，問他：

高句麗之眾不能當我一郡，今朕以此眾伐之，卿以為克不？

高句麗是個小國，還不及我一個郡大，現在我派大軍討伐，你覺得能不能打贏呢？庾質回答說：「伐之可克。然臣竊有愚見，不願陛下親行。」說打還是可以打贏的，但是依我愚見，陛下還是不要御駕親征。這個回答讓隋煬帝很不高興，他就變了臉色，說道：「朕今總兵至此，豈可未見賊而先自退邪？」你這是什麼意思啊？我現在已經率領這麼多大軍到涿郡來了，已經在前線了，你難道讓我不見敵人，就跑回去嗎？庾質怎麼回答呢？他說：

戰而未克，懼損威靈。若車駕留此，命猛將勁卒，指授方略，倍道兼行，出其不意，克之必矣。事機在速，緩則無功。

如果陛下御駕親征，萬一失敗是很沒面子的事。因此還不如留在後方派將領去打。將領沒了您這個負擔，倒可以迅速出擊。要知道，兵貴神速，這樣拖延恐怕勞而無功呢。這是批評什麼呢？批評隋煬帝出兵拖沓。

這可不是唯一的批評意見。事實上，就在領兵將領之中，也有人對這次出兵有不同意見。誰呢？老將段文振。段文振是二十四將軍之一，還沒到遼東就病倒了。俗話說，人之將死，其言也善。就在臨終之前，段文振上表隋煬帝說：

夷狄多詐，深須防擬，口陳降款，毋宜遽受。水潦方降，不可淹遲。唯願嚴勒諸軍，星馳速發，水陸俱前，出其不意，則平壤孤城，勢可拔也。若傾其本根，餘城自克；如不時定，脫遇秋霖，深為艱阻，兵糧既竭，強敵在前，靺鞨出後，遲疑不決，非上策也。

第一，陛下一心想要接受高句麗人投降，問題是，這些人很狡猾，很有可能詐降，所以一定要多留心，不要被他們騙了。

第二，眼看雨季就要到了，所以我們一定要快一點出兵，只有出其不意拿下平壤城，才有勝算。否則，要是雨季到來，運輸艱難，我們的後勤補給跟不上去，那時候，高句麗再夥同靺鞨等附屬民族打我們，麻煩可就大了。

這樣看來，雖然隋煬帝自恃兵多將廣，信心滿滿，但是對於隋煬帝的軍事方略，也頗有一些官員表現得憂心忡忡。那麼，隋煬帝征討高句麗，到底會是怎樣的結局呢？

【第十六章】

鎩羽而歸

隋煬帝親率百餘萬大軍，督戰高句麗，將士們也奮勇當先，兩路大軍分別包圍高句麗的軍事重鎮遼東和首都平壤。儘管優勢明顯，隋軍竟然莫名其妙地被高句麗牽著鼻子走，最終慘敗而歸。那麼，兵多將廣的隋軍為什麼會變得如此被動呢？

大業八年（六一二），隋煬帝親自率領一百餘萬大軍舖天蓋地向高句麗挺進，希望高句麗能直接投降。可是被逼到牆角的高句麗，面對著大軍壓境，存亡不保的困境，反而迸發出超凡的勇氣，誓死抵抗，最終以弱勝強，逼得隋煬帝丟下了三十多萬將士的屍骨，慘敗而歸。那麼，隋軍究竟敗在哪裡呢？親自督戰的隋煬帝在這場戰爭中扮演怎樣的角色？

大業八年（六一二）三月十五日，經過兩個半月的行軍，隋煬帝率領著他的百萬雄師終於來到了遼河西邊。這時候，高句麗的戰士們已經在遼河東邊嚴陣以待，完全沒有投降的意思。既然如此，那就只能是打了。

首先得過河。為此需要架橋。隋煬帝手下有個著名的工程建築專家宇文愷，就是給隋煬帝造觀風行殿的那一位。此人身手不凡，現在隋煬帝就把搭建三座跨河浮橋的任務交給他了。架浮橋的工作安排好了，誰來打頭陣？這時候，湧現出一位英雄人物來了。左屯衛大將軍麥鐵杖。

此人出身江南，是一位著名的傳奇人物。根據史書記載，麥鐵杖出身低，大字不識一個，最大的本事就是走路，可以日行五百里，跟馬走的一樣快，是真正的神行太保。當年在陳朝的時候，麥鐵杖白天在皇帝身邊伺候，為皇帝撐傘，晚上則到南徐州（今鎮江）搶劫。要知道，南徐州跟陳朝的首都建康（南京）相隔一百多里，麥鐵杖一去一回，再搭上搶劫，第二天早晨居然不耽誤上班。他這樣搶劫了好多次，從來未曾失過手。但是，有一次，人家被搶的苦主居然認出他，向皇帝告狀。皇帝怎麼也不信，說他不可能跑那麼遠搶劫。可是，苦主堅持說就是麥鐵杖，老是喊冤。

這時候，有一個官員出了個主意，他說，要不您假裝召募一個人去南徐州送信，如果一個晚上能夠送到，第二天早晨上班之前再把回信拿回來，就賞他百金。麥鐵杖腳力健，聽說有賞，肯定會應

> 麥鐵杖（五三八—六一二），名饒豐，字良韶，號鐵杖，乳名壽生，始興江口（今廣東始興，亦說重慶潼南）人，生活於陳朝和隋朝。青年時甬敢，有臂力，步行如風，能「日行五百里」。性格開朗，喜歡喝酒，愛好交遊，極重信義。隋滅陳後，麥鐵杖轉入大將軍楊素軍中，屢立戰功，隋煬帝征伐高句麗陣亡。謚「武烈」。

募，如果他真能一個晚上跑一個來回，就說明是他做的案。皇帝一聽，依計而行。果然，麥鐵杖受騙，應募去送信，一個晚上跑了一個來回，第二天早晨沒耽誤上班。

這樣一來，他搶劫的事也就暴露了。皇帝覺得這事情太神奇了，愛惜人才，罵了他一頓也就罷了，根本沒懲罰他。

陳朝滅亡之後，麥鐵杖輾轉到楊素手下做事。有一次他作戰立大功，要論功行賞的時候，正好朝廷召喚楊素，楊素快馬加鞭往京城趕，居然就把他給忘了。

他想要提醒楊素，便徒步去追他。別看兩個人一個騎馬一個走路，每到晚上，楊素休息的時候，麥鐵杖便出現在楊素面前。這樣跟了幾天，楊素才想起來，還欠人家一個官呢，就在文帝面前保舉他，當了開府儀同三司。後來，他又輾轉當到刺史。

麥鐵杖由於不識字，刺史幹得也不太好。再說，他又是南方人，出身又低，所以那些關隴貴族官僚老是看不起他。有一次回京師參加考核，竇威（唐朝竇太后的叔叔）就當面諷刺他說：麥是什麼姓啊？沒想到，麥鐵杖脫口而出，麥子和豆子，都差不多吧！把竇威說得啞口無言。這說明什麼呢？既說明麥鐵杖聰明，也說明麥鐵杖有骨氣。就因為這兩個特點，隋煬帝挺喜歡他的，把他放在自己身邊，還讓他當了左屯衛大將軍。

竇威（？—六一八），字文蔚，岐州平陸縣（今屬陝西人）。唐朝外戚、宰相。唐高祖太穆竇皇后的叔父。竇氏一族皆以武勇名聞於世，而竇威文章秀美，愛好讀書，生活簡單樸素。經李德林推薦給隋文帝，對隋文帝也多有諫言。六一七年，李淵起兵攻入長安，召竇威任大丞相府司錄參軍。竇威熟知朝廷故事，對唐朝禮制的制定有很大的貢獻。諡「靖」。

要知道，一個南方人，既沒出身，又沒文化，能夠得到這個位置相當不容易，所以麥鐵杖對隋煬帝也是感恩戴德，這次出征之前，他就發誓要為隋煬帝戰死。現在一看隋煬帝需要先鋒官，麥鐵杖便主動請纓。就在出發之前，他對自己的三個兒子說：「吾荷國恩，今為死日！我得良殺，汝當富貴。」我負荷著這麼重的國恩，如今是我為國而死的時候了，如果我真能為國而死的話，皇帝陛下不會辜負你們的，你們肯定會因為我的獻身而謀得富貴。說完，他領著軍隊就順著浮橋衝過去了。可是，衝到半途，麥鐵杖納悶了，怎麼回事？這個工程建築專家宇文愷，居然在關鍵時刻沒算好長度，這浮橋竟短了一丈多，無法抵達岸上。

沒辦法，只好往水裡跳吧。這一跳當然吃虧，人家高句麗的士兵在岸上，居高臨下，這可就成了痛打落水狗，麥鐵杖毫無還手之力，英勇戰死。隋煬帝在河對岸眼看著這悲壯一幕，這才意識到打高句麗並不像他想像的那麼容易。

不過，儘管出師不利，折了一員大將，但是，接下來的進展還算順利。另一個工程技術專家何稠又重新修建了一個夠長的浮橋，隋朝的大軍還是順利地渡過了遼河，殺死了一萬多高句麗士兵，而且圍困了軍事重鎮遼東城（今遼陽市）。

初戰雖然不利，但是畢竟隋軍準備充分，作戰技術先進，調整之後又重新掌握了戰爭主動權，照此下去，一鼓作氣拿下遼東城不在話下，可是這時候，隋煬帝卻不讓大軍以攻城拔寨為目標，反而劍走偏鋒，非要在高句麗面前盡顯仁義之師的風采，這究竟是怎麼回事呢？

問題是，把遼東城圍起來之後再怎麼打呢？這時候，隋煬帝又想透過嚇唬人家來解決問題了。隋煬帝請建築專家何稠在遼東城對面造了一座六合城。這六合城方圓八裡，城牆高十仞（十八米左右），上面插滿旗幟。城的四個角都建有門樓，四面還各開三個城門。在城裡，隋煬帝再亮出他的寶貝觀風行殿，一眼看過去，這就是一座貨真價實的城池啊！更令人不可思議的是，這座城居然一個晚上就搭建完成。

高句麗士兵不是每天都在遼東城上防守。頭一天晚上，眼前還是一片空地，第二天早晨，眼前居然多了一座像模像樣的城，高句麗守城的士兵都傻在那裡了，嘖嘖稱歎，覺得隋朝真神。問題是，感慨歎息一番之後，高句麗人有沒有投降呢？根本沒有，人家照樣守城。這樣一來，隋煬帝的如意算盤就又落空了。

嚇不死，只好打。隋煬帝下令，進攻遼東城！照理說，隋朝畢竟兵多將廣，又有皇帝督戰，拿下一座城，應該不是什麼費力氣的事。可是，隋煬帝還是期望能夠不戰而屈人之兵，所以雖然下令進攻，但是與此同時，他又跟將領們交代，一旦高句麗有投降的表示，就要停止進攻，向他稟報，不得宜將剩勇追窮寇。

這樣一來，將士們打仗就有了顧忌，遼東城裡的守軍也看明白了，於是就跟隋軍玩起了心眼。一旦感覺頂不住了，他們馬上派人搖著白旗出來談判，說要投降。隋煬帝有令在先，這些將領也只好停止進攻，派人跟隋煬帝請示。等請示回來，人家城裡早就又調整好了，翻臉不認人，接著跟隋軍打。這樣反反覆覆，隋軍就被拖在遼東城下，一直到六月份也沒能攻下來。

這不是讓人著急嗎？怎麼辦呢？隋煬帝不反省自己的失誤，反倒罵起攻城的將領。他說：

> 公等自以官高，又恃家世，欲以暗懦待我邪！在都之日，公等皆不願我來，恐見病敗耳。我今來此，正欲觀公等所為，斬公輩耳！公今畏死，莫肯盡力，謂我不能殺公邪！

什麼意思呢？你們是不是都自以為是個人物，就輕視我啊？怪不得出征之前你們就都不願意讓我來，原來是害怕我看到你們這副窩囊相啊。我今天就要留在這兒監督你們！如果你們再不肯盡力，信不信我真殺了你們！

將領們一聽都很鬱悶，心想要不是你在這兒瞎指揮，我們早就攻進去了。可是誰也不敢說出實話，只好這麼耗著。

隋朝共有二十四路大軍，所以決不會在一個地方一直耗下去，就在一部分軍隊包圍遼東城的同時，其他的部隊已經準備進攻平壤了。俗話說，打蛇要打七寸，按照隋煬帝的想法，平壤是首都，只要攻占平壤，其他地方肯定不攻自破。

問題是，大軍總耗在一座城前頭也不是辦法。隋朝有二十四路大軍，就在一部分軍隊包圍遼東城的同時，還有其他的部隊已經準備進攻平壤了。按照隋煬帝的想法，平壤是首都，只要攻占平壤，其他地方肯定不攻自破。既然平壤關係全局，隋煬帝也就格外用心，派了水陸兩路大軍聯合作戰。水軍由來護兒來率領。

來護兒跟麥鐵杖一樣，也是南方人，也深受隋煬帝的信賴。就在這次征遼東之前，隋煬帝還賜給他牛酒，讓他回鄉祭祖，並且宴請父老鄉親，還讓三品以上的官員都到他們家拜訪。這得是多大的榮耀啊，所以來護兒也對隋煬帝感恩戴德，希望打好這一仗。

> 來護兒（？——字崇善），江都（今江蘇江都縣）人。隋朝大將。本為南陽新野（今河南新野南）人，南陳海凌縣令來法敏之子，東漢中郎將來歙的十八世孫。年幼而孤，由伯母吳氏撫養成人。

開始打得真不錯，很快渡過了大同江，來到平壤西邊六十里和高句麗軍隊遇上了。盡忠報國的機會來了，那就打吧，來護兒和他的軍隊有如下山猛虎一般，大破敵軍。

就在這種情況下，來護兒和副手周法尚發生爭執了。來護兒一心想要報效煬帝，再加上剛打了勝仗，心高氣傲，比較輕敵，所以就想乘勝追擊，直撲平壤。而周法尚則說，現在咱們是孤軍前進，不如等陸軍人馬到了一起攻城。皇帝陛下不是也這樣交代的嗎？所以，還是等等吧。來護兒是主帥，比較強勢，他根本沒等陸軍，就率領精兵四萬，直撲平壤城。

高句麗守軍怎麼辦呢？他們知道硬拚不過，早就設計好圈套，先派一些老弱病殘跟來護兒打，那自然是打不過，打不過就往城裡跑，引來護兒來追。有句話說驕兵必敗，來護兒手下這些沒怎麼遇到困難的士兵一到城裡，馬上軍紀就控制不住了，沿街搶掠起來。眼看隋軍的隊伍亂了，早就埋伏好的精兵強將再殺出來，把來護兒的軍隊殺得措手不及。

這一下，隋軍可就亂了陣腳，狼狽逃竄。本來進城的時候是精兵四萬，最後逃出城去，回到大同江邊的只有幾千人。這幾千殘兵敗將還打什麼仗？乾脆撤退吧，一直撤退到海邊，接應陸軍的事連想都不敢想了。

水路就這樣失敗了。再看陸路。當時，一共有九路大軍，共計三十萬人攻打平壤。陸路這邊可就沒有水路那麼順利了。為什麼呢？首先就碰到了後勤補給問題。高句麗不是堅壁清野嗎？隋朝軍隊只好自己背著軍糧行軍。從哪兒開始背起呢？從瀘河和懷遠（今天遼寧的錦州和遼陽）開始背起，一直要背到平壤去。

這條路太遠了，所以，每個人出發的時候都背了夠吃一百天左右的糧食。再加上必要的武器、資裝，每個戰士的負重都在三石以上，這不是要把人活活累死嗎？武器總不能扔吧，所以戰士們只能扔糧食。但是，在出發之前，隋煬帝已經下過死命令了：「遺棄米粟者斬！」誰要是敢扔糧食就斬首。糧食又不能扔，背著又太沉，走不動怎麼辦呢？士兵只好在半夜偷偷起床，在帳篷裡挖一個坑，把糧食埋掉。

這樣一來，負擔是減輕了，可是路才走了一半，糧食就已經快要吃完了。雖然沿路也在老將于仲文的指揮下打了個大勝仗，士氣不錯，但是，誰都知道，沒有糧食，這仗就沒法打下去。就在這個時候，事情出現了一個大轉機。

高句麗的宰相乙支文德居然渡過鴨綠江，來到隋軍營帳前投降。怎麼剛打了一個敗仗，這宰相就要投降呢？其實，他是詐降，前來探聽虛實，

于仲文（五四五—六一三），字次武，河南洛陽人。鮮卑人。隋朝名將。出身公卿之家。于仲文年少聰明，有大志，當時號為「名公子」。北周時為安固太守，善於斷獄。後來，于仲文多次隨軍征戰，累勳授儀同三司。入隋後，在平定尉遲迥叛亂、平陳中功勳卓著。後出征高句麗，慘敗而歸，被削職為民。

看看隋軍到底還能撐多久。高句麗已經跟隋軍打了幾個月交道了，他們都知道隋煬帝善待投降者，所以，身為宰相的乙支文德也就大搖大擺地來詐降了。

問題是，乙支文德是高句麗的二號人物，不同於一般人，隋煬帝雖然糊塗，在這個問題上還是有考慮的。就在出征之前，隋煬帝還曾經跟于仲文有過祕密交代，說：「若遇高元及文德來降，必擒之」。一般人投降歸投降，如果高元和乙支文德來投降，一定要擒拿他。什麼意思？這就是所謂的擒賊先擒王。把領袖抓住了，其他人也就不戰自降了。現在隋軍本來糧草困難，若是能夠抓住乙支文德，戰局肯定會有一個大的轉變。所以，于仲文在心裡直喊天助我也，當即就要把乙支文德給抓起來。可是，就在這關鍵時刻，又出差錯了。

什麼差錯呢？前文講過，隋煬帝本來不是立足於打仗，而是立足於招降。所以，每支軍隊都配了一個招降使者，叫慰撫使。這個招降使者不受本軍主帥節制，直接對皇帝負責，實際上就是一個監軍。這時候，于仲文的軍隊裡也有這麼一個慰撫使，叫劉士龍。這個劉士龍其實並不怎麼受隋煬帝重視，所以，關於遇到高元或者乙支文德就直接抓起來的命令，隋煬帝也沒跟他說。可是，這會兒，劉士龍倒是站出來行使自己的職權了。他說，皇帝陛下說了：「高句麗若降，即宜撫納，不得縱兵」，高句麗如果投降，我們要善待這些投降的人，要讓他們來去自由，所以，只要我還在這兒，堅決不能抓乙支文德！

乙支文德，六世紀中期出生在朝鮮平壤石多山。七世紀早期傑出的高句麗將領，也是朝鮮半島最出色的軍事家之一，同時也是一名文武雙全的政治家。曾擔任高句麗宰相。他的《乙支文德漢詩》是朝鮮半島現存最早的詩詞之一。

這怎麼辦呢？可能有人會說，既然有隋煬帝的密旨，于仲文就應該當仁不讓，先把乙支文德抓起來再說。當然不行，因為，隋朝當時有九路大軍，于仲文只是其中一路的主帥，其他統帥，對於要不要違抗隋煬帝的詔令，意見並不統一。

這樣一來，于仲文遇到的阻力可就太大了。沒辦法，想來想去，還是把乙支文德放走了事。就這樣放過一個擒賊先擒王的機會。不過，放走乙支文德之後，于仲文他們也後悔了，又派人去追，說請他再回大帳，繼續協商投降事宜。

乙支文德還會回去嗎？當然不會。這樣的鴻門宴，誰還敢去第二次啊。何況，乙支文德也了解了隋軍資訊，傻子才會再回去呢！

抓捕乙支文德不成，隋朝的九路大軍接下來怎麼辦呢？這時候宇文述就說了，眼看糧食就沒了，乾脆撤軍吧。一聽宇文述這麼說，于仲文可急了。他說：

> 將軍仗十萬之眾，不能破小賊，何顏以見帝！且仲文此行，固知無功，何則？古之良將能成功者，軍中之事，決在一人。今人各有心，何以勝敵！

我們率了這麼多軍隊來打高句麗，最後居然主動撤退，還有什麼臉回去見皇帝啊？另外，軍隊為什麼不能打勝仗？關鍵就是意見不統一，你說你的，我說我的，這樣的仗沒法打。

他想說的是，要想打勝仗，你們得聽我的。于仲文這個建議沒錯。于仲文在這些將軍中資歷算是比較老的，隋煬帝也最信任他，還讓其他將領有事向他請教，現在他說出這番話來，其他統帥也都不好再說什麼。既然老將軍想打，那就餓著肚子打吧。

就這樣，三十萬大軍在糧食嚴重短缺的情況下，渡過鴨綠江，繼續往平壤挺進。這次又太順利了。每次跟高句麗的兵將剛一接觸，高句麗人就掉頭往回跑，一天的時間，隋軍就接連打了七個勝仗，最後，將領們都開始納悶了，這仗怎麼打得這麼詭異呢？

這其實還是乙支文德在用計，他通過偵察，已經發現了隋軍缺糧，戰士們都面有菜色，這才決定拖著隋朝的軍隊往前跑，打疲勞戰。現在，隋朝果然上鉤了。三十萬大軍一路跟著高句麗的軍隊往前沖，一直衝過清川江，來到距離平壤不到三十里的地方，在這兒安營紮寨了。

到了這裡，于仲文也好，宇文述也好，才真覺得不妙。怎麼不妙了？本來隋朝之前的方略是水陸並進，現在來護兒的水軍已經應該在這邊接應他們了，但是現在連個水軍的影子也沒有，這不是放他們鴿子嗎？

那能不能依靠陸軍自己的力量打平壤呢？這就更不行了。平壤城是高句麗的首都，自然是深溝高壘，守備堅固，本來就是一塊最硬的硬骨頭。而隋朝的士兵經過這麼一番奔波，早已疲憊不堪，又沒有糧草，不要說再去攻城，就算是原地待命都維持不了幾天。

這時候，將領們都恨透于仲文了，你鼓動著我們，讓我們往前衝，現在到這兒來了，糧食也沒有，友軍也沒有，進也不是，退也不是，怎麼辦呢？正在隋朝的將帥們一籌莫展的時候，乙支文德來救他們了。

乙支文德又來投降了，他說：隋軍的情況我們也知道，你們也打不動我們，我們也不想再打你們。這樣吧，如果你們就此撤軍，我們國王高元願意到你們皇帝陛下駐蹕的地方去朝見。你們這麼興師動眾，不就是為了讓我們國王去朝覲嗎？

乙支文德提出這麼一個解決方案，隋朝的將領簡直都要感激涕零了。他們本來還擔心被高句麗困死在這裡，如果能夠這樣撤軍，簡直就是最體面的結局了。所以，他們再也不想捉拿乙支文德了，第一時間就同意了他的方案，趕緊拔營，往回撤。

眼看著隋朝的三十多萬大軍落荒而逃，乙支文德哈哈大笑。他又派人追了上去。送了一首詩給隋軍的將軍們。詩是這麼寫的：

神策究天文，妙算窮地理。
戰勝功既高，知足願雲止。

諸位將軍，你們真是神機妙算，上通天文，下曉地理，你們現在打了這麼一個了不起的「勝仗」，你們就知足吧。像你們這樣的敗軍之將，能活著回去就應該謝天謝地了，還想讓我們國王去朝覲，想都別想！這簡直就是羞辱。

光是言語羞辱也罷了，更要命的是，隋朝軍隊回撤要渡過清川江，軍隊剛剛過去一半，高句麗軍隊突然向隋軍的後路發起攻擊。這樣一來，隋軍一下子潰不成軍。

俗話說兵敗如山倒，此時兵也顧不了將，將也管不了兵，大家只顧得沒命地往回跑，一天一夜就跑了四百多里，都快趕上神行太保麥鐵杖了，從清川江一直跑到鴨綠江才站住腳。就這樣，進攻平壤的陸軍也以慘敗告終。當初渡過遼河的九路大軍一共是三十五萬五千人，現在撤回來的只有兩千多人。

不光士兵損失了這麼多，將領的損失也非常驚人。例如，工程技術專家宇文愷，隋初「四貴」之一的觀德王楊雄，煬帝初年的宰相、楊雄的弟弟楊達，兵部尚書段文振等，都死在這次東征過程中。至於兵器物資的損耗，那就更是不計其數了。

離高調進軍高句麗還不到五個月的時間，隋煬帝就不得不下令班師。就這樣，隋煬帝御駕親征，投入百餘萬兵力的東征高句麗，最終損兵折將，鎩羽而歸。這可是隋煬帝當皇帝以來的第一次失敗。那麼，隋軍這次失敗的原因是什麼呢？

水陸兩軍都敗了，損失又這麼嚴重，這仗也就沒法打下去。大業八年（六一二）七月二十五日，隋煬帝下令，班師回朝。就這樣，隋煬帝御駕親征，投入百萬大軍的東征高句麗幾乎沒有任何成效，就以這樣窩囊的形式鎩羽而歸。這可是隋煬帝當皇帝以來的第一次失敗。隋煬帝不是想要炫耀兵威國威嗎？現在反差如此強烈，隋煬帝也太沒有面子了。

怎麼向天下人和各國使者交代呢？隋煬帝羞憤之餘，諉過於將領，那個阻撓于仲文扣押乙支文德的慰撫使劉士龍被斬首，于仲文、宇文述也都革職為民。可是，即便諉過於臣子，又能挽回皇帝多少面子呢？

那麼，隋朝這樣聲勢浩大地東征為什麼會以失敗告終呢？原因當然很多。比如，高句麗面對強敵，同仇敵愾；比如，遼東地區和隋朝內地相隔遙遠，物資運輸不暢；再比如，東北地區的軍事戰爭受到天氣制約，只能在三、四月份寒凍結束到六七月份雨季來臨之間進行，因此無法發揮隋朝人多的優勢打持久戰等等。但有兩個關鍵原因。

第一個原因，毫無疑問是指揮失誤。隋煬帝根本就沒有立足於打，而是希望按照他習慣的方式，依靠震懾，不戰而屈人之兵。正因為如此，他才像組織遊行一樣組織出兵；他才會二十四路大軍並進，不設主帥，互相扯皮，互相牽制；他才會把招降置於打仗之上，一再貽誤戰機。實在是因為他這幾年太順利了，自信到了狂妄的程度，被狂妄蒙蔽了雙眼。

第二個原因，他原來預期的盟軍沒有幫忙。隋煬帝征高句麗，預期中的盟軍是誰呢？最重要的就是突厥。大業三年（六〇七），他還威脅高句麗使者，要率領啟民可汗一起去討伐他。可是，現在，到他真正討伐高句麗的時候，突厥根本未發一兵一卒。

這個時候，啟民可汗已經去世了，他的兒子始畢可汗即位。始畢可汗雖然仍然向隋朝朝貢，但是對隋朝遠沒有爸爸那麼熱情。事實上，他倒是覺得，突厥和高句麗本來就是唇亡齒寒的關係，他可不願意看到高句麗滅亡，更不會幫隋朝促進高句麗的滅亡。

始畢可汗的態度說明了什麼？說明隋朝的北部邊疆其實也沒有那麼穩定，而是很有可能在醞釀新的風暴。

就這樣，因為這場出乎意料的慘敗，隋煬帝想要透過征服高句麗來進一步震懾四夷的目的完全落空，國際聲威大受影響；更重要的是，因為這次戰爭，隋煬帝大肆徵發兵役徭役，也讓本來已經疲憊不堪的老百姓更加忍無可忍，一場社會風暴也在醞釀之中。這是怎麼回事呢？

【第十七章】

功敗垂成

隋煬帝不甘心第一次東征高句麗的失敗，半年後再次御駕親征。吸取教訓的隋軍憑藉優勢的兵力，周密的部署安排，即將大獲全勝，一雪前恥。然而就在關鍵時刻，突然發生了一件意外，迫使隋煬帝忍痛放棄了大好形勢，班師回朝。那麼，這究竟是怎麼回事呢？

隋煬帝親率大軍征討高句麗，結果卻是三十餘萬大軍客死他鄉。面對上上下下低迷的情緒，隋煬帝如果明智，應該先安撫一下遭受重創的百姓，然後臥薪嚐膽，等到時機成熟再圖大事。然而，隋煬帝卻迫不及待地發動了第二次征討高句麗的戰爭。幸好，因為有上一次的經驗教訓，再加上精心的準備，隋軍這次似乎勝利在望。可是瞬息萬變的戰場，卻又戲弄了隋煬帝，讓他再一次無功而返，那麼這一切究竟是如何造成的呢？

大業八年（六一二），隋煬帝親自率領大軍討伐高句麗，最後以慘敗告終，三十餘萬大軍，只有兩千多人回來。這可是沉重的打擊。那麼，面對這樣的嚴重失敗，隋煬帝如何反應呢？一般說來，在這種情況下，人類的反應無非是兩種：

第一種，老老實實地承認失敗。一方面安撫遭受重創的百姓，另一方面臥薪嚐膽，好好反思，等時機成熟之後，再圖大事。

第二種，無論如何不承認失敗，而且，愈挫愈勇，非要較這個勁不可。

隋煬帝選擇了第二種反應。就在大業九年（六一三）四月，隋煬帝又率領百萬大軍，渡過遼河，再度討伐高句麗！

大敗之後，休整剛剛半年就再次出征，這可是一個比較冒險的決定。那麼，隋煬帝為什麼非要這麼倉促再戰呢？除了我們前面提到的那些戰爭理由繼續存在外，面子也非常重要

說實話，第一次討伐高句麗失敗，隋煬帝無論如何也難以接受。他這樣一個戰無不勝、攻無不克，經歷過無數大風大浪的大隋天子，怎麼可能在高句麗這樣的小河溝裡翻船呢？而且還當著那麼多國際友人的面，這簡直是太丟面子了！隋煬帝可是個驕傲的皇帝，這個面子，他無論如何也要挽回，而且愈快愈好，否則在國內、國際上似乎都很難交代。所以，這個仗必須要打。

可能有人會覺得，打也可以，總不必親征吧？上次親征也沒有好處，隋煬帝這次為什麼還不吸取教訓呢？其實，這個問題，不光我們這樣想，當時左光祿大夫郭榮勸他說：

戎狄失禮，臣下之事；千鈞之弩，不為鼷鼠發機，奈何親辱萬乘以敵小寇乎！

戎狄要是失禮，懲罰他們，是我們做大臣的職責，由我們去辦即可；能發千鈞的弩機，怎麼可以用來射殺老鼠呢？您是萬乘之尊，怎麼可以親自去對抗那些小小的蠻夷之族呢？或者用我們老百姓最常說的一句話，殺雞焉用宰牛刀？這是郭榮的意思。

太史令庾質也勸煬帝。這個人在煬帝上次親征的時候就提過反對意見，這次更直接了。他說：「陛下若親動萬乘，靡費實多。」陛下您要是去的話，這戰爭成本太大，本來一百塊錢能解決，你去一千塊錢也辦不下來。

無論是何種理由，隋煬帝都沒必要親臨現場。隋煬帝為了面子更不可能聽進這些意見。上一次隋煬帝親征打敗，如果這次派一個將軍去打勝了，隋煬帝的臉往哪兒放呢？所以，一聽庾質他們的建議，隋煬帝勃然大怒，說：「我自行尚不能克，直遣人去，豈能成功也？」我自己去都不能夠打贏，派一個將軍去，怎麼可能贏呢？因為有這樣的心理，所以，大業九年（六一三）的御駕親征也就勢在必行，無人能擋。

那麼，這次御駕親征會不會取勝呢？應該說，可能性還是非常大的。因為這一次出征跟第一次相比，多了兩個有利條件。

第一個，隋煬帝學乖，不再瞎指揮。上次出征，他不是還沒打仗，先規定了兩條基本原則嗎？第一，任何將領不得擅自開戰，遇到情況必須先行稟報。第二，每支大軍都設專管招降的慰撫使，控制將領，把招降看得比打仗還重要。這一次，隋煬帝主動把這兩條規定取消，不再設慰撫使，而且宣布「聽諸將便宜從事」。諸將可以根據戰機自行決定自己的安排，可以「將在外，君命有所不受」。換句話說，他終於擺正心態，不再想天子有征無戰，而是真把打仗當仗打了，這就有利於調動將領的積極性。

第二個，這次出征，軍隊的戰鬥力也有改善。怎麼改善的呢？隋朝在原有的府兵之外，增加了一支名叫驍果的軍隊。驍果是怎麼回事？所謂「驍果」，字面翻譯就是驍勇果敢。為什麼驍勇果敢？因為這支軍隊是招募來的，所有的驍果戰士，都是志願兵，這就和府兵有本質上的區別。

府兵是徵來的，掃地為兵，想參軍也得參軍，不想參軍也得參軍，因此有好多人是不情不願地走上戰場，這樣的士兵戰鬥力自然不會強。但是驍果就不一樣了，驍果是自願報名參軍，都是渴望透過戰爭建功立業的人。有道是知之者不如樂之者，樂知者不如好之者，喜歡打仗的人，戰鬥力當然強。

為了能夠保證兵源品質，隋煬帝還刻意提高驍果的待遇，不僅免除驍果之家的賦役，還讓驍果隸屬於專門負責保衛皇帝的左右備身府，充當皇帝的侍衛親兵，這一點可太誘人了。俗話說，宰相門房七品官，更何況是跟著皇帝呢，那進步得多快呀！所以，好多富豪子弟、英雄豪傑都爭相應募，驍果之中人才濟濟。

如前所述，一征高麗之所以失敗，主要原因在於指揮失當。現在，皇帝不再瞎指揮，將領有權，再加上士兵精銳，這仗就容易打好了。就這樣，百萬隋軍又是信心滿滿地出發了。

戰場是英雄用武之地，英雄是提振士氣的一劑良藥。此時，隋軍中湧現出一個身懷絕技的戰鬥英雄，他的超凡魅力加快了隋軍攻占高句麗的步伐。這位英雄人物究竟是誰呢？他又是憑藉什麼威震敵營的呢？

隋煬帝的戰略部署仍然和上一次一樣，分兵進發，同時出擊。而且，出擊的著力點也和第一次一樣，仍然是兩個。

第一個著力點當然是平壤，這是朝鮮半島的核心，也是高句麗的首都。

第二個著力點則在遼東城（今遼寧遼陽），這是遼東半島的核心，也是高句麗的東部核心，相當於第二首都。

這兩個著力點都怎麼打呢？對於平壤，隋煬帝仍然是海陸並進。陸路的指揮者是隋煬帝最寵幸的宰相宇文述，按照部署，他率領大軍先一路東進，雄赳赳，氣昂昂，跨過鴨綠江，再從鴨綠江南下，直奔平壤。海路則仍然由大將來護兒統領，從東萊（膠東半島）出發，跨海作戰，直趨平壤，然後和宇文述兩面夾擊，合圍平壤。

這兩個將軍，其實都是上次一征高句麗的敗軍之將，回來之後也都被隋煬帝免了職，但是他們畢竟和高句麗人打過仗，熟悉情況，所以，這一次隋煬帝依據用功不如用過的用人原則，又給他們機會，讓他們戴罪立功。這是平壤方向。

那遼東方向呢？遼東方向更不得了，那是和隋朝直接接壤的部分，所以由隋煬帝親自督戰，集合了大約四十萬軍隊圍攻。要知道，遼東城的守軍只有三萬人，四十萬對三萬，那不是以石擊卵嗎？是不是很容易就打下來了？還真不是這樣。別看皇帝親自督戰，各路將士奮力拼殺，但是大軍攻城將近一個月，硬是沒有打下來。

為什麼呢？攻城作戰太不容易了。要知道，高句麗和隋朝的老對手突厥和吐谷渾可不一樣，它是農耕民族，善於築城，也善於守城。這遼東城相當於高句麗的第二首都，修築得特別結實。內外有兩層城垣，兩個門樓，都是高大堅固。在沒有火藥、大炮的情況下，要想拿下這樣的城池非常困難。隋軍雖然人數多，但是一時之間，也發揮不出來。

為了拿下這座城池，隋煬帝也算把那個年代能想出來的攻城手段都用了一遍，像是飛樓、衝車、雲梯、地道等，輪番上陣，可是效果都不理想。眼看頓兵城下將近一個月，還是毫無進展，隋煬帝也相當著急。就在這時候，隋朝的大軍之中湧現出一位英雄人物，在很大程度上扭轉了局面。

此人名叫沈光，是吳興人，原來陳朝的子民。他爸爸在陳朝官至吏部侍郎，本來也是官宦子弟出身，可是後來陳朝滅亡了，沈家沒落，舉家遷到了大興城，還沒有工作，他爸爸和哥哥都靠給人寫信謀生。本來，亡國之民命運淒慘，一般人可能也就認了，但是沈光不是一般人，他不甘心這樣了此一生。怎麼辦呢？他就開始結交權貴。最先結交的就是太子楊勇，在楊勇手下當學士。

沒想到，楊勇後來被廢了，沈光只好回家；後來，他又輾轉投到漢王楊諒的手下，擔任楊諒的府掾，沒想到，楊諒又舉兵造反還失敗，王府就此撤銷，沈光只好又回到家裡。眼看正常的途徑無法出人頭地，沈光又改換思維方式，走別條路：戲馬。

沈光和一般斯文秀氣的南方文人不一樣，他是個有武功的人。按照《隋書·沈光傳》的說法，就是「少驍捷，善戲馬，為天下之最」。這個戲馬，和一般說的馬術還不完全一樣，有點類似於我們今天說的雜技。要雜技每個時代都有，沈光怎麼就能號

沈光（五九一—六一八），字總持，吳興（今浙江湖州吳興）人。陳亡後，家居長安。少時以能手聞名鄉里，當時的人稱他為「肉飛仙」。隋煬帝征遼東，應徵為「驍果」。煬帝在江都被叛軍宇文化及所弒後，沈光與麥鐵杖子孟才等策劃殺宇文化及以報國恩。不料事跡敗露，被亂箭射死，壯烈殉國。

稱天下第一呢？

當時大興城新建了一座寺廟叫禪定寺，寺前立起一座幡竿，高十多丈。可是，幡竿豎起來之後，繩子忽然斷了。要把繩子重新掛上去，只能把幡竿砍斷，這很不吉利。怎麼辦呢？正在和尚們一籌莫展的時候，沈光遊逛到了這裡，他上下打量了一下幡竿，說：把繩子給我吧，我幫你們掛上去。他怎麼掛上去的呢？按照《沈光傳》的記載：

光以口銜索，拍竿而上，直至龍頭。系繩畢，手足皆放，透空而下，以掌拒地，倒行數十步。

沈光嘴裡叼著那個繩子，然後拍打著和地面成九十度角的光溜溜的幡竿就上去了，一直爬到頂端龍頭部分，然後再把繩子重新繫好。這已經不容易，但是沈光的表演還沒結束呢！繩子繫好之後，沈光一下把手和腳都放開了，騰空而起，直接落地。十幾丈高的幡竿，從這樣的高度飛身而下，衝擊地面的作用力是相當大的。怎麼樣化解這個作用力呢？觸地之後，沈光手腳並用，倒退了幾十步，然後站起來，毫髮無傷。

這不就是傳說中的輕功嗎？所以當時「觀者駭悅，莫不嗟異」。圍觀的老百姓既開心，又驚歎，都在那兒嘖嘖稱奇，就給他起了一個外號，叫「肉飛仙」。這樣一來，奠定了沈光豪傑的名聲。

我們也知道，大興城是關隴貴族集團的老家，這個地方的人都勇武豪俠，也最崇尚豪傑。沈光身手好，為人又行俠仗義，不拘小節，所以很快身邊就聚攏了一批所謂京師惡少年。這些人有的供他喝酒，有的供他吃肉，所以別看沈光沒有工作，養家糊口倒是一點都沒耽誤，而且每天呼朋喚友，鬥雞走狗，日子過得不錯。

但是，英雄畢竟是英雄，光是這樣還不行，最重要的還是要實現理想。中國古代人有什麼理想啊？有一句最經典的說法：「學成文武藝，售與帝王家。」文也罷，武也罷，一定要受皇帝賞識，為國家所用，才算有最終的歸宿。

問題是，沈光出身不好，不光是江南亡國之民，而且還在政治上站錯邊，這樣的人，要想出頭可真不容易。可是，現在為了征討高句麗，隋煬帝招募驍果，只問武藝，不問出身，這樣一來沈光總算是盼來出頭之日，當即報名參軍。他不是人緣好嗎？從長安出發的時候，有一百多人都騎著馬來給他送行。沈光看著這些朋友，把壯行酒灑到地上，發下重誓說：

> 是行也，若不能建立功名，當死於高麗，不復與諸君相見矣。

一句話，此行一定要立功，不成功，即成仁。

現在，隋軍攻打遼東城，久攻不下，這不正是沈光建功立業的機會嗎？就在這種情況下，沈光隆重登場了。

當時，隋朝軍隊為了攻破遼東城，使用了一種叫衝車的裝備，所謂衝車，一般都有四五層高，裡面滿載士兵，下面裝著輪子，可以推著走，上面斜豎著一個長十五丈、包著鐵頭的木頭杆子，就用這木頭杆子衝擊城牆。但遼東城很結實，衝車的衝擊力量不夠，不管用。

怎麼辦呢？沈光一看，就悄悄地從衝車裡面爬出來，順著衝車上面的木頭杆子爬上去。他本來就擅長爬杆，轉瞬之間就上到了衝杆的頂部，然後一躍而下，直接跳上遼東城的城頭，揮舞大刀，照著守城士兵的腦袋就砍了下去。守城士兵沒想到衝杆還能爬上人，一點準備都沒有，馬上亂了陣腳，被殺了十幾個人。

儘管旗開得勝，沈光畢竟是孤軍奮戰，等高句麗士兵反應過來，一擁而上，沈光一個人抵擋不過，一下就從城牆上掉下來了。要知道，遼東城也有幾十米高，這樣摔下來的話，就算不死，也得骨折，隋軍這邊一片驚呼。可是誰也沒想到，就在沈光即將落地的一剎那，他一把抓住了衝杆上垂下來的繩子，不僅沒有摔著，反而像猴子一樣又順著繩子爬上去了，斬殺了好幾個高句麗士兵，然後滑下衝杆，毫髮無傷。

這番舉動，把兩邊的將士都看呆了。這簡直就是特技表演。一時之間，隋軍揚眉吐氣，軍心大振。

隋煬帝親自督戰，親眼看到了這英雄的一幕。這麼英勇的士兵，簡直就是大隋軍魂！馬上就把沈光樹為典型了，一連給了他三大榮譽。

第一，拜沈光為朝散大夫，賜予寶刀良馬。朝散大夫，這可是五品官，算是中層將領。沈光一介白衣，一次戰鬥，直接官拜五品，也算是一步登天。

第二大榮譽，隋煬帝還把沈光調到身邊，擔任貼身侍衛。而且，沈光是待遇最高的貼身侍衛。按照史書記載，隋煬帝跟他解衣推食，寵幸無比。

第三個榮譽，隋煬帝還為他寫了一首讚美詩。這首詩名叫《白馬篇》：

白馬金貝裝，橫行遼水旁。
問是誰家子，宿衛羽林郎。
文犀六屬鎧，寶劍七星光。
……
本持身許國，況複武功彰。
曾令千載後，流譽滿旅常。

一匹白馬裝飾著金刀貝殼，五彩煥然，橫行在遼水之旁。騎著白馬的少年郎是誰呢？就是皇帝的宿衛羽林郎。他們都穿著犀牛皮做的鎧甲，手裡的寶劍也閃閃發光。這是詩的開頭。詩的結尾又說什麼？結尾說，這個羽林郎本來是想以身許國的，他的德行非常高超。可是他不光德行高超，武藝也非常高強。因為既有德行又有武藝，即使千年以後，他的赫赫英名還一定會在軍旅之中傳揚。

可能有人會說，這首詩寫的是英雄群體，不是個人啊！沒錯，這首詩讚美的確實是隋朝士兵，確切地說，是驍果這個英雄群體。但是，誰敢說這個騎白馬，佩寶劍，威風凜凜而又風度翩翩的少年武士，不是以沈光為藍本創造的呢！有了皇帝這樣的首肯，不僅沈光建功立業的理想得以實現，隋朝的士氣也一下子振奮了不少。

可是我們也知道，雖然沈光驍勇，雖然他的英雄行為也起到了鼓舞士氣的作用，但是終究還是無法改變遼東城的戰局膠著狀態。怎麼才能把遼東城拿下來呢？隋煬帝想來想去，終於想出了一個辦法。他讓人趕製了一百多萬個布袋子，發給士兵，讓他們把布袋子裡都裝滿土，然後一袋子一袋子地從營地一直往遼東城的城下堆，最後堆成一個寬三十步、最高高度和遼東城齊平的斜坡，這個斜坡的名字隋煬帝都想好了，就叫魚梁大道。一旦這個魚梁大道修成，隋朝的士兵邁著方步就可以攻上去，到那時候，高句麗的三萬士兵就只有束手就擒。所以，雖然在堆沙袋的過程中也受到高句麗居高臨下的打擊，造成不少傷亡，但是隋煬帝還是咬緊牙關往前推進，畢竟隋軍人多，拚消耗還是拚得起的！

到六月下旬，眼看這魚梁大道就要完工了，這也意味著總攻馬上就要開始，隋煬帝的心裡樂開了花。有一句話叫好事成雙，這時候，不僅遼東戰場的形勢一片大好，平壤方向的推進也相當順利，宇文述已經率領陸路大軍來到鴨綠江邊，準備渡江作戰；而水軍統帥來護兒也統率士兵，齊集東萊，隨時準備揚帆起航。在隋煬帝看來，只要再有幾天的時間，頂多半個月，這場戰爭就可以結束了，真是揚眉吐氣啊。

在隋煬帝看來，只要再給他幾天的時間，這場戰爭就可以結束，可以一洗前次征討高句麗的恥辱，得勝還朝。然而就在這時候，一封突如其來的密信一下子打亂了隋煬帝的戰略部署，那麼這是怎樣的一封密信呢？面對瞬息萬變的戰場形勢，隋煬帝又會如何決策？

可是，就在總攻即將開始，勝利的曙光已經呈現眼前的時候，一個滿面煙塵的騎兵忽然出現在隋煬帝的大帳之前，翻身下馬，呈上一封密信。隋煬帝一看這封密信，臉馬上就綠了。信上說，負責隋朝遠征軍督運糧草的禮部尚書楊玄感在黎陽（今河南浚縣東北）舉兵造反了！隋煬帝一下子慌了神，不明白其中原因。

首先，運糧官造反，馬上意味著糧草難以為繼，沒了糧草，出征在外的大軍就算不餓死，也要造反！

其次，這次出征，好多跟著隋煬帝的文官武將都把子弟留在洛陽，現在楊玄感逼近東都，這些孩子可都成了他的囊中之物，孩子在楊玄感手裡，這些官員心中會不安！

最後，東都洛陽可是隋王朝的命根子，一旦被楊玄感占領，那豈不是意味著隋朝的半壁江山都面臨危險嗎？

想到這裡，隋煬帝真是心亂如麻。面對這麼一個突發情況，隋煬帝也不是傻瓜，當然知道孰輕孰重，高句麗再可恨，畢竟屬於肢體之疾，而楊玄感造反，眾叛親離，東都不保，那可就是關係到隋朝前途命運的心腹大患了，隋煬帝是不會為了肢體而丟掉心腹的。所以，第一個反應自然是立刻撤軍，回去滅火。

問題是，如果這時候撤軍，那真等於煮熟的鴨子又飛了，此前的一切努力都付之東流，誰也不甘心啊！

就在這時候，又發生了一件事，一下子讓隋煬帝不再猶豫。什麼事呢？兵部侍郎斛斯政投降高句麗了。這又是怎麼回事呢？說起來，這仍然是楊玄感造反的連帶後果。斛斯政出身關隴貴族集團，祖上都是武將，本人也非常有才幹，很受隋煬

斛斯政（？—六一四），河南洛陽人。隋朝政治人物。後來以軍功授予儀同。大業年間，為尚書曹郎，漸漸得到隋煬帝信任。隋煬帝經略四方，軍國多務，斛斯政處事果斷幹練。楊玄感造反，斛斯政和他通謀，事情敗露，至高句麗。隋煬帝三征高句麗，高句麗將斛斯政獻出求和，隋朝軍隊將他帶回京城，以酷刑處死。

帝寵信。所以，這次出征高句麗，隋煬帝就讓他掌管軍機，相當於總參謀長的角色。

但斛斯政不光跟隋煬帝好，他跟楊玄感關係也不錯。楊玄感在造反之前，曾經跟斛斯政聯繫，還讓他幫自己偽造兩份文牒，讓自己的兩個弟弟都從隋煬帝身邊逃出來，回來幫自己一塊造反。要知道，關隴貴族是一家，彼此都是打斷骨頭連著筋的關係，所以斛斯政也就幫了楊玄感這個忙。現在，隋煬帝嚴令追查楊玄感的黨羽，斛斯政坐不住了，這事一旦敗露，自己肯定要被隋煬帝殺頭啊！怎麼辦呢？

照理說，自己的狼狽處境是楊玄感造成的，此時應該投奔楊玄感才對，問題是，這時候想要千里迢迢投奔楊玄感，肯定不可能。眼前只有一條路可走，就是投奔高句麗了！所以，就在大業九年（六一三）六月二十六日深夜，兵部侍郎斛斯政居然趁著夜黑風高，投敵了！

真是屋漏偏逢連夜雨，第二天早晨醒來，隋煬帝聽到這個消息，真要氣得吐血了。斛斯政是隋煬帝身邊的總參謀長，對隋朝的軍事部署瞭若指掌，他這麼一投敵，就等於隋朝所有的軍事機密都曝光了，這仗還怎麼打！怎麼處置這個叛徒呢？趕緊追吧。隋煬帝下令，讓將作少監閻毗率領兩千騎兵，火速追擊。可是，人家斛斯政已經走了半夜了，怎麼可能追上呢！

這樣一來，隋煬帝已經沒有選擇，只能撤軍。怎麼撤呢？就在大業九年（六一三）六月二十八日淩晨，隋煬帝突然召見將領，傳令軍隊輕裝撤退。《資治通鑑》說得非常清楚：

> 軍資、器械、攻具，積如丘山；營壘、帳幕、案堵不動，皆棄之而去。

一句話，丟盔棄甲，狼狽逃竄。

無論是楊玄感起兵也好，還是斛斯政投敵也好，那都是隋朝的最高軍事機密，一般士兵，乃至中下級軍官都無從知曉，現在仗打得好好的，眼看勝利在望，忽然這麼狼狽撤退，士兵都不知道怎麼回事，一時間小道消息滿天飛，都在自己嚇自己，隊伍也愈走愈亂。

隋朝的軍隊納悶，遼東城內的高句麗士兵更納悶，本來，眼看著隋朝的魚梁大道就要合龍，他們都覺得自己命在旦夕，就要跟遼東城同歸於盡了，沒想到六月二十八日一早起來，居然一切都天翻地覆了。每天熱鬧的大隋軍營現在空空蕩蕩，鴉雀無聲，軍資器械都亂扔在那裡，堆成了一座座小山，這是怎麼回事呢？

高句麗將領不敢相信，還以為是隋軍在玩空城計，故意放出煙霧，引蛇出洞呢，所以繼續緊閉城門，嚴防死守。一直過了兩天，確信隋軍不是玩鬼把戲，而是真的撤退，這才派出幾千士兵出來追殺。不過，畢竟隋軍人多，威懾力還是有的。高句麗的士兵也不敢太過分，只是在後面跟著。一直等到隋朝主力都渡過遼河，只剩下幾千老弱殘兵的時候，這才一擁而上，把這幾千老弱病殘給消滅了。

遼東半島的大軍一撤退，在東萊待命的來護兒水軍也自動撤軍，回援東都了。就這樣，隋煬帝第二次大舉東征高句麗又以失敗告終，而且是功敗垂成。說起來，這次失敗可是太冤枉了，連我們在千年以後都不免替隋煬帝發出一聲歎息，真是時乖運蹇，英雄無命啊！那麼，改變了整個戰局的楊玄感究竟是何許人呢？他為什麼要造反？

【第十八章】

後院起火

隋軍二次東征高句麗，眼看勝利在望，禮部尚書楊玄感卻突然在後方起兵造反，迫使隋煬帝緊急撤軍，第二次東征也因此功敗垂成。

這個改變了整個戰局的楊玄感究竟是何許人？他為什麼要在這個時候造反呢？

自從征討高句麗，隋煬帝的人生就開始走下坡，不僅在對外戰場上損兵折將，國內老百姓為了逃避沉重的賦役負擔，也紛紛起兵造反。如果說農民起義對隋煬帝來說，不過是青蛙的聒噪，那麼楊玄感造反的消息，則如同晴天霹靂。面對這場突如其來的變故，隋煬帝權衡利弊，最終放棄高句麗戰場上的大好形勢，火速回兵平叛。楊玄感是何許人？他為什麼會讓隋煬帝如此忌憚呢？他叛亂的原因又是什麼？

楊玄感可不是一般的鼠竊狗盜之輩，恰恰相反，此人是個大貴族、還有三大好。哪三好呢？

第一，出身好。楊玄感是大名鼎鼎楊素的長子。楊素不光是關隴貴族集團的成員，還是楚國公、司徒、尚書令，是隋朝官位最高的大臣，楊玄感也就成了當時第一等的貴族公子，這樣的出身，本身就意味著無限的號召力。

第二，能力好。楊玄感跟他爸爸楊素一樣，能文能武。按照《隋書・楊玄感傳》的說法，就是「驍勇、便騎射，好讀書」，從小就非常勇敢，而且弓馬嫻熟，還喜好讀書。這可都是當時人非常認可的素質。

除了有這樣的基本素質，楊玄感個人能力也很強。舉一個例子。他當初擔任郢州刺史的時候，還是個青年小夥子，又是空降幹部，所以當地官員都沒把他放在眼裡，等著看他的笑話。楊玄感上任之後，不急不躁，先派了一些耳目眼線調查情況，將手下官員的德行能力，乃至貪污受賄情況都理解一清二楚，這才分別找他們談話，作出下一步工作安排。這些官員發現自己的小辮子都被楊玄感捏在手裡，也就沒有人敢反抗他。楊玄感後發制人的工作相當成功。

據說，楊玄感小時候發育比較晚，學會說話、走路都比別人遲些，所以很多人都以為他是個傻孩子。只有他爸爸楊素不以為然，總跟別人說：「此兒不癡也」。楊素眼光精準，看出兒子習慣後發制人的特性了。

第三，風度好。楊素是個美男子，當年平陳戰爭的時候，往船頭上一站，江南人都以為是江神下界。楊玄感簡直就和他爸爸是一個模子印出來的，也是高大威武，美髯飄飄。不過，楊玄感風度好可不光好在長相，更重要的是他待人接物的態度也讓人有如沐春風之感。按照史書的說法，楊玄感：

性雖驕倨，而愛重文學，四海知名之士多趨其門。

雖然自己出身高貴，平時對一般同僚也比較傲慢，但是對於有文學才華的名士則是非常客氣。禮賢下士的名氣一傳開，跟他交往的人也就愈來愈多，這樣一來，楊玄感的社會聲望也與日增加。

因為有這麼多優點，楊玄感的仕途相當順利。在隋文帝一朝，他就已經官拜柱國。柱國可是二品大員，當時楊素官居尚書右僕射，也是二品官，所以朝會時，父子兩個人都站在同一排。隋文帝最講孝道，覺得兒子和爸爸站在一起有違孝道，所以特意讓楊玄感降一等，到三品官的序列裡排班。

面對這樣的安排，楊玄感怎麼表態的呢？他趕緊拜謝，說：「不意陛下寵臣之甚，許以公廷獲展私敬。」我沒想到陛下寵愛我到這個程度，能夠讓我在朝廷裡還表現出對爸爸的恭敬之心。這句話說到隋文帝心坎裡去，從此對楊玄感更是另眼相看。

隋文帝對楊玄感不錯，隋煬帝也沒有虧待他。大業初年，楊素去世，楊玄感以長子的身分襲爵楚國公，很快官至禮部尚書，這可是所謂尚書八座之一，權力很大。楊玄感也算要官有官，要爵有爵，要名有名，幸福指數相當高。

隋朝初年的貴族與平民仍然是兩個世界，貴族子弟一生下來，就註定要平步青雲。楊玄感無疑就是這樣一個讓普通人豔羨的天之驕子，再加上兩朝皇帝的器重，他理應忠君愛國，與國休戚了，那麼，楊玄感為什麼放著好日子不過，非要鋌而走險，走上反叛的道路呢？

照理說，這樣的人最應該忠君愛國了，他為什麼還要造反呢？說起楊玄感造反，可不是臨時起意，而是蓄謀已久。從他爸爸楊素去世後就有此想法。為什麼他那個時候就想造反呢？有兩個理由。

第一，他認為，隋煬帝對他有殺父之仇。楊素為隋煬帝當皇帝立過大功，功高震主，難免讓隋煬帝產生猜忌之心。正好當時楊素生病，隋煬帝天天派御醫探望，一副巴不得楊素早點死的樣子。楊素看到皇帝這麼急不可耐，長歎一聲，說：我還活著幹什麼呢？從此不再吃藥，主動病死了。

楊素死後，隋煬帝還不放心，又找了一個碴，將他的弟弟楊約免職，楊約也因此鬱鬱而終。換言之，楊素兄弟之死，雖然不是隋煬帝直接造成的，但是，隋煬帝也都脫不了關係。這些事情，楊玄感都看在眼裡，記在心上。爸爸和叔叔都為隋煬帝的帝業殫精竭慮，最後竟然落得如此下場，這真是讓他傷透了心。

更要命的是，楊素葬禮之後，隋煬帝一不留神，說了一句：「使素不死，終當夷族」，如果楊素不及時死，我一定滅他九族。這句狠話傳到楊玄感耳裡，心情就更複雜了。看來，隋煬帝對他們一家子都不放心啊。本來還只是一個殺父之仇，現在，又增加了對切身利害的擔憂，楊玄感跟隋煬帝就有點不共戴天的味道了。

第二，楊玄感有個人野心。楊玄感出身關隴貴族集團，這個集團有什麼特點呢？其實就是皇帝輪流做。最開始是姓元的當西魏皇帝，然後是姓宇文的當北周皇帝，現在改成姓楊的當隋朝皇帝，輪來輪去，總在這個圈子裡。

楊玄感也出身於這個圈子，而且在圈子裡的地位還挺高，這也就讓他不安分起來。在他看來，爸爸楊素掌權那麼多年，門生故吏遍天下，自己也是整天招賢納士，人氣十足，這不都是政治資本嗎？既然有人擁戴，焉知這位子不會輪到他這兒？這樣一來，楊玄感又多了幾分彼可取而代之的豪情壯志。所以說，楊玄感是早有反心，總想找機會幹掉隋煬帝。

楊玄感找到的第一個機會還真不是東征高句麗，而是煬帝西巡。大業四年（六〇八），隋煬帝從青海經大門拔穀穿越祁連山，進入河西走廊。這條路非常艱苦，最窄的地方只能容許一個人走，所以即使貴為天子，也只能是自己照顧自己。另外，因為人馬太多，一天無法通過，所以夜裡，還要在山谷裡搭帳篷露宿。

露宿荒山意味著什麼呢？意味著皇帝安危難保。這對楊玄感來講就是難得的有利時機。所以，當時楊玄感就想趁亂襲擊隋煬帝的行宮。可是，就在他躍躍欲試的時候，他的叔叔楊慎把他拉住了，並對他說：「士心尚一，國未有釁，不可圖也。」現在隋煬帝還比較得人心，國家也沒遇到什麼問題，你要殺皇帝，那可就是人民公敵，絕對沒有好下場。你要殺皇帝我不反對，但是要等時機成熟。什麼時候才叫時機成熟呢？楊慎說得很清楚，要等到人心不穩、國家有變的時候才行。楊玄感是個聽勸的人，聽叔叔這麼一說，馬上放下屠刀，立地成佛，不僅終止犯罪，而且整個人都變了，對隋煬帝表現得忠心耿耿。他在放煙幕彈，麻痹隋煬帝，然後好等待時機。

那麼，這個時機什麼時候到來呢？楊玄感認為隋煬帝第一次東征高句麗就是個好時機。

為了討伐高句麗，隋煬帝從大業七年（六一一）就開始調兵遣將，兵役和徭役一下子加重了不少，特別是離戰場比較近的山東地區，更是成了重災區，成年男丁不是被拉去當兵，就是當民夫，把勞動力都抽走了，自然民不聊生！在此情況下，山東地區開始有人鋌而走險，造反了。國外有戰爭，國內有造反，楊玄感覺得這就是叔叔楊慎所說的人心不穩、國家有變，得抓住這個機會！

怎麼抓呢？他是禮部尚書，是文官，這時候卻主動找到兵部尚書段文振，對他說：

> 玄感世荷國恩，寵逾涯分，自非立效邊裔，何以塞責！若方隅有風塵之警，庶得執鞭行陣，少展絲發之功。明公兵革是司，敢布心腹。

我楊玄感世代蒙受皇恩，無法報答，現在邊疆有戰爭，我願意投身行伍來效尺寸之功。您是兵部尚書，所以我先向您主動請纓，要求上戰場。為什麼楊玄感會提出這麼一個要求呢？很簡單，他想帶兵，要造反沒有兵不行。

但是，非常遺憾，他這個想法沒有成功。段文振如實向隋煬帝彙報，隋煬帝一聽，也很感動，還跟旁邊的大臣們說了一句：「將門必有將，相門必有相，故不虛也。」老百姓都說將門有將，相門有相，現在一看真是如此，楊素是大將軍，現在他兒子楊玄感明明是個文官也主動請纓，可見遺傳是存在的。狠狠地誇了楊玄感一頓。

段文振（？—六一二），北海（今山東青州）人。隋朝武將。六〇一—六一二年任職，遷左侯衛大將軍。小時候臂力過人，有膽有謀，明達世事，胸懷大志。因屢立戰功，授上儀同，賜爵襄公。後尉遲迥作亂，文振歸順楊堅，數立戰功，累官遷蘭州總管。五八九年，大舉伐陳，領行軍總管。平江南，授揚州總管司馬。煬帝即位，徵為兵部尚書，待遇甚重。曾從征吐谷渾，督兵屯雪山，以功進位右光祿大夫。及遼東之役，授左候衛大將軍，病死軍中。

問題是誇了之後，隋煬帝只是賞給他絲綢千段，就沒下文，楊玄感還是禮部尚書，標準文官一個，跟戰爭無緣。就這樣，楊玄感的第一次希望落空了。可以想像，這一定讓他非常鬱悶。

自從隋煬帝一伐高句麗，國內就已開始暗流湧動。為了逃避兵役，山東人王薄第一個揭竿而起，之後的起義更是風起雲湧。楊玄感也想趁勢造反，圖謀大業，然而他面臨的最大問題是，作為一個文官，他要兵沒兵，要將沒將。然而，正所謂踏破鐵鞋無覓處，得來全不費功夫，隋煬帝二征高句麗，給了楊玄感一個千載難逢的機會。

不過，楊玄感的鬱悶並沒有持續多久，很快，機會又來了。大業九年（六一三）四月，隋煬帝再次東征高句麗，人心不穩、國家動盪的局面也再次出現。更重要的是，就在東征之前，隋煬帝想起了楊玄感上次那番慷慨激昂的表白，決定讓他也參與戰爭。隋煬帝對他委以重任，讓他到黎陽（今河南浚縣）督運軍糧。

楊玄感一聽簡直樂翻了，這簡直比讓他領兵出征還好。為什麼呢？有三個理由。

第一，糧食是軍隊的命脈，隋煬帝讓他督運軍糧，就等於把自己的脖子交到他的手裡。

第二，隋煬帝的遠征軍需要糧食，楊玄感要是起兵造反，也需要糧食。有了這個美差，後勤問題

揭竿而起：砍了樹幹當武器，舉起竹竿當旗幟，進行反抗。原形容秦末陳勝、吳廣發動農民起義時的情況，後泛指人武裝起義。出自漢賈《過秦論》：「將數百之眾，轉而攻秦，斬木為兵，揭竿為旗。」

也就迎刃而解了。

第三，不光是督運軍糧這個差事好，黎陽這個地方也好，它遠在後方，跟隋煬帝隔山隔水，自成一體，隋煬帝無從監視，遠比帶一支軍隊在隋煬帝眼皮子底下活動自由多了。

所以，這個任命一下來，楊玄感心裡直念佛，自己暗中準備了這麼多年，不就是為了等到這個機會嗎？俗話說，「天與不取，反受其咎」，這樣的好機會再不抓住，天地不容。

既然如此，楊玄感一上任，就緊鑼密鼓地開始準備造反。楊玄感第一件事就是把運往遼東的糧草給截留。隋煬帝讓他督運糧草，本來期待他能夠充分利用大運河的運力，把糧草一船一船地運到遼東前線去。沒想到，這糧食左等也不來，右等也不來，眼看前方都快斷糧，隋煬帝急得趕緊派人去催促他。

楊玄感怎麼解釋呢？他對使者說：沒辦法，現在路上不太平，匪盜多。我怕這麼一船一船地走遇上劫匪，所以想要多等幾條船過來，把它們集結成一批，再武裝押運過去。為了安全起見，為了減少損失，還是請陛下再等幾天吧！這話說得合情合理，隋煬帝也無可奈何。

楊玄感為什麼這樣做呢？很簡單，這是希望把前線的士兵給餓死，就算餓不死，至少也能動搖軍心。就這樣，通過不斷截留，楊玄感手裡聚集了大量的糧草，這是第一步。

楊玄感做的第二件事是集結官兵。要造反，光有糧食不行，總得有兵。可是，楊玄感只是一個運糧官，不是領兵官，手裡沒有兵，此時，楊玄感就開始賊喊捉賊。他先安排了一個僕人，偽裝成使者，假裝從東邊，也就是隋煬帝那邊過來，然後交給楊玄感一封密信，信上說，水軍將領來護兒因為未能如期攻打高句麗，害怕追究責任，造反了，現在皇帝命令楊玄感集結隊伍準備鎮壓！

這封信一到，楊玄感馬上宣讀，緊接著就把黎陽城占領了，占領之後關上城門，滿街抓青壯年男性。這樣一來，黎陽城裡全亂了，無論你剛才是在種地還是做買賣，反正從被抓之時起，就是楊玄感手下的一個兵。

可是，就這麼掃地為兵，還是不夠。楊玄感又以討伐來護兒的名義寫信給周圍各郡，讓他們把本郡的留守部隊都集中起來，一律開到黎陽城。這下又多了些人，可是，跟隋煬帝的百萬軍隊比起來，還是相差太遠。

怎麼辦呢？楊玄感又動腦筋了。他原來督運糧草，手下雖然沒有士兵，但是有船夫，這也都是壯勞力，直接轉化為兵吧。於是，五千漕運船夫和三千篙梢手又進入戰鬥序列。就這樣，楊玄感一共拼湊了一萬多名士兵。作為造反的軍事基礎。

不過，光有兵也不行，還得有官，才能帶著這些士兵攻城掠地。兵是抓來的，官則是騙來的。楊玄感假借運糧的名義，把周圍郡縣那些有才能，能入他法眼的官員都召集到黎陽郡，來了之後立刻任命，原來是縣尉、縣主簿的，現在都能當州刺史，反正只要你能把那個州打下來就行。不接受任命的，就只能殺頭了。

就這樣，經過幾天緊鑼密鼓的折騰，楊玄感終於官兵齊備了。此時他再也不提來護兒造反之類的事情，而是宰殺豬羊、祭天誓師。他說：

主上無道，不以百姓為念。天下騷擾，死遼東者以萬計。今與君等起兵，以救兆民之弊，何如？

主上昏庸無道，都不管百姓的死活，把我們的子弟兒郎都押送到遼東戰場，死者數以萬計！現在我想和諸位一起起兵，解民於倒懸，你們覺得好不好呢？隋煬帝兩征高句麗，大肆徵發兵役勞役，老百姓早就煩透了，所以這段發言具有煽動力。大家一聽楊玄感這麼說，立刻歡呼起來，正式揭竿而起。

楊玄感自己是一個文職官員，沒有帶過兵打過仗，手下兵將又是臨時拼湊，照理說，這樣一支雜牌軍，不會形成多大氣候。然而幸運的是，有位高人早已為楊玄感的起義指明了方向，這個人是誰呢？他又為楊玄感勾畫了怎樣的宏偉藍圖？

別看楊玄感考慮造反好幾年，事到臨頭，還真是有點不知所措。不過，這時候幸運之神正眷顧他，有一個人替他想好了，而且不早不晚，楊玄感剛剛舉兵，這個人就已經出現在他面前了。

此人可是一個在中國歷史上赫赫有名的李密。

李密和楊玄感一樣，都出身所謂關隴貴族集團，李密的太爺爺叫李弼，是當年西魏北周的八柱國之一，比隋煬帝的爺爺楊忠出身還要高。隋煬帝不是說將門有將，相門有相嗎？這句話放在李密身上也沒有錯。李密從小就表現得非常同尋常。《新唐書・李密傳》記載了一個故事。

李密（五八二—六一九），字玄邃，一字法主，隋京兆長安（今陝西西安）人，祖籍遼東襄平（今遼寧遼陽南）。出身貴族。曾祖和祖父為北朝顯貴，父為隋柱國，蒲山郡公。密承襲父爵，為侍從官。六一三年，參與楊玄感起兵反隋。楊玄感兵敗，李密逃亡。

李密年輕的時候，曾經當過太子府的宿衛武官，當時的太子就是後來的隋煬帝。有一天，太子楊廣經過李密身邊，不經意看了他一眼。就這一眼，讓他打了個冷顫。李密長得「額銳角方，瞳子黑白明澈」。也就是說，天庭飽滿，棱角分明，尤其是一雙眼睛，黑是黑，白是白，黑白分明，像水一樣清澈，但是也像水一樣閃著寒光。這讓楊廣印象深刻。回去之後，他馬上就把自己寵信的大臣宇文述叫過來，問他，帳下那個小個子、黑臉、長著一雙黑白分明的大眼睛的宿衛叫什麼名字？宇文述說：他叫李密，是八大柱國李弼之後，襲爵蒲山郡公。太子楊廣說：這小子眼神精光四射，看得我心裡發毛，不要讓他擔任宿衛了。

包愷，生卒年不詳，字和樂，隋東海（今屬江蘇）人，從兄愉受五經，又從王仲通受《史記》《漢書》。大業中，為國子助教。當時《漢書》學者以他們和蕭該為宗匠，聚徒教授，門人數千。李密為其弟子之一。

這不是挺像曹操的故事嗎？是真是假暫且不論，反正能夠看出來李密從小就與眾不同。但是，以當時的情況看，與眾不同也照樣無用武之地，反而不討上位者喜歡。李密索性辭職回家讀書。也因為如此讀書，他得以結識了楊玄感。

李密回家之後就拜了當時一位著名的學者包愷為師，學習《史記》和《漢書》。有一天，他又騎著牛到老師家裡去請教問題。可是，牛走得慢，李密覺得，這一路上的時間浪費了可惜，於是，就在牛角上掛上一帙書，邊走邊看，旁若無人。正好，當時楊玄感的爸爸楊素路過，一看這個年輕人看書如此入神，不由得心生感慨，就問道：「何書生勤如此？」你是哪兒來的書生，怎麼讀書這麼勤奮呢？

李密回頭一看，是大名鼎鼎的宰相楊素，趕緊下拜，說出自己的出身。楊素又問：讀什麼書呢？李密回答：《項羽傳》。要知道，項羽是英雄，一個能對歷史上的英雄如此著迷的人應該也不是一般人吧？這樣一來，楊素對李密的興趣愈來愈濃厚，跟他聊了好久，愈聊愈覺得這個年輕人不尋常。回去之後，楊素就對兒子楊玄感說：「吾觀密識度，非若等輩。」我看李密的見識和氣度，不是你們這些人能比的。這就是成語「牛角掛書」的來歷。

前文講過，楊玄感虛懷若谷，樂於結交天下英豪，一聽爸爸這樣誇讚李密，便與李密傾心結交，兩個人很快成了好朋友。當時號稱刎頸之交，也就是割頭換命的好兄弟。我們也知道，楊玄感畢竟是宰相之子，有時候難免露出一些輕狂傲氣，這讓李密覺得很不高興。有一天，李密敲打楊玄感，對他說：

> 人言當指實，寧可面諛！若決機兩陳之間，喑嗚咄嗟，使敵人震懾，密不如公；驅策天下賢俊，各申其用，公不如密：豈可以階級稍崇而輕天下士大夫邪！

我們是好朋友，就得彼此說實話，我們倆各有優長。如果說在戰爭狀態下跟敵人對壘，喑嗚叱吒，氣吞山河，我李密不如你楊玄感。可是如果說招納天下英俊為我所用，人盡其才，你楊玄感不如我李密。咱倆各有長處，你怎麼能因為你爸爸是個大官就輕視我呢？

楊玄感一聽，哈哈大笑，趕緊認錯，而且把李密的話深深地記在心上。他有自知之明，知道自己

牛角掛書：比喻讀書勤奮。出自《新唐書·李密傳》：「聞包愷在緱山，往從之。以蒲韉乘牛，掛《漢書》一帙角上，行且讀。」

在招納人才方面不如李密，所以起兵之後，第一時間就派人到大興城去接李密。

李密也是慷慨有大志的人，早就不耐煩安安穩穩過日子，眼看著隋煬帝瞎折騰，天下騷動，他也早就躍躍欲試。現在，好朋友楊玄感居然挑頭造反，李密也是興奮莫名，二話不說，立刻趕過來加盟。

現在，就在楊玄感起兵這個關鍵時刻，李密剛好趕到，這不是喜從天降嗎？軍情緊急，兩個人連寒暄都來不及，楊玄感就直奔主題了。他說：「子常以濟物為己任，今其時矣！計將安出？」你號稱要以天下為己任，要救世濟民，現在時機到了，你分析一下，咱們接下來該怎麼辦？

李密說：

> 天子出征，遠在遼外，去幽州猶隔千里。南有巨海，北有強胡，中間一道，理極艱危。公擁兵出其不意，長驅入薊，據臨渝之險，扼其咽喉。歸路既絕，高麗聞之，必躡其後。不過旬月，資糧皆盡，其眾不降則潰，可不戰而擒，此上計也。

李密認為：現在最好的辦法就是直奔薊州（今天的北京城），然後據守臨渝關（今天遼寧省的撫寧縣），切斷隋煬帝回來的退路。這樣一來，隋煬帝前面有你楊玄感堵截，後面有高句麗追兵，兩路夾擊，再加上沒有軍糧，不出十天半個月，必死無疑。這是上策。

喑嗚叱咤：喑嗚：發怒聲。叱咤：喝斥聲。指厲聲怒喝。出自《史記・准陰侯列傳》：「項王喑惡叱咤，千人皆廢，然不能任屬賢將，此特匹夫之勇耳」。

聽李密講完所謂上計，楊玄感遲疑了一下，說：「更言其次。」你再告訴我一個比這差一點的方略吧。李密說：

關中四塞，天府之國，雖有衛文升，不足為意。今帥眾鼓行而西，經城勿攻，直取長安。收其豪傑，撫其士民，據險而守之。天子雖還，失其根本，可徐圖也。

李密說，如果不採取上策，就應該率領大軍一路向西挺進，直奔大興城，直攻隋煬帝的老巢，然後據險守住關中地區。這樣一來，就算是隋煬帝回來，也是有家難歸，很可能自行解體。這是中策。楊玄感聽了之後，又沉吟了一下，說：「更言其次。」你再說說比這個還稍差一點的方略。李密說：

簡精銳，晝夜倍道，襲取東都，以號令四方。但恐唐禕告之，先已固守。若引兵攻之，百日不克，天下之兵四面而至，非僕所知也。

如果不考慮中策，那就晝夜兼行，襲擊洛陽。但是你這麼大張旗鼓地造反，已經有人逃到洛陽報信了，因此洛陽很可能是有準備的。一旦有了準備，可就不好打了。如果一時之間打不下來，隋煬帝就會組織各路人馬進行圍剿，到時候可就勝負難料。甚至有可能失敗。因此這是下策。

大家覺得，李密這三策怎麼樣呢？這真是從大處著眼，高屋建瓴，把戰局說得清清楚楚，沒白讀兵書。那麼，作為主帥，楊玄感會選擇哪種方案呢？

【第十九章】

玄感敗亡

楊玄感起兵後，雖然在戰場上連連得勝，隊伍也迅速發展到十萬之眾，但卻在短短兩個月後落得兵敗身死的結局。這戲劇性的轉變究竟是如何發生？楊玄感為什麼從一呼百應走向一敗塗地呢？

六一三年，楊玄感趁隋煬帝第二次遠征高句麗，後方空虛之際，在黎陽起兵反隋。當時李密給楊玄感獻上三策：上策是往東北打，占領涿郡，封鎖臨渝關，切斷隋煬帝的歸路，然後和高句麗兩面夾擊，讓隋煬帝不戰自潰；中策是往西打，直取大興城，讓隋煬帝有家難歸；下策是就近攻打東都洛陽。楊玄感思慮再三，最終選擇了下策，率兵攻打洛陽。在洛陽城下，楊玄感曾經一呼百應，集結了十萬大軍。但也同樣是在洛陽城下，楊玄感兵敗西撤，從此踏上了不歸路。那麼，楊玄感為什麼要執意攻打東都洛陽？最後又是什麼導致了他的兵敗身亡？

楊玄感起兵之初，李密獻上三策，利弊分析得清清楚楚、明明白白。那麼，楊玄感會採納哪種策略呢？

楊玄感採取的是下策。他說：

> 今百官家口並在東都，若先取之，足以動其心。且經城不拔，何以示威！公之下計，乃上策也。

他說，李密你說打洛陽是下策，我卻認為是上策。為什麼呢？第一，百官的家口都在東都洛陽，一旦拿下洛陽，將這些人視為人質，就可以動搖隋煬帝的軍心。第二，如果我們連身邊的洛陽都拿不下來，那還有什麼威風可言！也不會有人跟我們再去打別處。所以，依我之見，必須先打洛陽！

既然主帥決定了，那就打吧，楊玄感把手下士兵分成兩路，直奔洛陽城。第一路由他的弟弟楊積善率領，一共三千人，從偃師沿著洛水向西推進。第二路由他的另一個弟弟楊玄挺率領一千多人，由白司馬阪越過北邙山向南推進。他本人還親自率領三千兵馬，作為楊玄挺的後援，跟著楊玄挺走。

戰爭已經開始，楊玄感這幾路大軍實力如何呢？一句話，爛透了。

首先，兵源不行。楊玄感手下的士兵，原來不是船夫，就是老百姓，都是臨時抓來的，沒有受過任何軍事訓練，也缺乏必要的作戰經驗。

其次，裝備也不行。按照史書的記載是「皆執單刀柳楯，無弓矢甲冑」。每個人都是一把手持大刀，一個柳條編的盾牌，弓箭、鎧甲一應俱無，也就是說，既沒有頂用的進攻用具，也沒有頂用的防守用具。

就這麼一支軍隊，能打贏嗎？這得看跟誰打了。隋煬帝出征之前，派自己的孫子，也就是死去的元德太子的兒子越王楊侗駐守東都，但是楊侗這時候還只是一個十歲的孩子，所以真正主持工作的是民部（戶部）尚書、東都留守樊子蓋。

既然楊玄感派兩路大軍進犯，那樊子蓋也就派兩路大軍還擊。其中，由河南縣令達奚善意率領五千軍隊，抵抗楊積善；再由河南贊治裴弘策率領八千軍隊，抵抗楊玄挺。照理說，他們率領的都是正規軍，裝備精良，人數也占優勢，打楊玄感應該不成問題，但實際上根本不是那麼回事。

先看達奚善意受命抵擋楊積善。結果，他一見楊積善來勢洶洶，居然不戰而逃，而且不是一般的逃，而是狼狽逃竄，鎧甲、兵仗丟了一地。楊玄感的軍隊正缺裝備，達奚善意這邊一丟盔棄甲，立刻都被楊積善接收。

再看裴弘策這邊。裴弘策倒是和楊玄挺打了一仗，問題是也沒打贏，而且也是丟盔棄甲地逃跑。這樣一來，楊玄挺這邊的士兵也都用撿來的裝備武裝。不過，撿東西就要花時間。就在楊玄挺他們撿裝備的時候，裴弘策的軍隊已經慢慢地收住了陣腳，又集結成一個軍陣。就在前面三四里地等著楊玄挺。

楊侗（六〇五—六一九），隋朝宗室。隋煬帝孫，元德太子昭之子，隋朝最後一位君主。楊侗原本封為越王，駐守洛陽，隋煬帝被弒後，被擁立灑皇帝，史稱「皇泰主」。六一九年，王世充自廢楊侗，將楊桐囚於含涼殿，兩天後，王世充自稱「大鄭皇帝」建元「開明」，改封楊侗為潞國公，後被毒死。

> 樊子蓋（五四四—六一五），字華宗，廬江（今安徽合肥）人。歷任樅陽太守、辰州刺史、武威太守，金紫光祿大夫、民部尚書、東都留守等職，為官清廉謹慎，不納賄，治軍嚴，隋末平叛有功，封建安侯。深受民眾愛戴。

照理說，這種形勢對官軍有利，以逸待勞嘛！

問題是，楊玄挺也不是凡人，他一看官軍已經在前面布陣，根本沒讓士兵往前衝，而是先讓他們都坐下休息。虎視眈眈地盯著對面裴弘策的軍隊。但是，楊玄挺這邊老不起來，盯來盯去，把裴弘策那邊的士兵都給盯煩了，愈來愈鬆懈。眼看著官軍放鬆警惕，楊玄挺他們忽然一躍而起，衝殺過去。結果裴弘策這邊一路敗退，一直退到洛陽城東邊的城門太陽門，最後只帶著身邊的十幾個人逃進城裡，其餘七千多人，除了戰死的，全都投降了。

可能大家覺得奇怪了，既然隋朝官軍這邊兵源充足、武器精良，為什麼打不過楊玄感手下那幫裝備奇差的義軍呢？一言以蔽之，兩邊的士氣不一樣。楊玄感這邊的義軍都懷著對隋煬帝的滿腔怒火，造反既是救人，也是自救，當然士氣旺盛；而官軍那邊，其實想法跟義軍都差不多，也覺得隋煬帝不是東西，當然也就無心打仗了。

就這樣，楊玄感依靠著民心民意，旗開得勝，不但很快就衝到洛陽城下，而且軍隊人數也不斷增加，裝備也大大改善，這是難得的好事啊。

自從楊玄感起兵，一路屢戰屢勝，不但軍隊人數不斷增加，士兵的裝備也得到了極大的改善，很順利地打到洛陽城下。更讓他開心的是，就在他準備正式攻城的時候，忽然有四十多個隋朝貴族和高官子弟前來投降。為什麼這些人會不戰而降？他們究竟是真心投奔楊玄感，還是另有隱情呢？

說起來，這些人算是東都留守樊子蓋送給他的。樊子蓋出身南方，他爸爸那一輩逃到北齊，北齊滅亡之後又進入北周，為北周效力，後來北周被隋朝滅亡，他又成了隋朝官員。在平陳戰爭中立過功，在涼州當過刺史，以清廉著稱。個人能力很強，很得隋煬帝的賞識。

大業六年（六一〇），樊子蓋到江都朝見隋煬帝，隋煬帝對他講，「富貴不還故鄉，真衣繡夜行耳！」你現在已經當上涼州刺史，算是個大官。如果不回故鄉炫耀一下，就好比穿著繡花衣服在夜裡走，誰會知道呢？於是，隋煬帝賜給他六千石米麵，讓他到老家廬江（今安徽廬江）祭祖。這可是莫大的榮耀！樊子蓋心中感激莫名，所以，這一次，隋煬帝讓他輔佐楊侗，留守東都，他可是一心一意想要為朝廷出力。問題是，他想出力，有人不聽他的。

東都那幫官員都不怎麼聽樊子蓋的。他們都覺得他是南方人，出身不高，又不是一直在朝廷當官，不過是剛剛從涼州這樣一個偏遠地方調過來的空降兵。這樣的人，有什麼資格指手畫腳。特別是敗軍之將裴弘策，本來品級和他差不多，更不甘心受他指揮。裴弘策剛打了敗仗，本身心裡就怯，這時候樊子蓋又讓他出戰，他就拒不從命。樊子蓋為了嚴肅軍紀，居然絲毫不講情面，把他推出去斬了。這樣一來，樊子蓋建立了威信，從此令行禁止。問題是，立威之後，他也把人嚇壞了。

把誰嚇壞了呢？把城外住著的那些隋朝官僚子弟嚇壞了。這些子弟的爸爸都跟著隋煬帝出征，臨走之前，把他們留在洛陽周邊的別墅裡，其實也算人質。現在楊玄感作亂，這些子弟本來應該進城和樊子蓋一起保家衛國。但是一看樊子蓋殺人立威，這些人都怕了，我們也都是本事不大，毛病不少的人，這時候進城，可別撞在槍口上，成了下一個刀下鬼！這樣一來，誰也不敢進去。

不敢進去怎麼辦呢？投降楊玄感吧，反正楊玄感也是關隴貴族出身，少人跟楊玄感的交情比跟樊子蓋還要好。投降的一共四十多人，四大名將之一韓擒虎的兒子、隋初四大宰相之一觀王楊雄的兒子、隋煬帝的宰相裴蘊的兒子、虞世基的兒子，還有水軍大將來護兒的兒子都在其中。這樣一來，楊玄感原來設想的通過控制官僚的子弟來擾亂隋煬帝軍心的目的就達到了。

隨著戰果擴大，不只官僚的兒子投降，官僚本身也投降了。其中有兩個人最重要，一個是隋朝的內史舍人韋福嗣，另一位是大將李子雄。韋福嗣出身京兆韋氏，是當時數一數二的大族，和楊家又是世交，所以他一投降，楊玄感馬上任命他為機要秘書，所有大事都跟他商量。

李子雄曾在隋煬帝手下當過右武侯大將軍，是最高級別的武官，難得的專業人才，他一投降，楊玄感就把軍事上的事情都託付給他了。

有了這一文一武，楊玄感覺得自己手下也是人才濟濟，非常高興。

雖然有不少隋朝官員和官員子弟投降了楊玄感，但是在洛陽城下，楊玄感即將面對的卻是十分嚴酷的事實：首先是東都洛陽城池堅固，易守難攻。楊玄感的部隊整整苦戰了一個月，也未能攻下。其次，一得到楊玄感兵變的消息，留守大興城的代王楊侑立刻派衛文升率領七萬大軍直奔洛陽而來；原本準備渡海攻打平壤的來護兒也馬上回師救援；正在進攻高句麗的隋煬帝更是趕忙班師回朝，並派宇文述和屈突通為前鋒，直撲洛陽。那麼，面對四面受敵的境地，楊玄感會如何應對？

眼看形勢一片大好，楊玄感真的升起一股為民請命、再造山河的豪情。於是，他在洛陽城的上東門外發表演說：

> 我身為上柱國，家累鉅萬金，至於富貴，無所求也。今不顧滅族者，但為天下解倒懸之急耳！

我作為上柱國，家有萬金，不貪求富貴。現在不顧及被滅族的後果斷然起兵，只是為了解民於倒懸啊！

> 衛文升，名玄，字文升，河南洛陽人。隋將。少有器識，周武帝在藩時為記室。曾單騎說降山獠。參與煬帝伐高句麗之戰，全軍而還。楊玄感反，文升誓師苦戰，竭力阻擋，不久與宇文述等一起將其平定。後任西京留。李淵攻長安，城破前病死。

一番話說得老百姓熱血沸騰，爭著獻上牛、酒犒軍。洛陽周邊子弟每天都有一千多人要求參軍。楊玄感手下的士兵很快就增加至五萬人，比開始起兵的時候闊多了。

遺憾的是，楊玄感並沒有一直凱歌高唱。別看他勢力發展很快，但都是在洛陽周邊，洛陽城始終在樊子蓋手裡。前文講過，一個小小的高句麗遼東城，就因為修得比較堅固，隋朝幾十萬大軍一個月都打不進去，何況是精心修築的大隋東都洛陽！玄感攻了一個月，洛陽城還是壁壘森嚴。可是，就在他和樊子蓋僵持不下的這一個月裡，隋朝的各路救援大軍，卻從各個方向朝楊玄感撲過來了。

首先是首都大興城的救援部隊。當初，隋煬帝東征，讓樊子蓋輔佐越王楊侗留守洛陽，讓刑部尚書衛文升輔佐代王楊侑留守長安。現在，衛文升聽說楊玄感叛亂，立刻就率領七萬大軍直奔東都。

衛文升也是個狠角色，路過楊玄感他們老家華陰的時候，先挖了楊素的墳，把楊素的屍骨挖出來燒了。這一方面是宣誓和楊玄感不共戴天，另一方面也是斷了士兵臨陣投降的念頭。古代人講究孝道，一個把你爸爸挫骨揚灰的人，就算你投降也不能容許！這樣一來，士兵斷了投降這條路，就只能和楊玄感拚命了。

從大興城到洛陽要經過函谷關，當時有人勸衛文升：這函谷關可是險要地方，萬一楊玄感在這裡埋伏怎麼辦呢？我們還是持重一點，慢慢走吧。衛文升說：「以我推度，設伏奇計非豎子所能及。」我推斷，以楊玄感的本事，還想不出伏兵這樣的好計來呢。因此根本不觀望，果斷出關。果然，路上也沒遇到楊玄感的伏兵。就這樣，衛文升的大軍成了率先趕來的一路。

屈突通（五五七——六二八？），長安（今陝西西安）人。隋末唐初大將，凌煙閣二十四功臣之一。屈突通的先世為庫莫奚種人。屈突通自幼性格剛毅，擅長騎射，且頗好武略。隋煬帝楊廣南巡江都，委以鎮守都城長安的重任。唐高祖起兵，屈突通為隋朝守山西永濟，兵敗被俘，後歸唐，任兵部尚書，封蔣國公。

第二路大軍是來護兒的部隊。楊玄感起兵的時候，謊稱來護兒造反，這話傳到來護兒耳朵裡，把來護兒給氣壞了。你楊玄感自己謀反也就罷了，居然敢壞我的名聲！他立刻召集將領，召開大會，宣布馬上回師救援東都！問題是，當時他們還在東萊海口待命，準備渡海攻打平壤。將領一聽來將軍要回師，都害怕了，紛紛說，如今皇帝陛下厲害，沒有他的敕書，我們能隨便亂動嗎？來護兒一聽，勃然大怒，厲聲說：

洛陽被圍，心腹之疾；高麗逆命，猶疥癬耳。公家之事，知無不為，專擅在吾，不關諸人，有沮議者，軍法從事！

洛陽被圍，這是心腹大患；高句麗違抗天命，這只是癬疥一樣的小病。國家有難，當大臣的就應該知無不為，怎能患得患失！這個決定是我做出的，和你們沒有關係，一旦皇帝怪罪下來，我也決不連累你們。現在，如果有誰敢阻撓我，一律軍法從事！當天就率領大軍往回走了。

當然，來護兒也非魯莽之人，在開拔的同時，他又讓自己的兩個兒子趕緊去見隋煬帝，向隋煬帝稟明情況。等到這兩位來公子見到隋煬帝，把來護兒的行動跟隋煬帝一說，隋煬帝真是喜出望外，立刻就給來護兒寫了一封信，信上說：

公旋師之時，是朕敕公之日，君臣意合，遠同符契。

你回師的時候，正好就是我在這裡發布敕令，讓你回去救援的時候呀！看來咱們君臣情意相投，就好像符契一樣吻合。這件事，你做對了！就這樣，因為來護兒當機立斷，第二路大軍也從東面進逼東都了。

第三路大軍就是隋煬帝這邊的軍隊。隋煬帝一聽說楊玄感造反，也從遼東前線趕緊回師。這時候，他派左翊衛大將軍宇文述和左候衛將軍屈突通火速先行，直撲洛陽。宇文述前文講過了，是個著名的將軍，屈突通又是何許人呢？屈突通也是關隴貴族集團成員，素以嚴厲著稱，所以當時有個說法，叫做「寧食三斗蔥，不逢屈突通」。寧可吃進去三斗大蔥，也不願意跟屈突通打交道。這樣的人，得多厲害呀！所以，從這首歌謠裡就能看出來，屈突通也不是吃素的。這樣，由悍將率領的第三路大軍又從北向南撲過來了。

這樣一來，楊玄感已經陷入最初李密所講的那種四面受敵的境地。那麼，他能不能對付得了這些人呢？其實，別看楊玄感此前一直擔任文職，但是所謂將門出將，遺傳基因好，他真是一個不錯的將軍，按照《資治通鑑》的說法，是：

玄感每戰，身先士卒，所向摧陷，又善撫悅其下，皆樂為致死，由是每戰多捷。

楊玄感帶兵打仗有一個特點，身先士卒，每次都說弟兄們跟我來，而不是說弟兄們給我上。這樣一來，弟兄們當然都樂於追隨主帥。另外，在不打仗的時候，楊玄感對士兵也很不錯，親切和藹，所以士兵都願意替他賣命，因此總能獲勝，這點和西楚霸王項羽有相似之處。

衛文升最先來救援，也最先感受到楊玄感的威力，一交戰，馬上損失慘重，手下士兵死傷大半。楊玄感倒是愈打愈勇，手下人數都超過十萬了。

可是俗話說得好，團結力量大。以楊玄感的勇猛，抵擋衛文升一支軍隊還可以，問題是，很快屈突通大軍也到了黃河北面，馬上就要渡河過來。這可怎麼辦呢？這時候，李子雄出了一個主意。他說：

通曉習兵事，若一得渡河，則勝負難決，不如分兵拒之。通不能濟，則樊、衛失援。

屈突通是個厲害角色，如果他渡過黃河參戰，我們的麻煩就大了。所以，一定要把他阻擊到黃河北岸，不讓他過來。怎麼才能不讓他過來呢？分兵。一支軍隊繼續對付衛文升，另一支軍隊趕快去攔截屈突通。當然，還得有一部分軍隊留下來包圍洛陽城。這在兵法上叫圍城打援，而且是同時打兩支援軍，一支是衛文升，一支是屈突通。

這個主意好不好呢？也不能說不好，算是經典戰術了。但是它有問題。楊玄感的兵力本來就不占優勢，這樣一分為三，勢力就更弱了。再說，洛陽城裡的樊子蓋也不是傻子，他就指望著屈突通的援軍呢，楊玄感想到打援，樊子蓋能讓他去嗎？所以，楊玄感打援的部隊剛要開拔，樊子蓋就立刻率領大軍出城作戰，而且屢戰屢勝，把楊玄感牢牢地拖在洛陽城下。

這樣一來，所謂圍城打援的計畫沒能實施，屈突通很快就渡過黃河了。這樣一來，楊玄感這邊的形勢可真是危急。此時李子雄又獻策了：

東都援軍益至，我軍數敗，不可久留，不如直入關中，開永豐倉以振貧乏，三輔可指麾而定，據有府庫，東面而爭天下，亦霸王之業也。

現在各路援軍都過來了，我們不能死圍著洛陽城，應該往關中走，到了關中之後，打開永豐倉來賑濟百姓，奠定群眾基礎，然後我們就在關中地區盤踞，面向東方和隋煬帝爭奪天下。

這不就是李密提出的中策嗎？當初被楊玄感斷然否決掉的，現在他要是再不走這一步，眼看就要被隋朝的各路官軍包圍了，所以，此時楊玄感二話不說，就同意了。

問題是，怎麼跟手下解釋放棄洛陽往西走的道理呢？直接說，我們打不過了，眼看就要被包圍，這多影響士氣！這時候，李密建議說：

弘化留守元弘嗣握強兵在隴右，可聲言其反，遣使迎公，因此入關，可以給眾。

不提打不過，只是說甘肅那邊也造反了，現已派使者來迎接我們過去，所以我們得趕緊擴大戰果。這不就變被動為主動了嗎？楊玄感一聽覺得很有道理，就這麼辦吧。

前文說過，衛文升從關中出來的時候，先到楊玄感的老家華陰掃蕩了一圈，華陰楊家也是損失慘重。正好，這時候楊玄感在華陰的親戚也趕過來了，要楊玄感替他們做主。這樣一來，楊玄感順理成章地把這些親戚說成是元弘嗣派來迎接他們的使者，然後放出大話說：「我已破東都，取關西矣！」我已經攻破了東都洛陽，現在要去攻取關西了！於是率領大軍浩浩蕩蕩地往西去了。

楊玄感雖然及時撤退，但是隋朝的官兵依舊窮追不捨，所以形勢並不樂觀。就在楊玄感西行的路上，也就是在今天的河南和陝西之間，有一個著名的關隘——潼關。如果當時楊玄感能夠率領大軍搶占潼關，或許還可以利用這一夫當關、萬夫莫開的險要地形，擋住官軍的腳步。然而可惜的是，快到潼關的時候，卻突然發生了一件事，讓楊玄感錯失了最後的機會。

楊玄感此時再去關中，形勢已經很不樂觀。但是，我們也知道，在關東與關中之間，也就是今天的河南和陝西之間有一個著名的關隘，一夫當關，萬夫莫開，這就是潼關，如果楊玄感能夠迅速進入潼關，再守住潼關，也仍然還有希望。但是，就在潼關的東邊弘農郡，也就是現在的河南陝縣又出了一件事，把楊玄感給拖住了。

弘農郡裡有一座隋煬帝修的行宮，叫弘農宮。楊玄感率領大軍來到弘農宮時，路旁忽然出現了一群父老。這些人攔住楊玄感說：「宮城空虛，又多積粟，攻之易下。」弘農宮防守特別空虛，而且裡頭糧食特別多，將軍何不把它拿下呢！楊玄感一聽，動心了，既有糧食，又有群眾基礎，這不是舉手之勞嗎？要不要打一下呢？楊玄感猶豫起來了。

問題是，這些父老是哪兒來的呢？雖然史書沒有記載，但是我覺得，這批人恐怕不是一般群眾，他們很可能就是弘農太守派來的！因為當時的弘農太守名叫楊智積，是隋煬帝的堂兄弟。既然是宗室，當然更愛國。所以，楊玄感還沒有到的時候，他已經跟手下人講過了：

> 潼關位於陝西省渭南市潼關縣北，北臨黃河，南踞山腰。《水經注》載：「河在關內南流潼激關山，因謂之潼關。」始建於東漢建安元年（一九六）。地處黃河渡口，位居晉、陝、豫三省要衝，扼長安至洛陽驛道的要衝，是進出三秦之鎖鑰，所以成為漢末以來東入中原和西出關中、西域的必經之地及關防要隘。素有「畿內首險」、「四鎮咽喉」、「百二重關」之譽，歷來為兵家必爭之地。

> 玄感聞大軍將至，欲西圖關中，若成其計，則難克也；當以計縻之，使不得進，不出一旬，可以成擒。

楊玄感聽說朝廷大軍將到，打算向西謀取關中。要是他這個計畫成功了，我們再控制他就不容易了。所以，我們應該設計牽制住他，讓他無法向西推進。這樣一來，不出十天，就可以將他抓住。

他的所謂計謀是什麼呢？我覺得，這父老攔路，就是他的一步棋，這招棋的目的是誘惑楊玄感留下來。果然，楊玄感上當了。既然已經上當，楊智積就要走下一步棋了。

第二步棋是什麼呢？激怒楊玄感。如何激怒他呢？這時楊玄感已經來到了弘農城下，楊智積就登上城牆，對著楊玄感開罵。像什麼忘恩負義、勢利小人，這都算是輕的，而且，不光罵楊玄感本人，連他祖宗八代都問候了一遍。楊玄感是當時第一號的貴族公子，驕傲自負，在他看來，士可殺不可辱，他不能容忍別人這麼羞辱他！當即下令大軍停止前進，進攻弘農！

他這個決定一作出，李密看出端倪，立刻苦諫。他說：

公今詐眾西入，軍事貴速，況乃追兵將至，安可稽留！若前不得據關，退無所守，大眾一散，何以自全！

楊將軍，我們可是騙士兵說有人在關中迎接我們，然後才一路星夜兼程趕來的，騙人不可長久，得在這個事情揭穿之前趕緊進關才是，所以必須快走。另外，就算不考慮騙人這件事，我們後還有追兵。萬一我們在此逗留，追兵趕上，進不了潼關怎麼辦？一旦前後夾擊，大軍潰散，那您也罷，我也罷，還能自全嗎？

這話說得多到位，從軍心到形勢，剖析得相當透徹，可是楊玄感已經被憤怒沖昏了頭，哪裡聽得

楊智積（？—六一六），隋文帝楊堅的兄楊整的兒子。楊智積一生行事極為謹慎小心，深得隋文帝的信任。他為政之餘經常端坐讀書，沒有私人干謁。楊玄感叛亂時，曾設計拖阻其入關。隋煬帝對待骨肉狠辣無情，楊智積惴惴不安，後患病，不請醫生診治，終於得「保首領歿於地」。

進去，給李密的回答就兩個字——攻城！

怎麼攻呢？楊玄感既沒有雲梯，也沒有衝車，就用火攻。他率領大軍衝到弘農郡的城門下就開始放火，想要把城門燒開，然後率領大軍衝進去。

楊智積真是個聰明人，你在外面放火，我在裡面也放火，而且添油添柴，讓火燒得特別旺。這是幹什麼呢？也是火攻，就算是把城門燒壞了，面對著熊熊燃燒的火牆，你也不敢往裡闖，硬闖就等於自焚！

就這樣，眼看著弘農城門的大火燒了三天，楊玄感的軍隊也沒能進城。這時候，他心頭的怒火倒是逐漸熄滅。他知道自己中計了，趕緊放棄弘農，接著往西走。

可是到這時候再走，已經晚了。就這三天的時間，宇文述、屈突通、來護兒、衛文升四大天王已經追上來了。

就在皇天原，也就是今天河南靈寶縣西邊，楊玄感的大軍和四路官軍對峙。雙方佈陣長達五十里。眼看著黑壓壓圍攏過來的各路官軍，楊玄感這邊的氣勢就弱了。氣勢一衰，這仗也就沒法打了，一天之內，楊玄感連吃三個敗仗。

且戰且走，到八月初一，雙方又在董杜原擺開決戰陣勢。要知道，楊玄感只有一路人馬，官軍可是有四路，四路合圍一路，怎麼謀篇布局都容易。這樣一來，結果也就毫無懸念了，楊玄感慘敗，只剩下十幾個騎兵，跟他一起往上洛方向，也就是今天陝西的商州。

楊玄感跑了，隋朝的官軍當然窮追不捨，眼看就要追上，楊玄感對著他們喑嗚叱吒，聲音像是雷鳴一般。追兵居然嚇得落荒而逃，真是英雄本色！

問題是，這種喝斷當陽水倒流的氣勢只能嚇人於一時，不能嚇人於一世。走到這一步，楊玄感也知道自己不行了。眼看著愈走人愈少，最後，只剩下楊玄感和弟弟楊積善兩個人了。楊玄感長歎一聲，對弟弟說：「我不能受人戮辱，汝可殺我！」我不能忍受他們的羞辱，你把我殺了吧。楊積善一聽，手起刀落，一刀結果了楊玄感的性命，緊接著要自殺，這時官軍已經追上來了，楊積善一著急，一刀沒刺中要害，被官軍活捉，連楊玄感的屍體一起押送到東都洛陽。

就這樣，楊玄感起兵歷時兩個月，最終失敗。那麼，楊玄感為什麼會失敗呢？他的起兵，又為隋煬帝的統治帶來何種後果呢？

【第二十章】

煬帝失策

楊玄感起兵雖以失敗告終，卻拉開了隋朝滅亡的序幕。這場僅僅維持兩個月的兵變，為什麼會有這麼大的影響力？打敗了楊玄感的隋煬帝，是否能夠意識到自己勝利的真正原因？在楊玄感兵變的背後，究竟還潛伏著哪些危機？

楊玄感起兵，僅僅維持了兩個月就以失敗告終，它不但讓隋煬帝二征高句麗功敗垂成，還意味著隋朝末年全國動亂的開始。就在楊玄感兵變的五年之後，隋煬帝身死國亡。這樣看來，這場兵變無論是對隋煬帝，還是對大隋王朝，都意義深遠。也許，如果隋煬帝當年能好好反思一下楊玄感起兵的前因後果，大隋王朝還有藥可醫。那麼，在楊玄感兵變背後究竟隱藏著大隋王朝怎樣的興衰密碼？在平定楊玄感兵變之後，隋煬帝又將作出怎樣的政治抉擇呢？

據史書記載，隋煬帝在楊玄感兵變這件事之後也深受打擊，曾經當眾嗚咽流涕。如此示弱，是他當皇帝以來的第一次。

既然如此，如果隋煬帝是一個會反思、負責任的皇帝，他就應該想一想了，為什麼楊玄感會造反？還有，楊玄感造反何以失敗呢？只有想清楚這兩件事，才能知道到底應該採取什麼措施，才能避免此類事情再度發生。

為什麼楊玄感能夠起兵造反？其實原因很簡單，除了他的家仇和個人野心之外，很大程度上還是利用當時老百姓反對隋煬帝暴政的情緒。自從隋煬帝征討高句麗以來，老百姓不是兵役就是徭役，無休無止。特別是離戰場比較近的東部地區，更是成了重災區。正因為有了這樣的群眾基礎，所以楊玄感才能登高一呼，應者雲集，很快把軍隊從一萬發展到十萬。也正因為有這樣的基礎，楊玄感才能率領著用大刀和柳條盾牌裝備起來的義軍打敗官軍，這就叫順應民心、民意。這一點，在歷史上是沒有爭議的。

為什麼楊玄感起兵又會失敗呢？這可就有不同的說法了。其中，最經典的說法，就是說楊玄感失敗的關鍵在於他沒有聽李密的計策。李密給他出了上、中、下三策，他沒有選擇上策，直撲涿郡，占據臨渝關，截斷隋煬帝的歸路；也沒有選擇中策，占據關中，端掉隋煬帝的老巢；而是選擇了下策，攻打東都洛陽，結果洛陽城沒有拿下來，反而被各路官軍包圍，最後落得兵敗身死。總之一句話，就是因為楊玄感太笨。

古往今來，人們都這樣講，但事實並非如此。要知道，研究歷史也罷，理解歷史也罷，最重要的方法無非是設身處地。大家設身處地想一想，在楊玄感起兵的時候，有沒有可能直撲涿郡或者直奔關中呢？那是沒有可能的。為什麼？三個理由。

第一，無論是涿郡還是大興城，距離楊玄感起兵的黎陽（今河南浚縣）都有千里之遙。楊玄感最初起兵的時候，只有不到一萬人的隊伍，而且這一萬人還都是臨時拼湊的，既沒有任何戰鬥經驗，也沒有什麼正式裝備，這樣的軍隊，怎麼可能經州過縣，走到一千里以外的地方呢？在路上就得被消滅了。

第二，就算這支軍隊沒有在路上散掉，它還面臨一個問題——攻打涿郡或者是大興城。李密指出，無論是襲擊涿郡，還是占領關中，都是建立在突然襲擊，敵人沒有防備的基礎之上。問題是，一支軍隊轉戰千里，總要一個月以上的時間，對手不可能沒有防備。一旦有了防備，那麼涿郡也好，大興城也好，都不容易攻下。

特別是大興城，它是隋朝花大力氣建的首都，隋煬帝二次東征之前，還特地又徵調十萬民夫把城牆加固了一遍，比洛陽城還要堅固。城牆堅固、大興城守軍也多。衛文升聽說洛陽被圍，馬上抽調七萬大軍前來救援。這意味著大興城的守軍至少在十萬以上，這樣堅固的城池，再加上十萬大軍，楊玄感是不可能攻得下來的，最後還會落得和打洛陽一樣的下場。

第三，也是最重要的，楊玄感手下的士兵，在最初起兵的時候，根本不可能跟著他去攻打涿郡或者大興城。他們都是黎陽當地的百姓，並沒有什麼走南闖北的經歷，古代資訊又不發達，像大興城、涿郡，他們可能都沒聽說過，更不知道在什麼地方。讓這些安土重遷的農民拋家捨業，進攻一個他們聞所未聞的地方，這怎麼可能呢？恐怕沒上路就開溜了。

但是洛陽就不一樣了。自古以來，洛陽就是整個東部地區的中心，對於這些生活在古代所謂山東地區，也就是今天所說的河北、河南、山東一帶的老百姓來說，洛陽是他們耳熟能詳的地方，也是他們心目中的政治中心，對於他們來說，打下洛陽就意味著勝利，而且也只有打下洛陽才意味著勝利。這一點，作為大軍統帥的楊玄感其實是心知肚明的。他為什麼不同意李密的上、中兩策，非要用下策，道理就在這裡。

換句話說，所謂李密三策，貌似天花亂墜，非常高明，但其實僅僅是一種理論構想而已，缺乏可操作性。在當時，打洛陽是楊玄感唯一能做的選擇，既然如此，所謂不選上策選下策，也就不可能是楊玄感失敗的關鍵因素了。

排除了戰略失誤這個因素，歷史上還流傳著另外一種說法，楊玄感敗就敗在用人不當。那麼，楊玄感究竟錯用了誰呢？

既然不存在所謂的戰略失誤，那麼為什麼楊玄感會失敗呢？還有一種常見的說法就是用人不當。楊玄感開始的時候用李密，自從韋福嗣和李子雄這兩個人投降之後，楊玄感就逐漸把重心放在他們兩個人身上。

問題是，韋福嗣是個首鼠兩端之人。當初，楊玄感抓住他，他暫且跟了楊玄感，但是他並非一心

首鼠兩端：首鼠又作「首施」、「躊躇」等，表猶豫不決。兩端：指拿不定主意。在兩者之間猶豫不決，又動搖不定，易誤解為行為前後不一致。出自西漢司馬遷《史記・魏其武安侯列傳》：「武安已罷朝，出止車門，召韓御史大夫載，怒曰：『為長儒共一老禿翁，何為首鼠兩端』」。

一意替楊玄感謀劃，而是身在曹營心在漢，凡事預留後路，總想著萬一官軍得勝，自己也可以洗刷乾淨，選這樣的人當軍師怎麼可以呢？李密是聰明人，早就看出來了，曾經私下跟楊玄感說：

福嗣元非同盟，實懷觀望；明公初起大事而奸人在側，聽其是非，必為所誤，請斬之！

韋福嗣可不是跟我們一路的人，他雖然人在我們這邊，但懷有觀望之心。將軍您開始做大事就讓這樣的奸人在側，講是說非，這不是福氣，而是禍害！依我之見，還不如把他斬首。

李密建議殺韋福嗣，楊玄感不聽，他覺得李密是因為嫉妒。所以只說了一句話：「何至於此？」你說得太重了，他不至於是這樣的人，就不理李密了，氣得李密扼腕歎息，回去跟自己的死黨講：「楚公好反而不欲勝，吾屬今為虜矣！」楚公喜歡造反，但是又不想取勝，我們這些人要成為俘虜了。

韋福嗣如此，李子雄怎麼樣呢？李子雄倒是沒有不忠誠的問題，但是他腦子不管用。例如就在隋朝的各路援軍都已經逼近洛陽，楊玄感四面楚歌的情況下，楊玄感請教李子雄下一步應該怎麼辦。李子雄居然是懇請楊玄感趕緊當皇帝！楊玄感聽了之後，又去問李密。他說：

昔陳勝自欲稱王，張耳諫而被外；魏武將求九錫，荀彧止而見誅。今者密欲正言，還恐追蹤二子；阿諛順意，又非密之本圖。何者？兵起以來，雖複頻捷，至於郡縣，未有從者；東都守禦尚強，天下救兵益至，公當挺身力戰，早定關中，乃亟欲自尊，何示人不廣也！

九錫是中國古代皇帝賜給諸侯，大臣有殊勛者的九種禮器，是最高禮遇的表示。九種禮器分別是；車馬、衣服、樂、朱戶、納陛、虎賁、斧鉞、弓矢、秬鬯。記載見《禮記》。這些禮器是天子才能使用，賞賜是形式上的意義。

過去陳勝想自立為王，張耳進諫，結果被疏遠；魏武帝曹操想謀求九錫，荀彧阻止他，結果被殺害。現在李密我想進言，也怕步這兩個人的後塵！可是，阿諛奉承，又不是我李密的本來意圖。起兵以來，雖然屢戰屢捷，卻沒有歸順的州縣。洛陽守禦森嚴，天下的救兵接踵而至，在這種情況下，您應該奮力戰鬥，早日平定關中，怎麼能先想稱帝呢！真要這麼做，只能讓天下人覺得您氣量狹小罷了！

其實，就憑這一個建議，就能看出李子雄和李密的差距。且不說當時軍事形勢緊急，根本不是稱帝的時候，就從爭取輿論的角度考慮，也不應該稱帝。

楊玄感起兵以來，不就是依靠只反煬帝，不反隋朝，廢昏立明，解民倒懸這樣的口號才贏得老百姓的擁護嗎？現在這麼早就要稱皇帝，暴露改朝換代的個人野心，這不是自挖牆腳嗎？可見李子雄境界不高，能力也不強。

這樣看來，用這兩個人當謀臣，確實是楊玄感的丟分項。

問題是，用人不當是不是楊玄感失敗的最主要原因呢？也不是。因為楊玄感起兵一共兩個月，而史書記載的，這兩個人給他出的主意其實並不多，而且有些主意也還不是餿主意，這樣看來，把失敗的責任都推到他們身上也不合適。

雖然韋福嗣和李子雄確實沒為楊玄感出什麼好主意，但是平心而論，他們也沒有給楊玄感出過什麼足以影響整個戰爭局面的餿主意。這樣看來，如果把失敗的責任都推到他們身上，並不公平。楊玄感失敗的關鍵原因既不是戰略錯誤，也不是用人失誤，那麼，究竟是什麼原因導致他兵敗身死呢？

我認為，楊玄感失敗的根本問題在於他造反並不是時候。當時，隋煬帝固然是忙於對外戰爭，整天徵發兵役勞役，讓老百姓吃盡苦頭，老百姓也確實想造反，但是統治集團內部還是比較穩定，官僚基本上並不反對隋煬帝。為什麼這麼說？舉兩個例子。

第一個，楊玄感剛剛造反的時候，有一個著名的儒生——治書侍御史遊元在黎陽和他一起督運軍糧，楊玄感勸他一起造反，還和他講，我這是「帥義兵，誅無道」，率領正義之師，誅殺無道，你追隨我，不要有心理障礙。結果遊元講：

> 尊公荷國寵靈，功參佐命，高官重祿，近古莫儔，公之弟兄，青紫交映，當謂竭誠盡節，上答鴻恩。豈意墳土未乾，親圖反噬，深為明公不取，願思禍福之端。僕有死而已，不敢聞命。

楊公，你爸爸楊素可是受國重恩，近代以來沒有誰比他的官大，也沒有誰比他錢多。你們楊家兄弟都在朝廷裡做大官，朝廷對你們楊家不薄啊！你正應該竭盡全力，報效國家。現在，你爸爸墳上的土還沒有乾呢，你怎麼就會造反呢？我覺得你根本不應該這樣做，至於我，要想讓我跟你一塊兒造反，對不起，有死而已。遊元誓死也不肯追隨楊玄感，這不是很能體現官員的基本態度嗎？

第二個，楊玄感原來設想，如果能夠把官員的子弟作為人質，就可以擾亂軍心。事實上是不是這樣呢？事實並非如此。來護兒的兒子投降楊玄感，但是來護兒照樣率領大軍討伐楊玄感，一點都不手軟。可見，在家和國發生衝突的時候，大多數官員還是選擇忠於國家，忠於皇帝。這說明他們對國家和皇帝還是有信心的。這一點，當時的有識之士看得相當明白。

當初，隋煬帝剛剛從遼東前線回來平叛的時候，就曾經迫不及待地問太史令庾質：「玄感其有成乎？」你覺得楊玄感造反會成功嗎？庾質回答說：

> 玄感地勢雖隆，素非人望，因百姓之勞，冀幸成功。今天下一家，未易可動。

楊玄感雖然門第很高，但是個人在官僚之中的聲望並沒有那麼高。他之所以能夠發展到這麼大的勢力，還是因為老百姓確實是太困苦、勞累了，所以才會回應他。但是，雖然有老百姓回應他，可是現在還是天下一家，所以楊玄感不太容易成功。

他其實也是在說，楊玄感起兵造反，並沒有得到官僚隊伍的認可。我們都知道堡壘最容易從內部攻破。如果統治集團內部相對穩定，想要打敗這個政權還是相當困難的。楊玄感只是看到了百姓騷動，就以為可以造反，其實是誤判形勢。事實上，

庾質（？—六一四），字行修。新野（今河南新野）人。大業初年，官居太史令。後被為合水縣令。兩次勸諫隋煬帝不要親征高句麗。六一四年，煬帝去東都，庾質托病不跟隋煬帝出行。煬帝將庾質關進監獄，不久他在監獄裡去世。

當時造反的時機根本不成熟，因此，他選擇上策也罷，選擇下策也罷，用李密也罷，用韋福嗣也罷，恐怕都難以改變兵敗身死的命運，這才是他失敗的關鍵。

如果隋煬帝能夠明白楊玄感從一呼百應到一敗塗地的根源，他就應該知道接下來該怎麼辦。既然楊玄感能夠一呼百應是因為老百姓已經不堪忍受隋煬帝的暴政，那麼以後就應該盡可能地實施仁政，緩和社會矛盾；既然楊玄感一敗塗地是因為統治集團還心向皇帝，那麼就應該在這個基礎上進一步對官員推心置腹，凝聚人心，逐步彌合因為楊玄感叛亂引起的內部分裂。只要這兩個方面齊頭並進，楊玄感起兵造成的壞影響就會慢慢消失。那麼，現實中隋煬帝是不是這麼做的呢？

非常遺憾，隋煬帝根本沒有這樣思考經驗教訓，也根本沒有採取這兩種措施，恰恰相反，他對官員也好，對老百姓也好，都採取了完全錯誤的做法。怎麼回事呢？先看官員。

楊玄感叛亂之後，隋煬帝怎麼對待涉案官員的態度是嚴懲不貸。叛亂剛一結束，隋煬帝就成立了以御史大夫裴蘊和民部尚書樊子蓋為首的專案組，專門審理涉案官員。

這兩個人有什麼特點呢？裴蘊的特點在於審理案件既不看事實，也不看法律條文，只看皇帝臉色。樊子蓋有什麼特點呢？他的特點是冷酷無情。把案子交到這兩個人手裡，其實也就意味著隋煬帝要拋開法律，重判重罰。

怎麼才叫重判重罰呢？舉兩個人的例子。

第一個，楊玄感本人。他被弟弟楊積善所殺，運回來的時候已經是一具屍體了，但就算是屍體隋煬帝也不放過，他先把楊玄感的屍體五馬分屍，又把這些屍體的碎塊陳列在街頭整整三天，然後再把這些碎塊剁成肉醬，最後一把火焚燒了事。隋朝的法律，最重的處罰是斬首，根本就沒有五馬分屍這一類酷刑。問題是，隋煬帝此時根本不按照法律辦事，所以又恢復這些老早就廢除的酷刑。

事實上，不光是楊玄感處以極刑，楊玄感的幾個弟弟，不管有沒有參與叛亂，也全部殺光。可憐楊素為隋煬帝作了那麼大的貢獻，最後就因為楊玄感叛亂斷子絕孫，其實已經很不厚道。當然，我們也知道，楊玄感畢竟是所謂首惡，也把隋煬帝折騰壞了，讓隋煬帝二征高句麗的大業泡湯，損失很大，隋煬帝發洩一下也還算情有可原。

問題是，隋煬帝殘酷對待的可不是楊玄感一個。楊玄感的軍師韋福嗣罪行沒那麼重，居然也被挫骨揚灰了。韋福嗣本來就是身在曹營心在漢，所以一到楊玄感解除對洛陽的包圍，率軍西走的時候，他就腳底抹油開溜了。

溜到哪裡去了？他進洛陽城投案自首去了，希望坦白從寬。他在洛陽被關了一陣子，後來楊玄感兵敗後，又從洛陽押往隋煬帝駐蹕的高陽（今河北定州）受審。跟誰一塊押送呢？當時，李密他們這些頑抗到底的人也已經被抓住了，韋福嗣就跟他們一塊押送。

李密是個明白人，他知道只要被押到高陽，一定不得好死，所以在路上就跟押送他的獄卒攀上交情了，把幾個同案犯身上的金銀全都搜羅到一起，打點獄卒，還經常請獄卒喝酒。喝來喝去，和獄卒喝出了感情，獄卒對他們的管理也就愈來愈不嚴格。

有一天，李密把獄卒都給灌醉之後，居然穿牆逃跑了，而且還叫韋福嗣跟他一起跑。韋福嗣拒絕了，他說，我跟你可不一樣，我不是主動造反，而是被迫跟從楊玄感，而且在楊玄感手下的時候，我也沒少替朝廷考慮，從來沒有認真給楊玄感出過什麼主意。更重要的是，我是在楊玄感兵敗之前就主動投案自首的，所以就算到了高陽，我也不怕，皇帝頂多罵我兩句，又何必冒險逃跑呢？於是，韋福嗣就規規矩矩地被押到高陽了。

到高陽之後，隋煬帝並沒像韋福嗣想像的那樣對待他。隋煬帝把韋福嗣替楊玄感寫的勸降書放在他面前。勸降書上面寫著「廢此昏君，更立明哲」，廢掉這個昏君，另立一個明君。連這樣的大逆不道的話都敢說，你還想活著，笑話！隋煬帝一聲令下，韋福嗣就被綁在一個木頭杆子上，在頭上套上車輪，固定住。固定之後，隋煬帝下令文武百官一起朝他放箭，一時間箭如雨下，把韋福嗣射得渾身像刺蝟一樣。這還不夠，射完了箭，也把他五馬分屍，挫骨揚灰。

韋福嗣可是脅從犯罪，既主動投案，又抵制住逃跑的誘惑，其實就是希望能夠得到寬大處理，現在居然落得和楊玄感一樣的下場，這不就太冤枉了嗎？

可能有人會說，這韋福嗣畢竟是楊玄感的軍師，幫楊玄感寫了那麼多宣傳品，把隋煬帝罵得體無完膚，隋煬帝生氣也難免。問題是，還有人並沒有參加叛亂，只是因為跟楊玄感關係不錯，也被砍了頭。誰呢？楊玄感那些朋友。

楊玄感禮賢下士，好多讀書人都與他為友。這些人也就是平時跟楊玄感喝喝酒，寫寫詩，叛亂的時候，連楊玄感都沒想起他們，也沒讓他們參加，現在居然被隋煬帝查出來，一個個處死的處死，戍邊的戍邊。這真是比竇娥還冤！

那麼，隋煬帝這樣做大錯特錯。楊玄感造反這件事，是關隴貴族集團內部一次重大分裂，涉案人員比較多，影響力也比較大，本來就非常敏感。隋煬帝如果明智，就應該盡量裝糊塗，縮小打擊面，大事化為小事，小事化為沒事，這才能彰顯皇帝的胸懷，逐漸安定人心，彌合統治集團內部的裂痕。說到底，隋煬帝還是靠著統治集團對他的擁護才打敗楊玄感，所以他的所作所為，也都應該是以進一步團結這些官員為目的。

問題是，隋煬帝根本沒有仔細考慮。他該糊塗的地方不糊塗，該懷柔的地方不懷柔，無論主犯從犯，一律嚴懲不貸，看起來好像是威風八面，頗有震懾作用，其實，這就把好多本來可以團結的人推到敵對方。

有道是「水至清則無魚，人至察則無徒」。水太清了，魚就無法生存；對別人要求太嚴了，自己就會沒有夥伴。本來，楊玄感叛亂已經把統治集團撕開了一個裂縫，現在隋煬帝不僅不努力把這個裂縫縫合，反而還繼續撕裂，真是大錯特錯！

楊玄感起兵雖然失敗，卻帶給隋煬帝造成了極大的心理陰影。隋煬帝血腥懲處涉案官員，其實是想以儆效尤，然而這種做法卻非常不明智，只能加劇統治集團內部的分裂。除此之外，隋煬帝還犯下了另一個致命的錯誤。這個錯誤又是什麼呢？

前述隋煬帝對待涉案官員的態度，接下來再看他是如何對待老百姓。楊玄感之所以能在起兵之初取得那麼大的成績，很大程度就是因為老百姓受不了隋煬帝的兵役、勞役，所以才追隨楊玄感造反。那麼，隋煬帝如果明智，就應該吸取教訓，盡量安撫百姓才是。

怎麼才能安撫百姓呢？一方面當然要減輕對百姓的壓迫，這是普遍的做法；另一方面，還要對參與這次叛亂的百姓既往不咎，充分釋放誠意，這才能緩解矛盾。

遺憾的是，隋煬帝也不是這麼做的。他當時根本不是在緩解矛盾，而是在激化矛盾。楊玄感叛亂之後，隋煬帝讓裴蘊、樊子蓋組成專案組，專案組的工作方針，隋煬帝跟裴蘊說得清清楚楚。他說：

> 玄感一呼而從者十萬，益知天下人不欲多，多即相聚為盜耳。不盡加誅，無以懲後。

為什麼楊玄感能召集那麼多人？就是因為天下人太多了，人多就會造反，所以還是別要那麼多人好，乾脆把造反的人一律殺光，也好警告後人。一個統治者，居然說出這樣的話，這不是反人民嗎？裴蘊一聽皇帝的態度，那就殺吧。凡是跟楊玄感有牽連的，一律砍頭抄家。怎樣算是與楊玄感有牽連呢？楊玄感圍攻東都的時候曾經開倉放糧，凡是從他那裡領過米的，就算是跟他有牽連，一律抓起來活埋。這不是濫殺無辜嗎！

他們一共殺了多少人呢？三萬多人，流放的還有六千多人。這規模可就太大了。做皇帝的既然如此不把老百姓的生命當一回事，老百姓也就真的像《老子》所說的，「民不畏死，奈何以死懼之」了。

本來，自從隋煬帝準備攻打高句麗，山東地區就已經出現了起義的隊伍，到楊玄感叛亂之後，起義的數量和規模一下子擴大了不少。東起山東，西

蘇威（五三四—六二三），字無畏，京兆武功（今陝西武功西北）人。隋代宰相。父蘇綽為西魏名臣。隋代建立後，歷任要職，與高熲參掌朝政，齊心協力輔佐隋文帝。政刑大小，均參與籌劃。文帝修訂隋代典制，律令格式多為蘇威所定。他對隋煬帝不敢直言進諫，遇事多承望風旨。

到寧夏，北自河北，南至江淮，到處都有人造反，而且很多造反隊伍都達到了十萬人以上的規模，原來的星星之火，慢慢地開始有燎原之勢。按照《隋書．食貨志》的說法，就是「舉天下之人，十分九為盜賊」。全天下的老百姓十個中有九個是「盜賊」，這不是全民皆反嗎！

就這樣，因為楊玄感起兵造成的影響，更因為隋煬帝接下來的處置失當，隋朝的官員離心傾向不斷加劇，老百姓造反的規模也愈來愈大，天下大亂已經初現苗頭了。

當初，隋煬帝剛剛接到楊玄感造反的消息，非常害怕，把老宰相蘇威叫到大帳之中，問他：「此兒聰明，得無為患？」楊玄感是一個聰明人，他造反是不是一個很大的禍患呢？蘇威說：

> 夫識是非，審成敗，乃謂之聰明，玄感粗疏，必無所慮。但恐因此浸成亂階耳。

什麼叫聰明？審時度勢才叫聰明，楊玄感現在造反，其實就是不會審時度勢，也談不上聰明，成不了什麼氣候。我只是怕他成為禍根罷了。現在看來，老宰相的擔心非常有道理。那麼，隋煬帝接下來會採取怎樣的措施呢？他是會盡量挽回局面，還是會沿著錯誤的道路愈走愈遠呢？

【第二十一章】三征高麗

六一四年，在兩次東征高句麗失敗以後，不服輸的隋煬帝又發起了第三次對高句麗的戰爭，與前兩次相比，這一次隋朝的軍隊士氣最差，失敗似乎已成定局，但事實上戰爭卻進行得異常順利，這是怎麼回事呢？戰爭的勝利，能否化解隋朝社會的危機？

六一三年，就在隋煬帝二征高句麗即將取勝的時候，負責督運糧草的禮部尚書、大貴族楊玄感，忽然起兵造反，圍攻東都洛陽。無奈之下，隋煬帝只好從前線撤軍回來滅火。雖然楊玄感叛亂很快被平定，但是這次叛亂也給隋煬帝沉重的一擊，甚至讓隋朝的未來都蒙上陰影。那麼，隋煬帝是否會藉此反思自己的失誤呢？他下一步又要做什麼？

不知道大家有沒有注意一個細節，楊玄感兄弟，還有軍師韋福嗣，都不是在首都，而是拉到高陽（今河北定州）最後處決的。之所以拉到高陽，是因為隋煬帝當時就駐蹕在那裡。隋煬帝從遼東撤軍回來，不回大興城，也不回東都洛陽，一直駐蹕靠近涿郡的高陽說明什麼呢？說明他還想打高句麗。

果然，就在大業十年（六一四）二月，隋煬帝又一次召集文武百官，商量再次討伐高句麗！文武百官是什麼態度呢？《資治通鑑》記載了一句話：「數日，無敢言者。」討論了好幾天，沒人敢說話。為什麼沒人說話呢？因為百官不同意。

為什麼不同意呢？因為這個時候，整個國家的局面已經相當混亂。全國各地到處都有老百姓造反。其實，從大業七年（六一一）隋煬帝準備打高句麗的時候，隋末農民起義就已經開始。大業七年，隋煬帝在山東地區徵兵徵夫，一時之間民不聊生，山東地區就首先扯起造反的大旗。當時有一個叫王薄的人自稱知世郎，在長白山造反，這個長白山，不是吉林的長白山，而是今天山東鄒平縣的一個山頭。為了發動群眾，他還編了一首《無向遼東浪死歌》。唱道：

長白山前知世郎，純著紅羅錦背襠。
長稍侵天半，輪刀耀日光。
上山吃獐鹿，下山吃牛羊。
忽聞官軍至，提刀向前蕩。
譬如遼東死，斬頭何所傷！

我是長白山前能夠預知事局的知世郎，我身著紅羅做成的錦背襠，一身打扮光鮮漂亮。我舉起長矟，矟尖刺破長天；我掄起大刀，刀鋒輝映日光。我上山擒拿獐鹿，下山宰殺牛羊。一旦官軍到來，我也揮刀就上。這樣就算死去，好歹也過了幾天快活日子，跟戰死在遙遠的遼東相比，又有什麼值得悲傷的呢！

這個歌流傳很廣，一時之間成了當時山東地區的流行歌曲。此後，隨著戰爭負擔加重，起義也愈來愈多。但是，在楊玄感造反之前，這些起義相對來講境界都不夠高，基本思路都是逃避兵役，嘯聚山林，過幾天大塊吃肉、大碗喝酒的日子，活一天算一天，沒什麼更高的追求。

但是，楊玄感起兵之後就不一樣了，連隋煬帝的親信都來造反，天下人一下子都看到了推翻隋朝的希望。農民起義不僅規模愈來愈大，而且公然有人要稱王當皇帝了。要知道，所謂天無二日、國無二主，隋煬帝現在是皇帝，你再稱皇帝，就是跟隋政權勢不兩立，這個目標，可遠比大塊吃肉、大碗喝酒有殺傷力，讓官員很恐慌。

所以，當時官員的主流想法當然是休養生息，先安撫造反者，解決國內問題。國內都亂成一團了，哪裡還有心思去打高句麗！所以他們不同意。

問題是，既然不同意，為什麼不說出來呢？不敢。隋煬帝是個剛愎自用的皇帝，曾經親口講過，我性不喜人諫，誰要是上諫，我絕不讓他活在地平面之上。這句狠話可絕不是單純威脅，高熲、賀若弼、薛道衡等老臣，就是因為出言不慎，被他殺死。這樣老資格的官員都說殺就殺，把其他官員的膽子早嚇破，所以高熲他們死後，基本就無人敢再提不同意見了。

既不同意，也不敢說不同意，於是官員就集體噤聲了。隋煬帝連著問了幾天，朝堂裡一片沉默。在這種情況下，隋煬帝怎麼辦呢？

照理說，沉默本身就是一種態度。大臣都不說話，隋煬帝也就應該知道他們的基本意見了。那麼，他會不會尊重他們的意見，改變自己的想法呢？隋煬帝才不會呢。他是一個自視甚高的人，眼裡只有自己，沒有別人，本來就不以納諫見長。此前，他大興土木也好，巡視四方也好，大臣也不同意，他照樣做了，而且效果挺好，這讓他覺得只有自己才是天才，別人都是傻子，傻子的意見根本不值得重視。

再說，如果這時候放棄討伐高句麗，那就是認輸了。隋煬帝如此驕傲，怎麼可能輕易認輸呢？何況，二征高句麗輸得太冤枉了，真是功敗垂成，在這種情況下認輸，他也不甘心。所以，無論如何也要再打一仗，扳回局面。

這已經不是一個理性政治家那種審時度勢、能屈能伸的心理，而是一個賭徒的心理了，輸得愈多就愈想賭，把賠掉的本錢都撈回來！所以，眼看群臣一片沉默，隋煬帝還是一意孤行。就在大業十年（六一四）二月二十日，隋煬帝下詔：

> 黃帝五十二戰，成湯二十七征，方乃德施諸侯，令行天下。

連黃帝和成湯那樣的古聖先賢也不是一次就取得成功的，我們兩次東征失敗算不了什麼。現在，為了完成千秋大業，我要第三次親征高句麗！

隋煬帝這麼一下令，全國立刻再一次動員。士兵和民夫也又一次從全國各地齊集涿郡，向遼東進發。

此時的隋煬帝，已經不是一個理性的政治家，而成了一個不折不扣的賭徒。大業十年（六一四），隋煬帝帶著他的軍隊又一次向遼東進發。第三次出征對於這些軍人來說，又將意味著什麼呢？

這一次東征和前兩次相比，最明顯的就是士氣差了。第一次東征的時候，士兵編隊出發，一天一隊，跟參加嘉年華似的，就差唱著歌去了。第二次雖然已經知道厲害，沒那麼興高采烈，但是大軍開拔也還算順利。但到這第三次，局面就完全不一樣了。士兵的家鄉都已經亂了，哪還有心思到遼東打仗呢？整天想著怎麼開小差，往回溜。按照《資治通鑑》的說法，就是「士卒在道，亡者相繼」，逃跑的士兵絡繹不絕。

這可讓隋煬帝太生氣了。怎麼辦呢？警示一下逃亡者吧。三月二十五日，隋煬帝一行到了臨渝宮（今河北撫寧）。在這兒，隋煬帝親自穿上戎裝，搞了一個祭祀黃帝的大典。當年黃帝大戰蚩尤，開創基業，現在隋煬帝也想透過祭祀這位遠古的勝利者，來顯示自己的必勝決心。祭祀黃帝跟警示逃跑士兵有什麼關係呢？隋煬帝造了一面大鼓，把抓回來的逃亡者統統斬首，用人血把鼓面塗得腥紅，然後擂響大鼓，號令三軍。這不是在恫嚇逃亡士卒嗎！

這場面夠血腥、恐怖了吧？但是沒用。士兵該逃還是逃，而且愈逃愈多。這樣一來，行軍可就太不順利了，今天這個編隊沒人了，明天那個編隊不見了，愈往前走士兵愈少。隋煬帝一路走還得一路抓逃兵，行軍速度也就愈來愈慢。前兩次討伐高句麗，都是四月份就推進到遼河，但是這一次，直到七月中旬，隋煬帝才到了遼河旁邊的懷遠鎮（今遼寧懷遠）。

要知道，高句麗位於東北亞地區，戰爭受到天氣的嚴重制約。一般來說，一定要在春天霜凍期結束到夏天雨季到來之間作戰，否則運兵運糧都會受困。那麼，遼東地區幾月才結束霜凍呢？四月。幾月開始集中下雨呢？八月。所以，一年之中，其實只有四月到八月這四個月的時間可以打仗。可是現在，隋煬帝七月中旬剛到前線，這仗不就沒法打了嗎？

可能大家會想，隋軍的士氣不行，時機也錯過了，那麼這次是不是又打敗了？還真沒有。三次出征，就這次情況差，但是就這次打得順利。

怎麼回事呢？前兩次征討高句麗的時候，隋朝大軍一向是水陸並進，這次亦同。水軍的統帥來護兒先從海路登陸遼東半島，然後一舉占領畢奢城，也就是今天遼寧大連的北邊。高句麗派軍迎戰，被來護兒打得大敗。接下來，來護兒就要按照原定計畫，向高句麗的首都平壤推進了。正在這時候，形勢發生戲劇性的變化了。

什麼變化呢？高句麗的國王高元居然決定不打了，遣使請降，而且還把大業九年（六一三）因為楊玄感叛亂投降高句麗的隋朝將領斛斯政五花大綁，押到了遼東城下，算是投名狀。

高句麗不是挺頑強的嗎？怎麼忽然軟下來了？很簡單，它也打不起了。戰爭是最消耗實力的事情，隋朝如此強大，兩次仗打下來，尚且民不聊生，舉國造反；高句麗一個小國，經歷了兩輪打擊，可想而知，受到的損失有多大。再堅持下去，它也要亡國了。所以，儘管這次隋朝的聲勢不如前兩次，也是瘦死的駱駝比馬大，而高句麗原本就是一匹瘦馬，此刻更是奄奄一息，再跟隋朝這個病駱駝賽跑下去，必死無疑。在這種情況下，國王高元審時度勢，乾脆投降。

高句麗幾乎是不戰而降，隋煬帝什麼反應呢？照理說，不戰而勝正是隋煬帝最初的追求，他應該很高興。但是，付出這樣大的代價，勞民傷財地打了三次，最後居然沒能亡其國、擒其主，而是就在邊境講和，這其實讓隋煬帝很不甘心。

那麼到底接受不接受呢？思來想去，隋煬帝還是接受了，畢竟眼看著國內動盪、士兵逃亡，時間又一天天過去，隋煬帝對打贏這場戰爭也沒有什麼把握。既然高元請降，正好就坡下驢，接受投降，也算有一個交代了。就這樣，隋煬帝下令各路大軍停止進攻，接受投降，準備班師回朝了！

隋煬帝要班師，對於整個隋朝軍隊來講其實是一件好事。但是，有一個人可接受不了。誰呢？水軍總指揮來護兒。來護兒是個將軍，是用比較單純的軍事眼光來看問題的。他這邊剛打了勝仗，士氣正旺盛，眼看就要直搗平壤，這時候撤軍，在他看來就是半途而廢。怎麼辦呢？有道是將在外，君令有所不受，來護兒集合三軍動員。他說：

> 大軍三出，未能平賊，此還不可復來。勞而無功，吾竊恥之。今高麗實困，以此眾擊之，不日可克。吾欲進兵徑圍平壤，聚高元，獻捷而歸，不亦善乎！

我們已經是打第三次了，從現在的情況看，基本上也不可能再有第四次。既然是最後一戰，就一定要打個明明白白，分出勝負。現在高句麗已經是困頓不堪，只要我們堅持一下，就一定能夠直搗平壤。到那時候，我們押著高元回去獻捷，那多榮耀啊，怎麼能夠半途而廢呢！現在機會千載難逢，不管皇帝怎麼樣，我下定決心要接著打。我寧可得罪皇帝，也絕不撤軍！希望大家跟著我，再拼一把！

皇帝要和，將軍要戰。這仗到底是打還是不打呢？就在這時候，來護兒的副手崔君肅站出來對下面的將領講話了。他說：「若從元帥違拒詔書，必當聞奏，皆應獲罪。」什麼意思呢？這不是個軍事問題，而是個政治問題。皇帝已經下令撤軍了，你們要是跟著元帥，那就是反抗皇帝，我一定會向皇帝稟報此事，那時候諸位全都吃不了兜著走。

這個場面多熟悉呀！這太像一征高句麗的時候，于仲文面臨的局面。當時，高句麗的宰相乙支文德到隋軍大營來詐降，于仲文想要活捉他，但是監軍說：皇帝有令，凡是投降的人，都來去自由，你們若是活捉他，我一定稟報皇帝。于仲文萬般無奈，只好放走乙支文德，坐失了良機。

現在，又輪到來護兒來面對這個局面。崔君肅拿皇帝這個大帽子一壓，下面的將領紛紛勸來護兒撤軍。來護兒怎麼辦？他也不敢再堅持，只能是長歎一聲，撤軍了。就這樣，大業十年（六一四）的八月四日，隋煬帝從懷遠鎮班師回朝，第三次東征就此告終。

按說這次大隋軍隊是在高句麗投降的基礎上回師的，算是得勝還朝，應該非常風光吧。事實卻完全不是這樣。當時已經天下大亂了，軍隊回撤，固然沒有高句麗人追殺，但是卻遇到自己人打劫了。

高句麗主動投降，也算是為隋煬帝贏得面子，算是得勝還朝。但是讓隋煬帝意想不到的是，就在他們班師回朝的途中，隋朝自己的子民居然打起隋煬帝的主意。這是怎麼回事呢？

隋煬帝從遼東回大興，要經過河北地區，河北地區當時早成了起義軍的天下。就在隋煬帝御駕途經邯鄲的時候，就被一支起義軍盯上。這支八千人的部隊埋伏在路邊，等隋煬帝的護衛隊過去之後，一擁而上，衝散後勤部隊，奪了隋煬帝的四十二匹禦馬，揚長而去。連禦馬都讓人給劫走了，隋煬帝當然是心驚肉跳，國內如此混亂不堪，還算什麼得勝還朝！

讓他更鬱悶的事情還在後頭。隋煬帝回到大興城之後就是冬天了，眼看就要過年了，按照慣例，元旦的時候要進行大朝會，四夷的君主都得來朝覲皇帝表示臣服。現在，高句麗既然已經投降，隋煬帝就徵高元入朝。

然而，高元對此徵召沒反應。入朝多不安全啊，反正你已經撤軍了，難道還能再打回來不成！所以，他連理都沒理。

這可讓隋煬帝太沒面子了，當年為什麼要打高句麗呢？直接原因就是高句麗不肯朝覲。現在，勞民傷財地打了三次，國內也因此亂成一團，結果居然跟沒打一樣，高元照樣不理他，這不是莫大的羞辱嗎？要知道，這次大朝會本來就是要借助高句麗向四夷示威，讓他們看看，順我者昌，逆我者亡，重申一下以隋朝為主導的國際秩序。現在，東都洛陽也披上節日盛裝了，魚龍百戲也演上了，四夷君主也都來了，可是高句麗的國王卻不見蹤影，這不是在打隋煬帝的臉嗎？付出了那麼大的代價，結果卻只得到羞辱，這叫什麼呢？不敗而敗，而且是慘敗。

面對這種情況，隋煬帝真是難掩心頭的悲憤。大朝會之後，他回到長樂宮，喝了個酩酊大醉，趁著酒意，寫下了一首五言詩。這首詩大部分都已經失傳了，只保留了最後一句：「徒有歸飛心，無復因風力。」我空有一顆想要飛回家鄉的雄心，但是卻再也沒有借助長風淩空翱翔的力氣。詩成之後，隋煬帝讓身邊的美人反覆吟誦，自己忍不住涕下沾襟，旁邊的侍從也都跟著欷歔不已。這個雄心勃勃，一心想要效法漢武帝建功立業的皇帝終於認輸了。

高句麗就是不朝觀，萬般無奈之下，隋煬帝把一腔悲憤都發洩在了叛臣斛斯政的頭上。隋煬帝下令，把斛斯政押到金光門外，綁在柱子上，然後讓文武百官當靶子來射，把斛斯政射得跟刺蝟一般，再千刀萬剮，剮完之後還讓百官品嚐。按說吃人肉夠噁心吧，可是有些官員為了表現自己對叛臣的痛恨，居然吃了一塊又一塊，一直到吃飽為止。問題是，就算千刀萬剮，就算食肉寢皮，就算挫骨揚灰，對於局勢又能有怎樣的影響呢？

儘管三征高句麗最後還是以失敗告終，但是隋煬帝總算把重心轉移到國內問題上，這對挽救當時的亂局未嘗不是一件好事。

高句麗不朝，讓隋煬帝惱羞成怒。但此時隋朝的局面也已經是危機四伏。隋煬帝雖然還叫囂著要再度征討高句麗，但實際上卻是心有餘而力不足。目前，他首先要解決的就是各地的農民起義，那麼，面對著天下皆反的局面，隋煬帝如何應對呢？

當時國內最大的問題是什麼呢？就是人民造反。怎樣對付造反呢？隋煬帝開出的藥方是：「詔民悉城居，田隨近給。郡縣驛亭村塢皆築城。」老百姓都搬到城裡集中居住，讓起義軍找不到給養，也讓老百姓不能投奔起義軍。他以為，這樣就能夠把起義之心絞殺掉了。問題是，老百姓都是農民，搬到城裡住，該怎麼種地呢？隋煬帝的說法是「田隨近給」，也就是在城市旁邊就近分田，可事實上朝廷手裡哪有那麼多現成的、靠近城市的田可分！所以這只是一句空話而已。真正的後果是老百姓被迫搬家之後都失業了，活不下去，只能鋌而走險投奔起義軍。這不是適得其反嗎！

這個藥方不靈，那就只能是鎮壓了。征討高句麗的大軍一回來，馬上就投入國內戰場。前文講來護兒不肯輕易撤軍，那自然是一員猛將。父親英雄，兒子也不差。特別是他的第六個兒子來整，進入山東、河北戰場之後，更是所向披靡，所以當時有一首歌：

秦瓊（？—六三八），字叔寶，齊州歷城（今山東濟南）人。唐初著名大將，勇武威名震懾一時。曾追隨唐高祖李淵父子為大唐王朝的穩固南北征戰，立下了汗馬功勞。居於凌煙閣二十四功臣之一。民間將其與尉遲恭並列為門神。

長白山頭百戰場，十十五五把長槍。
不畏官軍十萬眾，只畏榮公第六郎。

長白山頭到處都是戰場，我們的壯士十十五五，手握長槍。我們不害怕官軍十萬眾的圍剿，只害怕榮國公來護兒的第六個兒郎。因為來整從遼東地區投入山東、河北地區鎮壓，所以，這個地方的起義軍就沉寂了不少。

另一個更厲害的將軍是張須陀。這也是在山東戰場上湧現出來的得力戰將。按照《隋書．張須陀傳》的記載，此人「性剛烈，有勇略」，有勇有謀，而且曾經在隋朝的兩大名將史萬歲和楊素手下當過軍官，是個能征慣戰的老將軍。

大業七年（六一一），王薄在長白山起義，當時張須陀正擔任齊郡丞，長白山屬於他的管轄範圍。面對聲勢浩大的農民軍，張須陀毫不畏懼，憑藉兩萬人的力量，大敗王薄的十萬聯軍，一下子就打出了威風。到大業十年（六一四），張須陀已經成為齊郡通守，領河南道十二郡黜陟討捕大使，負責管轄今天河南、河北、山東、山西、江蘇乃至安徽部分地區的鎮壓任務。

在這個新崗位上，張須陀照樣如魚得水。因為他除了自己威名赫赫之外，手下還有兩員得力助手。一個是秦瓊，另一個是羅士信。即隋唐十八條好漢裡的第七條和第十六條好漢。按照《隋唐演義》的說法，秦瓊是個中年人，羅士信是個傻小子，不過，這只是小說家的說法，不足為憑。

事實上，這兩個人全都是少年英雄。當時秦瓊十八歲，羅士信只有十五歲。正是初生牛犢，風華正茂。秦瓊是後來唐朝的大將，淩煙閣功臣，民間所謂兩大門神之一，不英雄，怎麼能上得了淩煙閣，當得了門神呢！再看羅士信。

羅士信出道的時候只有十四歲，還是個孩子，個子也小，就要求上陣殺敵。張須陀一聽就笑了，對他說，你連甲冑都穿不上吧？羅士信二話沒說，往身上連披兩副盔甲，再掛上兩壺箭，飛身上馬，顧盼神飛。把張須陀看得目瞪口呆，從此就把羅士信帶在身邊馳騁疆場。

這個羅士信有一點與眾不同，別人上了戰場都是斬首級回來請賞，只有羅士信專割鼻子，每次一

羅士信（五九五—六二二）隋末唐初齊州歷城（今山東濟南）人。大業年間，羅士信為張須陀屬下一員戰將，勇武過人，頗受張須陀器重。後隨張須陀鎮壓李密領導的瓦崗軍，張須陀被殺，羅士信隨同裴仁基等歸降瓦崗軍。後降唐，憑職陝州首行軍總管。六二二年，在洺水城（今河北曲周縣東南）的防禦戰中，羅士信陷於河東軍重圍，城破被殺。謚「勇」。

出戰，必定帶回來一串鼻子，讓敵人聞風喪膽。這不是少年英雄嗎？

現在，張須陀負責河南道十二郡討捕，這兩個少年英雄就派上用場了。當時，張須陀的最大的敵人叫盧明月。此人從涿郡起家，一路轉戰到山東地區，有十多萬部眾，聲勢很大。然而，張須陀手下只有一萬多人。人少也就罷了，更糟糕的是，張須陀跟盧明月對峙了十多天之後，糧食也吃完了。怎麼辦呢？只好先撤退。問題是敵眾我寡，就這麼撤退，難免會被敵人追殺。這時候，張須陀便對部下說：

盧明月（？—六一七），涿郡涿縣（今河北涿州）人。隋末農民起義軍首領。六一四年，率起義軍十餘萬人屯據祝阿（今屬山東濟南），因遭受隋將張須陀之襲擊，遂轉戰河南。六一七年發展到四十萬人聲勢極為浩大，自稱「無上王」。後在南陽（今河南南陽）與江都通守王世充作戰中失敗犧牲。

> 賊見兵卻，必輕來追我。其眾既出，營內即虛，若以千人襲營，可有大利。此誠危險，誰能去者？

敵軍見我們走了，一定會來追殺的。如此一來，大營一定空虛，如果這時候去劫營，肯定有利可圖。

問題是，劫別人大營是件非常危險的事，誰敢去呢？當然是秦瓊和羅士信。這兩個少年勇士主動請纓，趁著夜色率領一千人埋伏在路邊的蘆葦叢裡，看著張須陀率領主力部隊撤退。

盧明月這邊，一看張須陀撤退，果然率眾追殺。這時候，秦瓊和羅士信趕緊率領伏兵直撲盧明月營寨，沿著柵欄就爬過去。盧明月雖然去追張須陀，但也不可能傾巢出動，營寨裡還是有人留守的，眼看有人來劫營，自然也要抵抗。問題是，秦瓊和羅士信那是什麼人！手起刀落，一連砍殺了十幾個人，馬上盧明月的留守部隊就亂了套。

這時候，兩位少年再打開營門，讓手下士兵進來，四處殺人放火，把盧明月的大營燒成了一片火海。盧明月不是正在追張須陀嗎？一看見自己的大營起火了，趕緊停下腳步，回來救援，這時候張須陀再率領大軍殺了個回馬槍，和秦瓊、羅士信他們兩面夾擊，把盧明月的部隊殺了個七零八落。最後，盧明月只帶著數百騎突圍而去，其餘的全部做了隋軍的俘虜。這樣一來，官軍在河北、山東的局面也跟著為之一振。

眼看自己手下的將軍這樣出色，隋煬帝也覺得十分欣慰，趕緊命令畫工到軍隊裡為張須陀和羅士信畫了像，擺在自己面前整天欣賞。按照隋煬帝的想法，如果將士們都能像張須陀、羅士信他們這樣奮勇殺敵，那麼國家安寧也就指日可待了。可是，就在隋煬帝積極鎮壓農民起義的時候，有一則讖語開始暗地流傳，讓隋煬帝的目光又從外面轉移到了自己的身邊。這是怎麼回事呢？

【第二十二章】

李敏之死

在隋朝歷史上，曾經發生過這樣一件大案，僅僅因為一條荒誕的讖語，三十二個李姓的大貴族就死於非命。那麼，這到底是怎麼回事呢？在這場慘案中，隋煬帝本人又扮演了什麼角色？

大業十年（六一四），隋煬帝已經內外交困。對外戰爭並未獲得任何實質成果，國內的農民起義倒是風起雲湧，如火如荼。就在這關鍵時刻，大隋的朝廷裡又發生了一起大案，讓皇帝和大臣之間的信任變得更加脆弱，關隴貴族集團也因此再度分裂。這是怎麼回事呢？

大業十年（六一四），有一個叫安伽陁的方士向隋煬帝上書，說現在各地都在流行一則讖語，這個讖語的內容是「李氏當為天子」，也就是說，有一位姓李的人接下來要當皇帝。所以，他勸隋煬帝要殺盡天下姓李的人！這個上奏，一下子就引起了隋煬帝的高度警惕。要知道，中國古代有所謂的讖緯之學，其實也就是一些政治預言，每到改朝換代的時候，都會出現一些模棱兩可的說法，預測未來政治走向。

比如秦朝末年，有所謂的「亡秦者，胡也」之說，秦始皇為此還大動干戈，去修長城，防範匈奴，沒想到最後這個胡字沒有應到胡人，而是應到了胡亥身上。現在，隋朝天下大亂，政權不穩，類似的讖語也就應運而生了。

那麼，面對「李氏當為天子」這個說法，隋煬帝該怎麼辦呢？能不能像方士所說，把所有姓李的都殺掉呢？那是不可能的。自古李氏就是大姓，真要大開殺戒，那得殺多少人！這個辦法不行；那麼能不能視為不經之談，不為所動呢？這個隋煬帝也是做不到的，他沒有那麼高的政治覺悟。他知道自己的統治已經出了很大問題，他也確實害怕有人要推翻隋朝改朝換代。現在出了這麼一條讖語，他不會完全不信。

既不能不信，又不能全信，既不能不殺，又不能全殺，最後隋煬帝選擇了折衷手段，重點盤查，看看哪個姓李的可能應這個讖語，然後把他提前消滅掉。

讖緯之學：流行於中國兩漢時期的一種學說。「讖」指一種神祕的預言，假托神仙聖人預決吉凶，又分為符讖、圖讖等；「緯」是相對於「經」，以迷信方術；預言附會儒家經典。讖緯之學以陰陽五行學說和董仲舒「天人感應論」為據，適應了當時封建統治者的需要，故流行一時。

從哪裡開始盤查呢，當然要先從有勢力的人中開始。當時社會上最有勢力的就是所謂關隴貴族集團，而關隴貴族集團，頂層就是西魏的八大柱國、十二大將軍。在這八大柱國、十二大將軍之中，姓李的就有三個：

第一個是八柱國之一的李弼，他的曾孫就是跟著楊玄感一塊造反的李密，當時已經逃亡江湖了。

第二個是八柱國之一的李虎，他的孫子名叫李淵，當時正在山西鎮壓起義軍。

第三個是十二大將軍之一的李遠，他的孫子名叫李敏，當時在隋煬帝身邊擔任將作監。

這三個人，其實也就是天下李姓中的頭面人物了。既然讖語說姓李的以後會取代姓楊的當皇帝，這三個人也就成了重點懷疑對象。

那麼，在這三個人之中，誰更可疑呢？

我們今天的人馬上會想到李淵，因為李淵後來取代隋朝當皇帝了，這其實屬於逆推，事後諸葛亮。但是，當時隋煬帝可看不到後來的歷史進程，在他的眼裡，最可疑的倒還不是李淵，而是李敏。為什麼呢？因為李敏有三大過人之處。

第一個，家族顯貴。可能有人會疑惑，李淵和李密的祖上都是柱國，李敏的祖上才是大將軍，怎麼倒說他家族顯貴呢？這就分怎麼看了。固然，在西魏時代，李敏的爺爺不及李淵和李密的祖上，但是到了隋朝，李敏家的勢力可就大大提升。為什麼呢？因為李敏的叔爺爺非常強悍，是隋朝最重要的開國功臣。

將作監：古代官署名，掌管宮室、金玉珠翠等寶貝器皿的製作和紗羅緞匹的刺繡，以及各種異樣器用打造的官署。一般設有監二人，從三品；少監二人，從四品下。掌土木工匠之政。

李敏的叔爺爺是老將軍李穆。當年，隋文帝楊堅要篡奪北周的天下，激起尉遲炯等三總管起兵，形勢相當險惡。幸虧元老重臣李穆力挺楊堅，這才贏得天下歸心，楊堅也因此順利建隋。

因為有這樣的不世之功，所以李穆在隋朝的大臣裡排名第一，官拜太師，贊拜不名。他的子孫，即使還是繈褓嬰兒，也都官拜儀同。一家之中，五品以上的中高級官員就有百餘人，一下子成了隋朝最顯貴的家族。

叔爺爺開創了基業，爸爸也不是凡人。李敏的爸爸在開皇三年（五八三）的時候因為攻打突厥壯烈犧牲，這樣一來李敏不僅是功臣之孫，還是烈士之子，從小就養在宮裡，備受關照。

這樣看來，若論原始出身，李淵和李密確實比李敏強，但是若論在隋朝的背景，李敏可就佔優勢了。

李敏的第二個過人之處是跟皇帝關係近，是隋煬帝的外甥女婿。隋煬帝的外甥女就是隋煬帝的大姐、北周太后、隋朝樂平公主楊麗華的女兒，名字叫做宇文娥英。當年，楊麗華嫁給北周天元皇帝，只生了娥英這麼一個女兒，那是響噹噹的北周第一公主。後來，隋文帝楊堅從女兒手裡奪取天下，改周為隋，宇文娥英雖然失去了公主的身分，但是隋文帝也好，隋煬帝也好，念及她媽媽樂平公主的巨大功勞，對她都照顧有加。

宇文娥英長到女大當嫁的年紀，他們也沒有貿然為她選一個丈夫，而是充分尊重她的意見，讓她自己選。當時，隋文帝把那些品貌相當的貴族公子

李穆（？—五八六），隴西成紀（今甘肅天水）人。李陵後代，北周名將。累遷都督、大將軍、柱國、大司空，屢建奇功。五八一年，楊堅受禪登基，封李穆為太師，位列三公。兄弟李賢、李遠，並為名臣。

都集中到弘聖宮，然後在弘聖宮拉了一道紗簾，宇文娥英就坐在紗簾後面，一個個面試。每個貴族公子進來，都是先自我介紹，再展示才藝，宇文娥英看上哪個就是哪個。

宇文娥英也是個挑剔的人，每天面試一百來個，面試了好幾天，硬是沒有看上眼的。後來，終於輪到李敏了，小夥子往紗簾前面一站，說了幾句話，擺了幾個Pose，宇文姑娘終於露出了笑容。就是他了！

為什麼李敏能夠勝出呢？因為根據史書記載，李敏「美豐儀、善騎射，歌舞管弦無所不通解」，長得漂亮，弓馬嫻熟，吹拉彈唱無所不能，正好符合那個年代對貴族公子的經典要求，這樣的人品，這樣的出身，宇文娥英還有什麼可挑的呢。就這樣，李敏又成了隋文帝的外孫女婿，從隋煬帝的角度說，就是外甥女婿了。

宇文娥英在隋朝待遇高，出嫁的時候也是盡顯風光。隋文帝下令，借給李敏「一品羽儀」，讓他用一品官的儀仗迎接宇文娥英，而且各種禮數都比照公主對待。既然宇文娥英身分尊貴，她的丈夫自然也要高貴，這樣才能配得上她。問題是，李敏當時也只不過是二十上下的少年人，還沒有踏上仕途，怎樣才能讓李敏高貴呢？這時候，樂平公主出手了。宇文娥英下嫁，隋文帝要賜宴，宴會開始之前，樂平公主對李敏說：

我以四海與至尊，惟一婿，當為爾求柱國；若餘官，汝慎勿謝。

我把天下都給皇帝了，我就你這麼一個女婿，我一定讓你當上大官。什麼叫大官呢？柱國才叫大官，所以一會兒皇帝賜給你別的官，你千萬不要謝恩，什麼時候他讓你當柱國了，你再謝恩。

李敏聰明，對岳母的教誨自然是心領神會。宴會開始之後，隋文帝親自彈起琵琶，李敏也載歌載舞。一曲終了，隋文帝非常高興，對公主說：你這女婿真不錯，現在當什麼官呢？公主說：不過是個白丁罷了！隋文帝馬上對李敏說：我授你儀同吧。這已經是五品散官了。

李敏什麼反應呢？他笑笑，既不答話，也不拜謝。隋文帝一看這個樣子，說：不滿意，是不是？那麼我授給你開府吧。這是三品散官了。沒想到李敏沉得住氣，照樣不謝恩。隋文帝多聰明啊，馬上就明白了，這一定是樂平公主在後面撐腰呢。怎麼辦呢？隋文帝說：

公主有大功于我，我何得於其婿而惜官乎！今授汝柱國。

樂平公主對我立過大功勞，我怎麼能對她的女婿還吝惜一個官職呢？這樣吧，我直接授你柱國。柱國是二品文散官，這一下樂平公主笑了，李敏才跪下謝恩。後來到隋煬帝大業四年（六〇八），樂平公主跟著他一起西巡，就死在河西走廊的張掖。在臨死之前，公主還向隋煬帝托孤說：

妾無子息，唯有一女，不自憂死，但深憐之。今湯沐邑，乞回與敏。

「湯沐邑」一詞源於周代，是指諸侯朝見天子，天子賜以王畿以內的，供住宿和齋戒沐浴的封邑。後指國君、皇后、公主等受封者收取賦稅的私邑。貴族受封的湯沐邑，是一種食邑制度，秦漢以前，卿、大夫在食邑內享有統治權利，並對諸侯承擔義務。

我沒兒子，一輩子就這麼一個女兒，現在我要死了，自己不覺得有什麼遺憾，只是不放心我這個女兒。我死之後，請求陛下允許我把我的湯沐邑轉給李敏，讓他們小倆口過幸福的生活。

既然姐姐這樣交代了，隋煬帝也是二話沒說，當即答應，把樂平公主的食邑五千戶轉到李敏名下，這樣一來，李敏真是皇親國戚，既富且貴。

李敏的第三個過人之處是，他還是隋煬帝的心腹。宇文娥英是樂平公主唯一的女兒，樂平公主自然不放心讓她離開自己身邊，這樣一來，李敏也就不能到外地任職了，雖然當過幾任外州的刺史，但都是用來增加資歷，他從來不去上任，一直都待在皇帝身邊，陪侍著皇帝。一來二去，跟隋文帝和隋煬帝的感情都很親近，成了他們最信任的人。

因為楊玄感在督運糧草的崗位上叛亂，所以到第三次征討高句麗的時候，隋煬帝就對這個崗位特別敏感，覺得誰做他都不放心。那麼後來到底讓誰去督運糧草的呢？就是李敏。從這一件事就可以看出來，在隋煬帝心目中最可靠的還是這個外甥女婿。

有了這三個過人之處，李敏自然備受矚目，無論從家世背景、婚姻關係，還是本人受信任的程度看，在當時姓李的貴族中都是獨占鰲頭。現在既然說「李氏當為天子」，李敏當然也就首當其衝受到懷疑。

這也罷了，更要命的是，李敏的名字也起得不好，讓隋煬帝加深了對他的猜忌。

怎麼回事呢？李敏是大名，他還有個小名叫洪兒。親近的人都這麼叫他，估計隋煬帝平時也是這麼叫他的。這個名字叫了三十多年，沒有任何問題，可是，現在「李氏當為天子」這個讖語一出來，隋煬帝也無話可說了。

因為他從小就聽說，隋文帝曾經做過一個噩夢，夢見洪水把都城大興城給淹沒了。洪水淹了都城，是不是暗指洪兒要結束大隋呢？隋煬帝愈想愈不踏實。他直截了當地把自己的擔心跟李敏講了，還要他改改名字，別叫洪兒了。

在隋煬帝盤查的三個李姓人當中，李敏受到的懷疑首當其衝。但是，從隋煬帝讓李敏改名一事，我們也可以看出，隋煬帝對他也還算留有餘地。那麼，李敏改名了嗎？他是否就能因此躲過災禍呢？

隋煬帝說話了，李敏可嚇壞了，名應圖讖在古代是吃不了兜著走的事，在這個問題上讓皇帝惦記，可是凶多吉少。就算我把小名改了，難道皇帝就能饒過我嗎？李敏深表懷疑，也深感恐懼。

李敏想不出辦法，就去找堂叔李渾和堂兄李善衡商量。可是他萬萬沒想到，這麼一商量，就真的給自己商量出了滅門之禍。怎麼回事呢？

要想說清楚這件事，得先交代一下李渾是何許人。這個李渾，是李穆的第十個兒子，長得高大威猛，美髯飄飄，也是一個標準帥哥。當年楊堅篡周前夕，李穆送給楊堅一把熨斗，讓他熨帖天下，送熨斗的就是李渾。此人不僅對隋文帝有功，跟隋煬帝的關係也相當不錯。當年隋煬帝還是晉王時，他就一直追隨左右，算是藩邸舊臣，隋煬帝即位之後，他也順利升遷到右驍衛大將軍，是隋煬帝的心腹武將。

不過，李渾雖然位高權重，為人卻並不善良，曾經為了爭奪爵位和食邑，幹過一件傷天害理的事情，把自己的兩個侄子都害死了。文帝開皇六年（五八六）李穆去世，按照慣例，他的爵位申國公以及食邑應該傳給嫡長子。可是，李穆的大兒子去世的比爸爸還早，因此這個爵位又按照慣例傳給了大兒子的長子，也就是嫡長孫李筠。眼看著老爸留下的爵位和財產都便宜了侄子，李渾心裡相當不平。偏偏這個侄子還不怎麼懂人情世故，又比較小氣，繼承了那麼大一份家業之後，並沒想著給叔叔分一杯羹，這讓李渾更加忍無可忍，甚至起了殺心。

怎麼幹掉他呢？李渾又找到另一個侄子李善衡，跟他做了一翻幕後交易，慫恿他把李筠殺了。按理說，人命關天，李筠又不是一般人，朝廷總要調查一下吧，難道李渾不害怕敗露？他才不怕呢，他早就想好對策。李筠平時跟自己的一個堂兄弟李瞿曇不合，這是眾所周知的事情，現在，李筠一死，直接嫁禍于李瞿曇也就得了。於是，在朝廷調查的時候，李渾就以長輩的身分作證，說李筠是被李瞿曇所殺，可憐李瞿曇百口莫辯，被砍了頭，成了冤死鬼。

李渾接連幹掉兩名侄子，只是想把老爸李穆留下來的爵位和食邑據為己有。問題是，李渾是李穆的第十個兒子，就算李筠死了，也還是輪不到他繼承！怎麼辦呢？這時候，李渾又利用起另外一個人來了。誰呢？就是前面講的朝廷「五貴」之一、隋煬帝的心腹宇文述。

他為什麼利用宇文述呢？因為他的太太就是宇文述的妹妹，郎舅二人關係素來不錯。眼看著朝廷又在議論給申國公立嗣，李渾就找到宇文述，讓他幫自己在皇帝面前說好話，還許諾他事成之後，把食邑的一半都拿出來答謝宇文述。

宇文述是個財迷，聽了之後覺得很划得來，於是就啟奏皇帝，說立嗣無非是兩個原則，一個是立長，一個是立賢。現在，死去的李筠沒有兒子，立長談不到了，那麼就應該立賢。中國公李穆的子孫都是草包，只有李渾一個人不錯，還不如讓他襲爵。皇帝念及李渾的功勞，還真的恩准了。

就這樣，中國公的爵位和食邑終於落到李渾頭上。李渾當然是喜不自勝，連宇文述也跟著高興，就等著李渾履行諾言了。

問題是，事情是不是像宇文述想的那麼順利呢？根本不是。李渾繼承了李穆的爵位之後，整天花天酒地，光是小妾就收了一百多位，還個個穿金戴銀，跟仙女一樣。至於先前許諾給大舅子宇文述一半財產的事，也不知是忘了個精光，還是揣著明白裝糊塗，反正再也不提。這不是把宇文述給耍了嗎？宇文述氣得要命，發下毒誓說：「我竟為李金才所賣，死且不忘。」李金才就是李渾的字，所以宇文述是說，我居然被李渾這混蛋給耍了，這個仇到死也不能忘。

宇文述不僅是個愛記仇的人，也是個能報仇的人，得罪了他可不是鬧著玩的。自從被耍弄以後，他一直想著怎麼整一整妹夫李渾，但是一直都沒能實現。為什麼呢？因為李穆他們家有丹書鐵券。

丹書鐵券，俗稱「丹書鐵契」，又名「金書鐵券」，簡稱「鐵券」。丹書是指用朱砂寫字，鐵券是指用鐵制的憑證。古代帝王賜給功臣世代享受優遇或免罪的憑證。因用丹書寫鐵板上，故名。為了取信和防偽，將鐵券從中剖開，朝廷和儲侯各存一半。唐以後鐵券不是丹書，而是嵌金。

這還是當年隋文帝賜給李穆的，上面寫著：

隴西李賢、李遠、李穆昆仲，社稷佐命，公為稱首。位極人臣，才為人傑。自此以後，雖有愆罪，但非謀逆，縱有百死，終不推問。今朕特賜此鐵券為證，傳諸子孫，世代永繼，持此為憑。

也就是說，李穆兄弟，還有他們的子孫，只要不是謀反，平常的小問題一律不治罪。找這樣的人報仇，這不是太難了嗎？所以，宇文述也是相當鬱悶。

可是，現在「李氏當為天子」的讖語傳得沸沸揚揚，李敏又總往李渾家裡跑，宇文述終於有主意了，他就去找隋煬帝，進言說：

> 伽陀之言信有徵矣。臣與金才夙親，聞其情趣大異。常日數共李敏、善衡等，日夜屏語，或終夕不寐。渾大臣也，家代隆盛，身捉禁兵，不宜如此。願陛下察之。

術士安伽陀所說的「李氏當為天子」還真不是空穴來風呀！我和李渾是親戚，近來發現他變化很大呢！整天和李敏、李善衡等人嘀嘀咕咕，晝夜不息。李渾是國家貴臣，他這麼做極其不妥，陛下小心！什麼意思呢？李渾和李敏他們日夜密謀，想要造反！當時隋煬帝的神經本來就敏感，連李敏小名叫洪兒他都心驚膽戰，更何況還有搞陰謀這樣的事！趕緊讓宇文述帶領一千士兵，把李家圍了個水泄不通，把李敏、李渾、李善衡等一干人，連同他們的家眷，包括李敏的夫人、隋煬帝的外甥女宇文娥英都捉拿歸案了。

人都抓起來了，還得找最能見風使舵，順著皇帝意思斷案的御史大夫裴蘊審案。問題是李渾也好，李敏也好，他們確實沒有謀反。裴蘊雖然擅長把小事說成大事，但是要讓他把沒事說成有事，他還真是力不從心。審了好幾天，還是沒找到謀反證據，只好如實稟報給隋煬帝了。

儘管李敏並沒有謀反之心，但一旦被小人所圖，事情就很難說清楚了。不過，李敏畢竟是隋煬帝的親戚，又是他的心腹，隋煬帝會不會因此網開一面呢？

面對這種情況，隋煬帝怎麼辦呢？要知道，隋煬帝當時的心理就是寧可信其有，不可信其無；寧可錯殺，不可漏網。他在心裡已經判了李渾、李敏叔侄死刑了，所以，當然不能接受裴蘊審理的結果。既然這個案子是宇文述挑起的，就責令他去辦好了。又把案子轉給宇文述了。這不是把羊肉喂到狼嘴裡嗎！

宇文述怎麼審呢？宇文述根本不去提審李敏、李渾這一干人，而是把李敏的夫人宇文娥英從監獄裡提出來了。對她說：

> 夫人，帝甥也，何患無賢夫！李敏、金才，名當妖讖，國家殺之，無可救也。夫人當自求全，若相用語，身當不坐。

夫人，您是皇帝的外甥女，您還怕以後找不著好丈夫嗎？李敏也好，李渾也好，他們的名字就應了那個「李氏當為天子」的妖讖了，國家是萬萬不能讓他們活下去的，誰也救不了。所以您不如和我們合作吧，您只要合作，我保您不受他們的牽連。

宇文娥英也是嬌生慣養長大的，哪裡禁得起監獄這番折騰。現在一聽宇文述這麼說，馬上軟下來了，說：「不知所出，惟尊長教之。」我倒是想配合你工作，但是不知道怎麼說才好，您教教我吧。

宇文述說，這個容易，我教你。你這樣說：

李家謀反，金才嘗告敏雲：「汝應圖籙，當為天子。今主上好兵，勞擾百姓，此亦天亡隋時也，正當共汝取之。若複渡遼，吾與汝必為大將，每軍二萬餘兵，固以五萬人矣。又發諸房子侄，內外親婭，並募從征。吾家子弟，決為主帥，分領兵馬，散在諸軍，伺候間隙，首尾相應。吾與汝前發，襲取禦營，子弟響起，各殺軍將。一日之間，天下足定矣。」

他要宇文娥英告密，說李家確實想謀反。李渾曾經跟我丈夫李敏說，你的名字應了那個讖語了，以後你一定會當皇帝，我幫你做成這件事。現在陛下大興兵役，天下大亂，這是上天要滅亡隋朝啊。主上既然喜歡打仗，他以後還會去再打高句麗。那個時候，以你我這種身分一定會當大將，各自率領一支軍隊。按照每支軍隊兩萬多人計算，我們倆手裡的兵加起來就是五萬人。另外，我們家兄弟子侄多，一旦再次討伐高句麗，我們就讓所有的兄弟子侄，包括親戚都去應募，以我們家的背景，只要去應徵，就能當主帥。到時候，我們的子弟散在各支部隊之中，一旦時機成熟，我和你負責去襲擊隋煬帝的禦營，然後我們的兄弟子侄再在各支軍隊中回應。你放心，一天之內，我們就能實現改朝換代了。

宇文娥英一聽，這怎麼能記得住！乾脆讓宇文述口述，自己筆錄算了。筆錄完畢，交給宇文述，宇文述立刻就當做密表，上奏給隋煬帝了。

隋煬帝一看自己親外甥女這封密信，眼淚立刻就下來了，拉著宇文述的手說：「吾宗社幾傾，賴親家公而獲全耳。」如果不是親家公，我的江山社稷就完了！人心難料，我原來那麼信任楊玄感，結果楊玄感造反；我那麼寵幸外甥女婿李敏，結果李敏造反，這個世界上究竟還有沒有可靠的人呢！

就這樣，李渾、李敏等人都被定成了謀反罪，丹書鐵券也保護不了他們了。怎麼治罪呢？這可是關係到國家前途命運的大事，絕對不容姑息。

隋煬帝下令，把以李渾、李敏為首的李氏宗族三十二人處以死刑，其餘親戚關係比較遠的也都流放嶺南。那麼告密者宇文娥英怎麼樣呢？是不是像宇文述說的那樣，可以免於處罰，再找個好丈夫呢？根本不可能！沒過幾個月，隋煬帝就賜給她一杯毒酒，把她給毒死了。可憐宇文娥英一時糊塗，陷害丈夫，連帶害了那麼多人，自己最後也難逃一死。

就這樣，一句讖語，再加上宇文述公報私仇的一個陰謀，一下子就把隋朝關隴貴族集團中勢力最大的李穆一家子都送上了黃泉。

李敏一案是隋朝歷史上最大的冤案，在這個案件中，隋煬帝採取了莫須有的態度來維護自己的統治，使李姓宗族三十二人死於非命。那麼，隨著人頭滾落，隋煬帝的統治真的就穩固了嗎？李敏一案到底給隋朝造成了什麼影響呢？

那麼，我們應該怎樣評價這起大案呢？毫無疑問，這是一起冤案。這個冤案一出來，非但沒有讓隋煬帝的統治更穩固，相反地，倒是讓他的政權更加分崩離析了。為什麼呢？因為它讓整個關隴貴族集團人人自危。其中，最惴惴不安的是誰呢？就是後來的唐高祖李淵。

要知道，李淵不僅是八柱國之一唐國公李虎的孫子，他的母親和隋煬帝的母親都是獨孤信的女兒，因此他還是隋煬帝的親表弟，身分也是既親且貴。當時天下大亂，隋煬帝派他以衛尉少卿的身分兼知關右諸軍事，也算兵權在握。這三個特徵加到一塊，不也是有可能應那句讖語的嗎？隋煬帝對他也並不放心。

收拾完李敏之後，隋煬帝就徵召李淵入朝。李淵當時一聽隋煬帝要召他，更是心驚肉跳，死活不敢去見皇帝。怎麼辦呢？乾脆裝病不去。正好，李淵的外甥女王氏就在隋煬帝的後宮之中，隋煬帝便問她：我召你舅舅入朝，他為什麼不來呢？王氏趕緊說：我舅舅病了，實在無法下床。聽了王氏這個答覆，隋煬帝冷笑一聲，說：病了？能不能病死呢？王氏把這句話轉達給李淵，李淵嚇得魂飛魄散。

他從此便開始招權納賄，縱情聲色。這叫韜光養晦，告訴隋煬帝，我就是個草包，我沒有任何野心。隋煬帝天天聽人講李淵無能，心裡反倒踏實了不少，居然就沒再追究。

問題是，這樣對整個國家好不好呢？當然不好。本來，李淵還算是鎮壓農民起義的一員悍將，現在悍將也不幹了，跟皇帝離心離德，這只能讓隋朝的局面變得更加糟糕。換言之，因為李敏一案，隋朝統治集團又出現了一次大分裂，皇帝和大臣之間的信任也更加脆弱。現在，隋煬帝在外面臨著農民造反，在內面臨著統治集團解體，已經是眾叛親離。那麼，他還會遇到什麼問題呢？他的統治又將走向何方？

【第二十三章】

雁門之圍

當年，隋煬帝出巡塞北，東突厥啟民可汗頂禮膜拜，真是風光無限。然而到了大業後期，當隋煬帝再次故地重遊的時候，卻發生了一件意想不到的事情，讓隋煬帝顏面盡失，甚至差點性命不保。這是一件什麼事？隋煬帝為什麼會陷入如此尷尬的境地呢？

六一五年，已經是隋煬帝統治的第十一個年頭，此時的大隋王朝可以說是內外交困。三征高句麗失敗，讓隋煬帝聲望迅速下降，而大隋王朝內部也面臨著民眾造反和統治集團內部分裂兩大亂象，真可謂眾叛親離。就在這危機四伏的時刻，隋煬帝又作出一個驚人的決定。它將給隋煬帝帶來怎樣的後果呢？

隋因為三征遼東失敗，國內面臨民眾造反和統治集團內部分裂兩大亂象，隋煬帝也陷入眾叛親離的局面。在這種情況下，他又做了一件蠢事，一下子讓隋朝的國際局勢也非常不利。

隋煬帝做了什麼事呢？就在大業十一年（六一五）八月，誅殺李渾、李敏一族之後沒過多久，隋煬帝又率領後宮女眷、文武百官、侍衛部隊、僧尼道士、魚龍百戲等一共十幾萬人，離開東都洛陽，途經太原、雁門，準備進入草原地區，巡行東突厥！

可能很多人會不明白，當時隋朝國內局面亂成一團，隋煬帝為什麼還要興師動眾，巡行東突厥呢？有三個原因。

第一，東突厥對於穩定隋朝的國際地位至關重要。隋煬帝討伐高句麗失敗後，國際威望空前下降，而東突厥在隋朝所有的邦交國是老大，對各個周邊民族有著很強的影響力和示範作用。所以，隋煬帝希望透過巡行東突厥，再次強調隋朝在整個東亞的霸主地位。

第二，隋煬帝想遊說東突厥幫助他討伐高句麗。隋煬帝三次出兵高句麗，東突厥都沒有派出一兵一卒參戰，這也是隋朝難以取勝的重要原因。現在，高句麗的國王高元仍然不肯朝覲，隋煬帝也不肯善罷甘休，還準備再打第四次。所以，此次出巡，也有遊說東突厥助兵的意思。

第三，這也是隋煬帝的施政風格。隋煬帝是個不甘寂寞的人。自從登基以後，他一直四處巡遊，很少老老實實待在都城。特別是這個時候，因為三征高句麗失敗，國內一團亂象，他更加覺得煩躁。在這種情況下，巡遊也是一種解壓的手段。

因為這三個原因，所以，隋煬帝不顧國內的政治危局，又一次浩浩蕩蕩地出發了！

在隋朝內外交困的情況下，隋煬帝不顧國內的亂局，又一次率領大隊人馬巡視漠北草原。此時距離他第一次巡視漠北，已經過了八年的時間。八年後，隋煬帝還會受到前次的禮遇嗎？

隋煬帝巡行漠北，自然也提前通報了東突厥。這一次，東突厥的可汗並未像大業三年（六〇七）那樣，專門為隋煬帝開闢一條御道，再親自為隋煬帝剷除營帳前面的雜草。

這時候東突厥的可汗已經不是當年由隋朝扶植起來的那個啟民可汗，而是他的兒子始畢可汗。始畢可汗對隋朝遠沒有他爸爸那麼恭順，事實上，他還頗為怨恨隋朝。因為這些年來隨著始畢可汗逐漸強大，隋朝開始對他進行防範，鬧出了幾個不愉快事件。

第一件事，扶植西突厥的處羅可汗。突厥分裂後東西兩部一直是對頭。當年東弱西強，隋朝扶持東突厥的啟民可汗；現在眼看著東突厥逐漸強大，隋朝又轉而支持西突厥處羅可汗，還把宗室女嫁給他，這當然讓始畢可汗不滿。

第二件事，隋朝還試圖在東突厥內部搞分裂，扶持始畢可汗的弟弟。這其實是隋朝的國際問題專家裴矩的主意。就在第三次東征高句麗的時候，裴矩向隋煬帝提出，始畢可汗近來勢力大增，羽毛逐漸豐滿，為了避免日後為患，不如現在開始分化他的勢力。裴矩建議，把一個宗室女兒嫁給始畢可汗的弟弟叱吉設，再封他為南面可汗，讓他和始畢可汗分庭抗禮，這不就分化瓦解了東突厥的力量嗎？

始畢可汗（？—六一九），姓阿史那，名咄吉世（或咄吉），啟民可汗之子，六〇九年即位為東突厥可汗，在位十年。其弟阿史那俟利弗設繼位，是為處羅可汗。

隋煬帝一聽覺得不錯，就讓裴矩跟叱吉設溝

通。沒想到叱吉設有自知之明，既不敢要公主，也不敢當南面可汗，讓隋煬帝的如意算盤落空。事後始畢可汗知道了，當然更怨恨隋煬帝。

這兩件事，其實都是執行當年隋文帝時期所謂「遠交近攻，離強合弱」的外交政策，只不過沒做好而已。

第三件事就更是個誤會。說起來還是裴矩出的主意。裴矩對隋煬帝說：突厥人是很淳樸老實的，比較容易對付。但是，現在東突厥部落裡有很多胡人，非常狡猾奸詐，始畢可汗的好多主意都是他們出的。

在這些商胡之中，有一個叫史蜀胡悉的人尤其奸詐，給始畢可汗出了不少餿主意，所以不如把他殺掉，始畢可汗就好對付了。

裴矩這裡所說的胡人是指誰呢？其實就是粟特人，在當時又叫昭武九姓、九姓胡，是活躍在中亞地區，專門從事國際貿易的商業民族，粟特人因為從事國際貿易，東邊一直走到隋朝，西邊一直走到東羅馬，眼界比較開闊，人比較精明，所以很受突厥人的信任，突厥人不光把外貿工作都包給他們，還讓他們進入決策層，充當突厥人的軍師。其中，這個史蜀胡悉就是始畢可汗的軍師，也是裴矩眼中的大患。所以，他才勸隋煬帝先幹掉史蜀胡悉。

隋煬帝一聽不錯，就讓裴矩去辦了。

那麼，裴矩怎麼做呢？他派人向史蜀胡悉傳話，說：

天子大出珍物，今在馬邑，欲共蕃內多作交關。若前來者，即得好物。

我們大隋天子拿出了好多珍寶到馬邑跟你們互市，誰要是先來，誰就先得，來得愈早，得到的寶物肯定愈多。史蜀胡悉是商人，比較重利，一聽說有這樣的事，動了私心，覺得機不可失，根本沒告訴始畢可汗，直接就帶著自己的部落，趕著牛羊到馬邑來交易，想著先到先得。沒想到剛一到馬邑關下，埋伏好的隋朝士兵一擁而上，就把他和他的部落一起拿下。裴矩還用隋煬帝的名義寫了一封信給始畢可汗，說：

史蜀胡悉忽領部落走來至此，云背可汗，請我容納。突厥既是我臣，彼有背叛，我當共殺。今已斬之，故令往報。

他說，史蜀胡悉也不知道怎麼回事，突然背叛可汗，領著部落轉來投靠我來了。可汗您是我的臣子，您的臣子背叛您，我決不能容忍。所以我替您把他殺了，現在跟您通報一聲。

這話始畢可汗信不信呢？他才不信呢，他固然淳樸，可也不是傻子，隋煬帝這是得了便宜賣乖！這下可把始畢可汗氣壞了，從此對隋煬帝恨之入骨。

始畢可汗遠不像他爸爸啟民可汗那樣順從，更何況，隋朝還做了那麼多讓他不開心的事。那麼，這一次隋煬帝北巡，始畢可汗會不會懾於宗主國的威風善待隋煬帝呢？

現在，聽說隋煬帝要來巡行塞北，始畢可汗笑了：我本來就想打你呢，現在你自己送上門來，可別怪我不客氣！接到隋煬帝的詔書之後，他就率領著幾十萬兵馬，殺氣騰騰地往南撲過來！

隋煬帝一行往北走，始畢可汗一行往南來，是不是雙方就要在草原上遭遇了？還真沒有。因為始畢可汗的妻子義成公主送信給隋煬帝。義成公主是隋朝的宗室女兒，隋文帝把她嫁給啟民可汗。啟民可汗去世後，她又依照突厥的習俗，嫁給啟民的兒子始畢可汗。和親的女兒總是心向母國，現在她一看到始畢可汗率領大軍南下，趕緊派人送信給隋煬帝，告訴他情況有變，再也不要往前走了！

義成公主這封密信一送到隋煬帝手裡，隋煬帝真是嚇了一跳。他雖然也有十幾萬人，但是因為目的是巡幸，不是打仗，所以真正的戰鬥部隊沒多少，怎麼能打得過始畢可汗的幾十萬騎兵呢！怎麼辦呢？幸好當時他們離雁門郡（今山西代縣）還不遠，就趕緊退回雁門郡。

這時候，形勢已經相當危急。隋煬帝一行在八月十二日退守雁門，到第二天，也就是八月十三日，突厥的騎兵已經包圍了雁門郡，很快雁門郡下屬的四十一城就被攻克了三十九個，只剩下雁門郡城和崞縣（今山西原平）還在隋朝手裡。而且就這兩座碩果僅存的城池也相當危急。

危急到突厥把雁門郡城團團圍住，一時間箭如雨下，有些箭頭甚至就落在隋煬帝的腳下。隋煬帝一世英雄，這時候也嚇壞，抱著小兒子趙王楊杲淚如雨下，而且哭得「目盡腫」，帝王威儀簡直是蕩

義成公主（？—六三〇），隋宗室女。五九九年，和親東突厥啟民可汗的安義公主卒，為發展與突厥和好關係，隋文帝將宗室女義成公主嫁給啟民可汗。義成公主在突厥生活近三十年，先後為啟民可汗、始畢可汗、處羅可汗、頡利可汗之可賀敦（妻子）。六三〇年二月，被唐將李靖所殺。

然無存。

更要命的是，雁門的糧食也不夠吃。小小一座城池，一下子湧進來十多萬人，再加上原有的軍民，總人口達到十五萬，而城裡儲存的糧食只夠吃二十天，就算省著吃，也超不過四十天。如果四十天之內不解圍，就算不被殺死，也得被餓死了。這可怎麼辦呢？

危急時刻，隋煬帝趕緊召集身邊的親信大臣，讓他們發表意見。第一個說話的當然是隋煬帝最信任的宰相宇文述。他說：在這裡待著就是死路一條，所以，請皇帝陛下帶領幾千精銳騎兵趕緊突圍。

這個意見剛一提出來，老臣蘇威馬上表示反對了。他說：

城守則我有餘力，輕騎乃彼之所長，陛下萬乘之主，豈宜輕動！

我們擅長守城，突厥人擅長野戰，怎麼能用我們的短處去拼敵人的長處呢？陛下是萬乘之主，不能冒這種險！

誰的意見更好呢？當然是蘇威的更可靠。所以，蘇威話音剛落，曾經在楊玄感叛亂期間堅守洛陽城的民部尚書樊子蓋馬上表示支持。他說：

陛下乘危徼幸，一朝狼狽，悔之何及！不若據堅城以挫其銳，坐徵四方兵使入援。

陛下現在如果輕易地跑出去，一旦人家大軍追來，那可就狼狽了，後悔都來不及。所以我建議，咱們不如堅守雁門城。先挫傷敵軍的銳氣，然後再徵召天下援軍，讓他們來救援，這樣我們坐以待援就可以了。

緊接著，另一個大臣虞世基也表態同意厚賞士卒，堅守雁門。這樣一來，三比一，堅守的意見算是占上風了。

問題是，守自然是要守的，可也不能死守，還是要有一番統籌安排。怎麼安排呢？這時候，蕭皇后的弟弟，內史侍郎蕭瑀又貢獻了一條意見：

突厥之俗，可賀敦預知軍謀；且義成公主以帝女嫁外夷，必恃大國之援。若使一介告之，借使無益，庸有何損。又，將士之意，恐陛下既免突厥之患，還事高麗，若發明詔，諭以赦高麗、專討突厥，則眾心皆安，人自為戰矣。

他其實提到了兩件事。第一件事，蕭瑀說：突厥的風俗，可賀敦（可汗的妻子）是可以參與軍機的，所以，我們應該趕緊派出使者去找始畢可汗的可賀敦，也就是義成公主，讓她想辦法叫可汗退兵。她是大隋派出的和親公主，她在突厥的地位要靠大隋支持，所以她肯定得幫娘家的忙。這其實是漢朝初年，劉邦被圍困白登山的時候，婁敬所說的匈奴閼代幫忙的故伎。當年，漢高祖劉邦被匈奴人

蕭瑀（五七五—六四八），字時文，祖籍黃連（今福建清流）。蕭皇后之弟，其祖父是後梁宣帝蕭詧，曾祖父是昭明太子蕭統。自幼以孝行聞名天下，且善學能書，骨鯁正直，並深精佛理。歷仕隋唐兩朝，官至宰相。

圍困，就是靠賄賂匈奴單于的夫人，也就是匈奴閼氏，才得以脫身的。蕭瑀熟讀史書，現在用上這條故伎。

第二件事，他說：現在將士們之所以態度不十分堅決，是因為害怕陛下從突厥這裡脫身之後，還要去征討高句麗，如果陛下明確下詔，說赦免高句麗的罪狀，專心對付突厥，那麼將士們的心就安了，也就會力戰到底。

蕭瑀這個主意怎麼樣呢？這是個好主意，內外兼顧，非常完善。既然如此，那麼就照這個主意辦吧。隋煬帝馬上依據這個建議，採取了三個措施。

第一，派人突圍，送信給義成公主，讓她想辦法勸始畢可汗退兵。

第二，下詔書招募天下諸郡發兵勤王。

第三，激勵士卒，讓他們堅守。

尤其是這第三條，隋煬帝做得太賣力了，不僅許諾不再征討高句麗，而且還親自巡視守城士兵，對他們說：

努力擊賊，苟能保全，凡在行陣，勿憂富貴，必不使有司弄刀筆破汝勳勞。

諸位都努力打仗，只要能夠保全住我的性命，我一定許你們大富大貴。倘若那些刀筆吏們想憑筆桿子抹煞掉你們的功勞，我一定替你們做主。

那麼守城士兵到底能得到怎樣的獎賞呢？隋煬帝做出重賞的許諾，說：

守城有功者，無官直除六品，賜物百段；有官以次增益。

只要守城有功，如果你現在是一介白丁，一點官職都沒有，以後直接升六品官，還要賜布一百段。如果你現在已經有官職，沒關係，在這六品的基礎往上加，五品、四品，以此類推。皇帝親自出面封官許願還不算，隋煬帝還派出使者，替他慰勞士兵，每天都派出去若干批次，太密集了，以至於後面一個都能望見前面一個的背影。

這三個步驟太有效了。首先，城裡守衛的士兵都覺得隋煬帝挺有誠意，許諾的獎賞也很讓人滿意，所以都奮勇殺敵。士氣一旺盛，內部就穩定多了。

內部士氣高昂，外部也相當配合。義成公主接到隋煬帝的告急信後，馬上就有反應。始畢可汗率眾南下，她留守大帳，於是從大帳派人報信，說「北邊有急」，有敵對勢力從北邊來打我們了，讓始畢可汗趕緊回去救火。她這麼一說，始畢可汗心裡當然不踏實。

另外，隋煬帝既然下詔全國救援，這時候，各地的援軍也都紛紛趕來。在所有的勤王軍隊中，有兩個人表現非常突出。哪兩個人呢？

第一個，江都的王世充。這可是在隋末唐初叱吒風雲的人物。王世充家族本來也有胡人血統，姓支，後來輾轉來到中原才改姓王。王世充當時擔任江都宮監，因為擅長為隋煬帝興修亭臺樓閣，鎮壓江都周圍的農民起義也非常得力，所以很討隋煬帝

刀筆吏一詞要追溯到春秋戰國時期。古人用簡牘時，如有錯訛，即以刀削之，故古時的讀書人及政客常隨身帶著刀和筆，以便隨時修改錯誤。因刀筆並用，所以歷代文職官員就也就被稱作「刀筆吏」。

喜歡。王世充是個會表現的人，隋煬帝的徵兵詔書一到，他馬上行動起來。根據《隋書．王世充傳》的記載：

世充盡發江都人將往赴難，在軍中蓬首垢面，悲泣無度，曉夜不解甲，藉草而臥。

王世充一聽說皇帝有難，馬上把江都所有能動員的人都動員起來，動員之後，自己也穿上一身戎裝來到軍營，頭也不梳，臉也不洗，到那兒就哭，哭得昏天黑地，毫無節制。為了加快行軍速度，他根本就不脫下甲冑睡覺，實在累極了就靠在草堆上歇一會兒。

他為什麼這樣做呢？這是表現對皇帝的忠誠和熱愛。一個大臣，對皇帝忠誠、熱愛到這個程度，隋煬帝能不感動嗎？從此，王世充就開始嶄露頭角。

王世充是態度好。李世民比他還出色，不光態度好，能力也強。這位後來的唐太宗當時只有十六歲，一看到隋煬帝的詔書，馬上應徵入伍，就隸屬于屯衛將軍雲定興的麾下。

雲定興是太子楊勇的寵妃雲昭訓的爸爸，後來楊勇一家倒楣，雲定興又巴結隋煬帝的寵臣宇文述，轉而投靠隋煬帝，這時候已經升為屯衛將軍了。問題是，雲定興是個手藝人出身，讓他設計一件衣服，做一頂帽子都沒有問題，但是論到行軍打仗，並非他的長項。將軍水準不高，怎麼辦呢？這時候，就顯示出李世民的英雄本色了。他對雲定興說：

始畢敢舉兵圍天子，必謂我倉猝不能赴援故也。宜晝則引旌旗數十里不絕，夜則鉦鼓相應，虜必謂救兵大至，望風遁去。不然，彼眾我寡，若悉軍來戰，必不能支。

這其實就是疑兵計。李世民說，始畢可汗之所以敢於圍困天子，就是覺得我們不可能這麼快就去救援。所以，我們一定要晝夜兼行。但是我們人少，而始畢可汗人多，如果讓他們知道虛實，肯定不怕我們，甚至會來攻打我們，我們也肯定打不過。怎麼辦呢？我們應該故布疑陣，白天讓士兵都拿上旗幟，走長蛇陣，搞出個幾十裡旌旗不斷的聲勢來，晚上再敲鑼打鼓，動靜愈大愈好。這樣一來，始畢可汗以為救援大軍到了，肯定會望風逃竄。雲定興一聽，有道理，馬上照辦。

李世民這個疑兵計據說效果相當好，始畢可汗果然因此亂了陣腳，很快撤軍。後來《新唐書》也濃墨重彩地書寫這件事，把這作為李世民英雄天縱的一個證據。但是，現在也有一些學者認為，這都是因為李世民後來當了皇帝，為自己美言，所以不一定是事實。

這件事到底是不是事實呢？我認為，要說雲定興這支軍隊對始畢可汗有什麼決定性的打擊或者影響，這恐怕談不到，但是要說李世民曾經給雲定興出過這樣一個主意，應該也假不到哪裡去。因為從李世民後來東征西討的功業中可以看出，他一直是一個膽大急進、喜歡冒險的軍事統帥。這一次的獻計正符合他的作戰風格，算是牛刀小試。一個十六歲的少年能夠有這樣的眼界和膽識，也稱得上是初生牛犢不怕虎，自古英雄出少年！

既然三條舉措都發揮了作用，形勢對始畢可汗可是不利了。雁門郡的守軍誓死抵抗，他一時半會兒攻不進去；各路勤王大軍又紛紛趕來，其中最近的已經到達忻口（今山西忻縣北），馬上就會兵臨雁門城下，再加上可賀敦又報告說後院起火，三種因素加起來，始畢可汗決定，教訓一下隋煬帝就算了，撤兵！

到了九月十五日，始畢可汗解圍而去。眼看著突厥大兵滚滚北去，隋煬帝提了一個多月的心才終於放了下來。因為知道援軍很近，隋煬帝的精神也振奮了不少，眼看著始畢大軍滚滚而去，他趕緊派騎兵出去追著突厥人的尾巴打，抓了突厥的老弱病殘兩千多人，算是小勝一把。

到九月十八日，隋煬帝正式離開雁門，前後算起來，被圍困整整三十七天，受夠了驚嚇，也丟夠了面子。本來想著靠北巡突厥給自己長長威風，改善一下國際形象，沒想到結果又是事與願違，隋煬帝真是鬱悶透了。

隋煬帝第二次北巡可能是他一生中遭遇到的最危險、也最尷尬的事情。幸好士兵們拚死保護，各路勤王力量奮勇救援，隋煬帝總算有驚無險，躲過一劫。那麼，從雁門脫險後的隋煬帝，會如何兌現被圍雁門時許下的諾言呢？

離開雁門之後，往哪裡走呢？按照一般想像，既然國內國際都一團糟，應該回老家大興城了，因為這裡是關隴貴族集團的老巢，也是隋朝的根基所在。外面亂了，至少應該把家守好。事實上，老臣蘇威也勸隋煬帝：

> 今盜賊不息，士馬疲弊，願陛下亟還西京，深根固本，為社稷計。

現在外面兵荒馬亂，軍隊也已疲憊不堪，所以請陛下趕緊回西京大興城，把我們的根本保衛住。

面對老臣勸諫，隋煬帝什麼反應？隋煬帝最初也答應了，但是答應得很勉強。為什麼呢？因為隋煬帝是個英雄，有英雄情結，如同項羽。

我們知道，項羽兵敗烏江，有人勸他渡過江東，重整旗鼓，項羽說：我率八千子弟出來，現在就剩我一個人，我沒臉回去。隋煬帝其實也不乏這種想法。當年在大興城登基的時候，那是怎樣的豪邁！一心想當一個追蹤漢武的好皇帝。可是現在國內亂了，國際輸了，這時候回去，怎麼見父老呢？

宇文述是隋煬帝的心腹，雖然在雁門被圍的時候沒出什麼好主意，但是這時候他可看出體貼隋煬帝的態度。宇文述說：「從官妻子多在東都，宜便道向洛陽，自潼關而入」我們是應該回大興城，但是文武百官的妻子、兒女都在洛陽，所以我們不如先去洛陽接他們，然後再從潼關回大興城，這也不晚。這不等於就給隋煬帝緩了一步嗎！隋煬帝一聽，馬上欣然接受。

就這樣，一行十多萬人又來到了東都洛陽。回來之後當務之急就是論功行賞。這可是隋煬帝當初承諾的，士兵們也都眼巴巴地盼著。一到洛陽，隋煬帝也確實召集大臣討論這件事了。那麼，大臣是什麼態度呢？

這個時候，老臣蘇威說話了。他說：「勳格太重，宜加斟酌」。什麼意思呢？當初設的賞格太重了，怕是國家承受不起，還是再斟酌一下吧。這不是言而無信嗎？一聽蘇威這麼說，親自指揮打仗的老將樊子蓋馬上坐不住了，對隋煬帝講，再怎麼困難，也不能失信於將士。人無信則不立，何況是一個皇帝！您忘了當初危難之際怎麼向將士們保證的啦？

那麼，蘇威和樊子蓋的意見哪個更好呢？當然是樊子蓋的，因為這是一個政治信譽問題。那麼隋煬帝到底聽誰的呢？他聽蘇威的。樊子蓋再想爭執幾句，隋煬帝馬上說了：「公欲收物情邪！」你想拿我的國庫去收買人心嗎？嚇得樊子蓋再也不敢說話了。

從這點來看，隋煬帝像項羽。漢初時，韓信曾經跟劉邦分析過項羽的弱點，韓信說：

項王見人恭敬慈愛，言語嘔嘔，人有疾病，涕泣分食飲，至使人有功當封爵者，印刓敝，忍不能予，此所謂婦人之仁也。

項王對待將士恭敬慈愛，言語溫和，將士生病了，項王會心疼流淚，甚至將自己的飲食分給他們。但等到有人立下戰功，按規章制度應該加封晉爵時，卻把刻好的大印放在手裡玩磨得失去稜角，也捨不得給人，這就是所謂的婦之仁。這是說什麼呢？有小算計，但是不講大原則。這不是和隋煬帝一樣嗎？

最後，隋煬帝到底是怎麼獎賞將士的呢？原來他說，只要參戰就能當官，現在改了，一共一萬七千立功將士，真正受勳官的只有一千五百人，還不到十分之一；原來說無官職的功臣直接授六品官，現在也改了，只給立信尉，這是從九品官；原來許諾每人賞一百匹布，現在更是一筆勾銷。這樣一來，士兵紛紛罵皇帝過河拆橋。

更要命的是，雁門被圍的時候，隋煬帝信誓旦旦地說以後不再征討高句麗，將士都覺得生活有後盾，所以才奮勇殺敵。可是現在，剛從雁門回來，隋煬帝又說了，明年還準備討伐高句麗！這樣言而無信，以後誰還敢再信他說的話！所以，「將士無不憤怨。」將士們沒有人不恨他的，沒有人不怪他。這樣一來，隋朝的禁軍也跟隋煬帝離心離德了。

光是對士兵過河拆橋還不夠，隋煬帝居然又拆到大臣頭上了。雁門被圍的時候，誰出的主意最好呢？蕭瑀。可是，隋煬帝大概覺得自己淪落到讓蕭瑀指點，很沒面子，居然對蕭瑀耿耿於懷。一回到東都洛陽，隋煬帝就對群臣說：

突厥狂悖，勢何能為！少時未散，蕭瑀遽相恐動，情不可恕！

突厥人悖逆犯上，有什麼了不起的！剛圍了雁門幾天，蕭瑀就在那兒聳人聽聞，恫嚇寡人，這樣的人我怎麼可能饒恕呢！怎麼處理他呢！隋煬帝把蕭瑀貶為河池（今陝西鳳縣）郡守，讓他遠遠離開自己身邊了。這不是好壞不分了嗎？又是打壓樊子蓋，又是貶走蕭瑀，這樣一來，官員的心也都涼了。

那麼，我們應該怎樣評價雁門之圍呢？我覺得，因為這次冒失的北巡，隋煬帝又有兩大損失。哪兩大損失呢？

第一，跟東突厥關係惡化。因為雁門之圍，隋朝跟突厥的矛盾公開化了，突厥也就再次成為大隋邊境的最大威脅，這可比跟高句麗失和厲害多了。為了防範突厥，隋煬帝被迫加強太原、馬邑等地方的邊防，任命表兄李淵擔任太原留守，李淵藉此起家，這是後話。

第二，因為雁門之圍後對將士和謀臣處置失當，隋煬帝又進一步失去了軍心，也失去了正直的大臣。更加陷入孤家寡人的境地。

本來國內形勢已經亂成一團，現在，又加上糟糕的國際局面和難以收拾的人心，隋煬帝可以說是一錯再錯。那麼，他還會做出什麼樣的舉措呢？

【第二十四章】

三下江都

隋煬帝當皇帝期間，共有三次下江都的經歷，前兩次都是風風光光，掙足了面子，擺盡了排場。但到三下江都時，卻弄了個灰頭土臉，狼狽不堪。為什麼同樣的行為，會有如此不同的效果？

大業十二年（六一六），即隋煬帝統治的第十二個年頭。此時的隋煬帝已經經歷了征討高句麗之敗、天下大亂之痛和雁門被圍之恥。這些事情就像一記記重拳一樣，每一拳都打到隋煬帝的要害之處，讓他痛徹肺腑。就在這種情況下，隋煬帝開始了他三下江都之舉。那麼，他為什麼非要到江都去？這一次江都之行將是什麼結果呢？

隋煬帝到底是一個什麼樣的皇帝呢？我覺得，他的皇帝生涯可以分為三個階段。

第一階段，從大業元年（六〇五）到大業六年（六一〇），他是個明君。修東都、開運河、拓疆土，雖然也不乏勞民傷財的成分，但總的說來還都是利在千秋的好事，他做得有眼光、有氣魄，讓隋朝達到了極盛，所以叫明君。

第二階段，從大業七年（六一一）到大業十一年（六一五），他是個暴君。為了征討高句麗，實現自己的政治理想，他不顧客觀歷史條件，任性妄為，把老百姓和國家都拖進了災難中，所以叫暴君。

第三階段，從大業十二年（六一六）開始到他的人生終結，他是昏君。因為在前兩個時期，雖然他既有功，又有過，但他都知道自己的帝王責任，也竭盡所能地履行帝王責任，只存在履行得好和履行不好的問題；而到這第三時期，他已經不知道自己的責任是什麼，也不想履行什麼責任了，只是渾渾噩噩地混日子，所以叫昏君。

第三階段為什麼從大業十二年開始呢？因為，大業十二年，隋煬帝第三次下江都，這一去就再也沒能回來。隋煬帝為什麼要下江都呢？因為當時國家已經失控了。何謂失控，講一個例子就明白了。

古代皇帝元旦要舉行大朝會，地方政府和周邊附屬民族都得派使者朝覲皇帝。隋煬帝是個好排場、愛熱鬧的人，因此在他統治時期，大朝會搞得更是花團錦簇。可是到大業十二年（六一六）元旦，大朝會一下子就冷淡下來了。

首先，已經沒有外國君主或者使者來朝貢了，這其實是隋煬帝三征高句麗失敗和雁門之圍的後果，周邊民族都不再買隋煬帝的帳了。這意味著隋朝兩代皇帝苦心經營的，以隋朝為主導的東亞國際秩序已經崩潰。

四夷使節不參加也就罷了，國內各郡派出的朝集使也有二十多位沒能及時趕到東都。為什麼呢？遍地都是起義軍，有的郡被圍住了，根本出不了城，還有的在路上被堵住了，進不了東都。連大朝會都舉行不下去，就可以看出當時國內形勢有多嚴峻。

那麼，面對這種局面，隋煬帝是什麼反應呢？他不是去想怎樣應對問題，解決問題，而是陷入一種既恐懼，又絕望的心境了。

根據《資治通鑑》記載，從大業八年（六一二）第一次東征高句麗失敗開始，隋煬帝就已經有失眠多夢的症狀了。「每夜眠恒驚悸，云有賊，令數婦人搖撫，乃得眠」。什麼意思？隋煬帝經常夜裡睡著覺，突然把自己嚇醒，醒了之後就大喊有賊，得好幾個婦女在身邊拍著他，搖著他才能再次入睡。這還是皇帝嗎？簡直是嚇壞了的小孩子啊！

到了大業十二年，這個症狀更嚴重了。比如，大業十二年四月，洛陽的大業殿西院發生火災，本來也不是多大的事，可是隋煬帝的第一個反應居然是起義軍已經打進宮裡來了，連滾帶爬地跑到宮殿後面西苑的草叢之中躲了起來，直到火徹底撲滅，才戰戰兢兢地重新回到宮裡。這說明什麼呢？說明他內心深處無比恐懼，已經到了風聲鶴唳、草木皆兵的程度了。

也舉一個絕望的例子。

大業十二年（六一六）五月，隋煬帝住在景華宮，嫌夜裡山谷太暗了，他就派人找螢火蟲來照亮。手下人不敢違抗，趕緊去捉，一下子捉了好幾斛。隋煬帝把這些螢火蟲放到山谷之間，看著它們忽上忽下，發出點點微光，高興得不得了。

有人可能會覺得，這沒什麼大不了的。一個皇帝，有點這樣的小情調也無傷大雅。確實，這樣的愛好本身不算什麼，問題是，這並不符合隋煬帝的行事風格和性格特徵。

隋煬帝是一個興致勃勃、精力充沛、幹勁十足的皇帝，恨不得帶著天下人往前跑，還嫌跑得不夠快。而現在天下大亂，他居然躲在宮裡玩螢火蟲，這絕不意味著他有情趣，而是意味著他的內心已經充滿著空虛感和無力感，這就是絕望了。

可是，隋煬帝不是個英雄天子嗎？當年幹了那麼多大事，哪件不是豪氣干雲？怎麼現在遇到挫折，就會如此絕望呢？其實，這就是隋煬帝的秉性，正因為他如此英雄，所以才異常驕傲，就像一塊生鐵，質地非常強，但也非常脆。不遇到挫折的時候可能無堅不摧，然而一遇到挫折，馬上就斷了。

國家形勢如此嚴峻，隋煬帝又是如此恐懼和絕望，那麼，他的下一步該怎麼走呢？這時候，隋煬帝開始考慮往江都走了。江都是隋煬帝的起家之地，大業五年（六〇九）又修了江都宮，算是隋朝的第三個首都，也是整個南方的政治中心。南方固然也有農民起義，但是總的來說，情況比北方要好得多。更重要的是，從西晉末年永嘉之亂開始，國家一有動亂就往南跑，這已經成為慣例，隋朝剛從南北朝走出來，對這種局面記憶猶新，大不了就走回去，重新割據。

然而，中國歷史上，在江南建國的都是小朝廷，最後都要被北方統一，成不了氣候。隋煬帝當年親自率軍統一江南，現在自己再躲到江南去割據，多沒出息！問題是隋煬帝已經對現實絕望了，所以也就管不到那麼多了，只把剩下的一點精力都用來準備南下了。

首先，從大業十一年（六一五）開始，隋煬帝下詔在江南修離宮別館，比如在毗陵（今江蘇常州），就仿照洛陽的西苑修了一組方圓十二里的離宮，而且規格非常高，比西苑還要華麗，這其實就是給自己找退路。

其次，他還得準備交通工具。當年隋煬帝一下江都、二下江都是坐龍舟沿著運河過去的，但是楊玄感叛亂的時候，運河上停靠的龍舟已經讓他一把火都燒了。怎麼辦呢？還是在大業十一年，隋煬帝又讓江都王世充重新製造龍舟數千艘，造好了送東都備用。

總之，從雁門回來之後，隋煬帝就開始緊鑼密鼓地為下江都做準備。

隋煬帝在接連經歷了幾次重大打擊之後，原本高昂的精神已經萎靡。他此時想的不是如何平復國內外的亂象，而是如何躲到江南，逃避問題。隋煬帝糊塗，隋朝的大臣們卻並不都和他一樣糊塗。那麼，隋煬帝下江都，大臣們意見如何？

問題是，隋朝的根基畢竟在關中地區，官也好，兵也好，關中人士都占了多數。在天下大亂的情況下，隋煬帝想要去江都，那也就意味著他要放棄關中，乃至放棄整個北方，這對他們來說可是意味著抛家捨業，他們當然心不甘情不願。

前文講過，還在雁門之圍剛剛解圍之後，老臣蘇威就曾經勸說隋煬帝，趕緊回大興城，那才是根本之地，宗廟社稷所在。現在隋煬帝準備抛棄北方，蘇威難道不會力諫嗎？非常遺憾，蘇威已經沒有這個能力了，因為他已經是泥菩薩過江，自身難保了。怎麼回事呢？

從雁門回來之後，蘇威就跟隋煬帝產生矛盾了。大業十二年（六一六）四月，有一天，隋煬帝問宰相關於起義軍的情況。宇文述是最親信的宰相，又特別擅長揣摩隋煬帝的心思，知道隋煬帝這時候已經心灰意懶了，愛聽好消息，不愛聽壞消息，所以趕緊說「漸少」，起義軍愈來愈少了。隋煬帝一聽，挺高興，又追問了一句，少了多少呢？宇文述怎麼回答呢？他說：「不能十一。」原來有十個，現在都沒有一個了，減少十分之九以上。

這不是睜眼說瞎話嗎？蘇威在一邊聽不下去了，又不願意當場揭穿他，趕緊躲到柱子後頭，希望皇帝別看到他，別問他。問題是，他這麼一躲一藏，隋煬帝反倒注意到他，就問：蘇愛卿，你怎麼看這個問題呢？蘇威想了想說：「臣非所司，不委多少，但患漸近。」我不是主管這件事，不知道盜賊（起義軍）一共有多少，我只是擔心他們愈來愈近了。

隋煬帝一聽，趕緊追問，此話怎講？蘇威說：

他日賊據長白山，今近在汜水。且往日租賦丁役，今皆何在！豈非其人皆化為盜乎！……又昔在雁門，許罷征遼，今複徵發，賊何由息！

過去賊寇是在長白山（山東）活動，而今賊寇已經到了汜水（河南），這不是愈來愈近了嗎？還有，我一直主管財政，就從這個角度說吧。往年咱們有多少租賦丁役啊，這不都是依據人丁徵收的嗎？可是現在根本收不上來，還不是因為這些納稅人都成了賊盜了！

這幾句話說出來，隋煬帝已經很不高興了，可是蘇威還沒說夠，又追加了一句：去年陛下在雁門的時候，親口許諾不再征討高句麗，現在又說要徵發士兵討伐遼東。要知道，這些賊盜都是因為徵發遼東才造反的，陛下這樣做，盜賊怎麼可能平息呢？

蘇威這番言論說得真好。既含蓄、有分量，還切中要害，老大臣一輩子的政治智慧都發揮出來。

問題是，隋煬帝是什麼反應呢？按照《資治通鑑》的記載，「帝不悅而罷」。隋煬帝非常不高興，拂袖而去。這不就是諱疾忌醫嗎？這是兩個人第一次衝突。

沒過幾天，蘇威和隋煬帝的矛盾又升級了。當時是五月初五，端午節，按照習俗，大臣要給皇帝送禮。一般大臣都送的是珍玩寶器一類的東西，只有蘇威送了隋煬帝一冊《尚書》。

眾所周知，《尚書》是最早的儒家經典之一，裡面記載的都是夏商周時期的歷史事件和歷史教訓，特別突出仁君治民之道和賢臣事君之道，所以在古代非常受重視。蘇威獻這本書，雖然在節日期間似乎有點過於嚴肅，但是也是一番好意。問題是，他當時和隋煬帝已經有矛盾了，有人就在隋煬帝面前詆毀他，說：蘇威為什麼獻這本書呢？是因為《尚書》裡面有一篇叫《五子之歌》，是講夏朝的君主太康的故事。太康這個人一味地遊玩打獵，不理朝政，最後被后羿驅逐，這在歷史上叫太康失國。蘇威是故意借這篇故事來諷刺陛下的。

這個讒言有沒有力量呢？太有力量了，因為隋煬帝心裡清楚，自己就是這樣的人，他也害怕把國家丟掉啊！愈害怕就愈怕人提起，現在蘇威哪壺不開提哪壺，他當然更不滿意了。這是第二次衝突。

沒過多久，隋煬帝和蘇威的矛盾又升級了。這次是因為隋煬帝又向蘇威問起再次興兵討伐高句麗的事。大家會覺得奇怪，隋煬帝因為征討高句麗已經惹出這麼大的麻煩，怎麼就執迷不悟，非要再打

《五子之歌》出《尚書．夏書》。五子，大禹的五個孫子，夏啟的五個兒子。《五子之歌》就是兄弟五人所作以政治為主題的五首詩歌，埋怨他們共同的長兄太康，追念他們得祖父大禹留下的訓誡。這組詩歌，是對中國最早的帝王亡國的嘆息，也體現了中國核心的政治思想，即「民惟邦本，本固邦寧」。

高句麗呢？其實，這就是隋煬帝的心結。他知道，他現在面臨的一切問題，像人民造反，國際地位下降，甚至跟大臣失和，起因都在高句麗，可是愈這樣，他就愈覺得不甘心，愈覺得只要把高句麗拿下，一切問題就可以迎刃而解。所以才會著了魔似的，非要打高句麗。

蘇威是「五貴」之一，重要宰相，隋煬帝要打高句麗，當然得徵求他的意見。蘇威怎麼回答的呢？他說：

> 今茲之役，願不發兵，但赦群盜，自可得數十萬。遣之東征，彼喜於免罪，爭務立功，高麗可滅。

蘇威說，陛下願意打也可以，但是我考慮這次打仗，都不用徵兵。為什麼不用徵兵就能打仗呢？我們只要把群盜赦免就好了，只要一赦免群盜，立刻幾十萬軍力也就出來了。陛下赦免他們的罪過，讓他們戴罪立功，他們肯定感恩戴德，奮勇爭先。這樣一來，不就可以滅掉高句麗了嗎！

這個回答怎麼樣？其實真用心良苦了，既順著隋煬帝說要打高句麗，又跟他亮明當時天下大亂、義軍蜂起的現狀，希望隋煬帝能夠悔悟，真正考慮當務之急。這本來是一番好意。

隋煬帝馬上惱羞成怒。他怒氣沖沖地對另一個宰相裴蘊說：

> 老革多奸，以賊脅我！欲批其口，且復隱忍。

老革就是老傢伙、老東西。所以，隋煬帝這是罵人呢，這個老東西，他居然敢威脅我，我真想當場打他幾個嘴巴，好不容易才忍了下來。

裴蘊是最會見風轉舵的人，一聽隋煬帝這麼說，趕緊鼓動了一個人告蘇威，說：

> 威昔在高陽典選，濫授人官；畏怯突厥，請還京師。

什麼意思呢？此人一共羅列了蘇威的三大罪狀。

第一，濫授官爵。

第二，畏懼突厥。

第三，請求皇帝回大興城。

這不是莫須有嗎？蘇威選官是否不講原則今天已經不得而知，不好評判，但是要說畏懼突厥，雁門之圍的時候，隋煬帝的眼睛都哭腫了，還有誰比他更畏懼的呢？再說讓皇帝回大興城，那是最好的決策啊，怎麼能叫罪過呢！可是隋煬帝才不管是非，真就拿這三個莫須有的罪名給蘇威定罪，直接把他除名為民了。

緊接著又有人落井下石，控告蘇威勾結突厥。隋煬帝又讓裴蘊立案偵查，裴蘊直接給判了個死刑。這多冤枉啊！蘇威是個軟弱的人，此時已經八十多歲，但是為了活命，也只好叩頭告饒，請求隋煬帝看在自己侍奉兩朝三十多年的份上饒他一命。

隋煬帝饒恕他了嗎？還真饒他一死，可也僅僅是留他一條性命而已，政治權力剝奪得乾乾淨淨，不僅他本人，還有子孫三代全都除名為民，這樣他就再也不能對政治發表意見。

本章核心是三下江都，我們為什麼長篇大論地講蘇威的問題呢？因為蘇威不光是頭腦清醒，能給隋煬帝出好主意，還因為他是當時關隴貴族集團的政治代表，也是唯一有可能反對隋煬帝下江都的人。

前文講過，隋煬帝后期，在政治上有發言權的就是所謂「五貴」。「五貴」裡頭，裴蘊和虞世基是南方人，隋煬帝到南方，對他們來講其實差不多就是恢復陳朝的局面，是還鄉，他們自然不反對；裴矩是北齊人，屬於北方，但他基本上就是一個國際問題專家，其他事情不大參與；而宇文述雖然也是關隴貴族集團成員，但是，從他的所作所為看，他更像一個佞臣，只知道討好隋煬帝，根本沒有自己的政治立場和原則。

這樣一來，真正有頭腦，能代表關隴貴族利益，代表北方利益，也代表國家利益的其實只有蘇威了。現在蘇威除名為民，馬上在決策層裡，隋煬帝下江都也就再無阻礙了。

大業十二年（六一六），隋煬帝剔除了代表關隴貴族集團利益的元老重臣蘇威，一意孤行，非要三下江都。雖然此刻政治最高層已經無人反對，但是，隋朝清醒如蘇威者還大有人在。在國家形勢危急的情況下，又有一些人站出來阻止隋煬帝。那麼，他們將面臨什麼樣的命運呢？

果然，蘇威剛一貶官，江都修的龍舟也到了，宇文述馬上向隋煬帝提議，請隋煬帝巡幸江都。這正中隋煬帝下懷，隋煬帝立即就同意了。雖然這時候決策層已經沒有反對的聲音了，但是好多地位沒那麼高的人倒是憂國憂民，堅決反對。例如左候衛大將軍，也是關隴貴族集團出身的趙才進諫說：

今百姓疲勞，府藏空竭，盜賊蜂起，禁令不行，願陛下還京師，安兆庶。

什麼意思呢？如今百姓疲憊勞苦，國庫空虛，盜賊蜂擁而起，國家法令都已形同虛設。希望陛下返回京師，安撫天下百姓。

隋煬帝直接把他關起來。另一個六品小官建節尉任宗上書勸諫，隋煬帝乾脆在朝堂上一頓板子把他打死。緊接著，九品小官奉信郎崔民象也上表隋煬帝，請他以江山社稷為重，不要巡幸江都，隋煬帝更狠，先把他的嘴削掉，然後再砍頭。有這樣血淋淋的例子在前頭，朝廷裡也就無人敢再說什麼。

問題是隋朝除了有朝廷，還有後宮，隋煬帝出巡，自然不可能把所有的妃嬪宮女都帶上。那些妃嬪宮女雖然常年待在深宮裡，可也知道現在天下大亂，皇帝這一去恐怕就回不來了。這樣一來，她們就沒人管了，那多可憐啊！所以，她們整天拉著隋煬帝哀哀哭泣，請他留下來。面對這些妃嬪宮女，隋煬帝怎麼做的呢？這一次，他倒是惜香憐玉，不殺人了，還賦詩一首。說：

我夢江南好，征遼亦偶然。
但存顏色在，離別只今年。

趙才（五四六—六一八），字孝才，隋代酒泉人。年輕時驍勇好鬥，擅長騎馬射箭。北周時為輿正上士。隋文即位後，趙材因屢立軍功遷升，在晉王門下供事。隋煬帝即位後升為左備身驃騎，後升為右驍衛將軍，煬帝對他格外親近器重。隋煬帝被殺之後，趙才被義軍俘虜，最後抑鬱而死。

其實我嚮往的是江南的美好，征討高句麗只是興之所至。你們都好好保住你們的美貌容顏吧，我只是到江南看看，明年就回來，絕不會拋棄你們。

這詩寫得怎麼樣呢？看起來風流倜儻，但是，實在太不真誠了。其實這時候，無論是他本人還是宮女，誰都知道，這一去就不可能再回來，在這種情況下寫這樣的詩，這就不是多情，而是真正的無情。

就這樣，在一片反對聲中，隋煬帝還是義無反顧地帶著皇親國戚、后妃宮女、文武百官、僧尼道士以及禁軍驍果沿著運河下江都，把兩京都留給自己的孫子和大臣。其中，在西京留守的是代王楊侑，在東都留守的則是越王楊侗。這兩個人都還是十幾歲的孩子。要知道，當時北方的亂局，連隋煬帝自己都處理不了，現在居然把它扔給兩個十幾歲的孩子，這不就是放棄了嗎？

這已經是隋煬帝第三次下江都了。

第一次是在大業元年（六〇五），那個時候隋煬帝剛剛當上皇帝沒多久，下江都頗有點衣錦還鄉的意味，再加上運河是新開的，龍舟也是新建的，一切都是春風得意，一路上楊柳依依，旌旗獵獵，那是何等的愜意啊！

第二次是在大業六年（六一〇），那個時候隋煬帝對內完成了幾項大工程，國富兵強，對外則透過西出北巡，成了名副其實的聖人可汗，隋朝的國力達到頂峰，江都宮也剛剛落成，成了隋朝的第三個首都，在這種情況下巡遊，是何等的豪邁！

隋煬帝三下江都是地地道道的一意孤行，不得人心。在全國皆反的浪潮中，隋煬帝第三次下江都還會如前兩次那樣威風八面嗎？這一次將是一個什麼結果呢？

可是這一次，效果就完全不一樣，隋煬帝一路上聽到的都是各地造反的消息，而且還不斷有人攔路上書，請求隋煬帝不要走。比如說，隋煬帝一行剛剛到汜水，也就是河南虎牢，奉信郎王仁愛就冒死上表，請求隋煬帝回大興城。隋煬帝什麼反應呢？他二話沒說，把王仁愛斬了，接著走；走到梁郡，也就是商丘，又有老百姓上書說：「陛下若遂幸江都，天下非陛下之有！」隋煬帝又是二話沒說，砍了他的頭，再走。就這樣，一路砍頭，一路往前走，這還算什麼巡遊，簡直就是逃跑！

根據筆記小說《海山記》記載，有一天半夜，隋煬帝忽然在龍舟上聽見有人唱歌：

我兒征遼東，餓死青山下。
今我挽龍舟，又困隋堤道。
方今天下饑，路糧無些小。
前去三十程，此身安可保。
寒骨枕荒沙，幽魂泣煙草。
悲損門內妻，望斷吾家老。
安得義男兒，爛此無主屍。
引起孤魂回，負其白骨歸。

我兒子替皇帝征討遼東，結果餓死在青山腳下。如今我替皇帝拉縴，又困在隋堤的官道上。現在天下已經沒有糧食，我是餓著肚子往前走的。可是山一程水一程，離江都還遠著呢，我肯定到不了目的地，就會餓死在半路上。死了之後，我的骨頭就枕在黃沙上棲息，我的孤魂就繞著荒草飛舞。知道我這種慘狀，遠在家鄉的妻子一定會為我悲啼，父母也一定會為我號啕。不知我能否有幸遇到一個義氣的男兒呢，能夠把我的屍骨背回家去，引導著我的孤魂還鄉，這樣我就再無所求了。

這歌太淒涼、太不吉利了！隋煬帝立刻派人去查是誰在唱，可是根本查不出來，隋煬帝也因此悵然若失。這件事很可能不是真的，但是這個傳說所反映出來的情緒一定是真的。事實上，如果真讓老百姓發出聲音，他們的怨氣和怒氣一定比這還深；而隋煬帝的心情，恐怕也比他表現出來的要淒涼多了。

就在這樣的悲涼心境之下，隋煬帝終於到了江都。然而沒多久，又一個打擊接踵而至。他最信任的大臣宇文述一命嗚呼。宇文述可是隋煬帝的藩邸舊臣，當年為隋煬帝登基沒少效力，此後一直在隋煬帝身邊，逐漸成了所謂「五貴」之首。

當然，宇文述人品不好，沒出過什麼好主意，還陷害了不少好人。但是，他畢竟是隋煬帝身邊的元老重臣，見識過隋煬帝前些年的興，也目睹了隋煬帝後幾年的衰。無論如何，他還是隋煬帝當時最為倚重的大臣。

現在蘇威廢了，宇文述死了，隋煬帝身邊的「五貴」也逐漸凋零，只剩下三個。在大廈將傾的情況下，這個人數愈來愈寥落的宰相組合也顯得無比悽惶。這恐怕也是此次巡遊江都的整體基調了。

我們到底應該怎樣評價隋煬帝這次三下江都呢？一言以蔽之，這就是放棄責任。而且為了能夠放棄責任，他還廢了頭腦清醒、忠心耿耿的老臣蘇威，又殺了那麼多忠君愛國、冒死進諫的普通官員乃至百姓。他放棄了西京，放棄了東都，放棄了官員，放棄了百姓，其實，也就等於放棄天下。那麼，這時候，天下又將出現怎樣的局面呢？

【第二十五章】

李密崛起

李密因參與楊玄感叛亂而成為大隋王朝的通緝犯，整天東躲西藏，提心吊膽。但是一次命運的轉機，讓他成了隋末農民起義的首領，從此率領著瓦崗軍南征北戰，威震中原。那麼，誰是李密命中的貴人？李密的崛起，對整個隋末政局又意味著什麼？

李密，是西魏八大柱國之後，有著顯赫的家族背景。大業十一年（六一五），楊玄感造反，胸懷大志的李密也參與其中。楊玄感起兵失敗後，李密也被俘虜。然而，就在押解處斬的途中，李密略施小計，逃出囚籠，從此流落江湖。那麼，虎落平陽的李密都經歷了哪些困境？他又是怎樣成為大名鼎鼎的瓦崗軍之首？

大業十二年（六一六），隋煬帝第三次下江都。他這一走，馬上各路起義軍的力量也更加壯大。原來是各自為戰，但到大業十三年（六一七），已經形成幾支大的聯盟。哪幾支聯盟？

第一支，竇建德領導的河北起義軍。

第二支，杜伏威和輔公祏領導的江淮起義軍。

第三支，翟讓和李密領導的瓦崗軍。

在這三支起義軍裡，力量最強、影響最大的就是瓦崗軍。我們熟悉的那些隋唐英雄，比如單雄信、秦叔寶、程咬金、王伯當其實全都出身於瓦崗寨。更重要的是，當時天下大部分人都認為，有資格推翻隋朝、改朝換代、建立一個新政權的，應該就是瓦崗軍。那麼，瓦崗軍為什麼會有這麼大的影響呢？關鍵在於它有一個強有力的領導——李密。

前文講過，李密是關隴貴族集團的成員，也是楊玄感的謀主，楊玄感失敗後，他也被俘虜，要送到高陽處斬。但是，李密在押送的過程中略施小計，麻痺押送他的公差，逃跑了。逃到哪裡了？大家第一個反應可能就是逃到瓦崗寨了。沒錯，李密最後是逃到瓦崗寨了，但並不是很順利，中間經歷了一段顛沛流離的日子。

李密因為是通緝犯，自然不能回家繼續當貴族公子哥，只好淪落為寇。他首先就近投奔了河北的農民軍領袖郝孝德，想當郝孝德的軍師。但沒想到郝孝德是個粗人，李密雖然滿腹經綸，但在郝孝德這裡卻並無用武之地，簡直是秀才遇見兵，有理說

王伯當（？—六一八），隋末瓦崗軍將領。初於濟陽（今河南蘭考東北）率眾起義，曾推薦李密於翟讓，促使李密代替翟讓成了瓦崗起義軍的首領。後從李密入關降唐，不久又追隨李密反唐被殺。

不清。郝孝德根本沒把李密放在眼裡，對他非常不客氣，李密待不下去，只好走人。

往哪兒走呢？他在淮陽（今河南周口）一個小村子裡落腳，改名叫劉智遠，當起了教書先生，哄幾個小孩子，勉強糊口。教了幾個月之後，李密又耐不住寂寞，有一天趁著酒興，大筆一揮，題了一首五言詩。

金風蕩初節，玉露凋晚林。
此夕窮途士，空軫郁陶心。
眺聽良多感，慷慨獨沾襟。
沾襟何所為？悵然懷古意。
秦俗猶未平，漢道將何冀！
樊噲市井徒，蕭何刀筆吏。
一朝時運合，萬古傳名器。
寄言世上雄，虛生真可愧。

現在是金風初起、樹葉凋零的時節，在這樣一個季節，有一個窮途之士忍不住涕下沾襟。他為什麼會流下眼淚呢？因為他想起古代的一些人和事兒。他想起秦末漢初那段風起雲湧的日子，現在難道不也是像秦末一樣天下大亂嗎？但是漢朝重振的景象還看不到。可愈是如此，就愈是英雄的用武之日啊。比如秦末漢初的時候，樊噲不過是一個市井之徒，蕭何也不過是一個刀筆小吏，可是風雲際會，他們都在歷史上留下一筆。所以，世上的英雄啊，千萬要珍惜自己，珍惜機會，不要虛度一生！

李密有感而發，寫了這首詩，這首詩中寄言的英雄，不就是他自己嗎！這就和宋江在潯陽江口寫反詩一樣。

周圍有人覺得這個教書先生來路有問題，向淮陽郡的太守趙佗打了小報告。趙佗立刻派人來捉拿，幸好李密提前得到風聲，又逃跑了。這次逃到他的妹夫雍丘縣令丘君明那裡。丘君明挺仗義，願意幫忙，問題是他的官衙人來人往，藏這麼一個通緝犯，也不安全。

怎麼辦呢？丘君明又把李密託付給了當地一個遊俠王秀才。王秀才是個有眼光的人，看出李密是個英雄，不僅收留李密，還把自己的女兒嫁給了他。要知道，李密這時候已經顛沛流離了兩年，整天擔驚受怕，逃命的時候甚至要吃草根樹皮，現在忽然進入這麼一個溫柔鄉，難免英雄氣短，兒女情長，未必不想過幾天平凡安穩的日子。問題是，樹欲靜而風不止，他想安穩，而形勢卻不許他安穩。

怎麼回事呢？沒過多久，丘君明的侄子告發他了。丘君明幫著通緝犯李密隱藏行蹤，也是擔著天大的風險，所以一直小心翼翼，不向任何人透露這件事，但是他千防萬防，唯獨沒有防範自己的親人，這件事被他的侄子知道。他侄子是個賣親求榮的人，知道之後立刻上報。李密可是一級逃犯，隋煬帝一聽到他的消息，即刻派人捉拿。

幸好那天李密有事出去了，沒被抓到，但是李密的妹夫丘君明、岳父王秀才，還有新婚的妻子都當了替死鬼。這樣一來，李密想當燕雀也當不成了，只好重出江湖，做一隻雄鷹，跟命運廝殺。

不是有一個成語叫否極泰來嗎？就在李密家破人亡，呼天不應、叫地不靈的時候，終於找到了一個成就他一生事業的地方，這個地方叫瓦崗寨（今河南滑縣）；也終於找到一個賞識他的人，這個人叫翟讓。

翟讓是何許人呢？他是當時瓦崗軍的頭領，在瓦崗寨占山為王已經有五六年了。說起來，這個人的經歷和《水滸傳》裡的宋江有點類似。翟讓本來是東郡法曹，是個小官吏，平時為人豪爽，廣交朋友。大業六年（六一〇），不知為什麼事情觸犯法律，應當斬首，可是獄卒黃君漢敬重他是條好漢，不顧自己的身家性命，悄悄地把他放了。

翟讓是個厚道人，不能只顧自己逃命，所以離開監獄的時候，就問了黃君漢一句：「讓蒙再生之恩則幸矣，奈黃曹主何！」我現在蒙受你的大恩，就像重生一樣，可是我走了，你怎麼辦？沒想到黃君漢大怒，說：

本以公為大丈夫，可救生民之命，故不顧其死以奉脫，奈何反效兒女子涕泣相謝乎！君但努力自免，勿憂吾也！

我為什麼豁上身家性命來救你？是因為我覺得你是一個大丈夫，可以拯救生民的性命，所以才冒死助你脫身。沒想到你不符合我的期待，你居然像小兒女一樣哭著向我道謝，這難道是我希望你做的事情嗎？現在我既然放你跑，你就努力去跑，幹一番事業，就算對得起我了！

話都說的這麼明白了，翟讓也就肩負著救生民之命的責任逃跑。他選擇的地方就是瓦崗寨。翟讓是條好漢，在當地頗有影響力。他一到當地，有兩個高人立刻入夥。一個是單雄信，一個是徐世單雄信是傳說中的隋唐好漢之一，擅長使用馬槊。徐世在後世以支持武則天當皇后聞名，不過當時他還是個快意恩仇的少年英雄。什麼叫少年英雄？徐世自己說得好：

我年十二三為無賴賊，逢人則殺；十四五為難當賊，有所不快者，無不殺之；十七八為好賊，上陣乃殺人。

我從小就是一個賊人，十二三歲的時候是一個無賴賊，碰見誰殺誰；十四五歲的時候，我就成長了，變成一個難當賊了，誰惹我不痛快，我再殺他；十七八歲的時候，我又變成一個好賊了，不隨便殺人，而是上陣當了一個戰士，以戰士的身分去殺人。

那麼，徐世從難當賊到好賊這個人生轉捩點，是在什麼時候實現的？其實就是以他跟翟讓結識為臨界點實現的。徐世在跟著翟讓之前，是個快意恩仇的難當賊，但是跟了翟讓之後，則變成上陣殺人的好賊了。

單雄信和徐世這兩個人都非常驍勇，而且都是有錢人，仗義疏財，有他們加盟，翟讓的實力很快壯大起來，手下人馬超過一萬，成了河南、山東一帶勢力最大的起義軍。

李密從雍丘縣逃出來，就在山東一帶流亡。他在各路豪傑之間冷眼旁觀，覺得翟讓的瓦崗軍能成氣候，就投奔翟讓。

翟讓給流落江湖的李密，提供了一個落腳之地。但是李密也絕非平庸之輩，根據史書記載，他剛剛加盟瓦崗寨，就交給翟讓一份漂亮的投名狀。就是這個投名狀，徹底改變了李密和翟讓兩個人的命運。這個投名狀到底是什麼呢？

看過《水滸傳》的人都知道，到山寨入夥，總得展示一下自己的本事，這就是所謂投名狀。林沖投奔水泊梁山，要繳納的投名狀是一顆人頭；李密到翟讓這裡，繳納的投名狀是什麼？他給了翟讓一個盟主的地位。

當時山東地區豪傑並起，翟讓手下有一萬人，算是大山頭，還有一些小山頭，少則幾百人，多則上千人，李密一一拜訪，各個擊破，說服他們去追隨翟讓。這樣一來翟讓收編了不少人馬，勢力大增。

這些英雄憑什麼聽李密的呢？因為此時已經是大業十二年（六一六），隋朝滅亡的跡象愈來愈明顯，那條「李氏當為天子」的讖語也已經到處流傳，大家看李密是公卿之子，舉止不俗，又幾次虎口脫險，這不就是所謂的王者不死嗎？慢慢地就有人相信他是個真命天子了。

恰恰在這個時候，又出現了一個名叫李玄英的術士，一下子把李密應讖的神話推向了高潮。這個李玄英從東都過來，一個山頭一個山頭地尋找李密。別人問他為什麼非要找到李密不可，他就說：「斯人當代隋家」。這個人以後會取代隋朝，成為新一任皇帝。人家再問緣故，他說：

比來民間謠歌有《桃李章》曰：「桃李子，皇后繞揚州，宛轉花園裡。勿浪語，誰道許！」「桃李子」，謂逃亡者李氏之子也；「皇」與「后」，皆君也；「宛轉花園裡」，謂天子在揚州無還日，將轉於溝壑也；「勿浪語，誰道許」者，密也。

最近流行的《桃李章》這個歌謠太有來歷了，桃李子就是一個正在逃跑的姓李的人。「皇后繞揚州，宛轉花園裡」，皇也罷，后也罷，都是君主的代稱，這君主到了揚州之後，就要轉死於溝壑之間了，回不來了。至於「勿浪語，誰道許」是指，你不要亂說話，誰允許你說話的？「密」，你要保密。所以這首歌謠就是說，隋朝的皇帝到了揚州，就回不來了，誰取代他呢？就是一個在逃亡中的姓李名密的人，這就意味著李密必然取代隋朝啊！所以我才來找李密。大家聽他說得頭頭是道，不由得更是信服，也就願意接受李密的調遣，到瓦崗軍入夥了。這是一份多難得的投名狀啊！

入夥瓦崗寨，李密的人生就進入了快車道。此時，他終於遇到了一生中一個難得的貴人——翟讓。翟讓這個人沒有太大的本事，但是宅心仁厚，有一雙識人的慧眼，還有一顆容人的善心。眼看李密有這麼大的本事，翟讓發自內心地高興，很快就對李密另眼相看，開始跟他討論起軍事大計。李密遇到了知己，也再次燃起當年追隨楊玄感造反的激情，把心中的想法和盤托出。他說：

劉、項皆起布衣為帝王。今主昏於上，民怨於下，銳兵盡於遼東，和親絕于突厥，方乃巡遊揚、越，委棄東都，此亦劉、項奮起之會也。以足下雄才大略，士馬精銳，席捲二京，誅滅暴虐，隋氏不足亡也！

現在，隋朝的精兵都已經在征討高句麗的時候消耗盡，又和突厥斷絕來往，力量相當虛弱，再加上皇帝放棄東都，逃到江南，幾乎是天下無主。這就是英雄逐鹿的時候啊！希望您能席捲兩京，推翻隋朝，這才是英雄大業，千萬不能滿足於占山為王！

這番話打開了翟讓的眼界，也提升了瓦崗軍的境界。原來占山為王的瓦崗軍有了推翻暴隋、奪取政權的終極目標，這多鼓舞人心啊！

李密提出這麼一個宏偉目標，翟讓什麼反應呢？翟讓是個比較窩囊的人，他說：

吾儕群盜，旦夕偷生草間，君之言者，非吾所及也。

我就是一個盜賊，我想在草澤之中苟且偷生，你說的這些話，我還真是想不到，也做不到。話雖如此，他還是真心實意地尊重李密，很快就在李密的建議下主動出擊，攻破了滎陽郡好幾座縣城。

李密入夥瓦崗寨後，不但帶來了人馬，還拿下了不少地盤。在瓦崗寨站穩了腳跟。胸懷大志的李密是否就此止步了呢？他是否還有更高遠的理想？

李密的理想可不止於此。站穩腳跟只是他規劃的第一步。第二步，他要圖謀更大的發展。很快，李密又做了兩件大事，他在瓦崗軍中的地位因此又提升了一大步。

第一，大敗張須陀。

第二，奪取興洛倉。

先看第一件。瓦崗軍攻破了滎陽幾座縣城，這可讓隋煬帝著急了。因為滎陽就在東都洛陽的東邊，如果這個地方被瓦崗軍占領，馬上就會威脅到洛陽的安全。

於是，隋煬帝立刻任命老將張須陀擔任滎陽通守，圍剿瓦崗軍。前文講過，張須陀是隋朝難得的一位將軍，手下有秦瓊和羅士信兩員猛將，沒少打敗過各路起義軍，是一個讓人聞風喪膽的人物。朝廷派這個人來，該怎麼辦呢？這時候，李密和翟讓的意見就不一致了。

翟讓什麼反應？他嚇壞了，立刻說：張須陀厲害，我在他手下沒少吃過虧了，咱們避避風頭，撤吧。李密說：

> 須陀勇而無謀，兵又驟勝，既驕且狠，可一戰擒也。公但列陣以待，密保為公破之。

不用害怕張須陀，張須陀是有勇無謀之人，而且最近剛剛打了大勝仗，這讓他變得驕橫而又暴躁，這樣的人其實並不危險，我保證跟他打一次就能把他俘虜。所以翟公您就放心地跟他正面交戰，我保證能讓您取勝。

怎麼才能一戰破之呢？李密用了一個伏兵計。他讓翟讓率領幾萬主力和張須陀正面交戰，自己則率領一千精兵，埋伏在大海寺（今滎陽老城

> 張須陀（五六五—六一六），弘農閿鄉（今河南靈寶）人。隋朝大將。少年時從史萬歲討西爨，因功授儀同。隋煬帝即位後，從楊素平亂，加開府。六一〇年，擔任齊郡（今山東濟南）丞。六一三年起，先後帶兵鎮壓了王薄、裴長才、左教文；盧明月等農民起義軍，因功官至齊郡通守，河南道十二郡黜陟討捕大使。六一四年，率師攻打翟讓，李密領軍的起義軍，兵敗被殺。

東）北面的密林之中。張須陀是常勝將軍，根本沒把翟讓放在眼裡，擺開方陣就衝過來了，翟讓這邊則是且戰且退。張須陀一看翟讓這副窩囊相，更得意了，想也沒想，一路往前追，眼看著就追到大海寺來了。

等到張須陀的主力剛一過了大海寺，李密馬上率領一千勇士從樹林中殺了出來，咬住了張須陀的後隊，翟讓雖然謀略不足，但也是驍勇善戰之人，一看李密動手，他也殺了個回馬槍，把張須陀的部隊團團圍了起來。

張須陀還真是個英雄，憑藉一杆長槍，很快殺出重圍。問題是，他出來了，手下的兄弟們還被圍在裡面。張須陀是個顧及手下人的好長官，按照《隋書．張須陀傳》的記載：

> 須陀躍馬複救之，來往數四，眾皆敗散，乃仰天歎曰：「兵敗如此，何面見天子乎？」乃下馬戰死。

張須陀本來衝出來了，看弟兄還在包圍圈裡，又衝進去，來來回回好幾次，最後發現怎麼也不能把全軍帶出來了，敗局已定，他仰天長歎，說：我打敗仗至此，還有什麼臉面再見天子？乾脆下馬力戰，直至戰死。張須陀將軍戰死後，所部兵晝夜號哭，數日不止。作為一個將軍，盡忠報國，受人愛戴，也算是好將軍了，只可惜生不逢時，又有什麼辦法呢？

大敗張須陀，對李密的意義可太大了。這讓他第一次有了自己的人馬。張須陀死後，他手下的士兵紛紛投降李密，從此也就成了李密的嫡系部隊。翟讓是一個能容人的厚道人，眼看李密勢力壯大，他並沒有打擊報復，而是順水推舟，讓李密獨立出來，成立「蒲山公營」。這樣一來，李密在瓦崗軍的地位就再也不是一個謀士，而成了合夥人了。

再看第二件，奪取興洛倉。大敗張須陀之後，瓦崗軍兵多將廣，成了當之無愧的中原第一起義軍。李密不是一直夢想著改朝換代嗎？現在離他的夢想又近了一步。問題是，真要改朝換代，除了依靠軍事之外只能依靠人心。不是有一句話叫「得民心者得天下」嗎？怎樣才能得民心呢？這時候，李密又出第二個主意了。他說：

今百姓饑饉，洛口倉多積粟，去都百里有餘，將軍若親帥大眾，輕行掩襲，彼遠未能救，又先無預備，取之如拾遺耳。比其聞知，吾已獲之，發粟以賑窮乏，遠近孰不歸附！百萬之眾，一朝可集，枕威養銳，以逸待勞。縱彼能來，吾有備矣。然後檄召四方，引賢豪而資計策，選驍悍而授兵柄，除亡隋之社稷，布將軍之政令，豈不盛哉！

如今天下大亂，老百姓最缺糧食。而距離東都一百多里的興洛倉是最大的糧倉，囤積的糧食不可勝數，目前並沒有什麼守備。如果我們奇襲興洛倉，開倉放糧，遠近的老百姓一定會歸附我們。我們哪怕想發展到一百萬人，都不在話下。到那時，我們又有武裝，又有糧食，又有兵源，還有民心，改朝換代，易如反掌啊！

那麼，面對李密這個建議，翟讓反應道：

此英雄之略，非僕所堪；惟君之命，盡力從事，請君先發，僕為後殿。

翟讓說，你說的真是英雄偉略，這不是我所能想到、做到的，但是我願意盡力幫你，所以你做前鋒，我來殿後，咱們一起完成。

有了翟讓這句話，李密也就沒有顧慮了。他和翟讓兩個人率領七千精兵，從陽城（今河南登封）出發，一舉拿下興洛倉。

興洛倉是隋朝最大的糧倉，周圍二十餘里，「穿三千窖，每窖容八千石」，三千個糧窖，每一個糧窖儲存糧食八千石，全倉儲米約有二千四百萬石，這得夠多少人吃飯啊！

拿下興洛倉之後，瓦崗軍立刻開倉放糧，四方饑民扶老攜幼，都到這裡來領糧食。真是個個鼓舞，人人歡欣。瓦崗軍讓老百姓有飯吃，老百姓對瓦崗軍自然感恩戴德，果然就出現了李密預料中的青年士卒踴躍參軍的大好局面，幾天之

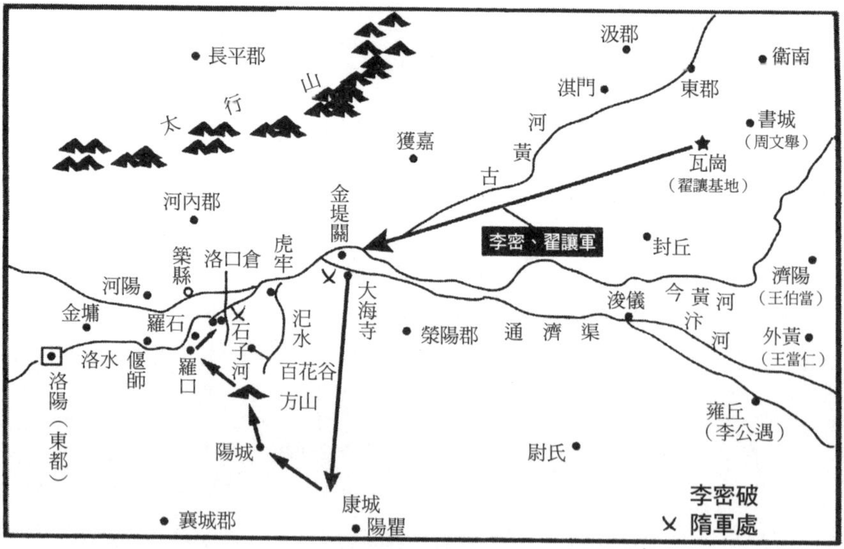

李密起兵形勢圖

間，瓦崗軍就擴充到了幾十萬人。

奪取興洛倉，對瓦崗軍意義太大了。

首先，這個糧倉一拿下，就直接切斷東都洛陽的糧食供應，讓東都變得岌岌可危。這是軍事意義。

其次，通過開倉放糧，瓦崗軍作為威武之師、仁義之師的名聲也一下子傳遍了整個中原。這是政治意義。

軍事意義和政治意義哪個更重要？很難說，都非常重要！不光對瓦崗軍重要，對李密個人也重要。打下興洛倉之後，李密個人名聲也如日中天。誰都看得到，自從李密入夥，瓦崗軍就開始從一個勝利走向另一個勝利，實現了跨越式發展。翟讓不是個厚道人嗎？大業十三年（六一七）二月，他乾脆放下身段，推李密為主，號稱魏公，改元永平元年。雖然沒直接稱帝，但是，基本建制已經和皇帝差不多！

從大隋朝廷的通緝犯，變成反隋武裝瓦崗軍的掌門人，李密完成重要的身分轉變。此時的他，正在夢想建立一個屬於自己的王朝。要實現如此宏偉的理想，李密還需要做什麼呢？

到這一步，李密有權、有兵、有糧、有地盤、有民心，要誅滅暴隋，他還應該做什麼呢？還有兩件事至關重要。

第一件，拿下東都，占領隋朝的政治中心。

第二件，製造輿論，讓天下周知改朝換代的合理合法性，進而擁護改朝換代。

這兩樣都做到了，才能建立新政權。打東都是一個大問題，後文再講。先看製造輿論。怎麼才能讓天下人認可李密以及瓦崗軍，不是造反的亂臣賊子，而是除暴安良的好人呢？怎樣才能說服大家必須要打倒隋朝呢？這時候就不能光靠槍桿子，得靠筆桿子了。

駱賓王（約六二七—約六八四），字觀光，義烏（今中國浙江義烏）人。唐初詩人，與王勃、楊炯、盧照鄰合稱「初唐四傑」。起草著名的《討武氏檄》。

李密手下有一個著名的筆桿子，名叫祖君彥。此人的經歷和武則天時期，在揚州叛亂中給徐敬業捉刀代筆的駱賓王有點相似。駱賓王是一代詩人，但官場不得志，最後才鋌而走險，加入叛軍。祖君彥也是如此。此人是北齊宰相祖珽的兒子，從小博聞強識，出口成章。隋文帝的時候，大詩人薛道衡就向文帝推薦過他。沒想到隋文帝一聽這個名字，就說，不就是北齊大奸臣祖珽的兒子嗎？這種人我不用！好好一個人，因為爸爸的歷史污點被晾在一邊了。

祖珽，字孝征。范陽（今河北容城）人。自幼天資過人，工於文章、善彈琵琶，為當時名醫，也是博學多聞的奇才。然而，祖珽生活放縱淫亂，聚斂貪財，結黨營私，阿諛奉承，曾擔任北齊宰相，陷害忠臣斛律光。

好不容易到了隋煬帝，歷史問題沒那麼敏感了，可是隋煬帝在文學上頗自負，容不得別人超過自己，所以對祖君彥這麼一個大才子也頗為忌諱，只讓他當了一個小小宿城縣令。懷才不遇，這讓祖君彥非常不滿，眼看著隋朝一天亂似一天，他也整天鬱鬱思亂。

心動就要行動。瓦崗軍勢力強大起來，打下了祖君彥所在的東平郡後，祖君彥乾脆投降了李密。

李密正在創業時期，招賢納士，對祖君彥自然奉若上賓，凡有檄文、告示，一律交給祖君彥負責。有道是「士為知己者死」，祖君彥半生蹉跎，終於找到肯賞識自己的人，也就一心一意為李密效力。現在，李密不是要打輿論戰嗎？祖君彥大筆一揮，就寫成了一篇《為李密檄洛州文》，又叫《討隋檄文》，歷數隋煬帝十大罪惡。都是什麼罪惡呢？

第一條，殺父害兄。
第二條，強姦妹妹。
第三條，沉湎酒色。
第四條，廣建亭台。
第五條，橫徵暴斂。
第六條，巡遊無度。
第七條，征伐高麗。
第八條，拒諫妒能。
第九條，賣官鬻爵。
第十條，言而無信。

祖君彥（？—六一八），字不詳。范陽人。官至東平郡書佐。郡陷於翟讓後，為李密所得。李密非常尊重他，軍書羽檄都出自他手。李密兵敗後，為王世充所殺。據《新唐書》記載，祖君彥死後，還被戮屍示眾。

從私德說到公德，把隋煬帝罵了個狗血噴頭。這也罷了，說完這十大罪狀之後，祖君彥還加了兩句更嚴厲的：

罄南山之竹，書罪無窮；決東海之波，流惡難盡！

隋煬帝的罪惡，到底有多少？把南山的竹子都伐下來寫滿字，也寫不完；隋煬帝的罪過到底有多大？掘開東海，讓波濤流蕩，也滌蕩不盡他的全部罪過。這樣的皇帝，不就是獨夫民賊嗎？所以，李密起來推翻他，不就是救民水火的正義之舉了嗎？

問題是，這個檄文所說的十大罪狀是真的嗎？

不完全是真的，比如隋煬帝殺死父親就不完全是那麼回事。說他強姦妹妹，更是子虛烏有。說他沉湎酒色，也沒什麼根據。要知道，隋煬帝是個工作狂，幾乎沒什麼機會坐下來享受生活。酒也罷，色也罷，根本不是他的興奮點。另外，他一生敬重蕭皇后，三個兒子之中有兩個是蕭皇后所生，在色這個問題上倒是比一般封建帝王還要檢點。所以說，這些私德方面的指責，其實都不怎麼可信。

即使是公德方面，隋煬帝也絕不是像檄文所說的那樣，一團糟。所謂廣建亭台、巡遊無度等問題都有具體的歷史背景，不能一概算成惡政。要說真正無可辯駁的惡政，也就是征伐高句麗、拒諫妒能、言而無信等三四條而已。

問題是，就這三、四條，已經讓老百姓深受其苦，何況檄文又不是研究論文，只要鏗鏘有力、能打動人心就是好作品，誰還那麼認真地去分析真假呢？愈是這種真假參半的，宣傳起來才愈有效果呢！所以，這篇檄文一出來，真是堪比雄兵百萬，馬上天下為之震動。

本來李密駐兵滎陽，兵鋒就已經直指洛陽城，現在再加上這麼一個厲害的檄文，留守東都的越王楊侗可坐不住了，立刻派了一個叫元善達的官員向隋煬帝報信。

元善達歷經千辛萬苦，趕到江都，一見到隋煬帝，眼淚就下來了。他說：

李密有眾百萬，圍逼東都，據洛口倉，城內無食。若陛下速還，烏合必散；不然者，東都決沒。

什麼意思呢？李密擁眾百萬，包圍東都，占據洛口倉，東都城內已經沒有糧食了，要是陛下迅速返回東都，李密的烏合之眾攝於陛下威靈必然會潰散而去，若陛下不回，東都一定會陷落。

要知道，東都洛陽可是隋煬帝時期最重要的政治重心，其重要性甚至超過了西京大興城。所以，一聽到元善達的奏報，隋煬帝也深受震動。可是，震動歸震動，他並不會因此回東都。

隋煬帝其實是一個很脆弱的人，經歷過幾番失敗之後，他已經心灰意懶，再沒有當年所向披靡、一往無前的勇氣了。怎麼打發這個元善達呢？這時候，宰相虞世基說話了：

越王年少，此輩誑之。若如所言，善達何緣來至？

越王年輕，這些人誑騙他，要是像他所說的那樣，李密把城都圍起來了，元善達怎麼能來到這裡呢？

隋煬帝一聽，立刻藉機下臺，不僅不回東都，還直接把元善達打發到東陽（今浙江金華）農民軍最活躍的地方督運糧草。沒過幾天，元善達就被農民軍殺死了。這不就是裝聾作啞，施行所謂的鴕鳥政策嗎？

隋煬帝扮鴕鳥，不敢回北方，這對李密應該是個利多消息。那麼，李密能否順利打下洛陽城呢？

【第二十六章】

中原苦戰

李密進入瓦崗軍之後，真是如魚得水，接連取得軍事和政治上的重大勝利。也從一個東躲西藏的通緝犯一躍成為隋末農民起義的第一號人物，受到各路英雄的推戴。那麼，李密是否就能夠從此順風順水，直至成就大業呢？

自從投靠瓦崗軍之後，李密迎來了他人生的春天。他大破張須陀，奪取興洛倉，讓瓦崗軍威震中原。他本人也設置官署，建號魏公，離皇帝似乎只有一步之遙。李密的前途是否會一帆風順呢？

李密進入瓦崗軍後如魚得水，不到一年時間就大破張須陀，奪占興洛倉，取得軍事和政治的重大勝利。他自己也從一個東躲西藏、無處容身的通緝犯，一躍成為瓦崗軍的首領，受到各路英雄的推戴，建號魏公，設置官署，離皇帝似乎也就是一步之遙了。那麼，李密是否從此就順風順水，直至成就大業呢？非常遺憾，事實並非如此。此刻的李密，開始面臨兩大問題的考驗。哪兩大問題？

第一個是軍事問題。

第二個是人事問題。

從具體的戰役來看，李密一直在打勝仗，什麼問題也沒有，但最大的難題不是一城一地之得失，而是作戰方略。瓦崗軍崛起於河南，從一開始，攻打東都洛陽似乎成了必然目標。事實上，李密進入瓦崗軍後，所做的一切，也都是要把瓦崗軍和洛陽的距離愈拉愈近。問題是，李密想要奪取天下，攻打東都並不是最好的選擇。

為什麼這麼說呢？當年楊玄感起兵的時候，李密曾經出過上、中、下三策。其中，上策是攻打臨渝關，切斷隋煬帝的歸路；中策是攻打關中，占據隋煬帝的老巢；下策才是攻打東都洛陽。最後，楊玄感採取了下策，李密還因此扼腕歎息。可是，到大業十三年（六一七），李密卻也在東都周圍修營壘，挖壕溝，擺出一副打持久戰的模樣。

李密這樣做，和自己原來的理念背道而馳。此時，柴孝和、徐洪客分別提出意見。

柴孝和本來是隋朝縣令，後來舉城投降李密，當了李密的謀臣。眼看著李密屯兵洛陽城下，勝仗沒少打，但是短時間內也難以攻破洛陽，他覺得不是辦法，便建議李密，他說：

> 秦地山川之固，秦、漢所憑以成王業者也。今不若使翟司徒守洛口，裴柱國守回洛，明公自簡精銳西襲長安。既克京邑，業固兵強，然後東向以平河、洛，傳檄而天下定矣。

什麼意思呢？柴孝和說，洛陽是所謂的中州四戰之地，就算拿下來，也無險可守，在地理位置上遠不如被山帶河的關中地區。所以，秦漢兩朝才都定都關中，正是看中了這個地理優勢啊！另外，洛陽城防堅固，兵力不少，短時間內難以攻克。而關中兵馬大多都被隋煬帝帶到揚州去了，城防相對空虛，所以更容易拿下。兩相對比，不如主攻關中。站穩關中，進可攻，退可守，這才是建立霸業的基礎。

那具體該怎麼做呢？柴孝和說：可以讓副統帥翟讓守住興洛倉，再讓李密手下的另一員大將裴仁基守住新近攻下的糧倉回洛倉。這就算是穩定大後方了。李密本人則率領精銳，突襲大興城。拿下大興城，也就占據了隋朝的根本，在氣勢上就占優勢了，到時候再揮師東進，洛陽倒好拿下。分析完這些，柴孝和還補充了一句：

> 方今隋失其鹿，豪傑競逐，不早為之，必有先我者，悔無及矣！

如今隋朝把自己的鹿丟掉了，天下都來追這隻鹿，如果您不早下手，肯定就有人下手了，那時候

> 裴仁基（？—六一九），字德本，河東郡（今山西永濟）人。驍勇善戰，是隋末一名大將。隋文帝開皇初為親衛，後來因功拜為光祿大夫。王世充稱帝後，和宇文儒童謀刺王世充，事情洩露後被殺。

後悔莫及。

那麼，李密聽了柴孝和的建議，是什麼反應呢？李密說：

此誠上策，吾亦思之久矣。但昏主尚存，從兵猶眾，我所部皆山東人，見洛陽未下，誰肯從我西入！諸將出於群盜，留之各競雌雄，如此，則大業隳矣。

他說：這確實是個好主意，我也想了很久了，問題是，很難實現。為什麼呢？有兩個考量。第一個考量，我的部下都是山東人，洛陽在他們心裡就是代表著隋朝。如果我連洛陽都拿不下來，誰肯拋家捨業跟我去打關中啊！第二個考量，我手下將領都是群盜出身，有我在這裡震懾，他們還能相安無事，擰成一股繩；一旦我離開，恐怕馬上誰也不服誰，到時候，現有成果都保不住，更談不上什麼成就大業了！

李密這兩個顧慮有沒有道理呢？太有道理了。其中，第一個考量就是當年楊玄感面臨的難題，這是由瓦崗軍的兵源構成決定的，李密沒有辦法扭轉。第二個考量就涉及瓦崗軍的組織情況。瓦崗軍是怎麼組織起來的呢？其實類似加盟連鎖店。翟讓當年的班底算是一個總店，在這個總店之外，又不斷地吸收河南、山東的大小山頭加盟，算是分店。這些加盟進來的山頭，雖然都叫瓦崗軍，但是還是獨立建制，各自統領原班人馬。

這種組織方式的好處是擴張比較溫和，可以迅速地吸收各路人馬加盟；但是它也有壞處，那就是上下級關係比較鬆散，不是嚴格意義上的君臣關係，難以形成一個堅強的領導核心，只能靠統治者通過個人魅力震懾。現在，李密就是這麼一個強有力的統治者，但是他也知道，一旦自己像柴孝和所說的那樣離開，這個鬆散的聯盟馬上就會出問題。到那個時候，李密這個盟主，這個魏公，恐怕也就很難當了。

柴孝和是個聰明人，一聽李密這樣講，馬上就明白了李密的處境。於是，他又出了一個主意。他說：「然則大軍既未可西上，僕請間行觀釁。」既然主力部隊不能動，那我自己拉一支人馬去探探路行不行？李密一聽，這是個好主意，就派柴孝和帶著祖君彥寫的那個《討隋檄文》，再帶上幾十個騎兵，往西探路去了。

這瓦崗軍的名頭還真不是吹的。柴孝和這麼一路走、一路宣傳，周圍的山賊草寇都紛紛加盟，到了陝縣（河南和陝西交匯的地方）已經由原來的幾十人發展到一萬多人了。照這個樣子下去，就靠柴孝和這支偏師去攻打關中，也不是不可能。可是就在這個時候，李密這邊出事了。

李密一直跟東都的隋軍打仗，每次都身先士卒，一不小心就被流矢射中，只好躺在大營休養。主帥受傷，軍心不穩，隋軍哪能放過這個機會呢？立刻派出大軍，連夜突襲回洛倉。李密沒辦法，只好裹傷作戰，結果精力體力都不支，打了個大敗仗，不僅人馬死傷過半，而且把回洛倉也給丟了，不得已又退回了興洛倉。

前文講過，瓦崗軍在很大程度上是靠李密的個人魅力和戰無不勝的英雄業績才凝聚在一起。一旦吃了敗仗，問題馬上就暴露出來。柴孝和招來的一萬多人馬一聽說李密敗了，立刻跑了個精光。柴孝和沒辦法，只好又帶著幾個親兵回到了李密身邊。這樣一來，這次試探性的出兵關中也就以失敗告終。

一直打勝仗的李密，此時在軍事上面臨著向東打還是向西打的戰略問題。由於瓦崗軍以關東人為主，內部組織結構又比較鬆散，李密的主力無法向西突破。柴孝和以偏師出兵關中，也以失敗告終。向西這條路被堵住了，那麼，下一步李密將如何部署呢？

另一個建議李密的人叫徐洪客，是個在泰山上修行的道士。別看此人是出家人，卻極有政治眼光。他的建議，猶如醍醐灌頂，讓人清醒。

講李密兵敗回洛倉，只是一時的失利，很快地，李密不僅重新奪回了回洛倉，還進一步發展壯大，又拿下了黃河南岸的黎陽倉。黎陽倉在隋朝的儲糧量僅次於興洛倉，把這個大糧倉拿下，李密又一次開倉放糧，老百姓也又一次踴躍參軍，一下子瓦崗軍又擴編了二十萬。李密也是志得意滿。就在這種情況下，徐洪客給李密寫了一封信。他說：

大眾久聚，恐米盡人散，師老厭戰，難可成功。

你現在隊伍的規模愈來愈大，這些人可都是要吃米的，恐怕有一天米吃完了，你的大軍也就散夥了。現在你不趁著士氣旺盛趕快打仗，等以後大軍待久了，就不願意打仗了，那個時候你怎麼辦？這提醒如同醍醐灌頂。問題是往哪裡打呢？徐洪客說：

乘進取之機，因士馬之銳，沿流東指，直向江都，執取獨夫，號令天下。

你別整天就圍著東都轉，若真想成大事，就應該立刻率領精銳部隊往江都打，把隋煬帝俘虜了，天下不就是你的了嗎？這正是李密當年給楊玄感出的上策，用一句話表述，那就是擒賊先擒王。把王擒住了，就一切都好辦了。

那麼，李密會不會採納徐洪客的建議呢？也不可能。理由其實跟他不能放棄洛陽，直撲關中一樣。關中好歹還是北方地區，士兵們不可能追隨李密，更何況是揚州！

既不能入關中，也不能下揚州，李密也只好跟當年的楊玄感一樣，把東都洛陽當做唯一目標，就指望能把洛陽拿下，然後以此為基礎，號令天下了。

洛陽這邊的情況怎麼樣，相當艱苦。因為隋煬帝這時候又派援軍來了。大業十三年（六一七）七月，隋煬帝把他手下的一員得力悍將王世充派到洛陽來了。

王世充（？—六二一），字行滿，隋新豐（今陝西臨潼東北）人。隋末割據者之一。祖籍西域，本姓支。仕隋歷為江都郡丞。六一三年起，以鎮壓江南劉元進等部農民起義軍，升江都通守。後被調北援東都洛陽，隋煬帝被弒後，他擁越王楊桐為帝，不久廢掉楊侗，自立稱帝。後降唐，被仇家所殺。

王世充生性狡詐，特別會討隋煬帝的歡心。隋煬帝被圍雁門的時候，下令各地勤王。王世充聽到消息之後，衣不解帶，晝夜兼程趕去救援，從此贏得隋煬帝的信任。不過，此人可不是光會拍皇帝馬屁，在帶兵打仗方面也頗有心計。舉一個例子。

當年楊玄感起兵，江南劉元進等人也率眾響應。王世充當時擔任江都監，率領一支江淮子弟兵進攻劉元進，把劉元進打敗了。這倒還說明不了什麼問題，關鍵是劉元進失敗之後，餘部還有三萬多人，化整為零，繼續作戰。怎麼對付這三萬多人呢？王世充耍了心機。

他先是找了個黃道吉日到佛寺焚香，詛咒發誓說只要這些人投降，就一律免罪。劉元進的餘部也都是老百姓，不過是官逼民反，心裡還是渴望安定的。現在他們聽說能夠獲得諒解，接著回去過自己的小日子，也就紛紛投降。不料王世充是個背信棄義之人，一旦起義軍放下武器，他馬上就露出猙獰面目，把這三萬多人全都殺死在一個叫黃亭澗的山谷裡，屍體把山谷都給填平了。這是何等的兇殘陰險！

> 劉元進（？—六一三），余杭（今浙江余杭）人。隋末江南農民起義領袖，少年時就行俠仗義，為鄉里所尊崇。六一三年，劉元進起兵反隋，後隋近派王世充發了南兵數萬進攻劉元進。在隋將吐萬緒和王世充的鎮壓下，劉元進與管崇兵敗戰死，三萬餘人投降後，被坑殺於黃亭澗。

現在，隋煬帝就把這個人派到東都洛陽，讓他指揮整個東都的戰鬥。王世充從江淮帶了五萬親兵，再加上其他各路援軍，總共有十萬人歸他調遣。要知道，洛陽城本來就是深溝高壘，易守難攻，現在再加上新的有生力量，當然對李密就更加不利。向外打不行，打洛陽也困難，這是李密面臨的軍事困境。

一直盤踞在河南的李密，既不能離開中原，又不能打下洛陽，真有點進退兩難。然而，軍事困境還不是李密遇到的唯一困難。更糟糕的是，就在李密率領瓦崗軍跟東都洛陽的守軍以及王世充帶來的外援部隊苦苦戰鬥的時候，瓦崗軍內部又出現了一件人事方面的大事。

再來看人事問題。李密把老長官，他的大恩人翟讓給殺了。

翟讓可是李密一生中難得的貴人。此人雖然眼界不高，能力不強，但是寬厚仁慈，從一開始收留李密，到讓李密建立獨立的「蒲山公營」，和自己分庭抗禮，再到後來乾脆放棄瓦崗寨的領導權，推舉李密當瓦崗寨主，稱魏公，自己甘願稱臣，翟讓真是把名字裡這個「讓」字發揮得淋漓盡致，對李密也是仁至義盡。可以說，如果沒有翟讓的退讓，也不可能有李密的光芒。

李密對這一點其實是心知肚明，對翟讓也頗為尊重。李密稱魏公之後，立即拜翟讓為上柱國、司徒、東郡公，讓他也自行開府，設置官吏，當瓦崗軍的副統帥。兩個人一個有義，一個有情，也算各得其所，相安無事。

可是，事情的發展往往是不由人們的主觀意志決定。雖然翟讓和李密兩個人都不是什麼壞人，但是，他們畢竟代表兩個系統。翟讓手下有單雄信、徐世等一批瓦崗軍的元老，而李密手下好多都是後來在戰鬥中收羅的隋軍敗將，如秦瓊、程知節、羅士信、裴仁基等。

這起義元老和投降將領之間，本來就存在著微妙的矛盾。元老們難免倚老賣老，而新投降的將領往往出身比較高，總覺得自己被欺負，也不服氣。本來，在李密還只是副手時，他一直都是壓著自己的手下，不讓他們惹事生非，所以還沒有什麼太大的問題，但是，一旦李密成了翟讓的領導，他手下的人自然就囂張起來，李密的心理也難免出現了微

> 程知節（五八九—六六五），字義貞，原名咬金，後更名知節，濟州（今山東泰安）人。世家大族之後。隋末，程知節入瓦崗軍，後投王世充，最後降唐，成為秦王李世民之骨幹成員。六四三年，唐太宗命將開國功臣肖像，圖畫於皇宮陵煙閣，程知節即其中之一。

妙的變化。

問題是，翟讓並沒有意識到這種變化，說話做事都不太留意。有幾件事讓李密很不滿意。

第一件，當時有一個叫崔世樞的官員投降了李密，李密一向招賢納士，崔家又是大族，所以李密對他非常客氣。可是翟讓不這麼想，他知道崔家是大族，既然如此，應該很有錢，怎麼不見他送禮給自己。想到這兒，翟讓乾脆把崔世樞送進牢房，非逼著人家送錢，不送就要動刑，這讓李密很難堪。

第二件，翟讓有一天一高興，就召李密元帥府的一個記室，也就是秘書，一起賭錢，可是這個記室不知何事耽擱了，沒有馬上到位，翟讓一生氣，當即打了他八十大板。我們都知道一句話叫打狗看主人，現在翟讓居然如此放肆地對待李密手下的人，這也讓李密覺得不痛快。

第三件事就更不像話了。有一天，翟讓居然對李密手下的一個重要謀臣房彥藻說：

君前破汝南，大得寶貨，獨與魏公，全不與我！魏公我之所立，事未可知。

你此前攻破汝南時得了很多寶貨，只給了魏公，卻不給我！魏公是我擁立的，天下事的變化尚難知道呢。翟讓什麼意思？他是說，李密這魏公是我立的，我既然可以立，當然也可以廢，你憑什麼就這麼勢利眼？這是公然居功自傲，不把李密放在眼裡啊！

李密手下那幫人本來對翟讓就不忿，出了這麼幾檔子事，他們也就開始慫恿李密，說「讓貪愎不仁，有無君之心，宜早圖之」。翟讓這個人貪婪、剛愎，而且有無君之心，對您不夠尊重，所以不如早點把他解決算了。

李密怎麼說呢？李密說：「今安危未定，遽相誅殺，何以示遠！」如今天下大局未定，我要是隨便殺自己的人，外邊的人怎麼看我？其實，從這句話裡我們就可以看出來，李密並非不想拿掉翟讓，只是顧慮外界的評價。既然李密已經動了殺心，那接下來，翟讓的處境可就更危險了。

正好這時候，翟讓的哥哥又犯了一個錯誤，讓李密覺得忍無可忍。翟讓的哥哥叫翟弘，是個既愚蠢，又貪婪的人。翟讓把瓦崗軍的第一把交椅讓給李密，翟弘很生氣，就說：

天子汝當自為，奈何與人！汝不為者，我當為之！

天子這樣好的事情，你怎麼能隨便給別人做呢？你要是不想做，我做。翟讓聽了什麼反應呢？他哈哈大笑，根本沒記在心上。

可是，這話傳到李密耳朵裡，就不是單純的玩笑了！李密有了疑慮，他手下那幫謀臣就更要慫恿了。他們說：

毒蛇螫手，壯士解腕，所全者大故也。彼先得志，悔無所及。

一旦被毒蛇咬到了手，壯士就會把整個手都砍掉。為什麼呢？因為和生命相比，手是小的，不能因小失大。您跟翟讓的關係也是如此。雖然他和您交情不淺，但是這個交情和您的大業相比，那就是小的了。翟讓兄弟都是粗人，粗人的問題就是思考能力弱，但是行動能力強。翟司徒目前固然沒什麼不利於您的想法，但是，萬一他哪一天有想法了，他可不會像您這樣前思後想，恐怕是說出手就出手，到時候您可後悔莫及啊！

李密一聽有道理，終於下定決心，要解決翟讓！

從李密投奔瓦崗軍以來，翟讓一直以寬厚、善良的心態來對待李密。沒有翟讓的包容和支持，就不會有李密後來的發展。然而，李密占據瓦崗軍的第一把交椅之後，卻和翟讓產生了深深的矛盾。在從前的大恩人翟讓和自身權力之間，李密會做出怎樣的抉擇？

大業十三年（六一七）十一月十一日這天，李密擺下宴席，請翟讓和翟讓的哥哥翟弘、侄子翟摩侯一起喝酒。翟讓沒有任何懷疑，很高興地來了。但不是自己來的，手下兩員大將單雄信和徐世也跟著他。翟讓坐下，他們兩員就站在後邊侍立。李密本來準備在宴席上動手的，一看這架勢就有點鬱悶，這兩員大將可都是有萬夫不當之勇，有他們在場，自己的刀斧手未必對付得了啊！怎麼辦呢？李密想了想，說話了：

今日與達官飲，不須多人，左右止留數人給使而已。

今天是我們兄弟歡聚，閒雜人等就別在這兒吧。他其實是想支開翟讓身邊的人。沒想到話一出口，他自己身邊倒是走了幾個人，而單雄信和徐世照樣站在翟讓身後不動。

這不是該走的都沒走，不該走的都走了嗎？怎麼辦呢？這時候，謀士房彥藻在旁邊說了一句話：「今方為樂，天時甚寒，司徒左右，請給酒食。」今天挺冷，您哥倆喝酒，是不是翟司徒的左右也去喝一杯呢？李密反應多快呀，立刻說：「聽司徒進止。」讓翟司徒說了算吧。他把這個問題拋給翟讓了。翟讓腦子哪有李密靈光，馬上就說：那就去吧。既然主公發話，單雄信和徐世也就走了，只有李密手下的一個壯士蔡建德還在旁邊帶刀侍衛。

這時候李密對翟讓說，翟兄，我新得了一把好弓，趁著酒菜還沒擺上來，您先幫我過過眼？翟讓也是英雄出身，一聽說好弓就來精神了，馬上接過來，一使勁拉了一個滿弓。就在他屏氣凝神，跟那把弓較勁的時候，蔡建德從他身後一刀就砍了下來。翟讓一下子就倒在了地上，發出像牛一樣的吼叫聲。可憐一個忠厚老實的好漢，就這樣死在了自己鼎力扶持的李密之手！

殺了翟讓之後，蔡建德又接連把翟讓的哥哥翟弘、侄子翟摩侯一併幹掉。這時候，在隔壁屋子喝酒的單雄信和徐世都呆住了。單雄信腿一軟，當即就跪在地上，叩頭請求饒命，李密當然是好言安慰。單雄信服軟了，徐世奪門而逃，剛跑到門口，就被守門的武士一刀砍在了脖子上，鮮血直流。看到這種情形，李密請來的陪客，當然也是參與者之一王伯當，立刻喝住了門衛，把徐世抬回屋子裡，由李密親手給他包紮傷口。把這兩個重量級人物安頓好了，李密又立刻對著翟讓帶來的其餘人馬大喊：

> 與君等同起義兵，本除暴亂。司徒專行貪虐，陵辱群僚，無復上下；今所誅止其一家，諸君無預也。

咱們都是一塊兒起兵推翻隋朝，可是翟司徒這個人貪婪暴虐，淩辱手下的官僚，對我也很不尊重，所以今天我就把他一家給殺了，跟你們沒有關係，你們不要害怕。

說完之後，李密單槍匹馬，進入翟讓大營，安慰翟讓手下的官兵。要知道，翟讓是個好人，但也是個粗人，平時待部下就是恩少威多，比較殘忍。他的哥哥和侄子更是沒什麼人緣，所以眼看著他們死於非命，手下並不是很傷心。再加上李密推誠待人，還讓翟讓陣營的徐世、單雄信繼續統領部眾，這些官兵也就逐漸安頓下來了。這樣一來，雖然誅殺翟讓是瓦崗軍集團一次嚴重的內訌，但是並沒有引起軒然大波。

為此，一直跟李密打仗的王世充也忍不住說了一句：「李密天資明決，為龍為蛇，固不可測也！」李密真是一條好漢，以後是成龍還是做蛇，不好說。言下之意，這次內訌他本來是想利用一下了的，但是現在看來利用不成了。

問題是，這件事難道就真的沒有後遺症了嗎？不可能。瓦崗寨誰不知道翟讓是李密的大恩人，現在李密連恩人都能殺，以後還有什麼人不敢殺、不忍殺、不能殺了呢？所以，雖然表面上太平無事，但是其實所有人都產生了自危之心，對李密的擁戴之情也冷淡了不少。

至此，我們已經把李密面對的兩大難題講完了。那麼，經歷了這樣的困難，李密的前途會怎樣呢？應該說，儘管內部外部困難重重，但是，只要沒有其他勢力的介入，李密的成功還是很有希望的。因為東都雖然有王世充增援，但是總體來說，李密還是勝多敗少，更何況他掌握了幾大糧倉，而東都的糧食供應則是一天比一天吃緊，就算是拖時間，李密也並不吃虧。

在內部，雖然殺翟讓造成了一些不良影響，但是因為李密處置還算得體，所以並沒有引發內部分裂一類的嚴重局面。換句話說，只要給李密足夠多的時間，他應該可以拿下東都，也可以慢慢彌合瓦崗軍的內傷。

問題是，我們所說的這一切，都建立在一個前提基礎上，那就是沒有其他勢力的介入。可是，這個前提本身是不存在的。就在李密在中原大地上和隋朝的主力部隊苦苦搏鬥的時候，從山西崛起了一支新的力量，這支力量一崛起，馬上隋末的形勢，乃至整個中國歷史的方向都發生了一次大的改觀。這是一支什麼力量呢？

【第二十七章】太原起兵

論親疏，他本是隋煬帝的親表哥；論身分，他又是隋朝冊封的唐國公，既富且貴。但是誰也沒有想到，就是這樣一位與隋煬帝有著如此密切關係的人也開始起兵反叛大隋。這個人到底是誰？他為什麼也要造反呢？

在中國歷史上，有兩個朝代有著千絲萬縷的關係，那就是隋和唐。唐初的很多大臣都曾在隋朝身居要職，甚至唐朝的開國皇帝李淵，也是隋朝隋煬帝的表哥。歷史上，再也沒有哪兩個朝代能像隋唐這樣關係親近。那麼，這就帶來一個問題，既然關係如此親近，李淵為什麼要反叛隋煬帝呢？

大業十三年（六一七），就在李密率領瓦崗軍和隋軍主力苦鬥的時候，有一支力量從太原崛起，迅速地改變了整個隋末局面。這是一支什麼樣的勢力？這支勢力是出自統治集團內部的一支造反力量，它的領導者名叫李淵。

李淵是西魏八大柱國之一李虎之後，關隴貴族集團的重要成員，封爵唐國公。他跟隋煬帝還是親戚。李淵的母親和隋煬帝的母親是親姐妹，兩人都是北周重臣獨孤信的女兒，李淵比隋煬帝年長兩歲，隋煬帝叫李淵表哥。

正因為這樣的出身，這樣的關係，隋煬帝在第三次下江都之前，拜李淵為右驍衛將軍，太原留守，主持山西地區的軍政大局，這可意味著很大的信任。可是，就是這個李淵，居然在大業十三年七月揭竿而起！

農民軍反對隋煬帝可以理解，那是官逼民反，李淵既親且貴，為什麼也要造反呢？

傳統說法是，他本人並不想造反，都是被他兒子李世民慫恿。李世民在中國歷史上大名鼎鼎，就是後來的唐太宗，但在當時，他不是什麼了不得的人物，只是一個十八歲的少年，在李淵的兒子裡排行老二。不過，儘管李世民年紀輕，但人卻非常英雄，按照《資治通鑑》的說法，就是：

> 聰明勇決，識量過人，見隋室方亂，陰有安天下之志。

此人非常聰明、勇敢果斷，而且非常有見識，他早就意識到隋朝已經是大廈將傾了，而自己的爸爸李淵擔任太原留守，手握精兵，於是就產生了利用自身實力奪取天下的想法。

怎麼奪取天下呢？按照兩《唐書》和《資治通鑑》的說法，他背著李淵偷偷開始活動了。怎麼活動呢？從三方面的來看。

第一方面是結交謀士。當時有個人叫劉文靜，本來擔任晉陽（今山西太原）令，是個有抱負的人。但是因為和瓦崗軍的領袖李密是姻親，所以受到牽連，被關進太原監獄裡。這樣的人，一般人都會躲著，但是李世民偏偏到監獄裡去探望他。

劉文靜（五六八—六一九），字肇仁，彭城（今江蘇徐州）人。唐朝開國功臣。世居京兆武功（今陝西武功），隋末，任晉陽（今山西太原）令，與晉陽宮監裴寂結交。李淵時為太原（今山西太原）留守。是李淵太原起兵的主要謀臣之一，後被李淵冤殺。

劉文靜平時就器重李世民，一看他前來探監，就說：「天下大亂，非高、光之才，不能定也。」現在天下大亂了，只有產生像漢高祖，或者是東漢光武帝那樣的人才，才能夠挽救這個局面。李世民當即就說：

> 安知其無，但人不識耳。我來相省，非兒女之情，欲與君議大事也。計將安出？

你怎麼知道現在沒有？只不過還沒人看出來罷了。言下之意，我就是漢高祖、光武帝之類的人才。而且，我現在到監獄來探望你，不僅僅是出於一般的友情考慮，是想來跟你謀劃怎麼樣奪取天下的。你說說，你心裡是怎麼想的？

劉文靜一看李世民說的這麼直接，也就和盤托出：

今主上南巡江、淮，李密圍逼東都，群盜殆以萬數。當此之際，有真主驅駕而用之，取天下如反掌耳。太原百姓皆避盜入城，文靜為令數年，知其豪傑，一旦收集，可得十萬人，尊公所將之兵復且數萬，一言出口，誰敢不從！以此乘虛入關，號令天下，不過半年，帝業成矣。

如今隋煬帝南巡江淮，不回來了，而李密又把東都洛陽給包圍了。在這兩大勢力之外，其他的群盜數以萬計，真是天下大亂。在這樣的背景下，如果有一個英雄，振臂一呼，肯定會應者雲集。

那麼，誰配當這個英雄？我們太原地面上，就應該產生這樣一位英雄。

為什麼？現在太原城裡，有十萬人都是避賊入城的避難之人。我在這裡當了幾年的縣令，我知道此地臨近少數民族地區，民風勁悍，一旦將這些人召集起來，那就不是十萬難民了，而是十萬雄兵。而且，你父親唐國公李淵手裡本來就有幾萬軍隊，如果把這兩股勢力——難民的勢力和軍隊的勢力，結合一起，乘虛進入關中地區，不出半年，天下就可以平定。

這是劉文靜勾勒的分析解決方案，從形勢分析，到實力分析，再到作戰的方向，應有盡有。

李世民一聽大喜，說：正合我意。這樣一來，劉文靜也就成了李世民的一個謀主。

第二方面的活動是結交將領。當時有三個侍衛皇帝的武官，一個叫長孫順德，一個叫劉弘基，還

長孫順德，唐初大將，河南洛陽人，為李世民文德皇后的族叔。早年依附李淵。晉陽起兵時招募有功，拜統軍。攻長安任先鋒，擒隋主將屈突通。高祖即位拜左驍衛大將軍封薛國公。貞觀初，以玄武門之變有功，食邑千二百戶。後坐事除名，復爵後折節為政，時稱良牧。卒後贈荊州都督，諡號「襄」。

有一個叫竇琮，都因為逃避遼東之役，到太原政治避難來。既然要造反，李世民覺得這幾個人素質不錯，就傾心和他們結交。這些人本來都是戴罪之身，算是在人屋簷下討生活，現在居然得到二公子李世民的禮遇，心裡當然感激，很快也就成了他的死黨。

謀臣和武將都有了，等於有了造反班底，此時還差一個關鍵的人物。李淵。所以，第三方面的活動是說服李淵。太原畢竟是李淵的天下，如果李淵不同意造反，李世民也是白搭。但是，按照史書的記載，李淵是個胸無大志、每天就知道醇酒婦人，而且年紀也大了，意志消沉，不想冒風險。

怎麼辦呢？劉文靜不是李世民的謀主嗎？他建議李世民，說李淵最喜歡晉陽宮宮監裴寂，每天跟裴寂一塊喝酒，總有說不完的話。裴寂勸他，他不一定容易聽進去。問題是，怎麼才能讓裴寂去為李世民當說客呢？這時候，李世民就拿出幾百萬私房錢，派自己的手下和裴寂賭博。賭博的結果自然是把錢全部輸給了裴寂，然後再告訴裴寂，這都是李淵的二公子李世民的錢。

這是不是很像當年楊廣收買楊素的弟弟楊約的故伎呢？那結果自然也和當年一樣，裴寂見錢眼開，也就答應幫助李世民遊說李淵了。

正好在此時，李淵這邊又出了一件事，讓遊說工作變得容易了。當時隋朝已經跟突厥關係破裂了，突厥開始經常性地騷擾北邊，這一次，甚至一直打到了馬邑（今山西朔州）。這是李淵的職權範圍，李淵就派副留守和馬邑太守王仁恭一起迎敵，結果打輸了。

打輸了會有什麼後果呢？別看隋煬帝自己打

裴寂（五七〇—六三二），蒲州桑泉（今屬山西）人。唐初大臣，隋末任晉陽宮副監，與李淵交誼深厚，為李淵太原起兵策劃者之一。六二九年，因罪放歸原籍，曾參與制定《唐律》。

高句麗也打不贏，但是處理敗軍之將還是非常嚴厲，所以李淵心裡沒把握，非常惶恐。看到這種情況，李世民就悄悄地對李淵說：

今主上無道，百姓困窮，晉陽城外皆為戰場。大人若守小節，下有寇盜，上有嚴刑，危亡無日。不若順民心，興義兵，轉禍為福，此天授之時也。

大人，您現在處境多狼狽！外面有賊寇作亂，上邊還有皇帝的嚴刑威逼著，您這次又打了敗仗，還不知道皇帝會給您什麼處罰，與其在這兒坐著等死，還不如順應天意民心，興兵造反，這才是真正的轉禍為福之計！

那麼，李淵什麼反應呢？李淵大驚失色，說：「汝安得為此言，吾今執汝以告縣官！」你怎麼敢說這樣的話呢？我立刻要去告發你！李世民一聽，不急不火，從容地說：

世民觀天時人事如此，故敢發言；必欲執告，不敢辭死！

我也是綜合考慮了天時人事，才跟您說的這番話，如果一定要告發我，我不敢辭死！那麼，李淵會不會去告兒子呢？怎麼可能呢？他長歎一聲，罷了。

第二天，李世民又來遊說李淵了。他說：

今盜賊日繁，遍於天下，大人受詔討賊，賊可盡乎？要之，終不免罪。且世人皆傳李氏當應圖讖，故李金才無罪，一朝族滅。大人設能盡賊，則功高不賞，身益危矣！

就算這次兵敗突厥，皇帝不處罰您，您也要想想自己的處境。您來太原，肩負著討伐盜賊的重任。問題是，如今盜賊遍天下，您能討伐得盡嗎？討伐不盡，終究免不了一死。那要是萬一成功了呢？李世民說，成功就更麻煩了。最近天下都傳「李氏當為天子」，皇帝也很忌諱。李金才什麼罪都沒有，居然就被滅族。如果您真的把盜賊討伐盡了，到時候功高不賞，皇帝豈不是更猜忌！那咱們一家還能活著嗎？所以您好好考慮一下我昨天的意見吧。

李淵一聽，覺得也挺有道理，就歎息一聲說：

吾一夕思汝言，亦大有理。今日破家亡軀亦由汝，化家為國亦由汝矣！

我一夜都在考慮你的話，你說的很有道理。你就去吧，把我們搞得家破人亡，那是你的事兒；如果你居然能夠化家為國，那也是你的功勞。這算是在心裡默許了李世民的做法。

正在這時候，又發生了一件事，更加堅定了李淵的決心。李淵他們打突厥失敗，李淵整天惴惴不安，不知道皇帝會怎麼處罰他。這時候，隋煬帝派了一個使者到太原來，要把李淵和王仁恭押送到江都！

到江都什麼結局呢？最大的可能就是殺頭。就算不殺頭，恐怕也要降級使用，或是留在江都幫隋煬帝討伐起義軍了。這不就等於背井離鄉，任人宰割了嗎？李淵才不願意呢。所以，一看見這個處罰，李淵的心真是涼到家了。這時候，李世民立刻再勸，說：

> 今主昏國亂，盡忠無益。偏裨失律，而罪及明公。事已迫矣，宜早定計。且晉陽士馬精強，宮監蓄積巨萬，以茲舉事，何患無成！代王幼沖，關中豪傑並起，未知所附，公若鼓行而西，撫而有之，如探囊中之物耳。奈何受單使之囚，坐取夷滅乎！

如今主上昏庸，國家動盪，為這樣的君主和國家盡忠是沒有意義的。比方說您明明是手下的人打敗仗，卻要讓您頂罪，馬上要把您押到江都去，形勢緊急，希望您早定大計。

李世民進一步講，我們太原地區兵強馬壯，而且晉陽宮囤積了不少戰略物資，我們就以這個為基礎興兵造反，那一定是戰無不勝。

李世民提出興兵造反，要去關中地區，因為在大興城主持工作的是代王楊侑，他不過是十三歲的小孩子，成不了大事。如今關中也是豪傑並起，只不過還沒有一支核心力量。如果現在從太原打過去，就能夠成為這支核心力量。到那時候奪取天下，如同探囊取物。有這麼好的前景不要，居然想接受一介使者的囚禁，到江都去忍受不測之災，那不是犯傻嗎？與其坐以待斃，不如鋌而走險。現在關中兵力空虛，正好趁此機會，打到隋煬帝的老家去！

李淵一聽，確實太有道理了，他本來已經動心了，現在又別無選擇，也就準備依計而行了。

可是，好事多磨，正當李淵父子蠢蠢欲動的時候，隋煬帝忽然又派了一名使者，傳令說，先前讓李淵去江都那個詔書不算了，皇帝仁慈，赦免李淵的罪行，讓他還繼續當太原留守。這道新的詔令下來，李淵鬆了一口氣，對造反的事又不熱心了。問題是，他不熱心，李世民著急了，這個老爹怎麼如此胸無大志，出爾反爾呢？

前文講李世民拉攏李淵的心腹裴寂，這時候，裴寂該派上用場了。怎麼用呢？劉文靜馬上去找裴寂說道：

> 先發制人，後發制於人。何不早勸唐公舉兵，而推遷不已！且公為宮監，而以宮人侍客，公死可爾，何誤唐公也！

先發制人，後發制於人，這是人人都懂的道理啊！你都答應我們要勸唐公起兵了，怎麼還不快一點！另外，你當晉陽宮監，居然私自把皇帝的宮女送給唐公，這可是欺君死罪。你死了也就罷了，可不要連累唐公！

劉文靜這是威脅裴寂，你做的那點事，別以為我不知道，我要是報告上去，你可吃不了兜著走！所以還是聽我的，立刻勸唐公起兵吧。

於是裴寂對李淵說：我前一段時間送您侍寢的那些女孩子都是晉陽宮的宮女，如果被皇帝知道了我們都得死，所以還不如反了呢。李淵一聽，沒辦法了，這才重新下定決心，準備造反。

按照這些記載，李淵起兵前前後後都是誰張羅的呢？全是李世民。從開始預謀造反，到建立造反班底，再到說服李淵並為李淵指明造反的方向和方法，全都是這個十八歲的天才少年的功勞。

按照兩《唐書》和《資治通鑑》的記載，少年英雄的李世民，看到隋朝氣數已盡，就處處留心，拉攏豪傑，並且慫恿自己的父親李淵舉兵起事。李淵被逼無奈，只好鋌而走險，參與其中。正統史料都充分肯定了李世民的作用，但是也有很多事情疑點重重。

問題是，這是不是真的呢？根本不是。根據史書的一些蛛絲馬跡的記載，李淵可不像兩《唐書》和《資治通鑑》說的那樣窩囊，事實上，對於改朝換代，他是早有預謀了。為什麼這麼說呢？講一件小事就明白了。唐朝筆記小說《隋唐嘉話》記載了這麼一段話：

> 煬帝宴群臣，以唐高祖面皺，呼為「阿婆」。高祖歸，不悅，以語竇後，後曰：「此吉兆。公封于唐，唐者堂也，阿婆即是堂主。」高祖大悅。

隋煬帝大宴群臣，李淵也參加了。因為李淵滿臉皺紋，隋煬帝就打趣他，管他叫阿婆。李淵覺得很沒面子，回家就跟夫人竇氏訴苦。夫人說：這是吉兆啊！皇帝管你叫阿婆，阿婆是什麼呢？那是

竇氏，京兆始平（今陝西興平）人。唐高祖李淵的皇后，北周大司馬竇毅的女兒，出身鮮卑貴族。唐高宗李世民的生母。竇氏知書達理，才智過人，有遠見卓識。後嫁給李淵，為其得力助手。竇氏生建成、世民、玄霸、元吉四子。李淵末即位，竇氏即先崩，謚「太穆」，追封為皇后。

堂主。你封為唐國公，他說你是堂主，這是說你要化家為國，當天下之主啊！李淵一聽，高興得不得了。

這件事史書沒有記載，但是，大業十二年（六一六），李淵被任命為太原留守，同年，隋煬帝也下江都了，他倆能一塊喝酒，說明這件事一定發生在大業十二年以前。換句話說，最晚在大業十二年，李淵也好，李淵的夫人也好，就在腦子裡興起當天下之主的念頭，根本不用李世民啟發。

其實，李淵有這種想法，這一點都不奇怪。

關隴貴族集團本來就有皇帝輪流做的傳統，一旦現行統治不穩固，內部立刻就會有人產生取而代之的想法。當年，大貴族楊玄感也是基於這種想法才造反的。李淵是八大柱國之後，一個姨媽是隋文帝的皇后，另一個姨媽是北周明帝的皇后，他的妻子竇氏還是北周武帝的外甥女，兩朝皇親國戚，論根基，比楊玄感還要硬，在當時的歷史背景下，他怎麼可能沒有想法呢？所以說早有預謀，根本不用兒子提醒，更不用兒子逼迫。

那麼，李世民拉攏文臣武將是不是真的呢？這也是真的，但是應該不是李世民的原創，而是李淵授意的。最簡單的道理是，如果沒有李淵在背後支持，李世民一個十八歲的少年，哪來的幾百萬私房錢去收買人心呢？

從這裡，我們就可以看出李淵的老練，眼看著天下大亂，他也想乘勢而起。但他是一個謹慎的人，他知道自己身分敏感，目標太大，不方便行動。怎麼辦呢？就讓兒子李世民替他來辦這些具體的事，替他聯絡英雄。等英雄的野心也被激發起來了，他再假裝窩囊，非讓英雄們再勸諫一番，才最終表態。這其實也是為了進一步統一人心，凝聚思想，跟三讓而後受之是同樣道理。

然而，後來李世民成了唐太宗，成了歷史的勝利者，為了說明自己當皇帝的合理性，乾脆篡改歷史紀錄，把自己從執行者變成了主謀，又把老爸李淵刻畫成了一個窩囊廢。這個結論，最近一些年已經被歷史研究者充分論證，我們也就不多說了。

舉兵起事，李淵早蓄謀已久，為了不讓人起疑，才讓兒子李世民四處張羅。那麼，經過李淵的老謀深算和李世民的協助，造反班底成立。問題是，任何時候造反都不是一件容易的事情，弄不好就身敗名裂。李淵如此老謀深算，既然決定造反，他肯定要把所有的準備工作做好。那麼，他都做了什麼準備工作呢？

李淵做了五件大事。

第一件事，召集兒女。俗話說打仗親兄弟，上陣父子兵。李淵要是造反，最信賴的當然是自己的兒女。可是，當時他的幾個年紀稍長的兒女中，只有李世民在身邊，其餘長子李建成、三子李元吉和女婿柴紹都不在太原。只好寫信詔回。這幾個孩子接到父親的書信，也都拚命往回趕。到六月份，他們基本都來到太原了。

第二件事，收買民心。怎麼收買呢？就在大

李元吉（六〇三—六二六），小字三胡，陝西成紀（今甘肅天水）人。唐高祖李淵第四子，李淵自太原起兵反隋，大軍入關，留他守太原。唐建國後，封為齊王。李世民發動「玄武門之變」，元吉與建成同遇害，有五子一同被誅。太宗即位後，追封為海凌郡王，諡「刺」，後又追封巢王。

業十三年（六一七）五月，太原留守李淵忽然接到一封皇帝敕書。詔書裡寫著：

發太原、西河、雁門、馬邑民年二十已上五十已下悉為兵，期歲暮集涿郡，擊高麗。

簡單來講，凡是太原及其周邊地區，男子在二十歲到五十歲之間的，統統當兵，到年底再去打高句麗。這不是讓老百姓都去送死嗎？

這道敕書一傳開，馬上「人情恟恟，思亂者益眾」。老百姓議論紛紛，都想造反。問題是，這封敕書真的是隋煬帝發過來的嗎？才不是，這是李淵讓劉文靜偽造的。問題是，偽造的跟真的一樣啊！誰都知道，隋煬帝一直對高句麗耿耿於懷，也一直沒放棄打高句麗的決心，所以說這道敕書是他發出的，絕對無人懷疑，也無人不對他恨之入骨。就這樣，憑一封偽造的詔書，李淵成功地把太原變成了一個火藥桶，也為自己以後起兵贏得了民心基礎。

劉武周（？—六二二），祖籍河間景城（今河北交河東北），遷居馬邑（今山西朔州）。在隋末群雄競起的紛亂形勢中，劉武周率先起兵，依附突厥，圖謀帝業，占據了晉陽，攻陷河東大部地區，威逼關中。最終敗於李世民。逃到突厥後，被突厥處死。

第三件事，大肆募兵。要想造反，不光要有民心，還要有兵。李淵手裡已經有幾萬士兵，還不夠。還要再招募一些。當時，太原周邊有很多支造反軍隊，其中有一支軍隊的領袖叫劉武周，此人借助突厥勢力，把馬邑太守王仁恭給殺了，還進占隋煬帝的行宮汾陽宮。

李淵擔任太原留守，不僅要防控突厥，還要防控起義軍。現在，起義軍占領皇帝行宮，李淵只好召集手下軍官，問他們：

武周據汾陽宮，吾輩不能制，罪當族滅，若之何？

劉武周占據汾陽宮，我們卻不能制止，論罪該當滅族，怎麼辦？這些人也都為這件事發愁，立刻說，聽您的。這時候，李淵說：

朝廷用兵，動止皆稟節度。今賊在數百里內，江都在三千里外，加以道路險要，複有他賊據之；以嬰城膠柱之兵，當巨猾豕突之勢，必不全矣。進退維谷，何為而可？

朝廷用兵，行止進退都要向上級稟報，受上級控制。如今賊人在數百里之內，江都在三千里之外，加上道路險要，還有別的盜賊盤踞，我們如此拘泥，賊寇則勢如虎狼，兩相較量，我們必然無法保全。我現在也是進退維谷，不知怎麼辦才好？

手下一聽，立刻表態說：

公地兼親賢，同國休戚，若俟奏報，豈及

王仁恭（五五八—六一七），字元實，天水上邽人。隋朝大將。曾多次追隨楊素征戰，以軍功聞名。早年質樸正質，剛毅謹慎，深得隋文帝、隋煬帝的信任和喜愛。任至大將軍，歷任驃騎將軍，刺史、太守等職。後在馬邑太守任上，恰逢飢荒，王仁恭因不賑濟災民、收受賄賂，民怨很大，被部將劉武周煽動部下殺害。在世時，多次抗擊突厥入侵，頗有戰功。

事機；要在平賊，專之可也。

您既是宗親，又是賢士，同國家命運休戚相關，要是事事等著奏報，哪裡趕得上時機；只要是為了平滅盜賊，專權也是可以的。別稟報了，就您說了算吧。

李淵一聽，目的達成，馬上說：「然則先當集兵。」既然如此，那我就專權一把。現在兵力不夠，要想大敗起義軍，就立刻募兵吧。沒過半個月，就招募了一萬人左右，讓李世民還有他結交的那幫英雄統領。

第四件事，除掉絆腳石。隋煬帝雖然派李淵擔任太原留守，但是對他也並不是完全信任，還派了兩個副手，一個叫王威，一個叫高君雅，共同監視他。這兩個人本來也同意李淵募兵，但是，看到李淵把招募來的新兵都交給逃兵役的罪犯統領，這兩個人心裡逐漸產生懷疑，這唐公，不會是想造反吧。想到這，他們決定先把劉弘基和長孫順德抓起來審問。李淵當時各項準備工作還沒有完全做好，如果這時候他手下的重要將領被抓起來審問，萬一審出個蛛絲馬跡來，後果不堪設想。可是，有道是吉人自有天相，就在這個時候，有貴人來幫忙李淵了。

山西當地的一個木材商人，名叫武士彠。沒錯，就是大名鼎鼎的女皇武則天的爸爸。這個人精明幹練，黑白兩道通行，別看只是一個商人，但跟太原的軍政長官都很熟。就在王威和高君雅想要追查李淵手底下那些統兵官，將發未發之際，有一天，武士彠找王威和高君雅喝酒。

平常大家關係都很熟，喝酒的時候，說話也比較開放，王威和高君雅沒想背著他，就說了這麼一件事兒，說：「順德、弘基皆背徵三侍，所犯當死，安得將兵！」劉弘基、長孫順德都是逃避兵役之人，是罪犯，現在唐公讓他們領兵是什麼意思？所以我們想把這兩個人抓起來審。

武士彠一聽他們這麼說，大腦開始飛速旋轉，他發現，這意味著太原留守和太原副留守之間產生矛盾，而且不是一般的矛盾，這恐怕就是擁隋和反隋的兩條路線鬥爭。在擁隋和反隋之間，哪個更有前途？武士彠是一個聰明人，他覺得反隋更有前途。想到這裡，他馬上跟王威和高君雅說：「二人皆唐公客，若爾，必大致紛紜。」你真要去審那個劉弘基和長孫順德，不好吧？這兩個人都是唐公的客人，現在卻沒有什麼實實在在的證據，你就抓人家手底下的人，這以後你們上下級的關係還怎麼處理啊，還是先放放吧。王威和高君雅也比較優柔寡斷，一聽還真就把這事兒給放下了，這下算是救了李淵一把。

不過我們也要知道，雖然武士彠暫且替李淵擋了一下，但是眼看著李淵整天緊鑼密鼓地張羅，王威和高君雅也不是傻子，心裡的懷疑還是愈來愈大。怎麼辦呢？當時正好太原大旱，李淵作為最高軍政長官，有義務到晉祠去替百姓祈雨。王威和高君雅就想，乾脆趁李淵出城身邊沒有防備的時候，把他扣起來算了，扣起來交給皇帝，他反也罷，不反也罷，由皇帝說了算。

謀劃了這麼一件事之後，又犯了另一個錯誤。王威和高君雅這兩個人一貫辦事不密，又不小心把這個消息洩露給另外一個所謂的朋友，這個朋友就是當時晉陽的一個鄉長，一個基層公務員，名字叫劉世龍。

劉世龍想來想去，便把這件事向李淵報告。李淵一聽，連夜安排。第二天早晨，照樣和王威、高君雅一塊坐在府衙裡處理公務。處理了一會，劉文靜帶來一個人，說有密狀。李淵就讓他交給王威。沒想到，這個告密狀的人不給，說：我這密狀告的就是兩位副留守，所以不能交給他們，還是唐公您親自看吧。

李淵一聽，假裝大驚失色，說：還有這等事！親自接過來，一看，裡面寫的是「威、君雅潛引突厥入寇」。王威、高君雅暗中勾引突厥人入侵。高君雅這才反應過來，破口大罵說：「此乃反者欲殺我耳！」這是造反的人要殺我！可是，這樣說有什麼用呢？劉文靜和劉弘基、長孫順德一行人一擁而上，把兩位副留守抓了起來。就這樣，王威和高君雅舉報李淵未成，反倒被李淵先發制人，抓起來殺了，成了冤死鬼。

把這兩個絆腳石除掉有什麼好處呢？這意味著李淵的內部穩定下來，從此，整個太原城就聽李淵的了！

第五件事，稱臣突厥。現在，李淵兵源有了，民心有了，內部也穩定了，他還差什麼呢？李淵要想奪取天下，還有一個最大的顧慮，那就是突厥。突厥當時兵強馬壯，一旦李淵發兵去攻打大興城，李淵就腹背受敵。這時候，劉文靜勸李淵，不如和突厥聯合。李淵一聽，有道理，馬上依計而行。李淵打點了一大堆金銀珠寶送給始畢可汗，還以臣子對君主的禮儀，親自給始畢可汗寫了一封信，信裡說：

> 欲大舉義兵，遠迎主上，復與突厥和親，如開皇之時。若能與我俱南，願勿侵暴百姓；若但和親，坐受寶貨，亦唯可汗所擇。

現在天下大亂，皇帝在江都不回來，這怎麼行呢！所以，我想舉義兵，把他接回來主持局面，然後和突厥和親，跟當年文帝時候一樣。可汗要是願意和我一起興兵南下，那我是最高興的，如果只是想和親，不想和我們一起打仗，那我們也高興，照樣會奉上禮物。

這其實是給始畢可汗兩條路，一條是幫李淵一起打，這是積極方案。還有一條路，就是不幫忙，但是也不壞事，這是消極方案。

始畢可汗選的是積極方案，派了兩千兵馬過來助陣。突厥這樣一表態，李淵終於覺得，萬事俱備，該準備的都準備完了。

大業十三年（六一七）七月，李淵以子元吉為太原太守，留守晉陽宮，坐鎮後方。他自己則在軍門誓師，打起絳白兩色大旗，表示既服從隋朝，又服從突厥，然後打著推尊遠在大興城的代王楊侑的旗號，和大兒子李建成、二兒子李世民一起，率領三萬士兵，從晉陽宮出發，直奔大興城！那麼，這支軍隊又會面臨怎樣的前景呢？

【第二十八章】關中易主

在起兵反隋的各路武裝中，瓦崗軍的李密實力最強，但是最終的勝利者卻不是李密，而是在太原起兵的李淵。那麼，李淵為什麼能笑到最後？他採取了什麼樣的策略使得天下易主呢？

大業十三年（六一七），李淵在太原起兵，舉起了反隋的大旗。這時，天下反隋的武裝已經有很多支了，其中最有實力的就是瓦崗軍的李密。李密也是胸懷大志之人，夢想著改朝換代，自己當皇帝。這樣一來，李密也就成了李淵最強有力的競爭對手。面對著這個有實力的對手，老謀深算的李淵會如何運作呢？

李淵在大業十三年（六一七）七月從晉陽（今山西太原）起兵，直奔關中，此行是否順利呢？其實，征程順利與否，一方面取決於自己的實力，另一方面還要取決於對手。此時李淵的對手當然是隋煬帝。李淵打出反隋煬帝，不反隋朝的口號，聲稱要推尊代王楊侑，隋煬帝豈能輕饒他！沒錯，隋煬帝確實是李淵的對手，但是，此刻他遠在江都，真是天高皇帝遠，並不能真把李淵怎麼樣。

除了隋煬帝，李淵還有兩個對手非常重要。一個是李密，一個是代王楊侑。

為什麼李密是對手呢？很簡單，因為李密和李淵有共同的志向，都是要打天下，改朝換代。這樣一來，兩個人自然成了競爭對手。而且李密的內心也是希望能夠占據關中，現在李淵先下手為強，已經在洛陽周圍打出了威風，是當之無愧的反隋盟主。李淵剛剛起兵，還比較弱勢，如果讓李密不痛快，跟他為敵，那自己不就等於四面樹敵了嗎？

李淵是個聰明人，這時候他主動寫信給李密，先表達了一番對李密的敬仰之情，然後說明自己只反隋煬帝，不反隋王朝的志向，意在告訴李密自己並沒有爭奪天下的企圖，希望李密理解。

李密接到信之後他非常興奮。李淵和李密雖然都是八柱國之後，但是李淵是祖父一輩任八大柱國，而李密則是曾祖父一輩任八大柱國，李淵比李密長了一輩，年齡也大了十五歲左右。若論在隋朝的官職地位，李密更是沒法跟李淵比。現在，李淵主動跟自己溝通，而且信寫得這麼客氣，李密心裡很是受用，馬上就讓筆桿子祖君彥回信。

怎麼回的呢？他先說：「與君派流雖異，根系

楊侑（六〇五—六一九），即隋恭帝，隋煬帝長子楊昭第三子，初封陳王，後改封代王。煬帝晚年出外巡遊時，命他留守長安，六一七年十月，李淵自太原起兵攻入長安。擁立他為帝，遙尊煬帝為太上皇。在半年後去世。

本同」，咱倆雖然不是一支李姓，但是一筆寫不出兩個李字，五百年前保證是一家子，咱們關係應該是很親近的，然後又說：

自惟虛薄，為四海英雄共推盟主，所望左提右挈，戮力同心，執子嬰於咸陽，殪商辛於牧野，豈不盛哉？

我自認為勢單力薄，但卻為天下的英雄共推為盟主，希望互相扶持，同心協力完成在咸陽抓住秦王子嬰、在牧野滅掉商帝辛這樣的大業。李密這樣大言不慚地就說自己是反隋盟主，希望李淵跟他混，然後一起滅掉隋朝。

李淵看見這封信，馬上就笑起來了，說：

密妄自矜大，非折簡可致。吾方有事關中，若遽絕之，更生一敵；不如卑詞推獎以驕其志，使為我塞成皋之道，綴東都之兵，我得專意西征。俟關中平定，據險養威，徐觀鷸蚌之勢以收漁人之功，未為晚也。

看來李密這個人妄自尊大，還真把我當小弟了。不過，我可不想跟他計較。我要是跟他計較，那就等於多了一個敵人，這多划不來呀。還不如讓他去幫我堵住虎牢關，拖住東邊的隋軍，這樣我才能一心一意地往西打。等我平定關中，他和隋軍也就兩敗俱傷了，到時候我再坐收漁人之利，豈不是最好的事情！

有了這樣的策略，李淵回信就寫得相當藝術了。他說：

殪商辛於牧野，所不忍言，執子嬰於咸陽，未敢聞命。

將商帝辛誅滅於牧野這樣的話，我是不敢說的；在咸陽抓住秦子嬰之事，我也是不敢聽命的。我是隋朝的忠臣，因此，您勸我像當年消滅商帝辛，捉拿秦王子嬰那樣對待隋煬帝，我是不敢做，不肯做，也不忍做的。

但是，李淵又說了：「天生烝民，必有司牧；當今為牧，非子而誰！」天生眾生，必要有管理他們的人，而今治民之人，不是您又是誰呢？意思是說，我雖然不做，您可以做呀！以後的天下，就是您的！等您做了皇帝那天，如果能把我還封為唐公，便心滿意足！李淵擺出了一副胸無大志的窩囊樣。

李密一看這封信，更得意了，跟手下說：「唐公見推，天下不足定矣！」連唐公都推舉我，天下就很容易平定了！真拿李淵當夥伴，對李淵往關中推進，也就沒有任何意見。就這樣，李淵通過外交手段，成功地把一個敵人變成盟友了。

再來看代王楊侑。李淵不是聲稱要推尊代王楊侑嗎？怎麼楊侑也成敵人了呢？這其實一點都不難理解。別看楊侑當時還是一個十三歲的孩子，但是殘酷的政治環境催人成熟。他非常清楚，李淵的所謂推尊，只是一個掩人耳目的幌子罷了，一旦讓李淵進入大興城，無論是隋王朝，還是他本人，就都沒有幾天好日子了。所以，一聽到李淵太原起兵的消息，代王楊侑馬上就安排兩員大將進行抵抗了。

哪兩員大將呢？一個是虎牙郎將宋老生，率精兵兩萬，屯駐霍邑（今山西霍州）；還有一個是左武侯大將軍屈突通，率領幾萬驍果，屯駐在河東（今山西永濟）。霍邑也好，河東也好，都在從太原進軍大興城的必經之路上，代王楊侑是希望依靠這兩位將軍，把李淵擋在潼關以西，也就是擋在今天的山西省，這樣一來，李淵要想打進關中，也就必須先把這兩處拿下才行。在這種情況下，李淵只能打了。

老謀深算的李淵暫時放下身段，穩住驕傲自大的李密，這樣李淵就可以專心攻打大隋的關中地區了。而在關中地區，隋朝派出了兩位將軍迎敵，李淵要想拿下關中，必須要過這兩關。那麼，李淵會遇到什麼呢？

大業十三年（六一七）七月十四日，也就是起兵的第十天，李淵的軍隊已經打到了霍邑旁邊。但是就在這個地方，李淵遇到挫折。怎麼回事呢？當時是七月份，北方的雨季，連日陰雨，李淵的軍隊沒法往前推進，只好就地屯駐。可是，沒過幾天，就駐紮不下去。因為沒糧食了。俗話說民以食為天，三萬人的軍隊，沒糧食吃，這不是等著叛變嗎？就在這時候，有一條小道消息說突厥人背信棄義，和劉武週一起攻打晉陽去了！

這個小道消息一傳開，軍隊立刻慌亂，因為晉陽，也就是太原，那是李淵軍隊的大本營，無論是糧食或是其他補給，全靠晉陽供應。現在，李淵已經派人回晉陽去調集糧食，如果晉陽失守的話，糧食恐怕就調不過來了！再說，不光是糧食問題，好多軍人的家屬都在晉陽，一旦晉陽失守，這些老弱婦孺可如何是好！一時之間，整個軍隊都亂了陣腳。

這時候，裴寂說了：

> 宋老生、屈突通連兵據險，未易猝下。李密雖雲連和，奸謀難測。突厥貪而無信，唯利是視。武周，事胡者也。太原一方都會，且義兵家屬在焉，不如還救根本，更圖後舉。

我們前面是宋老生和屈突通的軍隊，這兩個人都挺有本事，而且據險死守，恐怕一時之間也難以拿下。東都李密也不是什麼好人，雖然表面說是和我們聯合，但也很難相信，沒准就會乘人之危突然打過來。突厥更不可信，那是唯利是圖之人，如果他們覺得跟劉武周打太原得到的好處比我們送給他的多，那他們一定會背信棄義的。所以，那個謠言沒准就是真的。太原可是我們的大本營，將士家屬也都在那邊，這個地方絕對丟不得。不如我們索性撤回去算了！

他的話剛一說完，李世民馬上反駁了。他說：

> 今禾菽被野，何憂乏糧！老生輕躁，一戰可擒。李密顧戀倉粟，未遑遠略。武周與突厥外雖相附，內實相猜。武周雖遠利太原，豈可近忘馬邑！

這其實是諸條駁回裴寂的說法。

先說缺糧的問題。我們現在暫時是沒有糧食，可七月份田野裡到處都是即將成熟的豆子和各種穀子，我們就近收割，也能解決一部分吃糧問題，這不是真正的危險。

再說我們的敵人宋老生是一位非常輕狂、暴躁的人，我敢保證，只要跟他一接觸，打一仗我就可以打贏他，這個問題交給我，你也不用擔心。

再者，你說李密可能偷襲我們，我認為不能。李密守著他那幾個大糧倉，正美美地當著富家翁呢！他沒有那麼積極進取。讓他拋棄那份財產來攻打我們，我認為他做不到。所以，李密也不會過來。

那麼，劉武周和突厥呢？李世民講，劉武周和突厥表面上是在一起，但其實也是各懷心事。如果劉武周引突厥人來打太原，他就不怕他剛剛占領的馬邑也被突厥人順手吃掉嗎？

所以，這擔心是不必要的。這還不算，李世民又講：

> 本興大義，奮不顧身以救蒼生，當先入咸陽，號令天下。今遇小敵，遽已班師，恐從義之徒一朝解體，還守太原一城之地為賊耳，何以自全！

我們是義軍，打出的旗號是拯救天下苦難。如果我們真是懷揣理想，就應該一鼓作氣，打到長安去；如果我們只會呼口號，遇到一點小挫折，就往回撤，天下人怎麼看待我們？追隨我們的士兵，又會怎麼看待我們？很可能他們內心就解體了。內心解體之後，不再有理想，那我們可就不再是拯救天下的義士了，我們就跟其他賊寇一樣，也是賊寇的一支了。到時候朝廷來圍剿我們，我們恐怕連自保都難。所以我認為，絕對不能往回退，一定要往前進。

軍隊裡出現了兩派意見，李淵到底聽誰的呢？李淵是個老成持重之人，覺得還是裴寂的說法更穩妥些，所以決定聽從裴寂的意見，命令軍隊往回走。

這樣一來，李世民可著急了，就想再去勸勸李淵。可是，天色已晚，李淵已經睡了，不見客。怎麼辦呢？李世民索性站在帳外號啕大哭，哭得李淵都睡不著了，只好把他叫進來，問他哭什麼。這時候，李世民說：

> 今兵以義動，進戰則克，退還則散；眾散於前，敵乘於後，死亡無日，何得不悲！

如今士兵是靠大義聚集起來，如果一鼓作氣往前走，就能夠打敗敵人。但如果往回退，則氣勢先沒有了，士兵心散了，人也就會散去。到那時候敵人再從後面追殺我們，我們可就真要死定了，想到這些，我怎麼能不哭呢？

李淵一聽，覺得挺有道理，立刻說：「軍已發，奈何？」軍隊已經出發，怎麼辦呢？李世民說：「右軍嚴而未發；左軍雖去，計亦未遠，請自追之。」我率領的右軍整裝而未發，大哥建成率領的左軍雖然出發，但應該還沒走遠，請讓我去追趕他們。就這樣，他連夜又把左軍追回來了。

有的時候，事情就是一順百順。士兵追回來了，李淵派回晉陽運糧食的人也回來了。當然，突厥人進攻的小道消息也不攻自破，軍隊又安定下來了。這時候已經進入八月了，雨也停了，那就準備進攻吧！

八月十二日，李淵他們經過一個月的耽擱，終於來到霍邑，要打宋老生了。問題是，宋老生是守，李淵他們是攻，這守的人和攻相比，當然是進攻方著急。所以，李淵又產生了一個疑慮，萬一宋老生固守霍邑，不出戰，怎麼辦呢？這時候，李世民又獻策了。他說：

> 老生勇而無謀，以輕騎挑之，理無不出；脫其固守，則誣以貳於我。彼恐為左右所奏，安敢不出！

您放心，宋老生有勇無謀，我們用輕騎向他挑戰，照理說他不會不出戰；假使他堅守不出，我們就誣陷他對朝廷有二心，所以才拖延不戰，他害怕被左右的人奏報，怎敢不出戰呢？

李淵一聽這分析，真是服了這個兒子了。他想，這心眼，比我還黑呢！那到底怎麼叫「以輕騎挑之」呢？這時候，李淵先帶著幾百個騎兵到霍邑城東去迎接步兵，只有李建成和李世民帶領幾十個騎兵來到霍邑城下，拿著鞭子指來指去，好像在比劃將來怎麼圍城。

宋老生看他們才這麼幾十個人就敢如此囂張，已經非常生氣，這時候，李世民他們又對著城頭破口大罵，把宋老生的祖宗八代都問候了一遍。宋老生有勇無謀，再也忍受不了，領著三萬士兵就從東門和南門殺出來了。這時候，李淵手下的步兵也到了，那就打吧。

怎麼打呢？宋老生的軍隊從東門出來的比較多，李淵自己和大兒子李建成就在霍邑城的東門列陣，李世民則在霍邑南門列陣。要知道，宋老生的軍隊畢竟已經在城裡養精蓄銳很久了，而李淵的軍隊剛剛在外面風餐露宿了一個月，而且連當天的早飯還沒吃呢，難免戰鬥力差一些，被宋老生的人馬一衝擊，不由得向後退。李世民一看，當機立斷，馬上放棄南門，領兵就朝東門殺去了。這樣一來，宋老生腹背受敵，陣勢大亂。

李世民何等驍勇，揮舞兩把大刀就朝宋老生的軍隊砍過去，一口氣殺了幾十人，兩把大刀的刃都砍成了鋸齒。古代人袖子寬，李世民接連殺人，兩支袖子裡都兜滿了敵人的鮮血。他把袖子提起來，把血往外一倒，接著再殺。他身先士卒，很快地，李淵這邊的局勢稍稍扭轉了一點。

不過，我們也知道，雖然個人英雄主義很有魅力，但是三萬士兵總不可能這麼一個個殺完。怎麼才能迅速結束戰鬥呢？就在這個時候，李淵這邊也不知道誰喊了一句：已經抓住宋老生了！這樣一來，宋老生的軍隊可就徹底亂套了，沒命地往回跑。李淵也是有本事的人，哪能讓他們再跑回去啊，早領著騎兵先去把城門從外面給關上。宋老生跑到城門邊，一看門關著進不去，慌不擇路，一下子就跳進了城邊的壕溝裡。李淵手下的將軍劉弘基走上去，一刀就把宋老生給結束了。

宋老生尚且死得如此淒慘，他手下的將士就更是可想而知了。按照《資治通鑑》的說法，就是「伏屍數里」。屍橫遍野，一直綿延了好幾里地。就這樣，到薄暮時分，經過一天的搏鬥，終於攻克霍邑，代王楊侑設立的第一道防線也就此失靈。

拿下了宋老生，李淵攻下隋朝為他設置的第一道關卡，關中地區就剩下一道防線，即屈突通把守的河東郡。如果再拿下屈突通，整個關中地區就赤裸裸地暴露在李淵的眼前，到那時，改朝換代就指日可待。但問題是，屈突通這關如何拿下呢？

平陽公主李氏（？—約六二三），唐高祖李淵的第三個女兒，就是李淵嫡妻竇氏的愛女。名字和出生日期在記錄其事蹟的《舊唐書》和《新唐書》均無記載。她是一位真正的巾幗英雄，才識膽略絲毫不遜色於她的兄弟，曾親建「娘子軍」。李淵起兵，只用了七年時間就擊敗群雄，再一次統一天下，次子李世民和三女兒平陽公主居功甚偉。

下一道防線在哪裡？那就是屈突通把守的河東郡。屈突通是一個厲害角色，所以，長安城裡曾經有「寧食三鬥葱，不逢屈突通」的歌謠。他可不比宋老生，他沉得住氣，自從手下跟李淵這邊打了一個敗仗之後，他就再也不出城了，嬰城固守。這是耽誤時間啊！怎麼辦呢？在這種情況下，李淵這邊又發生爭執了。誰和誰爭呢？還是裴寂和李世民。裴寂說：

> 屈突通擁大眾，憑堅城，吾舍之而去，若進攻長安不克，退為河東所踵，腹背受敵，此危道也。不若先克河東，然後西上。長安恃通為援，通敗，長安必破矣。

我們必須先解決屈突通。否則，如果我們繞過他，進攻長安，他就會從後面打我們，到時候我們就腹背受敵。所以不如先集中全力解決他，如果把他打敗，再破長安就易如反掌。可是，李世民馬上又反駁了。他說：

> 不然。兵貴神速，吾席累勝之威，撫歸附之眾，鼓行而西，長安之人望風震駭，智不及謀，勇不及斷，取之若振槁葉耳。若淹留自弊於堅城之下，彼得成謀修備以待我，坐費日月，眾心離

沮，則大事去矣。且關中蜂起之將，未有所屬，不可不早招懷也。屈突通自守虜耳，不足為慮。

李世民提出一個原則，兵貴神速。我們如果儘快打到長安，那邊就會來不及謀劃，也來不及決斷，在亂成一團的狀態下，我們拿下它才容易。如果我們現在耽擱在河東郡，長安城那邊就會加強防守，再打就不容易了。依我看，屈突通不過是個膽小鬼罷了，就算是我們繞過他去打長安，他也不敢出來！

這兩派意見各有各的道理。作為主帥的李淵做了一個最妥當的裁決。他留下大兒子李建成，讓他率領左路軍繞過河東郡，在河東郡西邊的潼關駐紮，看著屈突通，不讓他越過潼關救援長安；同時，讓二兒子李世民率領右路軍全速前進，直取長安！這不就兩全其美了嗎！

就這樣，李世民率領右路大軍，晝夜兼行，直奔長安。他這一路打得太順了。因為他的姐姐，也就是後來的平陽公主早就在長安周邊替他鋪好路。李淵起兵之前，先把兩個兒子李建成、李元吉，還有一個女婿柴紹都叫到身邊了。柴紹臨走之前，對李氏說：

尊公舉兵，今偕行則不可，留此則及禍，奈何？

你父親起兵，我必須去幫助他。可是現在我們

柴紹（五七八—六三八），字嗣昌，晉州臨汾（今山西臨汾）人。唐朝大將，凌煙閣二十四功臣之一，出身將門，自幼以任俠聞名。取唐高祖女平陽昭公主為妻。李淵起兵，柴紹兼領馬軍總管。後從李世民征戰，以功封霍國公，後改封譙國公。去世後贈荊州都督，謚「襄」。

不能一起走，而單獨把你留在此地，又會遭到災禍，怎麼辦？李氏一聽，馬上說：

君弟速行，我一婦人，易以潛匿，當自為計。

你只管趕快動身，我一個女人容易躲藏，可以自己想辦法。柴紹想了想，以大局為重，走了。他走了之後，李氏到底是怎麼藏匿的呢？李氏才不藏呢，她回到鄠縣的別墅裡，把家財全部拿出來，自己也開始招兵買馬了！

在李氏招納的這些兵將裡，有一位傳奇人物何潘仁，本來是個西域胡商，粟特人。眼看天下大亂，生意難做，他居然改行當起了盜賊，手下有好幾萬人。李氏看上了何潘仁這支勢力，馬上就派自己的家奴馬三寶去遊說他跟著自己。何潘仁是一個商人，很聰明，他知道自己雖然有本事，但是恐怕難成大事，而這李氏不僅自己英雄了得，還是唐國公李淵的女兒，跟著她，絕對更有前途。因此他二話不說，改旗易幟，成了李氏的手下。

李氏旗開得勝，有經驗，也有信心了，接連派馬三寶出使，逐漸把長安周邊這些所謂的群盜都集中到了自己手下。甚至連李密的伯父李仲文，這時候也被李氏招到了自己麾下。手下有了這麼多人，李氏開始攻城掠地了，像什麼盩厔（周至）、武功、始平等長安周邊的縣城紛紛改姓了李，手下部隊也迅速擴充到了七萬，比李世民手下的兵還多。這不就等於給李淵進軍關中掃清了障礙嗎？這是多大的功勞啊。

等到李淵擺平了屈突通的勢力，渡過黃河，李氏也派使者迎接他。李淵一聽說自己的女兒如此了得，占了那麼多地盤，招了那麼多人馬，激動的想誰說女子不如男啊。李世民作為先頭部隊先進入關中地區，李氏率領一萬精兵和李世民在渭河北岸勝利會師，真是雙峰並峙，兒女英雄！

有道是「治平尚德行，有事賞功能」，和平的年代大家都講道德，講規矩，但是一旦發生動亂，大家就開始講事功了。李淵此刻一門心思謀發展，也就不管什麼男女有別，男主外、女主內一類的教條，重賞了女兒，讓她和她的丈夫柴紹一樣，開設幕府，自己任免官吏，她手下的軍隊，也號稱「娘子軍」。李氏真是英姿颯爽，豪氣干雲！

就這樣，在幾個得力兒女的配合，十月，李淵已經來到了大興城的東門外，手下的兵力也從開始起兵時候的三萬發展到二十萬。十月十四日，李淵圍起大興城此時城裡可著急了。就在這種生死搏鬥的關鍵時刻，楊侑身邊最重要的輔佐大臣衛文升居然生病了！

隋煬帝下江都之前，安排代王楊侑留守大興城，楊侑年僅十三歲，隋煬帝就安排了刑部尚書衛文升輔佐他。這個衛文升能力不能算差，隋煬帝一伐高句麗時失敗，只有衛文升帶的隊伍是全軍而退，這讓隋煬帝很賞識。問題是，他也有致命的缺點。他太老了，一身是病。這時候，聽說李淵圍城，他連驚帶嚇，居然一病不起，很快就死了。

這樣一來，大興城等於群龍無首，只能靠次一等的官員左翊衛將軍陰世師、京兆郡丞骨儀兩個人主持防守。指揮不力，戰鬥力自然差遠了。

守城的人差，圍城的人可是愈戰愈勇。圍了將近半個月後，十月二十七日，李淵下令，向大興城發起總攻。陰世師和骨儀兩個人都是忠臣，也想誓死抵抗。為了彰顯抵抗的決心，他們甚至把李淵的祖墳都給挖了。問題是，弱不敵強，寡不敵眾，到了十一月九日，李淵這邊的軍頭雷永吉第一個跳上城樓，這也就意味著隋朝的首都大興城被李淵正式攻破。這個時候，距離李淵誓師起兵，還不到半年。

不到半年的時間，李淵就從太原一路向西挺進關中地區，攻破隋朝的首都大興城。當時各路起義軍風起雲湧，為什麼李淵就能占儘先機，取得勝利呢？

我們分析一下，李淵能夠這麼快取得成功，除了大興城這邊防守不力之外，還有什麼原因呢？有兩個原因至關重要。

第一個，李淵的方略好，真正貫徹了兵貴神速的原則，讓大興城來不及做好防守準備，也讓其他地方的隋軍來不及增援。

第二個，李密替他抵擋了隋軍的主力。當時，隋軍大部分有生力量都被李密牢牢吸引在了東都洛陽旁邊，無暇西顧，這樣一來，李淵才能夠乘虛而入，一舉讓關中易主。這樣看來，前文說李淵是吉人天相，也真沒有錯。

李淵進占大興城，十三歲的代王楊侑其實也就成了李淵的俘虜。那麼，李淵到底怎麼處置這個俘虜呢？會不會把他殺了呢？不會。大業十三年（六一七）十一月十五日，李淵準備了法駕，也就是專門給皇帝用的儀仗隆重迎接楊侑，讓他在天興殿即皇帝位，改元義寧，同時遙尊遠在江都的隋煬帝為太上皇，完全兌現了自己起兵時的諾言。

李淵讓小皇帝楊侑把自己任命為假黃鉞、使持節都督內外諸軍事、尚書令、大丞相，進封唐王。一句話，除了皇帝的名分不在，剩下所有的軍政權力，全在李淵這兒。

可能有人會想，既然都已經打下大興城，掌握了全部權力，李淵為什麼還要這麼遮遮掩掩，不直接稱帝呢？其實，不光是李淵不稱帝，在洛陽叱吒風雲的李密也沒有稱帝。這一東一西兩大英雄為什麼都不稱帝呢？道理有兩個。

第一個，出頭的釘子先挨砸。不管是像李密那樣的起義軍，還是像李淵這樣的造反派，稱公稱侯的都不少，但是這些稱呼都還沒有徹底顛覆隋朝統治的意思，所以從隋朝的角度講更容易接受，從其他山頭的角度講也更容易接受。但是，如果誰稱帝了，他的性質馬上就變了。不僅隋朝會圍剿，在自己人這邊也會成為眾矢之的，明朝開國的時候，儒士朱升向朱元璋提出「高築牆、廣積糧、緩稱王」的建議，道理不就在這裡嗎！

> 朱升（一二九九—一三七〇），字允升，江浙行省徽州路休寧縣（今安徽黃山休寧）人，元朝進士，任職池州學正，後辭官隱居石門。因為他向朱元璋建議「高築牆、廣積糧、緩稱王」被採納而聞名。

第二，中國古代人還是有很濃厚的忠君觀念，隋煬帝畢竟還在，隋朝也沒有正式滅亡。在這種情況下誰要是公然稱帝，那就是亂臣賊子，有違當時的道德觀念。所以，無論是打下西京的李淵，還是正在攻打東都的李密，都在那裡觀望。

但是，也就在這個時候，江都忽然傳來了一個驚人的消息，一下子改變了膠著狀態。什麼消息呢？

【第二十九章】

大廈將傾

隋煬帝三下江都，一方面是要躲避戰亂，另一方面也是希望能在江南經營半壁江山，但是僅僅過了一年多，隋煬帝就慘死於兵變者手中。那麼，在江都宮中都發生了哪些事？本應該忠心耿耿的禁衛軍為什麼會造反呢？

自從大業十二年（六一六），隋煬帝第三次下江都之後，天下局勢愈演愈糟：竇建德占據河北大部；李淵攻占首都大興城；李密圍攻東都洛陽；杜伏威占領高郵，直逼江都；就連一直忠心耿耿保護隋煬帝的禁衛軍也紛紛叛逃。面對如此嚴峻的形勢，隋煬帝是如何應對的呢？

隨著隋煬帝拋棄中原，三下江都，大隋王朝土崩瓦解的局面進一步惡化。不僅農民起義軍風起雲湧，統治集團內部也紛紛舉起了造反的大旗。其中，農民起義的代表人物是李密，當時已經包圍了東都洛陽，正在和隋朝的官軍主力艱苦鏖戰；而統治集團內部造反的代表人物則是李淵，當時已經占領了隋朝的首都大興城。然而，在他們逐鹿中原的時候，隋煬帝卻醉生夢死。

第一個表現是縱情聲色。到了江都之後，隋煬帝就性情大變，一天比一天流連於所謂醇酒婦人了。

隋煬帝是個有遠大理想的人，把帝王大業看得至高無上，整天忙得不可開交，因此在私生活方面並不放縱。他的三個兒子，兩個是蕭皇后所生，無論到哪裡巡遊，都把蕭皇后帶在身邊。好不容易姐姐

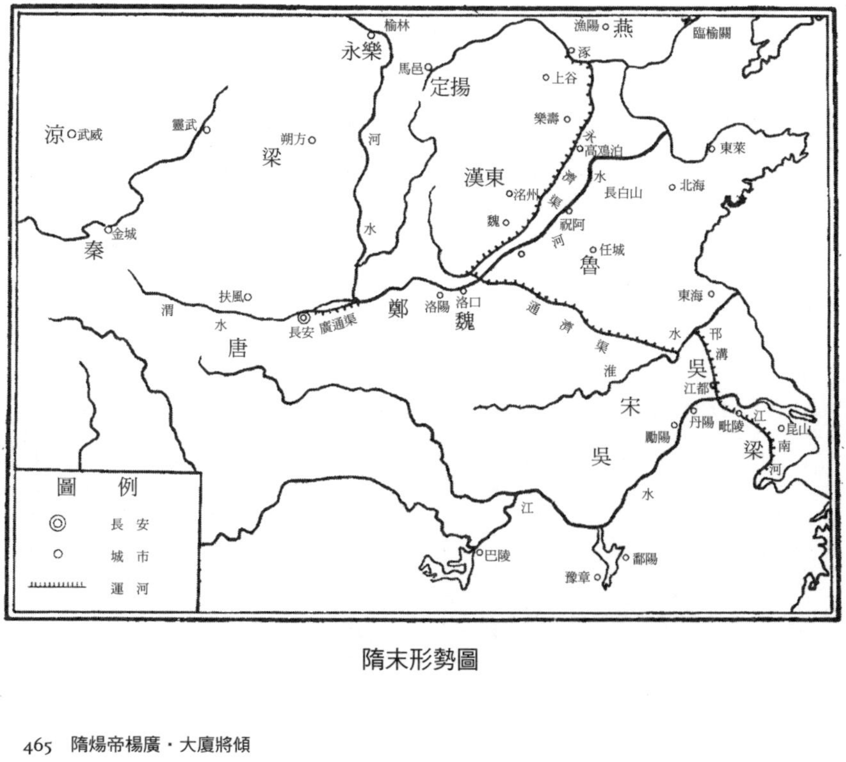

隋末形勢圖

樂平公主替他選了一個大美女柳氏，他都沒有心思見一見，以至於最後被自己的兒子齊王奪走，這還不是私生活檢點嗎？但是，到了江都之後，隋煬帝一下子就變了。按照《資治通鑑》記載：

隋煬帝至江都，荒淫益甚，宮中為百餘房，各盛供張，實以美人，日令一房為主人。江都郡丞趙元楷掌供酒饌，帝與蕭后及幸姬歷就宴飲，酒巵不離口，從姬千余人亦常醉。

隋煬帝在江都宮修了一百多套豪宅，每套豪宅裡都排進一個美人，每天讓一個美人當主人，招待隋煬帝、蕭皇后以及煬帝寵愛的姬妾喝酒。為了保證酒菜的供應，隋煬帝還讓江都郡的郡丞趙元楷專門負責特供。醇酒美人都齊了，隋煬帝就每天酒不離口，口不離酒，喝得酩酊大醉。不僅他喝醉，跟著他下揚州的一千多個姬妾也天天爛醉如泥。

描寫隋煬帝的那些筆記小說說隋煬帝荒淫，編了不少故事，說他整天就知道醇酒婦人，如果那些故事放在隋煬帝執政的大部分時間裡就非事實，但是如果是隋煬帝第三次下江都之後，那就具有可信度了。

第二個表現是意志消沉。隋煬帝私生活上為何突然荒唐？因為此時，他對國家的局勢已經絕望了再也不想建立什麼大業，所以就開始用醇酒婦人麻痺自己。但是，麻痺終歸是麻痺，它不能帶來真正的快樂。

隋煬帝此刻真正的心境是絕望。在《資治通鑑》有一段記載，說他：

退朝則幅巾短衣，策杖步遊，遍歷台館，非夜不止，汲汲顧景，唯恐不足。

一退朝就用一方布把頭髮紮起來，穿上家常衣服，拄著手杖，在宮裡到處遊走，一直走到天黑才回去，好像要把所有的亭臺樓閣乃至湖光山色都記在腦子裡。他知道自己來日無多，捨不得這大好景致。這還不是消沉，還不是絕望嗎？

隋煬帝還經常給自己算卦。仰觀天文。喝完了酒他就去看星星，看完之後就操著一口吳儂軟語，對蕭皇后講：

外間大有人圖儂，然儂不失為長城公，卿不失為沈后，且共樂飲耳！

外面有好多人在算計我，但是讓他們算計好了，大不了我當長城公，你當沈后！這樣的結局也沒那麼可怕。所以，我們照樣及時行樂！說完之後接著喝酒直到爛醉。

長城公和沈后是誰呢？所謂長城公，就是陳朝的亡國之君陳叔寶，後來入隋之後封為長城公。沈后呢，是陳叔寶的皇后。當年青年楊廣平定江南，一舉俘虜陳後主，那是何等意氣風發。現在，他倒自比為當年親手打敗的陳後主了，這又是何等的意氣消沉！

還有一個故事就更明確指出問題。有一天，隋煬帝忽然拿起一面鏡子，照來照去，顧影自憐。照完了，隋煬帝回頭對蕭皇后說：「好頭頸，誰當斫之？」我這麼好的腦袋，不知道誰把它砍下來呀！蕭皇后一聽大驚失色，立刻說：「陛下何出此言！」您怎麼這樣說話呢？隋煬帝怎麼回答的？他苦笑著說：「貴賤苦樂，更迭為之，亦復何傷！」人世間的貴賤苦樂都是輪著來的，就算失去了，又有什麼值得難過的呢！

從這些記載大家能很清楚地看出，隋煬帝到了江都以後，已經非常明白自己的處境，在這種情況下，他不是力圖去改變處境，而是意志消沉，縱情聲色。這不是醉生夢死嗎？

面對天下大亂，國將不國，隋煬帝自知大禍將至，終日醉生夢死，及時行樂。此時的他，雖然內心充滿了恐慌和絕望，但畢竟不能完全無所作為。那麼，隋煬帝究竟打算如何自救呢？

那麼，隋煬帝是否就在江都等死了？那也不是。雖然他也擔心有人要砍他的頭，但是他當時的想法並不是等死，而是割據。隋朝建立之前，中國南北分離、劃江而治已經有三百多年了。隋朝統一才不過二十多年，所以在時人的心目中，割據的印象還相當深刻，一旦統一的大帝國難以為繼，劃江而治就是一個自然而然的選擇。

其實，當年楊廣坐鎮揚州，謀求奪取太子之位時，就曾經想過，萬一不成，就割據江東；現在，兜兜轉轉一大圈後，他又回到揚州，也再一次考慮起割據的事。

按照《隋書．五行志》的記載，說隋煬帝這時候做了一個夢，夢裡頭有兩個小孩子在唱歌：「往亦死，去亦死，不若乘船渡江水」，離也是死，去也是死，不如坐船渡過長江。這就叫日有所思，夜有所夢。隋煬帝覺得，北方是回不去了，揚州在長江北岸，也是不夠安全，他想到江南去，利用長江天險劃江而治。

那麼，渡過長江，要往哪裡走呢？這時候，丹陽自然地浮現在隋煬帝的腦海中，也就是今天江蘇省的省會——南京，在隋朝以前，這個地方叫建康。說起南京，大家都知道，有一個固定的說法是六朝金粉。哪六朝？孫吳、東晉、宋、齊、梁、陳。這六個王朝都定都於此，是個有定都傳統的城市。正因為如此，當年，隋文帝平陳之後，曾經把建康夷為平地，表明自己剷除割據，天下一統的堅強決心。

但是，現在隋煬帝喪失了君臨天下的能力和鬥志，又想起了這塊六朝金粉之地，打算在這裡重新建都，割據江東。當年結束割據的楊廣，現在自己反倒來謀劃割據，這是個多大的諷刺啊。

隋煬帝想要遷都割據。問題是，遷都可是國家大事，不能說遷就遷，得和大臣商議。這一商議，兩派不同意見馬上就出來了。

第一派，贊同。代表人物是內史侍郎，「五貴」之一的虞世基。前面講過，虞世基是江南人，所以當然支持都城南遷。

第二派就是反對派，代表人物是右候衛大將軍李才，這個人是武將，出身關隴貴族集團，當然不願意隋煬帝定都江南，所以，「極陳不可，請車駕還長安」，極力說明遷都不可取，請煬帝御駕回長安。

兩個人意見針鋒相對，在朝堂裡面嚷嚷起來。面對這樣的局面，隋煬帝一改往日雷厲風行的作風，一言不發。此時氣氛詭異，每個人都在想，到底怎樣表態好。

沉默了一會兒，終於，有一個小人物門下錄事，衡水人李桐客說話了。他說：

江東卑濕，土地險狹，內奉萬乘，外給三軍，民不堪命，恐亦將散亂耳。

江東氣候過於潮濕，土地又過少，經濟能力不夠強，讓這樣一個地方支持起一個大政府，再支撐那麼多軍隊，恐怕力所不能及，一定會加重老百姓的負擔，到時候老百姓就會造反，所以，陛下您千萬不要覺得江南這個地方安全。這不還是反對嗎！

那麼，對李桐客的意見，隋煬帝怎麼處理？雖然李桐客和李才都持反對意見，但李才是三品大員，手握兵權，現在隋煬帝虎落平陽，難免要小心。但是，對小人物李桐客，可就沒必要客氣。隋煬帝直接處理，馬上就有禦史順著隋煬帝的意思彈劾李桐客，說他毀謗朝政。隋煬帝一聲令下，李桐客就被丟到監獄裡去。

這樣一來，文武百官也就徹底明白了，這哪兒是讓我們來討論，分明是讓我們來鼓掌通過的啊。於是，百官公卿紛紛表態，說：

> 江東之民望幸已久，陛下過江，撫而臨之，此大禹之事也。

江東百姓渴望陛下臨幸已經很久了，陛下過江撫慰百姓，這簡直就是追蹤南巡的大禹啊！既然百官都認可了，隋煬帝立刻下令，修建丹陽宮，準備遷都！

隋煬帝要遷都丹陽，其實就是想利用長江天險，來保住半壁江山。可是他萬萬沒想到，遷都的決策一出，從關中一路追隨他的禁衛軍——驍果，就因為思鄉心切，不願久居江南，紛紛叛逃。而這場驍果叛逃事件，又因為隋煬帝的處理不當，最終演變成了一場滔天大禍……

依照照隋煬帝的想法，在江南再修一座都城，就可以給自己再加一個安全閥，但是他萬萬沒想到，這個決策一出來，馬上就要大禍臨頭。

跟著隋煬帝從大興城過來的禁軍不幹了。為了打高句麗，隋煬帝在原有的府兵之外又招募了一批士兵，號稱驍果。這些人驍勇善戰，很快就成了隋朝的軍事主力。隋煬帝下江都，也把這批驍果帶過來了，作為禁衛軍來保衛自己的安全。問題是，驍果大多都是關中人，來到江都沒多久，就開始思念家鄉，很多人乾脆往回跑。這時候，「五貴」之一的裴矩出了一個主意，說：

人情非有匹偶，難以久處，請聽軍士于此納室。

這些年輕小夥子要是沒有個家，就很難在這兒待下去，不如讓他們在這裡結婚，一結婚人就安定下來了。

隋煬帝一聽有道理，馬上下令，把江都待字閨中的少女和寡婦都集中到江都宮，讓將士隨意挑選，保證軍婚。要是將士裡頭有誰在江都已經有了心上人，這時候只要出來承認，隋煬帝也一律玉成，絕不會說你違反軍紀。就這樣，很多驍果都在江都建立了小家庭，暫時安定下來。

但這只是暫時的，在他們的內心深處，回家始終是主旋律。現在一聽隋煬帝要遷都丹陽，驍果又騷動起來。雖然我們在這裡娶妻，但是我們的父母兄弟可都在關中，祖墳也在關中，我們不想客死他鄉！

這樣一來，自從隋煬帝下令修建丹陽宮，驍果們又開始紛紛叛逃。禁軍叛逃，這可是直接威脅皇帝安全的大事。隋煬帝的辦法是來硬的，只要抓回來，一律斬首，哪個營的驍果跑了，長官還要負連帶責任。他想要透過這種手段來震懾驍果。那麼，隋煬帝這個手段好不好？太糟糕了，普通驍果並沒有真的被嚇住，倒是將領開始人人自危，也想跑了。

領頭的司馬德戡。此人也出身關隴集團，曾經和楊素一塊打過漢王楊諒，跟隋煬帝一起打過高句麗，心思靈敏，戰功卓著，深受隋煬帝寵倖。到江都之後，隋煬帝就讓他擔任虎賁郎將，統領一萬多驍果，在江都的東城駐紮。現在，眼看隋煬帝不打算回去，驍果又紛紛逃亡，司馬德戡也開始動腦筋：隋朝眼看大廈將傾，我要不要陪他殉葬呢？就算我一直忠誠，萬一手下跑路，我會不會受牽連呢？想來想去，司馬德戡決定了，乾脆自己也跑路算了。

司馬德戡（五八〇—六一八），扶風雍縣（今陝西鳳翔）人。幼年孤弱，多奸計。隋末大亂，司馬德戡率驍果謀反，弒隋煬帝，與其黨孟秉等推宇文化及為丞相。後受猜疑，與趙行樞、李本、尹正卿、宇文導師等密謀襲擊宇文化及，事情敗露後，被縊殺。

司馬德戡覺得，法不責眾，只是自己一個人跑，比較危險，但是，如果跑的人多了，反倒安全。怎樣才能勸說更多的人跟他一塊跑路呢？司馬德戡先找了自己的兩個好朋友，也是兩個武將，一個叫元禮，一個叫裴虔通，說服他們：

> 今聞陛下欲築宮丹陽，勢不還矣。所部驍果莫不思歸，人人耦語，並謀逃去。我欲言之，陛下性忌，惡聞兵走，即恐先事見誅。今知而不言，其後事發，又當族滅我矣。進退為戮，將如之何？

陛下現在想在丹陽建都，我手下的驍果都議論紛紛，想要回家。我想提醒皇上，但是陛下這個人很猜忌，又討厭聽壞消息，我若是現在警告他手下有好多人要跑，說不定他一生氣先把我殺了。可是如果我不告訴他這件事，萬一我手下的人跑了，他還得殺我。所以我是進也被殺，退也被殺，你說我該怎麼辦？

他這麼一說，元禮和裴虔通也是深有感觸，都說，是啊，我們也都替你擔心。這時候司馬德戡又說了，你們替我擔心？照我看來，你們還得替自己擔心呢。元禮和裴虔通立刻問，我們又沒領那麼多兵，我們擔心什麼呢？司馬德戡說：

我聞關中陷沒，李孝常以華陰叛，陛下收其二弟，將盡殺之。吾等家屬在西，安得無此慮也！

我聽說李淵已經把關中占領了，好多留在關中的官員都投降了。比如華陰縣令李孝常，可是他弟弟卻跟著陛下在江都。現在陛下聽說李孝常背叛，一氣之下把他兩個弟弟都給抓起來了，就要砍頭，這多冤枉！你們想想，萬一你們的哪位親戚也像李孝常，你們也就跟著倒楣了。

他這麼一說，裴虔通臉都綠了，立刻說：

我子弟已壯，誠不自保，正恐旦暮及誅，計無所出。

還真是這樣，我們裴家是一大家子，我的兒子也罷，弟弟也罷，都是成年人了，散布在各地做官，我真怕他們做出背叛陛下的事情而牽連到我。我為此也是整夜整夜地思考，可就是想不出辦法來。

司馬德戡一聽，感覺差不多，這才說：「同相憂，當共為計取。驍果若走，可與俱去。」我們現在都是朝不保夕，何不一同想想辦法？依我之見，如果驍果逃亡，我們就跟他們一起逃吧！聽他這麼一講，裴虔通和元禮立刻說：「誠如公言，求生之計，無以易此。」您說的有道理，為了活命，也只好這樣。

就這樣，司馬德戡、元禮和裴虔通就組成了逃亡領導小組，各自發展下線，聯繫更多的人逃亡。他們聯絡得成功不成功呢？太成功了，因為司馬德戡擔心的這兩個問題還真是公共問題，所以很多官員，包括內史舍人元敏、虎牙郎將趙行樞、鷹揚郎將孟秉等都紛紛加入了這個密謀逃亡的隊伍。

所謂人多力量大，參與密謀逃亡的人多了，大家的恐懼心也就小了，這些人居然「日夜相結約，於廣座明論叛計，無所畏避」。他們在大庭廣眾之下公然討論叛逃之事，一點也不顧忌。俗話說隔牆有耳，司馬德戡他們這麼大肆談論，很快就被一個宮女聽到了。這個宮女立刻向蕭皇后彙報說：「外間人人欲反。」驍果們都在那兒議論著要跑路呢，這是要造反啊！

蕭皇后對這個宮女說：「任汝奏之。」你彙報給皇帝吧。這個宮女便照做了。

隋煬帝勃然大怒，指責宮女不守本分，多管閒事，竟然把這個宮女給殺了。這不是諱疾忌醫，掩

蕭皇后（？—六四七），南蘭陵（今江蘇常州）人。梁昭明太子蕭統曾孫女。隋朝時，被選入宮，為隋煬帝的皇后。江都政變後，蕭皇后被亂軍帶到聊城，之後又被竇建德置於武強縣。因突厥處羅可汗的妻子義城公主為蕭皇后小姑，因此處羅可汗遣使恭迎。六三〇年，唐太宗破突厥，迎蕭皇后回京。六四七年，蕭皇后崩逝，唐太宗以后禮將蕭皇后葬於煬帝之陵，諡「愍」。

耳盜鈴嗎？一個皇帝，消沉、懦弱如此，真是沒救了。隋煬帝扮鴕鳥，裝糊塗，司馬德戡也就更加肆無忌憚。過了幾天，他們要逃跑的計畫又被另一個宮女聽到了。這個宮女還是先跟蕭皇后彙報，說自己聽見驍果士兵密謀逃跑。

這回蕭皇后有了上次的教訓，長歎一口氣說：

天下事一朝至此，無可救者，何用言之！徒令帝憂耳！

天下時局已經是這個樣子了，救不了了，還說什麼？說了也只是讓陛下擔心而已，乾脆別說了！這話說得多麼無奈，多麼沉痛！

到這兒，我們得多講一些蕭皇后的事情。蕭皇后知書達理，明辨是非，十四歲嫁給隋煬帝，跟隋煬帝也算恩愛有加。這樣的才華，這樣的感情，本來，她也有機會成為像婆婆獨孤皇后那樣，對丈夫也好，對政治也好，都產生巨大影響力的一代皇后，但非常遺憾的是，蕭皇后是蕭梁王朝的後裔，所謂江南佳麗，又是亡國遺民，自身性格不那麼強悍，再加上她的丈夫隋煬帝又是一個權力意志強烈，剛愎自用的人，所以，蕭皇后雖然也不乏政治頭腦，但是始終無從伸展，只能默默看著，也跟著隋煬帝一起走向深淵，這是她的人生悲劇，但與此同時，不也是隋朝的政治悲劇嗎？

根據史書記載，司馬德戡他們原本約定，於大業十四年（六一八）三月十五日集體叛逃。可是就在逃跑之前，一個人的加入，把這場大規模的禁軍逃亡事件，直接改寫成了入宮弒帝的兵變……

隋煬帝眾叛親離，連親人也不再提醒他迫在眉睫的危險，眼看一場大規模的禁軍逃亡是在所難免了，司馬德戡甚至已經定好了逃亡日期，但是就在這個時候，又出現了一些新的變故，一下子讓這場逃亡運動的性質發生了變化。這是怎麼回事？

前文講司馬德戡他們拚命發展下線，想要擴充自己的勢力，就在他們發展下線的過程中，一個野心家將作少監宇文智及出現了，也就是隋煬帝最信任的宰相，「五貴」之首宇文述的二兒子。當年，隋煬帝寵愛宇文述，把女兒南陽公主嫁給宇文述的兒子，兩個人成了兒女親家。那個跟南陽公主結婚的，是宇文述的三兒子宇文士及。

> 宇文智及（？—六一九），代郡武川（今屬內蒙）人。隋煬帝寵臣宇文述子。宇文化及弟。多行違法事。隋末為將作少監。江都之變，智及實為主謀。化及稱帝，封為齊王。與宇文化及同時被殺。

除了這個三兒子之外，宇文述還有兩個兒子，老大叫宇文化及，老二叫宇文智及，哥倆都不是什麼好東西，整天就知道鬥雞走狗，調戲婦女，所以人送外號「輕薄公子」。光是輕薄浮華也就罷了，兄弟倆還特別貪婪，為了賺錢，公然違反隋煬帝的禁令，私自和突厥人做生意，讓隋煬帝非常惱火，關了他們好幾個月，想要斬首，後來還是南陽公主求情，才刀下留人。不過，雖然沒有殺死這兩個為非作歹的傢伙，隋煬帝還是懲罰了他們，把他們從宇文述的兒子貶為家奴，將近十年都沒有讓他們出來當官。

後來，宇文述臨死之前，上奏一表，請求隋煬帝可憐自己這兩個不肖子，給他們一個重新做人的機會。隋煬帝念及老臣的情分，才重新起用這哥倆，讓哥哥宇文化及當了右屯衛將軍，掌管禁軍，弟弟宇文智及則當了將作少監。不過，別看這宇文智及為人很差，但是腦子卻非常靈活。他聽說了司馬德戡他們的叛逃計畫之後，馬上說：

主上雖無道，威令尚行，卿等亡去，正如竇賢取死耳。

皇帝雖然不怎麼樣，但畢竟還是皇帝，是皇帝就有皇帝的權威。你們現在要逃跑，肯定只能動員一部分人跟你們跑，那其他人還是會聽皇帝的命令，去追殺你們。你們如果被追回來，就難逃一死。所以，這個辦法不妥當。

怎樣才妥當呢？宇文智及說：

今天實喪隋，英雄並起，同心叛者已數萬人，因行大事，此帝王之業也。

如今老天都要滅掉隋朝，所以天下英雄並起，這正是逐鹿中原的時候。你們既然已經發動了幾萬人，何必逃跑？還不如直接造反，自己當皇帝，這才是帝王大業！

司馬德戡他們一聽，真是佩服得五體投地，反正都冒險，何不乾脆扯起大旗造反！到底還是宰相的兒子，眼界就是不一樣。他們立刻表示，聽宇

宇文士及（？—六四二），宇仁人，京兆長安（今陝西西安）人。隋朝右衛大將軍宇文述子、宇文化及之弟，隋文帝詔尚楊邟之女南陽公主。宇文化及兵敗後，投靠唐朝，隨秦王李世民征討王世充、竇建德有功，封新城縣公；郢國公。六四二年卒，贈左衛大將軍、涼州都督、陪葬昭陵。

文智及的。

這樣一來，整個事情的性質可就變了，原來只是逃跑消極自保；現在成了造反奪取政權。性質變了，領袖馬上也就要變。逃跑的時候固然也需要領袖，但是跑完了之後大家各奔東西，所以這個領袖的意義不太大。但是造反就不一樣，造反的領袖，有可能就是未來的皇帝，這可就得好好考慮一下。

讓誰當這個造反的頭呢？還會不會是當初挑起這件事情的司馬德戡呢？這就不可能了。他威望不夠。此人雖然也是關隴集團出身，但是因為父親早死，早年還曾經殺豬賣肉，養家糊口，這在當時人心目中可不算什麼光彩的歷史。就算不提早年經歷，看現任官職，也不過是虎賁郎將，五品官，這樣的身分，怎麼會讓眾人心服呢？

毫無疑問，宇文家的人才能服眾。要知道，宇文家是關隴貴族集團成員，宇文述是隋煬帝后期最受寵信的宰相，宇文士及還是隋煬帝的女婿，這樣的三重身分，在當時無人能及。如此說來，這領袖就是宇文智及了？也不行。

為什麼？宇文智及還有一個哥哥宇文化及，是宇文述的嫡長子，承襲宇文述的爵位——許國公，算是宇文述的繼承人。而且，當時擔任右屯衛將軍，是三品官，還是禁軍統帥，在軍隊中更有號召力。無論從哪個角度講，他都比宇文智及更合適一些。

考慮到這些因素，司馬德戡他們又把宇文化及給找來了，讓他當革命領袖。那麼，宇文化及對此是什麼反應呢？按照《資治通鑑》的記載：「化及性駑怯，聞之，變色流汗，既而從之。」別看平時無惡不作，但是事到臨頭，宇文化及比誰都膽怯，嚇得兩腿發抖，汗流浹背。不過，汗流浹背之後，他還是從了。為什麼？人家把造反這麼大的事都告訴你了，你要是不同意，還不招來滅口之災嗎！

再加上，當皇帝的誘惑實在太大了，關隴集團的成員，哪個不想當皇帝呢！

就這樣，因為隋煬帝在天下大亂的情況下拋棄關中，打算割據江南，他的親信衛隊驍果產生了逃亡回家的打算；又因為隋煬帝意志消沉，實行鴕鳥政策，發現問題不及時解決，這些逃亡者肆無忌憚地發展勢力；在發展勢力的過程中，他們原本比較簡單的回家意願就被出身關隴貴族的野心家宇文氏兄弟利用了。現在，這些逃兵的新領袖宇文化及想要的，已經不是回家，而是要造反，當皇帝！那麼，他會怎樣對待現任皇帝隋煬帝呢？隋煬帝到底會面臨怎樣的結局？

【第三十章】

江都宮變

六一八年，隋煬帝的禁衛軍驍果發動兵變，夜襲江都宮。但根據記載，當時在江都宮城外有大將軍來護兒，宮城內也有最精銳的給使營守衛。既然如此，叛軍究竟是如何攻入深宮大內的？不可一世的隋煬帝，為什麼最後會死於一個無名小卒之手？

大業十四年（六一八）三月，因為出身關隴貴族集團的宇文氏家族介入，原本只打算集體叛逃的驍果轉而發動兵變。眾所周知，叛逃和兵變具有本質區別，那麼，驍果們為什麼會接受這種改變？當時在江都宮內外守備森嚴的情況下，驍果軍又怎麼能突破重重防線，順利進入江都宮？面對死亡，隋煬帝會是怎樣的反應呢？

就在隋煬帝決心拋棄北方，割據江南之後，許多關中籍的驍果將士決定叛逃。但是，因為出身關隴貴族集團的宇文氏家族的介入，本來醞釀之中的叛逃又演變成了一個更大的陰謀——政變。

政變需要什麼？除了領袖、武裝這一類基本準備之外，政變還需要一個觸發點，或者說，一個導火線。現在，宇文智及和司馬德戡要鼓動驍果政變，怎麼準備這個導火線呢？他們造了一個謠，在驍果之中煽風點火，說：

陛下聞驍果欲叛，多醞毒酒，欲因享會，盡鴆殺之，獨與南人留此。

陛下已經知道你們這些驍果要叛逃了，所以他就準備了許多毒酒，想要乘宴會之機，把你們都毒死。毒死你們這些關中籍貫的驍果之後，他自己再和南方人留在江南過好日子。

這個謠言一出來，驍果可真被激怒了：我們只不過想回家，你居然就要毒死我們！既然你對我們不仁，休怪我們對你不義，不如先殺了你！眼看著驍果們人人驚恐，個個憤怒，司馬德戡覺得時機差不多了。大業十四年（六一八）三月十日，他就把驍果軍的大小頭目都召集起來，跟他們說了政變的打算。這些小頭目一句話：「唯將軍命！」我們都聽您的了！就這樣，政變的動員順利完成，當天下午，政變也就正式開始。

三月十日這一天，正好是個陰雨霧霾的天氣，下午四、五點鐘，天就已經黑了。趁著天黑，司馬德戡就把禦馬廄裡的禦馬都牽出來，又把兵器磨得閃閃發光，這是所謂厲兵秣馬。緊接著，每個將領的職責也分配清楚。其中，宇文智及在宮城外策應，宮城裡的工作則由司馬德戡負責。

司馬德戡的兩個哥們元禮和裴虔通本來就負責殿內宿衛，現在他們繼續負責大內裡的工作，看著隋煬帝。另一個叫唐奉義的將領本來負責關閉城門，這時候司馬德戡就對他說，當天晚上城門只是虛掩，不上門閂，確保城裡城外往來暢通。司馬德戡本人則負責把幾萬造反的驍果都集中到他管轄的東城，作為戰鬥主力。這一切安排好以後，到了三更，司馬德戡就點燃火把，向城外的宇文智及通風報信。

問題是，這一點火把，隋煬帝可就看到了。再者，畢竟是幾萬士兵集結，總有動靜，所以隋煬帝也覺得有點反常，就問殿下宿衛的裴虔通怎麼回事。

裴虔通氣定神閒地說：沒什麼大事，就是草坊失火了，士兵正在救火。要知道，裴虔通可是從隋煬帝當晉王的時候就一直跟隨在身邊，隋煬帝一向對他信任有加，現在聽他這麼說，也就信以為真。

可是就在這最危急的關頭，還是有兩個人看出問題。

第一個，燕王楊倓。楊倓是隋煬帝的大兒子元德太子楊昭的兒子，當時只有十六歲，聰明俊秀，是隋煬帝最喜歡的孫子。楊倓當時住在宮外，聽見士兵吵吵嚷嚷，他就明白出大事了，有人要造反！立刻通風報信吧。

別看楊倓只有十六歲，但是他也知道，這時候不能走任何正規管道，只能偷偷地溜進去。於是，楊倓就趁著夜色，偷偷從宮城北邊的芳林門旁邊的排水口爬進去，打算從這兒經過玄武門，再到隋煬

裴虔通，河東（治今山西永濟蒲州鎮）人。早年為晉王楊廣的親信，升遷至監門校尉。隋煬帝即位後，官至監門後直閣，通議大夫。六一八年，參與江都政變，跟元禮率軍攻擊東閣，再入西閣，縊殺隋煬帝。宇文化及兵敗後歸唐，後唐太宗以裴虔通不忠於隋煬帝而將其流放嶺南。

帝的寢宮。

楊倓剛到玄武門，就被守門的士兵攔住了，問他幹什麼。楊倓說：「臣猝中風，命懸俄頃，請得面辭。」我突然中風，就要死了，請讓我當面向皇上告別。這謊話編得也太離譜了，誰信啊。士兵們乾脆把楊倓給抓起來。楊倓想要挽救危局的努力也就落空。

> 楊倓（六〇三—六一八），字仁安。隋煬帝的孫子，元德太子楊昌之長子，立為燕王。因聰明英俊，所以最受寵愛。好讀書、重儒學。六一八年宇文化及弒逆煬帝之前，楊倓事前察知，與梁公蕭鉅等想進宮面奏煬帝，被守衛宮殿的人所阻礙。之後，被宇文化及殺害。

第二個，「五貴」之一的宰相裴蘊。宇文智及在宮城外集結兵力，這個事情讓江陽縣的縣令知道。這個縣令忠於隋煬帝，立刻向宰相裴蘊彙報。

裴蘊一聽也很著急，就想假傳聖旨，把宮城外所有軍隊都交給大將來護兒調遣，然後再把替隋煬帝劃龍舟的那些殿腳，也就是船夫都集中起來，交給燕王楊倓調遣，靠這樣兩支力量先逮捕宇文化及兄弟，然後再打進皇宮，救援隋煬帝。

這個主意聽起來不錯，但還是沒有成功。因為，裴蘊覺得，這件事自己一個人做不來，還得找另一個宰相虞世基。

為什麼要找虞世基呢？自從宇文述死後，虞世基就成了隋煬帝面前最能說得上話的人，算是首席宰相，位置比裴蘊靠前。更重要的是，虞世基當時擔任內史侍郎，所有的詔書都是由隋煬帝口述，他來起草。現在裴蘊想要假傳聖旨，也得由他來起草和發布。既然如此，那就先找虞世基去吧。

聽了裴蘊的想法，虞世基什麼反應呢？這就得看虞世基是什麼人了。虞世基是個標準的秘書人才，非常柔順、聽話，讓他照著隋煬帝的意思說話辦事，他挺擅長，但是讓他在危急關頭自己做出決斷，他可就不會了。

現在，裴蘊請他假傳聖旨，發布號令，他哪兒有那麼大的膽子！萬一這個情報是假的，他哪裡擔得起那麼大的責任！所以，他乾脆否決裴蘊的意見。就這樣，因為虞世基不敢擔當，這個拯救危局的機會也喪失了。

兩個先知先覺者都無能為力，這樣一來，隋煬帝也就真的成了孤家寡人，任憑叛軍宰割了。

裴蘊的救援計畫確實不錯，但是當他去找首席宰相虞世基落實的時候，卻被膽小的虞世基拒絕。虞世基負責起草詔書，他不肯配合，這條假傳聖旨的計策也就無法真正實施。這樣一來，江都宮外，不可能再有任何人來拯救隋煬帝。但是，隋煬帝在江都宮內也設置了不少部隊。那麼，司馬德戡率領的叛軍究竟是如何突破這重重防線，活捉隋煬帝的？

三月十一日凌晨，叛軍兵分兩路，進入隋煬帝的後宮。一路由裴虔通率領，帶著幾百個騎兵直撲成象殿。當時，宿衛成象殿的是右屯衛將軍獨孤盛。獨孤盛一看裴虔通氣勢洶洶地帶兵前來，心知不妙，立刻問，怎麼回事？裴虔通說：「事勢已然，不預將軍事；將軍慎毋動！」我們是搞政變的，目前形勢至此，不關獨孤將軍您的事兒，您只要保持沉默，一邊待著去，我們也不殺你。

獨孤盛是忠臣，一聽這話，來不及披上盔甲，揮起大刀就撲了過去，問題是，他手下只有十幾個人，裴虔通那裡可是幾百人，寡不敵眾，沒幾分鐘就被砍倒在地上，裴虔通再往前推進，無人阻擋。

再看第二路。這第二路由司馬德戡率領，直撲玄武門。玄武門在隋唐時期可是非常敏感的一道門戶，它是宮城的北門，隋唐時期，皇帝居住的宮城都在城市的北部，因此從北門進去，也就直接進入了皇帝的後宮，位置非常重要，很多次宮廷政變都跟玄武門有關。既然玄武門如此重要，一般來講，皇帝也都會把最心腹、最精銳的部隊放在這裡，保衛自己的安全。隋煬帝也一樣。

自從到了江都之後，隋煬帝就從官奴裡挑選了幾百個壯漢，號稱給使，專門宿衛玄武門，算是最後一道防線。為了確保給使忠誠，隋煬帝給他們的待遇特別優厚，甚至把美貌如花的宮女賜給他們當夫人，所以這些給使對隋煬帝也是忠心耿耿。既然如此，司馬德戡率軍突入玄武門，給使們肯定要拚死反抗了？根本沒有。給使們居然集體失蹤。

原來，隋煬帝和給使之間有個聯絡人，是個司宮，姓魏。隋煬帝對給使有什麼吩咐，都讓魏司宮去傳達。就是這個魏司宮，當時已經成了司馬德戡的內應。這一天，魏司宮假傳聖旨，讓給使們都外出活動，所以關鍵時刻，給使們居然一個都不在。就這樣，隋煬帝精心打造的最後一道防線也沒能發揮作用，司馬德戡大搖大擺地進了玄武門。

就這樣，發動政變的兩路大軍勢如破竹，直撲隋煬帝的寢殿，隋煬帝此時終於意識到大事不好，有人造反了。面對突然出現的叛軍，隋煬帝的第一反應是什麼？他會乖乖地束手就擒嗎？

兩路大軍都進了宮，隋煬帝並未束手就擒。聽見外面吵嚷的聲音愈來愈大，隋煬帝終於意識到，這不是失火，而是有人造反了！他立刻換了一套衣服，逃到了西閣。這時候，裴虔通和元禮已經進入寢宮了，可是，找不著人。

裴虔通他們提著刀就進了永巷，也就是宮女的集中住宅區，一把抓住一個小宮女，把刀架到她的脖子上，問：皇帝躲到哪兒去了？小宮女害怕，立刻往西閣指了指。馬上，一個叫令狐行達的將領又提著刀直奔西閣。隋煬帝看見人來了，知道躲不過，就隔著窗戶問令狐行達：「汝欲殺我邪？」難道你想殺我嗎？令狐行達說：「臣不敢，但欲奉陛下西還耳。」我不敢殺您，我是想奉迎您一塊兒回到關中老家，說著就衝進西閣，就把隋煬帝從西閣捉出來了。

這一下，隋煬帝可是直接面對叛軍。沒想到，領頭的居然是自己多年的親信裴虔通，隋煬帝不由得問了一句：「卿非我故人乎！何恨而反？」你不是我的老朋友嗎？你恨我什麼？你也造反？

裴虔通怎麼說？他說：「臣不敢反，但將士思歸，欲奉陛下還京師耳。」我不敢造反，只是驍果們都想回家，我們想奉迎陛下跟我們一塊兒回家。那隋煬帝怎麼說呢？隋煬帝一聽，立刻順水推舟，說：「朕方欲歸，正為上江米船未至，今與汝歸耳！」原來你們想回家啊。我也想回去，只是上游的運糧船還沒有到，我想等一等這船，咱們糧草充實了再回家。現在，不等了，我這就跟你們走！但這話還是救不了隋煬帝，太晚了！

既然抓住了隋煬帝，那就該迎接這些叛軍自己選定的領袖宇文化及了。前面講過，宇文化及其實是個最窩囊不過的人，只因為是宇文述的長子才被捧到這個位置，在政變中也沒做什麼具體的事，就躲在家裡哆嗦了一晚上。現在，來人稟報說隋煬帝已經被抓住了，請他出面主持，宇文化及一時還反應不過來，一句完整的話都說不出來，只是在眾人的簇擁之下，機械地跨上馬，往宮城裡走。這一路上就不斷地有人在馬前拜見，宇文化及就趴在馬鞍上，低著頭，連說罪過，真不像個領袖。

等到了宮城門，司馬德戡已經在那裡迎接他，把他領到朝堂，稱他為丞相，讓他在這裡等著見隋煬帝。這邊，司馬德戡安頓好了宇文化及；那邊，裴虔通就對隋煬帝說了：「百官悉在朝堂，陛下須親出慰勞。」百官現在都在朝堂裡等著，陛下，您需要到朝堂走一遭。接著就牽過來一匹馬，逼隋煬帝上馬。到這個時候，隋煬帝反倒鎮定下來，看了一眼馬鞍，說：這麼破的鞍子，沒法用，換一個好的來！裴虔通沒辦法，只好又找了一副新的馬鞍換上。隋煬帝這才上馬，裴虔通一手牽著韁繩，一手提著刀，出了宮門。叛軍一看昔日耀武揚威的隋煬帝今天居然任人擺布，馬上歡聲雷動。

眼看隋煬帝一行就要到朝堂，宇文化及居然又膽怯了，傳出話來說：「何用持此物出，亟還與手。」哪用讓這傢伙出來，趕快回去，結束了吧。裴虔通沒辦法，只好又把隋煬帝給拉回寢殿。他和司馬德戡一起，拔出刀來，虎視眈眈地盯著隋煬帝。

隋煬帝見事已至此，也知道死到臨頭了，他歎了一口氣，說：「我何罪至此？」我有什麼罪，你們非要殺我？怎麼回答呢？有一個叫馬文舉的叛軍說話了：

> 陛下違棄宗廟，巡遊不息，外勤征討，內極奢淫，使丁壯盡於矢刃，女弱填於溝壑，四民喪業，盜賊蜂起；專任佞諛，飾非拒諫。何謂無罪！

陛下難道以為自己沒罪嗎？陛下拋棄宗廟，四處巡遊，對外征伐不已，對內窮奢極欲，讓我們的青壯年男子都戰死疆場，讓我們的老弱婦孺都餓死於溝壑，讓士農工商四民全部失去本業，讓盜賊蜂起，天下大亂；你任用奸佞，拒絕諫言，文過飾非。這些還不是你的罪過嗎？

這話說得義正詞嚴，把隋煬帝的問題揭示得清清楚楚，相當有分量。隋煬帝怎麼回答的？他說：

我實負百姓；至於爾輩，榮祿兼極，何乃如是！今日之事，孰為首邪？

我確實辜負了百姓，但是並沒有辜負你們這些當官的。我給你們高官厚祿，你們為什麼還要背叛我？告訴我，誰是你們的頭兒？這說明，隋煬帝真是至死不悟，他根本就沒把老百姓放在眼裡，覺得只要給官僚好處，官僚就會忠實於他，他的統治就能維持下去。他不知道，當官的也好，當皇帝的也好，是不可能孤立地活在這個世界上的，如果天下人都怨恨你，官僚們就算為自己考慮，也只能拋棄你。

一聽隋煬帝這麼說，司馬德戡馬上回了一句：「溥天同怨，何止一人！」現在天下人都恨你，都想殺你，何止是哪一個人的事兒，所以你也就不用追究是誰。確實，這時候，全天下都已經拋棄隋煬帝！

面對這種局面，一直陪在隋煬帝身邊的小兒子，年僅十二歲的趙王楊杲嚇壞了，號啕大哭起來。裴虔通不耐煩，一刀砍了下去，小楊杲立刻就死在了隋煬帝面前，鮮血濺了隋煬帝一身。

既然已經開了殺戒，那麼接下來要殺的就是隋煬帝本人了。隋煬帝畢竟是一代皇帝，事到臨頭，那種不可侵犯的尊嚴感又抬頭了。他說：「天子死自有法，何得加以鋒刃！取鴆酒來！」天子有天子的死法，怎麼能砍頭呢？給我取鴆酒（毒酒）來！

到江都後，隋煬帝也預感到前途不妙，所以他預先做了準備，早就用瓶子裝好毒酒，交給寵幸的姬妾，並交代：一旦賊寇殺進來，就把這東西給我，讓我自盡。現在，隋煬帝就是要找這幫美人，跟她們要毒酒。可是，那幫平時圍繞在他身邊的美人早就跑了，上哪兒找啊！

此時亂軍已經等得不耐煩了，令狐行達一把把隋煬帝按在坐榻之上，又要動粗。無可奈何之下，隋煬帝長歎一聲，自己解下一條絲帶，交給令狐行達，讓令狐行達把他勒死了。

雄才大略，一心想要建立千秋大業的一代梟雄隋煬帝，就這樣客死他鄉，死於自己信賴的禁軍之手，年僅五十歲。他的遺體，就由蕭皇后和幾個宮女拆下幾塊紅漆床板，拼成一口小棺材，草草埋葬在江都宮西院的流珠堂。

曾經雄才大略，也曾經殘暴荒淫的隋煬帝，就這樣死於非命。可是，宇文化及對皇室和大臣們的清除才剛剛開始。追隨隋煬帝來到江都的宗室、外戚基本上都被處死，只有和宇文智及關係密切的秦王楊浩倖免於難，被立為傀儡皇帝。在隋朝大臣中，原本就存在著江南人士和關隴貴族兩大派系。事實上，這次江都宮變就是關隴集團對於隋煬帝拋棄關中，倚重江南的一次大反抗。那麼，接下來宇文化及在處理大臣時，會如何平衡南北關係呢？

覆巢之下，焉有完卵。隋煬帝一死，他的兒孫親眷也就跟著倒楣了。除了小兒子趙王楊杲之外，隋煬帝的弟弟、一直軟禁在身邊的楊家老四蜀王楊秀以及他的七個兒子，隋煬帝的二兒子齊王楊暕以及他的兩個兒子，還有隋煬帝的孫子燕王楊倓以及其他跟隨隋煬帝在江都的宗室、外戚，一律被宇文化及斬草除根。只有隋煬帝的侄子秦王楊浩跟宇文智及私交不錯，宇文化及也覺得還可以留著他當個幌子，號令天下，才暫且留他一條性命。

在這些人當中，死的最冤枉的要數隋煬帝的二兒子齊王楊暕。楊暕也是蕭皇后所生，元德太子死後，一度很有希望被立為太子，可惜沒有掌握好，放肆胡為，不僅沒當上太子，還深受隋煬帝的猜忌。叛軍衝進寢殿時，隋煬帝感覺不妙，他的第一個反應居然是問蕭皇后：「得非阿孩邪？」不會是阿孩要奪權吧？阿孩，就是楊暕的小名。大難臨頭，隋煬帝還以為是楊暕要奪取皇位，搞宮廷政變，可見對兒子的猜忌有多深。

爸爸猜忌兒子，兒子也猜忌爸爸。殺了隋煬帝之後，宇文化及又派人到楊暕府上去殺他。楊暕睡得迷迷糊糊，也不知道來取他性命的是誰，還以為是爸爸隋煬帝派來的人呢，立刻苦苦哀求說：「詔使且緩兒，兒不負國家！」詔使暫且緩緩再動手，孩兒沒有對不起國家！殺手哪裡管這些，一言不發，一把把楊暕拖到街上，砍頭了事。可憐楊暕至死都不知道到底是誰殺了他。一對父子，相互猜忌到這個地步，這不也是人倫悲劇嗎？殺完宗室，接著就該處理隋煬帝留下的那幫大臣。殺誰留誰呢？這時候，南北派系的矛盾也就凸顯出來。前在政變之前，司馬德戡編造謊言說，陛下想要毒死你們這些北方驍果，和南方人留在南邊。其實，從這兒已經可以看出來，當時南方人和北方人之間的矛盾。

事實上，隋煬帝上臺後，一直致力於提高南方的政治地位，特別是到他統治後期，更是重視南方人。「五貴」之中，虞世基和裴蘊都是南方人。第三次下江都之後，他的這個傾向性就更加明顯。

楊浩（？—六一八），隋煬帝之侄，秦王俊之子，襲父爵封為秦王。六一八年三月，宇文化及弒煬帝後，以皇太后懿旨名義，擁立楊浩為帝。楊浩為帝後，宇文化及自王大丞相，操縱一切。九月，宇文化及自立為帝，並毒弒楊浩。

這個做法對不對呢？不能說完全不對，但是，這就威脅到了一直把持政治舞臺的關隴貴族的利益，也引起了關隴貴族集團的極大不滿。事實上，這次江都宮變，正是關隴貴族集團對隋煬帝拋棄關中，滯留南方政策的一個大反抗。現在他們的反抗成功了，自然北方勢力就要抬頭，而南方人士也就要倒楣了。

就拿「五貴」來說，當時宇文述已死，只剩下「四貴」。照理講都是隋煬帝信任寵幸過的人，對隋煬帝的暴政，也都要負連帶責任。那麼對出身江南的裴蘊和虞世基怎麼處理的？殺無赦！但是對裴矩和蘇威，就情有可原了。裴矩是個聰明人，看到天下大亂，早就被剝奪了官職，給自己留了後路，對士卒一向客氣，還建言獻策，讓驍果在江東娶媳婦，所以驍果對他印象非常好。政變的時候，裴矩也給抓起來了，可是士兵一看見他就說：「非裴黃門之罪。」現在我們這個處境不是裴黃門的罪過，就把他給放了。宇文化及出來安撫士兵，裴矩立刻拜於馬首，主動投降，宇文化及也就任命他當右僕射，比原來的官職還高。

蘇威就更好辦了，他當時已經八十歲了，因為跟隋煬帝幾次意見相左，很受冷落，早就被剝奪官職，不再參與朝政，所以也沒有民憤。政變之後，蘇威更是積極主動地去參見宇文化及，宇文化及也很受用，特地把官員集中到一起接見蘇威，給他很高的禮遇。宇文化及這樣做，北方，特別是關中籍的官員和士兵當然滿意，也都迅速地投靠了宇文化及。

南方系統的官員就不一樣了，他們對隋煬帝，遠比北方人忠誠。

隋煬帝死後，宇文化及擁立秦王楊浩當傀儡皇帝，自稱大丞相，總攬朝政。這時候文武百官都到朝堂去朝賀，只有給事郎許善心不去。他的侄子一看，立刻快馬加鞭去找他，說：

天子已崩，宇文將軍攝政，闔朝文武咸集。天道人事自有代終，何預于叔而低回若此？

隋煬帝已經死了，宇文將軍現在統攝朝政，這屬於天道迴圈。一個朝代滅亡，另外一個朝代取代，這也是咱們司空見慣的事兒。叔叔，你何苦還這麼執迷不悟，非要替隋煬帝守節呢？

面對侄子的勸諫，許善心什麼反應呢？他勃然大怒，堅決不走。要知道，許善心從小號稱神童，當年隋文帝平江南，還說了一句：「我平陳國，唯獲此人」，我出兵平定陳國，只得到此人就足夠了。可見隋煬帝對他的評價有多高。既然許善心名氣大，宇文化及也希望他能跟自己合作。可是他現在就是不來朝賀，怎麼辦呢？宇文化及乾脆派人把他強拉到朝堂上，然後又放開他，希望先嚇唬嚇唬他，讓他知道厲害，認清形勢，然後再給他一點好處，讓他知道感激。

面對宇文化及的恩威並施，許善心怎麼做的呢？宇文化及放了他之後，他連一句感謝都沒有，拂袖而去。這可把宇文化及氣壞，立即又把他抓回來給殺了。許善心九歲的時候父親去世，寡母範氏辛辛苦苦把他撫養成人，這一年，范老太太已經九十二歲了，按說，老年喪子是人生最大的苦痛之一，可是范老太太居然一聲都不哭，說：「能死國難，吾有子矣！」我的兒子能夠盡忠報國，能夠死於國難，是一個好兒子！隨後自己也跟著絕食而死了。

要知道，許善心母子本來都是陳朝人，陳朝就是被隋煬帝帶兵所滅，現在這一對母子居然為隋煬

許善心（五五八—六一八），字務本，隋朝高陽北新城（今河北徐水）人。九歲就失去父親，為母親范氏所撫養。自幼聰明，博聞強識。初仕陳，陳亡後入隋，深受隋文帝賞識。江都之變時，被殺。後追謚「文」。有著作多卷傳世。

帝殉節，也算是對隋煬帝這些年厚愛江南的充分認可。這是文臣。

再看武將。這些政變的驍果，最初的目的就是回家鄉，現在既然政變成功，那就往回走吧。宇文化及也學習隋煬帝，建立跟皇帝一樣的護衛儀仗。前文講過，隋煬帝訓練了幾百個驍勇的官奴組成給使營，充當皇帝親隨，現在宇文化及直接把他們接管過來，讓他們接著給自己當親兵。而且，還給他們指派了一個頭兒，折沖郎將沈光。

沈光號稱「肉飛仙」，當年隋煬帝二征高句麗的時候脫穎而出，從此成了隋煬帝的貼身宿衛。現在，宇文化及讓他統領給使營，沈光心裡難過，可是又沒有辦法。正在這時候，另外兩個南方籍的將領，一個是烈士麥鐵杖的兒子麥孟才，還有一個叫錢傑的就找到沈光，說：

吾儕受先帝厚恩，今俯首事仇，受其驅帥，何面目視息世間哉！吾必欲殺之，死無所恨！

我們都受了先帝極大的恩典，現在低頭為仇人做事，受他驅使指揮，還有什麼臉見人！我們一定要殺了他，為先帝報仇，就算死了也沒有什麼遺憾的！

沈光一聽，潸然淚下，說：「是所望于將軍也！」我也想報仇，現在就等將軍牽線。三個人意見一致，經過一番商量，就打算在淩晨發動政變，突襲宇文化及，給隋煬帝報仇，可惜提前走漏風聲，讓宇文化及知道了。宇文化及一聽麥孟才和沈光算計他，大驚失色，說：

此麥鐵杖子也，及沈光者，並勇決不可當，須避其鋒。

這麥孟才是麥鐵杖的兒子，肯定不得了。他和沈光都勇不可當，我還是躲起來，避避風頭吧。說完，他立刻從大帳裡溜了出來，同時派司馬德戡率領大軍包圍了軍營，逮捕麥孟才。

沈光一聽軍營裡傳出喧嘩聲，馬上知道事情敗露。怎麼辦呢？事情緊急，他連甲胄都沒有穿，直撲宇文化及的大營，想要以一己之力，殺死宇文化及。可是進入大營一看，宇文化及早就不見了蹤影。這時候，司馬德戡已經領兵包圍大營。沈光大吼一聲，殺出重圍，他手下的幾百給使也都紛紛拿起武器，奮勇殺敵，後來，終因寡不敵眾，全部被司馬德戡殺害。但是幾百個人，沒有一個人投降，也算是以死報答隋煬帝的知遇之恩和厚待之情。

這還不算。中國人講究生榮死哀，事死如事生。事實上，隋煬帝的喪事也是南方人操辦的。前面講過，隋煬帝死後被蕭皇后草草埋葬在江都宮西苑流珠堂。宇文化及走後，留守江都的右禦衛將軍，江南人陳稜又把遺體重新裝殮，按照天子禮數，安葬在吳公台。一路上，陳稜披麻戴孝，給隋煬帝送葬，哀喪之情讓行路之人都為之感動。

其實，從江南人這些表現我們就可以看出來了，面對作為亡國之民的江南百姓，隋煬帝沒有粗暴對待，相反地，他尊重他們的文化成果，提高他們的政治地位，江南人民還是感念的。只是，隋煬帝太急，忽略當時還很強勢的關隴貴族集團的利益，因此被關隴集團拋棄。就這樣，因為天下的反叛，更因為江都宮變，一代梟雄隋煬帝就此走完了自己的悲劇人生。那麼，在他之後，已經四分五裂的天下，又會向何處去呢？

【第三十一章】

隋亡唐興

大業十四年（六一八），隋煬帝在揚州死於非命，天下立刻陷入群龍無首的局面之中。各路反隋力量紛紛稱王稱帝，建立割據政權。

在這個群雄逐鹿的歷史時刻，誰成了大隋王朝的最後終結者？

大業十四年（六一八）三月，因為江都宮變，一代梟雄隋煬帝走完了他起起落落的悲劇人生。一時之間，大隋王朝風雨飄搖，進入了死亡倒計時。兩個月後，一個新的政權拔地而起，它就是李淵建立的大唐王朝。在這歷史的關鍵時刻，到底發生了什麼？為什麼大唐會傲視群雄，稱雄天下？

大業十四年（六一八）三月十一日，因為江都宮變，隋煬帝死於非命。隋煬帝一死，天下馬上陷入群龍無首的局面了，各地大大小小的割據政權有增無減。其中，光是打著大隋名號的皇帝，就一下子出現三個。

第一個，隋煬帝的孫子代王楊侑，當時已經被李淵立為皇帝。

第二個，隋煬帝的侄子秦王楊浩，被宇文化及立為皇帝。

第三個，留守東都，正跟李密打仗的越王楊侗，在隋煬帝死後也被王世充立為皇帝。

只要他們還在，隋朝就沒有徹底滅亡。那麼，這幾個小皇帝的最終結局又是怎樣呢？

先看關中的楊侑。大業十三年（六一七）十一月十五日，也就是隋煬帝死前四個月，楊侑就被李淵操縱著當上了傀儡皇帝，還尊奉隋煬帝為太上皇。大業十四年三月，隋煬帝死了。古代交通通訊不方便，這個消息過了一個多月才傳到長安。

傳到長安之後，按照《資治通鑑》的記載，李淵「哭之慟」，哭得特別傷心。而且他說：「吾北面事人，失道不能救，敢忘哀乎！」我作為一個大臣，面向北來侍奉君主，君主無道，我不能匡救，

楊浩（？—六一八），隋煬帝之侄，秦王俊之子，襲父爵封為秦王。六一八年三月，宇文化及弒煬帝後，以皇太后懿旨名義，擁立楊浩為帝。楊浩為帝後，宇文化及自王大丞相，操縱一切。九月，宇文化及自立為帝，並毒弒楊浩。

宇文化及（？—六一九），出自匈奴，姓破野頭。代郡武川（今內蒙古武川西）人，家世官勻，皇帝姻親。為隋煬帝近臣，六一八年領導禁衛軍兵變，弒隋煬帝，自稱大丞相，後率軍北歸，被李密擊敗，退走魏縣，自立為帝，國號許，年號天壽，立國半年，被竇建德擊殺。

現在君主死了，我怎麼能不哀痛呢？

話說得好，但是不可能是真情實感。事實上，李淵正等著這一刻呢！如果隋煬帝沒死，誰要是殺死他，那就是弒君；誰要是稱帝，那就是大逆不道，都是冒天下之大不韙，都要受道德譴責，所以，李淵雖然攻破了大興城占關中，但也不敢稱帝，表面還得尊奉隋朝。但是，隋煬帝已經死了，這層顧忌也就不復存在，所以小皇帝楊侑就沒有用了！大業十四年（六一八）五月十日，也就是隋煬帝遇害兩個月之後，小皇帝楊侑頒下一紙詔書，說：

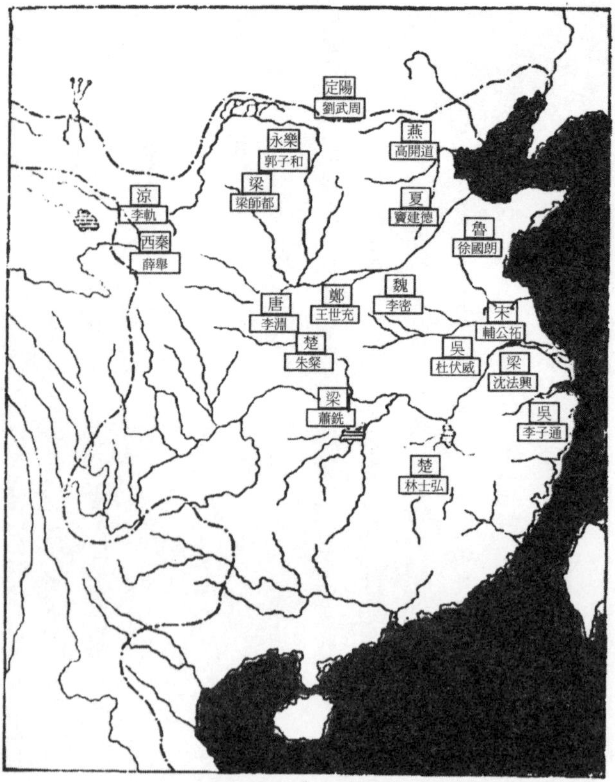

隋末群雄割據圖

相國唐王膺期命世，扶危拯溺……兆庶歸心，歷數斯在；屈為人臣，載違天命。

相國唐王李淵應天順人，救世濟民，讓這樣的人屈居人臣是不合天意的。所以，我要讓位給他。為了表明這次禪讓合乎天意，詔書裡還特意說了一句：「予本代王，及予而代，天之所廢，豈期如是。」我本來就被皇帝封為代王，正好，這個朝代到我這兒，就要被新的王朝所代替了，這就是冥冥之中自有天意啊！其實，代王退位是誰安排的呢？哪裡有什麼老天，真正能安排他命運的，只有李淵罷了！

六天後，也就是大業十四年（六一八）五月十六日，李淵正式登基稱帝，改國號為唐，改元武德。這時距離隋朝建立，僅僅過去了三十七年。

西元六一八年，李淵登基稱帝，建立唐朝。儘管如此，隋朝並沒有立即結束。因為隋煬帝死後，一共出現了三個打著大隋旗號的皇帝，楊侑只是其中之一。現在楊侑禪讓了，其他兩位皇帝，又將面臨怎樣的結局呢？

先看楊浩。前文講過，楊浩是被宇文化及擁立的傀儡皇帝，因此楊浩的結局必定是跟宇文化及綁在一起的。那麼，江都之難後，宇文化及又做了些什麼？江都宮變後，宇文化及立刻率領十萬大軍，踏上了千里迢迢的回鄉之路。這條回鄉之路走得實在是太不順暢了。有兩個原因。

第一個，帶頭的宇文化及實在太差了。有三大問題。

第一個問題，愚蠢。按照《資治通鑑》的記載，「每於帳中南面坐，人有白事者，嘿然不對。」他雖然不是皇帝，但是也裝模作樣，跟個皇帝似的南面稱孤，每天就坐在大帳之中，面朝南方，來接受其他大臣的拜見，大臣有任何事跟他稟報，他都是一言不發。其實就是因為愚蠢，不知道說什麼好。問題是，千里行軍，遇到的情況都很緊急，領頭人遇到情況總不說話，這怎麼行！

第二個問題，驕奢殘暴。宇文化及殺了隋煬帝，但是繼承了隋煬帝那一套排場，隋煬帝的後宮和珍寶一律據為己有，這對於千里行軍來說，可是個巨大的負擔。剛從江都出發的時候走運河還好辦，美女、珍寶、輜重，都可以用船運輸。但是走到彭城的時候，因為戰亂水路不通，改走旱路，沒有了運輸工具，宇文化及乾脆從當地老百姓手裡搶了兩千輛牛車，拉著美女和金銀財寶。輜重只好讓士兵背著！這樣一來，激怒了老百姓和士兵，他們覺得這傢伙比隋煬帝還狠！

第三個問題，猜忌。江都之變時，司馬德戡是政變的靈魂人物，宇文化及也是他一手扶上領導崗位的。也正因為如此，宇文化及當政之後，最猜忌的就是司馬德戡。司馬德戡統領驍果，宇文化及覺得不安全，就乾脆任命他為文職禮部尚書。司馬德戡是聰明人，馬上就明白了宇文化及是為了奪他兵權，很不高興。司馬德戡就跟另一個政變將領趙行樞發牢騷說：

君大謬，誤我！當今撥亂，必藉英賢；化及庸暗，群小在側，事將必敗，若之何？

你可誤了我的大事了！這宇文化及當初是你推薦給我的，然後我們把他擁為領袖，可是現在天下大亂，真能領我們走出亂局的，一定得是英豪人物；可是你看看宇文化及那德行，庸暗頑劣，怎麼可能領導我們呢？我們一定會敗在他手裡，這都是你當時沒有知人之明導致的惡果，現在，你說怎麼辦吧。

這時候趙行樞很輕鬆地說：「在我等耳，廢之何難！」我們既然能立他，就能廢他！他想要再發動一場政變，把宇文化及做掉算了。

這個政變因為洩露情報而失敗了。還沒等司馬德戡發動兵變，宇文化及就先把他抓起來，問他：

與公戮力共定海內，出於萬死。今始事成，方願共守富貴，公又何反也？

咱們在那麼危險的時刻，戮力同心，一塊兒發動江都之變，把隋煬帝給解決了，這是何等不容易的事情啊！現在正應該共用富貴，你怎麼又來反我呢？

司馬德戡是怎麼回答的呢？他說：

本殺昏主，苦其淫虐；推立足下，而又甚之；逼於物情，不獲已也。

我們為什麼要殺隋煬帝？是因為他這個人既昏庸，又殘暴，所以我們才把他殺掉，改立你；沒想到你比他還要昏庸，還要殘暴，你說讓我怎麼辦？

確實，這個宇文化及，論荒淫殘暴和猜忌，都比隋煬帝還要有過之而無不及；但要論才華，則不及隋煬帝百分之一。這樣的人率領這支軍隊千里轉戰，怎麼可能順利呢！這是第一個原因。

第二個原因，這支軍隊要從江淮地區回關中，就必須面對兩大敵人，一個是正在圍困東都的李密，還有一個就是已經占據關中的李淵。這兩邊都鉚足了勁要當皇帝，當然不能允許一個新皇帝出現。

先看李密這邊。前文講過，李密當時正在包圍東都洛陽，洛陽城裡是已經稱帝的越王楊侗。現在宇文化及一路北上，眼看就要接近洛陽，李密和楊侗心裡都不踏實了。為什麼不踏實？從李密的角度講，洛陽城裡的楊侗是老敵人，現在老敵人還沒有攻下來，又來了宇文化及這麼一個新敵人，這不是腹背受敵嗎？

從楊侗的角度講，宇文化及既然殺了他的爺爺隋煬帝，那無論如何都是不共戴天之仇，必須要跟他打。可是，光抵擋李密就已經夠受，還有什麼精力再打宇文化及？這樣一來，宇文化及就成了李密和楊侗共同的敵人。怎麼辦呢？有道是敵人的敵人就是我們的朋友，政治人物就有這翻雲覆雨的能力，面對宇文化及這麼一個共同的威脅，李密和楊侗乾脆握手言和了！李密向楊侗稱臣，楊侗也立刻封李密為魏公，並且宣布，就由他來負責打宇文化及！

宇文化及可倒楣了，無論是文韜還是武略，他都趕不上李密一個零頭。幾個回合的鬥智鬥勇下來，宇文化及連吃敗仗，眾叛親離。原來跟他一起政變的謀臣也都逃亡殆盡。手下的十萬大軍也只剩下兩萬人，這還打什麼天下！

宇文化及好不容易逃過李密的追殺，到了魏縣（今河北大名），就又進入另一支農民起義軍竇建德的地盤了，要想從這個地方過，還得準備挨竇建德的打。宇文化及很窩囊，一看這種局面，心灰意懶，天天喝酒買醉。而且一喝醉，他就開始埋怨宇文智及，對宇文智及說：

我初不知，由汝為計，強來立我。今所向無成，士馬日散，負弒君之名，天下所不容。今者滅族，豈不由汝乎！

是你硬拉著讓我當頭兒的，現在我們一事無成，困頓在這裡，還要背負著弒君的惡名，天下誰也容不下我們。我們馬上就要遭到滅族之災，這一切還不都是你引起！說完，他抱著自己的兩個兒子號啕大哭。

宇文智及說：

事捷之日，初不賜尤，及其將敗，乃欲歸罪，何不殺我以降竇建德！

當初我讓你當頭兒，你也沒拒絕。事成之後，你也高興，但是也沒有獎賞我，現在敗了卻讓我負責，你還不如把我殺了去投降竇建德呢！

兄弟倆一對窩囊廢，就這麼互相埋怨。士兵見狀更絕望了，逃走的愈來愈多。

到這時候，宇文化及也知道自己必敗無疑，就歎了一口氣，說：「人生固當死，豈不一日為帝乎！」人固有一死，何不過一回當皇帝的癮再死呢？他既然想當皇帝，原來的傀儡皇帝楊浩可就礙事了。怎麼辦呢？宇文化及一杯毒藥灌下去，就把楊浩給毒死了。就這樣，第二個傀儡皇帝楊浩也死於非命。

秦王楊浩是隋煬帝的侄子，宇文化及殺死隋煬帝后，大部分隋朝宗室都被誅殺。只有秦王楊浩因為和宇文化及的弟弟宇文智及交往密切，才倖免於難，但最終也還是沒有逃脫被殺的命運。這樣一來，三個打著大隋旗號的皇帝就只剩下留守東都的越王楊侗了，那麼他將面臨一個怎樣的結局呢？

現在，就只剩下留守東都的楊侗。大敵當前，楊侗和李密講和了，李密向楊侗稱臣，替楊侗跟宇文化及打仗。事實上，李密這個臣子當得相當合格，只要一打贏，就馬上向楊侗告捷，楊侗對李密也是加官晉爵，雙方的關係比蜜還甜。

要知道，本來楊侗已經被李密圍困很久了，屢戰屢敗，而且糧草不繼。如果沒有意外，遲早要被李密攻破。但是因為宇文化及，李密居然向自己稱臣，這可真是意外之喜，楊侗也很開心。可是他萬萬沒有想到，沒過多久，東都洛陽就爆發了激烈的流血衝突，楊侗自己也落入了萬劫不復的境地。

這是怎麼回事？說起來，這都是李密歸降引起的。李密投降，楊侗手下的文臣和武將情緒可截然不同。文臣和皇帝一樣，都很開心。比如楊侗最信任的宰相元文都吧，楊侗和李密聯合，本來就是他出的主意，現在一看，這個主意的效果居然這麼好，元文都心裡得意，天天給自己豎大拇指。

問題是，文臣開心，武將可不開心了。楊侗原來倚重的軍事統帥——王世充。前文講過，王世充本來是江都通守，後來因為東都告急，隋煬帝才派他來救援的，自打來了之後就一直跟李密打仗。現在，王世充看見楊侗和元文都這樣器重李密，還要讓李密入朝輔政，很不以為然，就對手下說：

元文都輩，刀筆吏耳，吾觀其勢，必為李密所擒。且吾軍士屢與密戰，沒其父兄子弟，前後已多，一旦為之下，吾屬無類矣！

元文都那種笨蛋文官，根本沒有謀略，就知道討好李密，問題是，李密終非人下之人。元文都這麼做，純粹是養虎貽患，肯定有一天要被李密幹掉！現在他們讓李密入朝，一旦李密到洛陽做官，誰最倒楣？那就是咱們兄弟了。因為咱們跟李密打過仗，殺死過人家的父兄子弟，李密一定會報仇的。到時候，我們死無葬身之地！

王世充這話明顯是挑動士兵反對元文都。他這些言論傳到元文都耳裡，讓元文都又氣又怕。想來想去，元文都決定，與其等著王世充發難，不如先下手為強，把他做掉算了！想好之後，元文都就安排了士兵，打算等王世充入朝的時候，出其不意，攻其不備，抓他。

這個計畫也未執行。參與密謀的大臣段達突然害怕，偷偷地把這件事告訴王世充。王世充手裡有兵，一聽到這消息，索性一不做二不休，直接發動兵變，攻打洛陽城的城門含嘉門。

元文都沒有準備，倉促之間，只好擁著楊侗，領著宮城裡的宿衛士兵抵抗。問題是，他是文臣，王世充是武將，他手裡兵少，王世充手裡兵多，根本抵擋不住。到天亮的時候，城門還是被王世充攻破了。眼看著王世充就要衝進宮裡，楊侗立刻派人問話：「稱兵欲何為？」你領著兵想做什麼？王世充怎麼回答呢？王世充下馬拜謝說：

> 元文都、盧楚等橫見規圖；請殺文都，甘從刑典。

元文都、盧楚等想要謀害我，我是來殺他們的，並不針對陛下您。您只要把他交出來，讓我殺掉他們，我等受您的責罰！這不是策反皇帝嗎？元文都一聽，立刻回頭跟楊侗講：「臣今朝死，陛下夕及矣！」陛下千萬不要聽他花言巧語，您把我交出去，我早晨死了，晚上就輪到您了！問題是，在這樣的情況下，楊侗還怎麼可能保住元文都呢，只好痛哭著把他交給王世充處死了。

處死了元文都，楊侗的日子怎麼可能好過？王世充雖然表面說自己只是痛恨元文都，不敢對皇帝有二心，但實際上，第一時間就把楊侗身邊的宿衛都給換了，這就等於把楊侗給軟禁起來了。楊侗也沒有辦法，只好任命王世充為左僕射、總督內外諸軍事，把軍政大權全都交給他了。

洛陽城裡，王世充殺了元文都，洛陽城外李密在幹什麼？李密當時已經把宇文化及打敗了，正在入朝的路上，打算到洛陽來輔政。一聽元文都被王世充殺死，李密馬上明白了，自己和洛陽方面的聯合到此結束了。怎麼辦呢？李密二話沒說，又回到自己的地盤，重新和洛陽對峙上了。

李密回去了，王世充怎麼辦呢？王世充馬上厲兵秣馬，準備打李密了。

王世充除掉元文都，意味著瓦崗軍與洛陽的聯盟就此告終，一場惡戰已經不可避免。照理講，李密兵多糧足，即便真的打起來，勝算也比較大，而王世充則恰恰相反，兵少糧缺，似乎不占上風。那麼，雙方較量的結果到底如何呢？

其實，前文講過，李密和王世充打仗，李密贏得多，所以王世充後來一直待在洛陽城，不敢出戰。既然如此，這一次，王世充為什麼一反常態，要主動打李密呢？很簡單，洛陽城一直被圍，糧食愈來愈少，再不出來打，餓也要餓死了。

問題是，王世充的兵跟李密打仗都打怕了，比較怯戰。怎麼才能讓他們鼓起勇氣呢？王世充也是個聰明人，利用了古代一個非常經典的方法：裝神弄鬼。他找了一個叫張永通的士兵，讓他謊稱自己曾經三次夢見周公，然後又找了一個巫師解夢。

這個巫師怎麼解的呢？他說，這是周公利用張永通給王世充傳話，讓王世充放心攻打李密，周公保證在天上暗中相助。巫師還說了，周公傳話給各位軍士，誰要是奮勇殺敵，保證有豐厚回報，誰要是臨陣逃脫，則必遭瘟疫。

可能有人會說，這方法也太幼稚了吧？幼稚不幼稚要看對誰。要知道，古代人本來就迷信，王世充手下的兵又都是從江淮地區帶來的，江淮地區是古代的楚地，楚人信鬼信巫又是出了名的，所以一聽說周公傳話，個個信以為真，都堅決請戰。王世充一看動員得這麼成功，大喜過望，立刻挑選了三萬精銳，從洛陽直奔李密。

王世充找李密打仗，照理說李密此刻不應該打。

首先，這樣精神亢奮的士兵不好打。應該避開風頭，把他們的精氣神磨沒了再說。

其次，李密剛剛和宇文化及打過幾場惡仗，損兵折將不少，急需休養生息。

最後，李密占領了幾個大糧倉，手裡有糧，心中不慌，沒必要著急，正應該跟王世充耗著。李密是難得的軍事家，這個道理他懂得，開始也想深溝高壘，不理睬王世充的挑釁，慢慢耗著他。但是，他手下剛剛從宇文化及那裡接收了不少降兵降將，這些人新換了主人，都想好好表現一把，立功心切，整天慫恿李密正面迎敵。聽他們七嘴八舌這麼一嚷嚷，李密決定，打！

那打的結果怎麼樣？其實，一場戰爭誰勝誰負，看看雙方的戰前準備就能知道得差不多了。王世充是怎麼準備的？戰鬥開始之前，他召開誓師大會，說：

> 今日之戰，非直爭勝負；死生之分，在此一舉。若其捷也，富貴固所不論；若其不捷，必無一人獲免。所爭者死，非獨為國，各宜勉之！

諸君，今天打仗，你們以為是較量勝負嗎？不對，今天打仗是來決定你們的生和死的！如果這一仗打贏了，榮華富貴就都是我們的；如果打輸了，我們就死無葬身之地。所以請諸位好好打，因為你們不是為國家而戰，而是為自身的死生而戰。

這動員直指人心。哀兵必勝！李密本來就瞧不起王世充，剛剛打贏了宇文化及，更是心高氣傲，根本不把王世充放在眼裡。雖然決定打了，但是他居然連個防禦工事都不修。這叫什麼？這也有一個成語，叫驕兵必敗。

單看準備情況，我們也可能猜到，王世充打贏的可能性大。那麼，戰場上的情況是不是符合我們的判斷呢？完全符合。兩軍相交，李密的兵還沒排成列呢，王世充的兵就已經衝過來。這一開戰，李密的軍隊在氣勢上就已經輸了一招。

更要命的是，就在兩軍交戰正酣的時候，王世充忽然綁了一個又黑又矮，尊容長得像李密的人從陣前掠過，然後大喊：抓住李密了！這樣一喊不要緊，王世充這邊的人如同打了強心針一樣，歡聲雷動，像下山猛虎一樣直撲過來；而李密那邊則是大驚失色，兵敗如山倒，一路丟城失地，一直退到虎牢關。

李密雖然叱吒風雲，但是瓦崗軍的底子還是各路英雄組成的大聯盟。打勝仗的時候，這個聯盟可以像滾雪球一樣愈滾愈大，但一旦打了敗仗，也非常容易分崩離析。現在李密兵敗，馬上這種局面就出現了，很多文臣武將都舉城投降了王世充，李密在河南的地盤丟了大半。

這時候，黎陽（浚縣）這處戰略要地就浮現在李密的腦海裡。自從殺了翟讓之後，李密就把徐世打發到黎陽來鎮守黎陽倉了。這個地方有兵有糧，如果到這裡休養生息一下，未必不能東山再起。所以，李密就打算投奔黎陽。可是，這個主意剛提出來，馬上就有人反對，說：

> 殺翟讓之際，徐世幾死，今失利而就之，安可保乎！

徐世不是咱們的人，是翟讓的人。當年您殺翟讓的時候，徐世差點兒陪著死了。現在我們兵敗了，再去投奔他，萬一他直接把我們活捉了怎麼辦呢？不妥當。

李密一想也對，那麼多自己提拔起來的人在這個危急時刻尚且背叛，何況是有過節的徐世！殺翟讓的後遺症到這個時候才真顯現出來了。

不能投靠黎陽，此時李密又想到李淵。當年，李淵起兵之後，不是曾推戴李密嗎？李密還拿人家當小弟。現在，風水輪流轉，李淵已經牢牢地占據了關中，稱孤道寡，而原來不可一世的李密卻成了喪家之犬，好漢不提當年勇，現在只能寄希望於李淵顧念當年結盟的情分，收留自己。想到這兒，李密又說了：

諸君幸不相棄，當共歸關中；密身雖無功，諸君必保富貴。

承蒙諸位不拋棄我，我們乾脆一起投奔關中的李淵吧。我李密雖然身無寸功，但是諸位一定會享受富貴。他這麼一說，有個叫柳燮的下屬馬上說了：

明公與唐公同族，兼有疇昔之好；雖不陪起兵，然阻東都，斷隋歸路，使唐公不戰而據長安，此亦公之功也。

您和唐公李淵是親戚。再說了，雖然當初您不跟他一塊兒起兵，但是是您把隋朝官軍拖在東都洛陽，截斷了隋煬帝的歸路，李淵才可以占據關中。所以，您對李淵是有巨大貢獻，怎麼能說無功呢？他肯定會收留我們，給我們一個好待遇的。

確實，當初如果不是李密在東都拖住隋軍主力，李淵怎麼可能順利入關呢？這樣說來，李密也算李淵的大功臣，在他手底下混碗飯吃，總還可以吧。就這樣，隋末叱吒風雲、天下矚目的英雄李密帶領手下兩萬殘兵敗將，出了虎牢關，投奔唐朝了！

李密兵敗投唐，河南基本上就成了王世充的天下了。王世充接下來要當皇帝。他想馬上當皇帝，原來的小皇帝楊侗就成了絆腳石。怎麼去掉這個絆腳石呢？王世充就派段達、雲定興等一幫大臣去遊說小皇帝。他們對楊侗說：

> 天命不常，鄭王功德甚盛，願陛下遵唐、虞之跡。

天命是不固定的，鄭王現在功德非常大，希望陛下能像唐堯、虞舜一樣，把尊位禪讓給鄭王吧！面對大臣的威逼，楊侗怎麼說呢？別看楊侗年幼，但是關鍵時刻，還真是義正詞嚴。他說：

> 天下，高祖之天下，若隋祚未亡，此言不應輒發；必天命已改，何煩禪讓！公等或祖禰舊臣，或台鼎高位，既有斯言，朕復何望！

天下是我個人的天下嗎？它不是我的，是高祖文皇帝的天下。如果說天未亡隋，你們就不應該要我禪讓；如果說天已亡隋，我也用不著禪讓，讓王世充直接殺我好了。你們都是老臣、舊臣，如果連你們都說出這樣的話，我還有什麼希望？

確實，段達是隋文帝時代就嶄露頭角的老臣，隋煬帝也信任他，這才讓他和元文都一起留守洛陽，輔佐楊侗。雲定興就更不用說了，他是隋煬帝的大哥，廢太子楊勇的老丈人，更應該是與國休戚。可是，現在居然是他們來勸說楊侗禪讓大隋江山，這讓楊侗情何以堪！可是，都到這個時候了，說這些還有什麼用！王世充一看楊侗這樣不配合，乾脆也不和他玩了，就把楊侗軟禁在含涼殿。他自己搞了一套三讓而後受之的把戲，然後登基稱帝，建國號為「鄭」。

那麼，楊侗是否就要在含涼殿終老此生了？那是不可能的。他既然當過皇帝，就始終是個政治隱患，王世充不會讓他活得太久。一個多月以後，王世充派侄子王仁則和一個叫梁百年的家奴拿著一瓶鴆酒打開了含涼殿的大門。

楊侗生在帝王家，當然明白這是怎麼回事。要知道，求生可是人類的本能，何況楊侗才只有十五歲！他就向王仁則求情說：「更為請太尉，以往者之言，未應至此。」你能不能回去再跟王世充說一聲，跟他商量商量，他過去許諾不讓我死的。王仁則一聽，搖頭拒絕。楊侗又請求和自己的母親做最後的辭別，王仁則還是拒絕。

萬般無奈之下，楊侗焚香禮佛，說：「願自今已往，不復生帝王家！」佛祖啊，請你保佑，從此以後，生生世世，不要再讓我投胎於帝王之家！這話說得何等辛酸！楊侗說完，仰藥自殺。

可是，誰也沒想到，也不知是毒酒製作水準不高，毒性不強，還是楊侗的生命力太頑強了，喝之後就是不死。王仁則沒有耐心，走上前去，拿出一條白絹，直接把楊侗勒死了，和隋煬帝的死法一模一樣。

又過了三個多月，楊侗的親弟弟，已經禪位給李淵的代王楊侑也在長安神祕地死去了，同樣是十五歲。

皇帝死後不是都有謚號嗎？楊侗、楊侑兄弟的謚號是什麼呢？王世充和李淵心有靈犀，給這哥倆的謚號都是「恭皇帝」。根據史書的記載，楊侗「眉目如畫，溫厚仁愛，風格儼然」，是個清秀的美少年。楊侑也以溫和友愛著稱。如果隋朝沒有滅亡，他們或許真的可以成為一個謙恭有禮的守成之君，但是現在，他們兩人能做到的，只是恭順讓位而已了。

隨著楊侗的禪讓，隋朝徹底滅亡；而隨著楊侗和楊侑的相繼去世，隋煬帝的直系兒孫也都死於非命。然而，也就在同一時刻，作為中國古代盛世巔峰的大唐王朝已經冉冉升起。那麼，我們到底應該怎樣評價大隋帝國的終結者隋煬帝？他又為後來的唐朝帶來了什麼？

【第三十二章】殷鑑不遠

隋煬帝、唐太宗，一個是萬人唾罵的暴君，一個是百世流芳的聖君。但是誰能想到，這兩位皇帝竟有著那麼近的親緣關係。兩個人，不僅有著相似的出身和性格，還有著相似的志向與能力。既然如此，他們為什麼會有如此迥異的結局呢？

建東都，隋煬帝有著深邃的政治眼光；下江南，隋煬帝有著開闊的帝王胸襟；開運河，隋煬帝有著堪比大禹的豐功偉績；巡西域，隋煬帝有著不輸漢武的歷史貢獻。但是與此同時，他大興土木、游幸江都、東征西討，又留下了好大喜功、濫用民力的罵名。功與過、是與非都在隋煬帝身上同時呈現，就像電池的正負兩極。那麼，隋煬帝到底是一個怎樣的皇帝？他究竟是英雄，還是魔鬼？我們究竟應該如何看待這個功過交織的皇帝？

到此為止，隋煬帝波瀾壯闊的一生就要敘述完了。我們寫到了他未當皇帝之前的機關算盡，以及當了皇帝之後的雄才大略，還寫到了他東征西討，濫用民力，最後落得土崩瓦解，破國亡家的悲慘結局。

那麼，隋煬帝到底是一個怎樣的皇帝？他給繼之而起的唐朝又留下了什麼？

先看第一個問題，他到底是一個怎樣的皇帝？有三個評價。

第一，他是一個有魅力的皇帝。

第二，他是一個有功業的皇帝。

第三，他是一個有重大道德缺陷的皇帝。

隋煬帝有兩大魅力銳不可當。

第一個魅力是理想高遠。要知道，在隋朝建立之前，中國已經經歷了幾百年的亂世。這幾百年間，固然不乏北魏孝文帝、北周武帝那樣的英主，但是更多的是一些庸庸碌碌的昏君。例如隋煬帝親自俘虜的陳後主，每天所思所想，無非是淫詞豔曲、風花雪月，甚至最後亡國之際，還不忘了左擁右抱，跟兩個美人一塊跳井。這樣的皇帝，一輩子只知道醉生夢死，窮奢極欲，何嘗想過怎樣才能當一個有為的皇帝，怎樣才能建立一個強大的國家！

但是，隋煬帝就不一樣了。他真是個有理想的皇帝，他要創建大業，超越前古。在國內，他瞄準了盛世天子漢武帝；在國際上，他則要當一個四夷臣服的聖人可汗。為了達到這個目的，隋煬帝一生都在東奔西走，很少在都城連續住半年以上。這樣的雄心壯志，這樣的精力充沛，透露出一個生機勃勃的新時代的新氣象，讓我們在千載之後仍然能夠感受到一種理想主義的魅力。

第二個魅力是風流倜儻。就拿他和隋文帝相比較吧。如果說理想高遠是隋煬帝和隋文帝共同的特徵，那麼在風流倜儻方面，隋文帝可就比隋煬帝差遠了。

我們在講隋文帝結局的時候提到過，文帝晚年曾經賦詩一首：

紅顏詎幾，玉貌須臾。
一朝花落，白髮難除。
明年後歲，誰有誰無。

這首詩感慨生命短促，風格質樸而情緒頹廢。在人生意氣方面，隋煬帝可就不一樣了。前面提到過他在北巡的路上寫的《飲馬長城窟行》：

肅肅秋風起，悠悠行萬里。
萬里何所行，橫漠築長城。

這是在吟詠他建功立業的雄心壯志。再講一首他寫的《春江花月夜》吧：

暮江平不動，春花滿正開。
流波將月去，潮水帶星來。

這是在吟詠他對自然真心實意的熱愛。

一個頹唐，一個熱情；一個質樸，一個浪漫，誰能抵禦隋煬帝的魅力呢？

不光是詩，對音樂歌舞也一樣。隋文帝是個刻板的人，相信音樂和政治直接相關，靡靡之音可以亡國，所以一心追求雅樂正聲。按照《隋書．音樂志》的記載，就是只用黃鐘一調。所有的音樂都一個音調！用權力來壓制藝術，只能讓整個社會籠罩在一種壓抑的氣氛之下。

到隋煬帝時代就完全不同。雅樂要融進在江南發展起來的婀娜梁音；俗樂要盡可能吸收西域傳來的繁複聲調，也就是隋文帝所謂的靡靡之音。

這樣的原則意味著鬆綁，不僅是對音樂的鬆綁，更是對整個社會的鬆綁。一個正常運轉的社會一定需要歡樂，需要開放，而一個有魅力的人，一定是認可歡樂和開放的人。正因為如此，隋煬帝是有魅力的。這種魅力，無論是表現為高遠的政治理想，還是表現為風流的藝術氣息，都讓人產生一種積極向上的力量。

再來看第二個評價，隋煬帝是個有功業的皇帝。按照《隋書．煬帝本紀》的說法，就是：

> 地廣三代，威振八紘。單于頓顙，越常重譯。赤仄之泉，流溢於都內；紅腐之粟，充積於塞下。

什麼意思呢？隋煬帝手中的地盤比中國歷史上的黃金盛世時期還要大，他威震八方，很多少數民族都納貢稱臣。北方少數民族的首領來叩首請降；非常邊遠荒涼、經過兩道翻譯才能跟中原溝通的

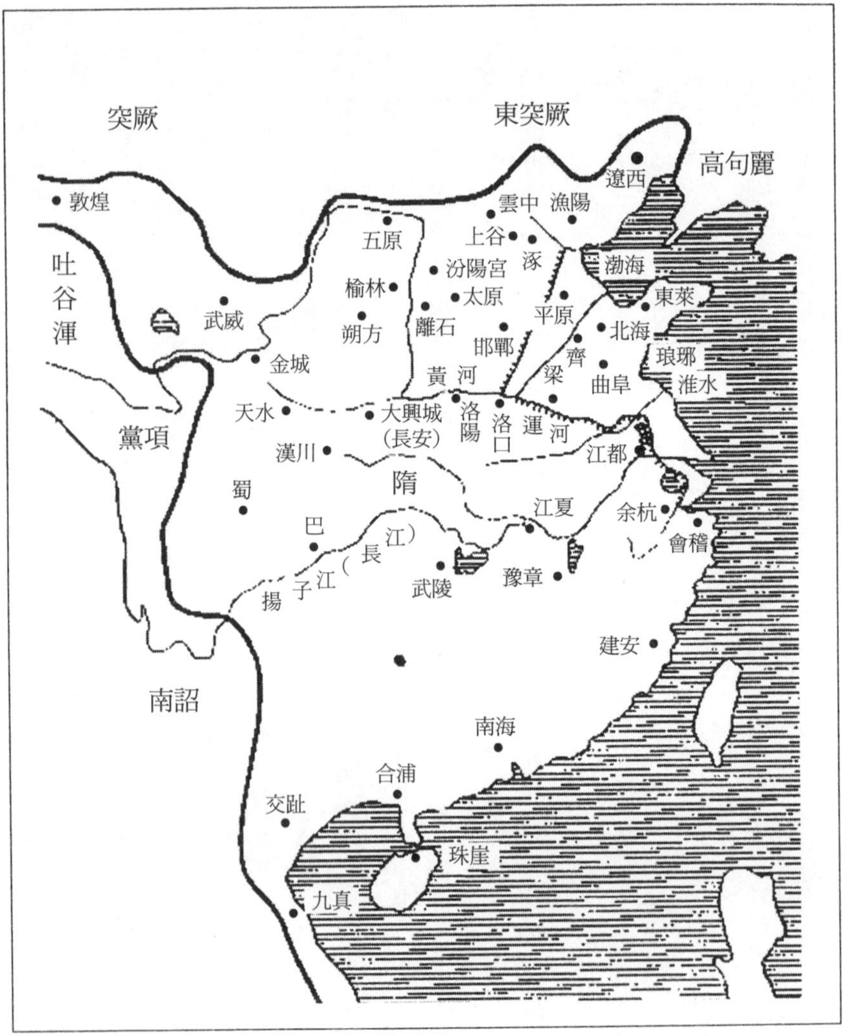
突厥
東突厥
高句麗
遼西
敦煌
雲中
漁陽
五原
上谷
涿
吐
谷
渾
汾陽宮
渤海
榆林
太原
東萊
武威
離石
平原
朔方
北海
邯鄲
齊
金城
琅琊
黃 河
梁
曲阜
淮水
天水
大興城
(長安)
洛
陽
洛
口
運
河
黨項
漢川
江都
隋
蜀
江夏
余杭
巴
江)
長
會稽
江(
子
揚
武陵
豫章
建安
南詔
南海
合浦
交趾
珠崖
九真

隋代略圖

小國，也派出使者。這是政治方面的成果。經濟方面，隋煬帝創造了很多財富，都城裡堆滿了錢，甚至可以隨意在大街上揀到；邊疆的倉庫裡也堆滿了糧食，一直沒有人食用，以至於都腐爛了。

這其實是一種全方位的讚美，讚揚隋煬帝在短短的統治時間內創造了無比繁盛的局面。一個王朝，在第二代就能達到巔峰狀態，是非常不容易的事情，因此這是個很高的評價。

問題是，這些讚美不能代表隋煬帝的全部功業，還有比這更重要的是利在千秋的大工程、大作為。大工程包括：

第一，營建東都洛陽。這是在西京大興城之外，建立起整個東部地區的政治核心。這種東西兩都的思路，後來不是也被唐朝保留下來了嗎！

第二，開鑿大運河。這是打通一條溝通南、北、中三方的交通大動脈，沿著這條大動脈，北方的野蠻精悍之血和南方的文質彬彬之氣才能交融匯通，北方的政治中心和南方逐漸成長起來的經濟中心也才能連成一個整體。可以毫不誇張地說，沒有這個工程，就沒有李唐王朝三百年的盛世基業。

第三，修長城。這是針對突厥的北方防線。要知道，突厥的威脅一直到唐朝還繼續存在，雖然唐朝號稱軍事強盛，自己不修長城，但是這條軍事防線也還一直在用，成為屯兵守備的要塞。

這幾個大工程，以隋煬帝一代之力迅速完成，卻能嘉惠唐朝三百年，無疑應該算是大功業吧！

至於大作為包括：

第一，巡江都。這是加強和江南的聯繫，提升江南的地位，鞏固南北統一。

第二，巡塞北。這是確立對東突厥的宗主國身分，同時也就是確認隋朝在整個東亞地區的霸主地位。

第三，巡西域。這是把青海和新疆部分地區納入版圖，同時打通絲綢之路。

這三方面的作為有什麼意義？一句話，還是為唐朝奠基。大唐盛世讓人豔羨的所謂「腰纏十萬貫，騎鶴下揚州」，不正是建立在江南繁華的基礎上嗎？唐太宗所謂「世人皆貴中華而賤夷狄，朕獨愛之如一」的天可汗氣度，不正是建立在隋煬帝北巡西狩的基礎之上嗎？

隋煬帝取得這些功業，一共用了多長時間呢？隋煬帝統治天下一共才十四年，但是大業八年（六一二），就開始征討高句麗，國內建設也就停頓下來。所以，所有大工程、大作為的創建，都是前八年取得的結果。以八年的時間，能夠建立這麼多傳之久遠的功業，在整個中國古代歷史上，也算是頂尖的了。

隋煬帝的確是一個有魅力、有功業的皇帝，既然他有這麼大的魅力，也建立了這麼大的功績，就應該流芳百世、萬人敬仰，怎麼會亡國呢？而且還頂著一個「煬」的謚號，這可是整個中國古代最差的謚號了。在隋煬帝身上，為什麼會有這麼大的反差？

為什麼隋煬帝有如此的魅力、如此的功績，卻那麼快就亡國了，而且還頂著一個「煬」帝的謚號？按照「謚法」的說法：「好內遠禮曰煬，去禮遠眾曰煬，逆天虐民曰煬。」「煬」幾乎是中國古代最差的謚號。為什麼同一個人，功業和結局之間，存在著如此巨大的反差？這就牽涉對隋煬帝的第三個評價了，隋煬帝是個有重大道德缺陷的皇帝。

隋煬帝有什麼道德缺陷？簡單講，就是恃才傲物，有才無德。隋煬帝太有才了。無論是宏偉的政治藍圖，還是風雅的個人品位，哪個不需要才華橫溢做基礎！但是，也正因為他太才華洋溢，所以非常自負，自負到只視自己為英雄，別人在他眼裡都是螻蟻，都只能貫徹他的命令，服從他的意志，絕不能有任何的個人主張，甚至不能有任何的個人權力。

這樣一來，老百姓可就慘了。他興建那麼多大工程，發動那麼大規模的戰爭，有沒有徵求老百姓的意見，或者說考慮一下老百姓的承受能力？怎麼可能！要知道，在雄才大略的隋煬帝眼裡，老百姓只是為他的宏圖偉業添磚加瓦的一群工蟻，本身一文不值。既然如此，他們是否同意，能否承受，又有什麼意義呢？

隋煬帝曾經說過：「天下人不欲多，多即相聚為盜耳。」天下人別那麼多，人多了聚到一塊兒就成強盜，所以該殺的時候就要殺。在他眼裡，多死幾個人不是壞事，還可以減少管理的難度。這是反人民啊！

也不需考慮官員的意見。隋煬帝覺得，沒有哪個官員比他更聰明，因此，如果他們贊同自己的意見，那是理所當然；如果他們不同意自己的意見，或者提建議，那就是沽名釣譽，十惡不赦。這一點，隋煬帝也說得很清楚。他說：

> 我性不喜人諫，若位望通顯而諫以求名，彌所不耐。至於卑賤之士，雖少寬假，然卒不置之地上。

我這個人最討厭別人勸諫我，如果一個人已經當了大官，有地位了，還敢這樣來沽名釣譽，我立刻宰掉他。如果是一個小人物，沒有那麼多私心雜念，我可能稍微寬限他幾天，但是過不了幾天，我還是整他到地下。反正，就是不允許勸諫的人活在地平面之上。

官也無視、民也無視，這樣一來，隋煬帝眼裡還會有誰？不就只有他自己了嗎？

問題是，一個皇帝，這樣恃才傲物有什麼後果呢？後果就是獨夫民賊。你不顧及老百姓的死活，非要把老百姓逼上工地，逼上戰場，直至逼上梁山，那老百姓也沒有辦法，只能是揭竿而起了。這就是孟子所謂的「官視民如草芥，則民視官如寇仇」。

隋末號稱土崩瓦解，這土崩，不就是老百姓造反嗎？唐朝初年，魏徵有一段話說得好。他說：

> 彼山東之群盜，多出廝役之中，無尺土之資，十家之產，豈有陳涉亡秦之志，張角亂漢之謀哉！皆苦於上欲無厭，下不堪命，饑寒交切，救死萑蒲。莫識旌旗什伍之容，安知行師用兵之勢！但人自為戰，眾怒難犯，故攻無完城，野無橫陣，星離棋布，以千百數。豪傑因其機以動之，乘其勢而用之，雖有勇敢之士，明智之將，連踵覆沒，莫之能御。

隋末那麼多的盜賊都是怎麼來的？他們不是天生的盜賊，本來都是普普通通的老百姓，既沒有什麼資產，也沒有什麼見識。既然如此，為什麼這些人還要造反呢？就是因為皇帝的欲望實在太多，壓迫太重，讓他們不堪忍受，為了活命，只好造反。

這些造反的人，真的像秦末的陳涉、漢朝的張角那樣，有推翻統治者的強烈欲望嗎？沒有，他們只是想要活下去。如果一個人只為活下去而戰，就會迸發出最強的力量。

這個力量強到什麼程度？魏徵說得很清楚。誰要是遇到這幫僅僅為了活著而揭竿起義的老百姓，那麼一定會被踏成碎片，碾成齏粉。

不是老百姓天生是盜匪，而是隋煬帝的暴政把這些老百姓給逼成戰士。

所謂率土分崩，就是這麼回事！

除了土崩，還有瓦解。所謂瓦解，就是統治集團內部造反。隋末楊玄感也好，李淵也好，為什麼要造反？除了個人野心之外，還有一個很關鍵的因素，就是朝廷沒有向心力。一個皇帝，不信任官員，不允許官員發表意見，那麼官員也就沒法產生跟國家休戚與共的感覺，相反，離心離德的趨勢會非常明顯，一旦局勢不穩，就只會為自身利益打算。李淵不就是最經典的例子嗎！

可能有人會以為，李淵本來就是個野心家。然而就算是那些並無改朝換代野心的人，也不敢輕易得罪自負的皇帝，只能阿諛奉承，謊話連篇。宇文述號稱隋煬帝最信任的大臣，但是隋煬帝問宇文述外界盜賊（起義軍）的情況，忠誠的宇文述也只是敢說「漸少」，根本不敢吐露實情。甚至到了江都宮變前夕，至親至近的蕭皇后知道有人要搞政變，殺隋煬帝，都不敢告訴他。

這樣一來，隋煬帝就真成了孤家寡人，身邊是只會順情說好話的佞臣，外界則是遍地的起義軍和野心家，在這種眾叛親離的情況下，不亡國，怎麼可能！

分析隋亡的原因，固然可以追究到隋煬帝濫用民力，三征高句麗，但這些其實都只是直接原因、表面原因。真正原因是隋煬帝根本不懂得當皇帝的道理。

皇帝應該怎麼當？一個皇帝，最重要的任務，絕不是逞個人英雄，為實現自己的夢想強迫所有人去服從自己的意志，而是要整合自己的夢想、官員的夢想和老百姓的夢想，帶領所有人一起去實現。如何實現？其實很簡單，就像孔子說的，「己欲立而立人，己欲達而達人」，「己所不欲，勿施於人」，就可以了。隋煬帝應該允許老百姓有家；隋煬帝不是有政治理想嗎？那麼也應該允許官員有政治主張。

遺憾的是，隋煬帝並沒有意識到這些，他只想靠自己發達的大腦為全國設定一個方案，再用自己的權力意志去強力推行這個方案，還夢想著這個方案就是千秋基業。

問題是，他在制訂方案和執行方案的時候，完全沒有顧及客觀歷史條件，沒有顧及當時老百姓的承受能力，也沒有顧及大臣們的修正意見。一個皇帝，眼裡只有自己，沒有百官，沒有百姓，這叫什麼？這就叫缺乏人君之德了，有道是：「功成而德衰，有善始者實繁，能克終者蓋寡。」一個人如果只有功而沒有德，那麼開始那幾步走得好，這是可以做到的，但是一直走到最後還走得好，這幾乎就是不可能的。隋煬帝不正是一個經典案例嗎？貞觀年間，唐太宗對魏徵說：

> 朕觀《隋煬帝集》，文辭奧博，亦知是堯、舜而非桀、紂，然行事何其反也！

我看《隋煬帝集》，煬帝的文集寫得特別漂亮，句句都是人話，也知道說堯舜好、桀紂壞，可是卻無法應用在政事上。

魏徵說：

人君雖聖哲，猶當虛己以受人，故智者獻其謀，勇者竭其力。煬帝恃其俊才，驕矜自用，故口誦堯、舜之言而身為桀、紂之行，曾不自知，以至覆亡也。

為什麼隋煬帝說的和做的反差這麼大？因為他不會當皇帝。會當皇帝的人，無論自己有多少才能，還是要虛心納諫，因為只有你誠懇對待別人，智者才能為你獻上計謀，勇者才能為你獻上力氣。事業才能平穩。可隋煬帝依恃著自己的才能，誰都看不起，誰的話都不聽，所以他會口說堯舜之言，這是智力就能解決的問題；但是，他不會有堯舜之行，這是因為他沒有深入了解堯舜究竟是怎麼做的。正因為他口裡說的是堯舜，身體力行的卻是桀紂，至死不悟，政權才會滅亡啊！

魏徵這段話，真是一針見血。正因為隋煬帝恃才傲物，有才無德，才華變成了他破國亡家的催命符了。《隋唐演義》說：「莫道有才能治國，須知亡國亦由才。」不要說有了才能就可以治理國家，要知道，有時候亡國也是任才導致的結果啊！我們現在也講德才兼備，道理就在這。

總結隋煬帝到底是個怎樣的皇帝。一言以蔽之，他是一個暴君。

怎麼叫暴君？這就涉及對古代皇帝的分類了。中國古代皇帝怎麼分類，是個仁者見仁、智者見智的問題，不過，雖然劃分的標準多種多樣，但是明君、暴君和昏君，還是最基本的類型。所謂明君，就是有才有德；所謂暴君，就是有才無德；所謂昏君，就是無才無德。

這三類皇帝裡，哪一類貢獻最大？當然是明君。明君既能克己復禮，又有文治武功，所謂「一人有慶，兆民賴之」，他們的所作所為，功在當代，利在千秋。唐太宗正是明君中的典範。

哪一類危害最大呢？其實不是昏君，而是暴君。因為昏君無才，而暴君有才。一個無才無德的皇帝，頂多醉生夢死，他固然沒有貢獻，但是對社會的危害也相對小；而一個有才而無德的皇帝就不一樣，他才能強，本領大，足可以讓民怨沸騰，民不聊生。這樣的皇帝，固然也可以建功立業，甚至利在千秋，但與此同時，也一定是罪在當代，成為萬眾唾罵的悲劇人物。隋煬帝不就是最好的例證嗎！

隋煬帝有才，他的才足以建立功業、傲視群雄，但是他的才也足以讓民怨沸騰、民不聊生，因為他沒有愛養百姓的情懷。然而，就在大暴君隋煬帝之後，很快就崛起了中國歷史上號稱千秋帝範的聖君唐太宗。歷史為什麼會有這樣戲劇性的呈現？在這戲劇性的背後，究竟是歷史的必然還是偶然呢？

寫到這裡，大家會發現，恰恰就在中國歷史上最著名的暴君之後，緊接著就出現了最著名的明君唐太宗。這兩者之間有沒有什麼關係？或者說，隋煬帝到底給繼之而起的唐朝帶來了什麼？這兩者之間關係太大了，沒有隋煬帝，恐怕難有後來的唐太宗。因為隋煬帝送唐太宗一份最難得的大禮——教訓。如果沒有這教訓，唐太宗說不定會是第二個隋煬帝。因為這兩個人太像了。

像到什麼程度？唐史學家胡如雷先生說過一句話：「李世民之於楊廣，如影隨形，但不是相似的形影，而是一個頭腳倒立的水中倒影。」李世民站在水邊，隋煬帝就倒映在水面上。有哪幾點像？

第一，身分像。兩個人都是關隴貴族集團的成員，隋煬帝的母親獨孤皇后正是唐太宗的姨奶奶，唐太宗見了隋煬帝，還得叫一聲表叔。

第二，經歷像。這兩個人都是皇帝的二兒子，都沒有資格接班。但是早年都功勳卓著，因此也都野心勃勃，為了能當上皇帝，兩個人都搞陰謀詭計，無所不用其極。隋煬帝搞了仁壽宮變，唐太宗更是搞了大名鼎鼎的玄武門之變，他們當皇帝經歷都不太正當。

第三，理想像。兩個人都自視甚高，都想青史留名，為此，當皇帝也都當得兢兢業業。

可是，就是這麼兩個極端相似的人，日後的評價卻是天懸地隔。唐太宗成了明君中的明君，流芳千載；而隋煬帝則成了暴君中的暴君，只能遺臭萬年。兩個相似的人，為什麼結局會判若雲泥？很關鍵的原因就是隋煬帝給唐太宗提供教訓了。

什麼教訓呢？兩個教訓最重要。

第一，人民值得尊重。

第二，君主需要節制。

先看第一個。要知道，唐太宗親身參與過隋末農民戰爭，親眼見識過人民的力量，所以對老百姓的看法和隋煬帝截然不同。他知道，單個老百姓看起來固然軟弱，但若老百姓凝聚在一起，就會形成一股無堅不摧的洪流。正因為認識到老百姓這種令人畏懼的力量，所以唐太宗才認可了一句非常著名的話：「君，舟也；人，水也。水能載舟，亦能覆舟。」他還說：

為君之道，必須先存百姓。若損百姓以奉其身，猶割股以啖腹，腹飽而身斃。

皇帝怎麼當？第一要素就是愛養百姓，如果靠損害百姓的利益來成全自己的利益，那就如同割大腿上的肉來填飽肚子，肚子填飽了，腿上的肉沒了，人也就該死了。

把這兩句話和隋煬帝所謂「天下人不欲多，多即相聚為盜耳」放在一起，精神境界馬上就高下立判。正因為有這種認識，所以唐太宗才能夠在很長一段時間裡不興工役，不奪農時，休養生息。這樣一來，隋末流離失所的老百姓才能在唐初迅速安定下來，才會捧出一個君明、臣賢、民安的所謂「貞觀之治」。

再看第二個教訓，君主需要節制。節制什麼呢？節制欲望，節制權力。隋煬帝不就是超越周漢的欲望太強烈，權力又太大，所以才會不停地大興工役，東征西討，最終走上逆天虐民的道路嗎？怎樣才能節制欲望？唐太宗的答案很簡單，就是自律。他說：

> 安人寧國，唯在於君，君無為則人樂，君多欲則人苦。

一個國家治理得好壞，決定性作用的人物君主。君主如果有很多欲望，老百姓就會痛苦，君主如果沒什麼欲望，老百姓就會快樂。

事實上，正是隋朝的教訓讓唐朝的皇帝知道，一個君主，不僅要節制窮奢極欲的欲望，還要節制建功立業的欲望，至少，要把這種欲望放在老百姓可承受的範圍之內，否則，超出了人民的承受力，連政權都保不住，還怎麼能夠再奢望建功立業呢！

怎樣才能節制權力？唐太宗的答案是納諫。貞觀二年（六二八），唐太宗問魏徵，何謂明君暗君？魏徵回答說：「君之所以明者，兼聽也；其所以暗者，偏信也。」這就是著名的成語「兼聽則明，偏信則暗」的來歷。只有多方採納意見，才能避免君主唯我獨尊，剛愎自用，也才能夠充分做到群策群力，避免行政失誤。這就和隋煬帝的恃才傲物形成鮮明的對比了。

唐太宗說，以史為鑑，可以知興替。事實上也正是如此，隋朝勃興速亡的反差有多強烈，隋煬帝這個反面教材的力量就有多強大。正因為有了隋煬帝這麼銘心刻骨的教訓，唐太宗才能謹身節欲，求才納諫，成為頂天立地的一代聖君，而隋煬帝，則只能是他在水中的一個倒影，一個反面。

隋煬帝一心想做個好皇帝，最終卻成了筆記小說裡荒淫無恥的反面典型，頂著一個「煬」字蓋棺定論，平心而論，這種評價並不公正。但是在他的身後，卻崛起了一個既威武雄壯而又溫柔敦厚的大唐王朝，而在史書中，隋唐聯稱已成定局，以自身的教訓給盛世奠基，這也算是歷史給隋煬帝這個悲劇人物的一點補償了！

後記

五年了，真快。那時候，我三十出頭，對電視一無所知。懵懵懂懂間，縱身一躍，登上「百家講壇」。現在，我都奔四了。在百家講壇講了五年，書也出了五本，走到外面，還有人介紹說，這是百家講壇最年輕的主講人，我也只好笑一笑，補充上兩個字——曾經。

武則天曾經是淚眼婆娑的絕望尼姑，楊廣曾經是氣吞六合的風流天子。然而，幾十年的風煙散去，武則天成了「政啟開元、治宏貞觀」的一代女皇，而楊廣則成了「好內遠禮，逆天虐民」的隋煬帝。結局和曾經之間，該有多大的距離！

那麼，我呢？我知道，人生本來就是開放式結局，那曾經的因，其實沒有必然的果。外在的環境總在改變，自己的理想也未必恆定吧。在執著與鼎新之間，到底應該怎樣取捨、怎樣平衡呢？

當年，看冰心先生集龔自珍的詩句：「世事滄桑心事定，胸中海嶽夢中飛。」真是羨煞。滄海橫流，能讓心定下來的力量，到底是什麼呢？是良知，是夢想，還是清風明月，右史左圖？

五年，對人生而言，該是一個小段落了。在這個段落結束之後，我想稍事停留，給自己一個思考的餘地。或許，等再讀幾句書，想明白幾個道理之後，我還會跳上這個或者那個講臺？畢竟，在我心裡，一直回蕩著古人的豪情：試上小紅樓，論詩說劍；更盡一杯酒，舉首高歌！

國家圖書館出版品預行編目資料

蒙曼說隋：隋煬帝楊廣／蒙曼著. -- 初版.
-- 臺北市：麥田，城邦文化出版：家庭
傳媒城邦分公司發行，民101.10
面；　公分. --（重說・史；19）
ISBN 978-986-173-821-5（平裝）
1. 隋煬帝　2. 傳記　3. 隋史
623.75　　101018360

重說・史 19

蒙曼說隋：隋煬帝楊廣

作　　者／蒙　曼
責任編輯／林怡君

副總編輯／林秀梅
編輯總監／劉麗真
總 經 理／陳逸瑛
發 行 人／凃玉雲
出　　版／麥田出版
城邦文化事業股份有限公司
台北市100台北市中山區民生東路二段141號5樓
電話：(02) 25007696　傳真：(02) 25001966
部落格：http://blog.pixnet.net/ryefield
發　　行／英屬蓋曼群島商家庭傳媒股份有限公司城邦分公司
台北市民生東路二段141號11樓
書虫客服服務專線：02-25007718・02-25007719
24小時傳真服務：02-25001990・02-25001991
服務時間：週一至週五09:30-12:00・13:30-17:00
郵撥帳號：19863813　戶名：書虫股份有限公司
讀者服務信箱E-mail：service@readingclub.com.tw
歡迎光臨城邦讀書花園　網址：www.cite.com.tw
香港發行所／城邦（香港）出版集團有限公司
香港灣仔駱克道193號東超商業中心1樓
電話：(852) 25086231　傳真：(852) 25789337
E-mail：hkcite@biznetvigator.com
馬新發行所／城邦（馬新）出版集團【Cite(M)Sdn. Bhd】
41, Jalan Radin Anum, Bandar Baru Sri Petaling,
57000 Kuala Lumpur, Malaysia.
電話：(603) 90578800　傳真：(603) 90576622
E-Mail: cite@cite.com.my

封面設計／王志弘
印　　刷／前進彩藝有限公司

■2012年（民101）10月初版一刷　　Printed in Taiwan.

《隋煬帝楊廣》（蒙曼　著）中文繁體字版　由北京時代華語圖書股份有限公司授權城邦文化事業股份有限公司—麥田出版事業部出版

定價：480元

ISBN 978-986-173-821-5